utb 5943

AF203326

Eine Arbeitsgemeinschaft der Verlage

Brill | Schöningh – Fink · Paderborn
Brill | Vandenhoeck & Ruprecht · Göttingen – Böhlau · Wien · Köln
Verlag Barbara Budrich · Opladen · Toronto
facultas · Wien
Haupt Verlag · Bern
Verlag Julius Klinkhardt · Bad Heilbrunn
Mohr Siebeck · Tübingen
Narr Francke Attempto Verlag – expert verlag · Tübingen
Psychiatrie Verlag · Köln
Ernst Reinhardt Verlag · München
transcript Verlag · Bielefeld
Verlag Eugen Ulmer · Stuttgart
UVK Verlag · München
Waxmann · Münster · New York
wbv Publikation · Bielefeld
Wochenschau Verlag · Frankfurt am Main

Ulrich von Alemann
Nina Basedahl
Gernot Graeßner
Sabrina Kovacs

Politische Ideen im Wandel der Zeit

Von den Klassikern zu aktuellen Diskursen

Verlag Barbara Budrich
Opladen & Toronto 2022

Die Autor*innen:

Prof. em. Dr. Ulrich von Alemann, Heinrich-Heine-Universität Düsseldorf
Prof. Dr. Nina Basedahl, Professorin für Politikwissenschaft, Europäische Fernhochschule Hamburg (Euro-FH)
Prof. Dr. Gernot Graeßner, Professor für Lebenslanges Lernen, Europäische Fernhochschule Hamburg (Euro-FH)
Sabrina Kovacs, M.A., Heinrich-Heine-Universität Düsseldorf

Bibliografische Information der Deutschen Nationalbibliothek
Die Deutsche Nationalbibliothek verzeichnet diese Publikation in der Deutschen Nationalbibliografie; detaillierte bibliografische Daten sind im Internet über https://portal.dnb.de abrufbar.

Gedruckt auf säurefreiem und alterungsbeständigem Papier.

Alle Rechte vorbehalten.
© 2022 Verlag Barbara Budrich GmbH, Opladen & Toronto
www.budrich.de

utb-Bandnr.	5943
utb-ISBN	978-3-8252-5943-3
utb-e-ISBN	978-3-8385-5943-8
DOI	10.36198/9783838559433

Online-Angebote oder elektronische Ausgaben sind erhältlich unter www.utb shop.de.

Satz: Ulrike Weingärtner, Gründau – info@textakzente.de
Lektorat: Dr. Andrea Lassalle, Berlin – andrealassalle.de
Umschlaggestaltung: siegel konzeption | gestaltung
Titelbildnachweis: iStock, pixelprof
Druck und Bindung: Elanders GmbH, Waiblingen
Printed in Germany

Inhaltsverzeichnis

Vorbemerkungen

Würde Kant sich gegen Corona impfen lassen? Dieser Frage geht Dieter Schönecker in einem Presseartikel nach (Schönecker, 2021). Die Versuchung ist groß, in den Schriften der klassischen Denker und Denkerinnen Antworten auf die Fragen unserer Zeit zu suchen. Aber nur selten werden wir sie in direkter Form finden. Warum ist es dennoch sinnvoll, sich mit den politischen Ideen von der Klassik bis heute zu befassen?

Die Antworten auf diese Frage sind vielfältig, aber eines ist gewiss: Sich mit den politischen Ideen zu befassen bietet Anregungen, um heutige Entwicklungen einzuordnen. „Man versteht erst durch den Bezug zur Vorgeschichte, woher bestimmte gesellschaftliche und politische Entwicklungen rühren, d. h. man versteht den Zusammenhang, und Verstehen ist immer an Zusammenhänge gebunden", schreibt Barbara Zehnpfennig. Und weiter: „Wer die Geschichte kennt, erliegt nicht so leicht dem Irrtum, es aktuell mit etwas Nie-Dagewesenem zu tun zu haben. Das Gegenwärtige ist eventuell gar nicht so neu, wie es erscheinen mag" (Zehnpfennig, 2016, S. 55).

Politische Ideen wie Freiheit, Gleichheit, Gerechtigkeit, Demokratie, (religiöse) Toleranz und Pluralität wurden über Jahrhunderte von politischen Denkern und Denkerinnen vorausgedacht, kontrovers diskutiert und teilweise auch gegen Widerstände verteidigt. Und das Nachdenken darüber, wie das Zusammenleben der Menschen idealerweise gestaltet werden soll, ist auch heute nicht abgeschlossen. Die politischen Ideen bieten Möglichkeiten, Denkmuster und Argumente, die bis heute faszinieren und unser Denken immer wieder neu herausfordern.

Die politische Ideengeschichte ist kein „Lagerhaus", in das Klaus von Beyme (1969, S. 50) sie verbannen wollte, nein, sie ist mindestens dreierlei: erstens „Museum" mit beeindruckenden Quellen von der Antike bis zur Gegenwart, zweitens „Schule" des Denkens und drittens „Ideendatenbank", die uns auf neue Gedankengänge bringen kann (von Alemann, 1995, S. 187).

Vieles erwies sich als Utopie: So ist Platons Philosophenstaat nie Wirklichkeit geworden und fasziniert doch bis heute. Carl Schmitts Freund-Feind-Denken redete einer falschen Ideologie das Wort und vieles von dem, was die politischen Denker über Frauen und Menschen aus anderen Kulturkreisen schrieben, können wir heute nicht mehr gutheißen. Wir sollten daher wachsam bleiben und mit den politischen Denkern und Denkerinnen in ein „kritisches Gespräch" treten, wie es Michael Haus und Dirk Jörke zutreffend formulieren (Haus & Jörke, 2021, S. 673). Zu diesem „kritischen Gespräch" möchte dieses Buch anregen.

Vorgestellt werden 20 Denker und Denkerinnen von Sokrates bis Chantal Mouffe und ihre zentralen Ideen. Dabei geht es auch darum zu verstehen, vor welchem Hintergrund und in welcher Zeit ihre Ideen entstanden und wie sie sich über die Jahrhunderte weiterentwickelt haben. Die jeweiligen Denker und Denkerinnen werden biografisch in ihrem zeitlichen Kontext eingeordnet, um sodann Kernaussagen zusammenzustellen und deren zentrale Bedeutung für die politisch-theoretische Entwicklung zu kennzeichnen.

Viele Denker und Denkerinnen, die in diesem Buch vorgestellt werden, formulierten ihre Ideen in Umbruchzeiten, daher wurden ihre Ideen jeweils als neu und oftmals bis heute als weitsichtig empfunden. Neben ihrer philosophischen oder politisch-theoretischen Funktion wirkten und wirken sie vielfach in das politische Geschehen hinein, teilweise über Jahrhunderte hinweg. Gerade in Umbruchzeiten entstehen neue Konzepte, jedoch in der Regel nicht zufällig und ohne Hintergrund. Die Hintergründe finden sich in den früheren Konstrukten, welche die Denker und Denkerinnen zum Anlass ihrer Ideen nahmen, um gesellschaftliche, politische und ökonomische Thematiken aufzugreifen, fortzuführen und teilweise revolutionär weiterzudenken.

Die heutige Zeit wird, so scheint es, wiederum als besondere Umbruchzeit, als Zeit der Disruption und der Transformation empfunden. Insofern sind politische Ideen und deren Reflexion hochaktuell. Noch bestehen große Unsicherheiten, inwieweit erstens die Digitalisierung in der Technik, der Wirtschaft, der Politik und nicht zuletzt im Alltagsleben neue politische Strukturen und neue Formen politischer Kommunikation herbeiführen wird. Zweitens grassiert Unsicherheit, wie die globale Klimakrise unser aller Zusammenleben beeinträchtigen wird. Drittens wächst Unsicherheit, ob die Pandemie der Jahre 2020 bis 2022 überwunden oder unser Leben begleiten und verändern wird. Viertens wird die internationale Sicherheit Europas und der Welt nach dem Ukraine-Krieg vom Frühjahr 2022 für die Zukunft Deutschlands, Europas und der Welt neue Fragen aufwerfen, die wir jetzt noch gar nicht stellen können, da die Nachkriegswelt mit dem Krieg Putins gegen die Ukraine vorbei ist.

Viele Anzeichen deuten darauf hin, dass die Frage der politischen Systeme, des Bestands politischer Institutionen und politischer Regeln anders und möglicherweise neu zu beantworten ist, als dies in den bisherigen Demokratievorstellungen der Fall ist oder war. Gerade in dieser Zeit ist es ratsam, sich mit den zentralen Konstrukten politischen Denkens seit der Antike auseinanderzusetzen.

Gründe, ein Buch zu den politischen Ideen im Wandel der Zeit herauszugeben, gibt es also viele. Die Idee für dieses konkrete Buch ist aus dem Masterstudiengang Politikwissenschaft und Management an der Europäischen Fernhochschule Hamburg hervorgegangen. Die hier eingesetzten drei Fernstudienhefte wurden von den Studierenden so positiv aufgenommen, dass sich das Team der Autoren und Autorinnen entschlossen hat, aus ihnen ein Buch zu entwickeln. Neu entstanden ist für dieses Buch u. a. das Schlusskapitel „Aktuelle Diskurse und Perspektiven". In vier Essays gehen die Autorinnen und Autoren der Frage nach, welche Anknüpfungspunkte die politischen Ideen für heutige Diskurse bieten. Aufgegriffen werden Themen wie „Demokratie heute", „Freiheit, Gleichheit und Gerechtigkeit", „Toleranz, Pluralität und Streitkultur" sowie als aktueller, neuer Bereich die „Identitätspolitik". Wie misst man Demokratie?

Und wie bedroht ist die Demokratie? Diese Fragen stellt Ulrich von Alemann. Gernot Graeßner geht den Fragen nach, wie Einschränkungen der Freiheit unter Corona-Bedingungen und Aspekten der Transformation zu bewerten sind und welche Bedeutung Gleichheit und Gerechtigkeit für unser heutiges Zusammenleben haben. Nina Basedahl fragt danach, welche Lehren und Hinweise uns die politischen Denker und Denkerinnen zu Toleranz, Pluralität und Streitkultur geben. Sabrina Kovacs geht in ihrem Beitrag zur Identitätspolitik auf die Bedeutung von Gruppenidentitäten in unserer heutigen Gesellschaft vor dem Hintergrund einer zunehmenden Pluralisierung ein.

Es bleibt den Leserinnen und Lesern überlassen, welche Ideen sie je nach ihrer eigenen Perspektive für sich weiterentwickeln oder neu entdecken möchten. Wir, das Team der Autorinnen und Autoren, möchten Anregungen bieten, Erkenntnisse vermitteln sowie zum Weiterdenken anregen und laden alle Interessierten herzlich ein zu einer spannenden Reise in die Welt der politischen Ideen, deren Ursprung, Wandel und Wirkung wir in diesem Buch anhand ausgewählter Beispiele nachzeichnen.

Ulrich von Alemann, Nina Basedahl, Gernot Graeßner, Sabrina Kovacs
März 2022

Literaturverzeichnis Vorbemerkungen

Alemann, U. v. (1995). Politische Ideengeschichte als Museum, Schule und Ideendatenbank – oder was sonst? In H. Kramer (Hrsg.), Politische Theorie und Ideengeschichte im Gespräch (S. 187–195). Wien: WUV-Universitätsverlag.

Beyme, K. v. (1969). Politische Ideengeschichte: Probleme eines interdisziplinären Forschungsbereichs. Tübingen: Mohr-Siebeck.

Haus, M. & Jörke, D. (2021). Kritische Ideen – zum Anliegen dieser Debatte. PVS Politische Vierteljahresschrift, 2021(4), 672–674.

Schönecker, D. (2021, 24. Dezember). Nein, Kant würde sich nicht impfen lassen. *Die Welt.*

Zehnpfennig, B. (2016). Denken im luftleeren Raum? Über die Bedeutung der Politischen Ideengeschichte für die Praxis. In A. Gallus (Hrsg.), Politikwissenschaftliche Passagen: Deutsche Streifzüge zur Erkundung eines Faches (S. 45–63). Baden-Baden: Nomos.

1 Klassische politische Theorie – von Sokrates bis Marx

Gernot Graeßner

1.1 Zur Auswahl der Ideengeber

Bei der Frage, welche Denker zu den klassischen Theoretikern zu zählen sind, findet sich in der Literatur eine große Übereinstimmung. Dementsprechend werden die folgende Ideengeber in fünf Kapiteln vorgestellt:

- Sokrates, Platon und Aristoteles zählen zweifellos zu den Klassikern der Antike – sie begründen das, was allgemein als „abendländisches Denken" bezeichnet wird,
- Augustinus, Marsilius und Machiavelli prägten das mittelalterliche Denken, welches durch das römische Weltreich, Christentum und Kirche geformt wurde.
- Thomas Hobbes und John Locke polarisierten zu ihrer Zeit mit ihren Vertragstheorien und geben auch heute noch mit ihren grundlegenden Konstruktionen Anlass zu Debatten. Beide entwickeln ihre Theorien ausgehend von einem angenommenen Naturzustand des Menschen; der eine begründet damit eine absolute Herrschaft, der andere liberale Verfassungen.
- Montesquieu (eigentlich: Charles de Secondat, Baron de Montesquieu) und Jean-Jacques Rousseau wurden ausgewählt, weil sie hinsichtlich der Gewaltenteilung und der Art der Demokratie zwei konträre Modelle repräsentieren, welche auf die auf sie folgenden Debatten einen erheblichen Einfluss hatten. Repräsentation und direkte Demokratie sind bis heute Gegenstand politischer Diskurse.
- Alexis de Tocqueville und Karl Marx formulierten ihre Theorien im Zeichen des sich dynamisch entwickelnden Kapitalismus. Auch diese beiden sind bis heute Antipoden, wenn es um die Frage der Entwicklungen von Demokratien unter der Maßgabe einer bestimmten Ökonomie geht.

Neben den von diesen Denkern repräsentierten Ideen wird auf weitere maßgebliche Ideengeber und Ideengeberinnen hingewiesen.

Somit konzentriert das Kapitel sich auf Ideen der Antike, des Mittelalters, der Vertragstheorien, auf die Theorien zur Gewaltenteilung und grundlegende Ideen der Zeit der Industrialisierung im 19. Jahrhundert. Als Zwischenschritte finden Sie am Ende dieser Abschnitte jeweils eine Zusammenstellung der darin untersuchten Ideen und Theorien.

> Es gibt keinen noch so großen Philosophen auf der Welt, der nicht zahllose Anschauungen von anderen übernimmt und der nicht viel mehr Wahrheiten voraussetzt, als er selbst aufstellt. (Tocqueville, 1985, S. 220)

Sie können diese Zusammenstellungen für Ihre eigene Entwicklung von kritischen Ideen nutzen. Visualisierungen fassen die zusammengestellten Anregungen zusammen und liefern weitere Hinweise für Diskussionen und Verwendungen.

In diesem Sinne soll dieses Kapitel eine gewisse Struktur im politischen Denken von Sokrates bis Marx anbieten, vor allem jedoch Reflexionsmöglichkeiten für die eigene Vergewisserung politischer Theorien und ihre praktische Anwendung geben.

Das Kapitel stützt sich auf relevante Sekundärliteratur. Die Primärliteratur findet sich bei vielen der behandelten Denker etwa in Form von durch Verlage freigegebene Quellen im Internet. Auf sie wird an geeigneten Stellen hingewiesen, auch um die Leserinnen und Leser anzuregen, gelegentlich auf diese zurückzugreifen. Insofern soll dieses Kapitel, welches die Denker kommentiert, nicht als eine weitere Enzyklopädie verstanden werden – auch hier liegen vorzügliche Werke vor (z. B. Stanford Encyclopedia of Philosophy – im Netz zu finden unter plato.stanford.edu; Pfetsch, 2019; Reese-Schäfer, 2016).

1.2 Methodische Aspekte der Darstellung politischer Theorie

Bevor es in die Darstellung klassischer politischer Theorien geht, werden einige methodische Überlegungen formuliert. Zunächst wird der Umgang mit dem riesigen Archiv von Schriften und Interpretationen klassischer Theorien betrachtet. Sodann sind einige grundlegende Begriffe zu klären, die in der Literatur und auch in diesem Kapitel verwendet werden. Pfetsch definiert diese entsprechend einem weitgehenden Common Sense der Politikwissenschaft. Für die Darstellung klassischer politischer Theorien stellt sich schließlich die Frage, welche Schwerpunkte gesetzt werden. Auch hierzu finden sich bei Pfetsch Hinweise, denn jede Betrachtung politischer Theorie geschieht durch die Brille verschiedener Kriterien. Eine Auswahl dieser Kriterien wird in diesem Kapitel referiert. Es ist auch wichtig zu sagen, worum es bei der methodischen Beschäftigung mit politischen Theorien nicht geht: Üblicherweise werden wissenschaftliche Theorien hinsichtlich ihrer Annahmen, Konsistenz, methodischen Anlage, Vergleichbarkeit, Gültigkeit und weiterer Kriterien geprüft und gegeneinander abgewogen. Doch darum geht es hier nicht. Zum einen ist dies wegen der Komplexität der unterschiedlichsten Theorien nicht möglich, doch viel entscheidender ist etwas anderes: Es reicht, wie Pfetsch sich ausdrückt, „zu sagen, dass eine Theorie anders ist als eine andere" (Pfetsch, 2019, S. 34). Denn es ist vor allem wichtig, eine gewisse

Ordnung in die Theorien klassischer Denker zu bringen, mit der man sich produktiv auseinandersetzen kann. Zudem ist das Archiv der klassischen Theorien so umfassend und so differenziert, dass vergleichende Theoriedebatten nicht nur aussichtslos wären, sondern auch wenig produktiv. Betrachtet man nämlich die Theorien und die Theorieentwicklung seit den hellenistischen Denkern, so mag der folgende Satz von Gadamer gelten:

> Es genügt zu sagen, dass man anders versteht, wenn man überhaupt versteht. (Gadamer, zit. nach Mantzavinos, 2006, S. 47)

Dieses Zitat zeigt die wissenschaftliche Anbindung dieses Kapitels an: Sie folgt einem Textverständnis, das sich an den ausgewählten Publikationen orientiert und bestimmte Sachverhalte zu den politischen Theorien zugrunde legt. Sie werden insbesondere unter den Aspekten der grundlegenden Theoriebegriffe und der dargelegten Beobachtungsschwerpunkte eingeordnet und interpretiert. Damit handelt es sich im Kern um ein hermeneutisches Vorgehen mit der Absicht, dass Leserinnen und Leser die Gelegenheit erhalten, die jeweiligen Darstellungen zu überprüfen und sich mit ihnen auseinanderzusetzen. Die weitergehende Absicht ist jedoch, Sie durch dieses Vorgehen zu einer eigenen Textorientierung und Textauslegung zu animieren.

Hinweis

Ausgangspunkte dieses Kapitels sind Texte unterschiedlicher Art aus unterschiedlichen Zeiten, die in unterschiedliche soziokulturelle Hintergründe eingebunden sind. Im Umgang mit diesen Texten geht es um verschiedene Interpretationsansätze, die für die eigene Rezeption relevant sein können, um den Leseertrag zu strukturieren. Weber und Beckstein (2014) schlagen dazu eine Typologie von Ansätzen vor, mit denen an Texte herangegangen werden kann:

Textzentrierte Ansätze: „ein Text ist der Gehalt seiner Aussagen"

Ein Text kann einfach als Text verstanden werden, als ein Argument, das jenseits der Prosa des Textes im Gehalt seiner Aussagen besteht. Der analytische Ansatz abstrahiert dementsprechend von der sprachlichen Präsentation, um den Gedanken selbst zu erfassen. […]

Autorzentrierte Ansätze: „ein Text ist von jemandem geschrieben"

Man kann aber auch einen Text als etwas verstehen, das von jemandem geschrieben wurde; der Autor rückt ins Zentrum. Die damit einhergehende Prämisse ist, dass man etwas über den Autor des Textes in Erfahrung bringen muss, möchte man das interpretationsbedürftige Textmaterial verstehen. […]

Adressatenorientierte Ansätze: „ein Text ist für jemanden geschrieben"

Ein Text kann aber auch so verstanden werden, dass er in der Hauptsache „für jemanden geschrieben" ist […] Es wird also nach der Botschaft gesucht, die der Autor mit seinem Text an seine Zeitgenossen vermitteln wollte oder tatsächlich sendete. […]

Leserzentrierte Ansätze: „ein Text ist von jemandem gelesen"

Ein weiterer Typ von Interpretationsansätzen versteht Texte als etwas, das vor allem von jemandem gelesen wird; die Leseerfahrung wird in den Vordergrund gerückt. […]

Ansätze, die über die Interpretation eines Einzeltexts hinausgehen

In der politischen Ideengeschichte gibt es über die erwähnten Ansätze hinaus eine Reihe von Interpretationsansätzen, die nicht in erster Linie einen Einzeltext in den Blick nehmen, sondern sich von vornherein auf ein Kollektiv von Texten konzentrieren, dem das eigentliche Interesse gilt. (Weber & Beckstein, 2014, S. 19ff.; Hervorhebungen durch den Verfasser).

In diesem Kapitel werden Angebote gemacht, diesen unterschiedlichen Blickwinkeln zu folgen, wenn die politischen Ideen der Klassiker insbesondere unter aktuellen Bezügen gelesen werden:

- die Essenz der Ideen wird referiert,
- eine kurze biografische Einordnung der jeweiligen Personen wird vorgenommen,
- es werden zentrale Botschaften dargestellt,
- das angenommene Leseinteresse wird berücksichtigt und
- es wird versucht, mit einer begrifflichen Zuordnung über die einzelnen Ansätze hinaus eine begriffliche Systematik anzuregen.

1.2.1 Archiv und Arsenal politischer Ideen und Theorie

Es steht eine ungeheure Vielfalt überlieferter Texte zur Verfügung; es handelt sich dabei um Originalschriften oder auch Quellen, die bereits bei ihrer Entstehung zumindest teilweise der Interpretation unterlagen. Allein dadurch, dass ursprüngliche Fassungen (griechisch, lateinisch) übersetzt wurden und auf langen Wegen in die Jetztzeit transportiert wurden, ergeben sich breite Interpretationsspielräume. Somit ergibt sich ein ungeheuer großes Archiv der politischen Ideengeschichte, wie Llanque es nennt, das zugleich ein „Arsenal" der Argumente und Interpretationsmuster bildet (Llanque,

2016, S. 7). Somit entwickelten sich im Laufe der Zeit intensive Diskussionen um diese politischen Theorien, welche von der politischen Ideengeschichte als wissenschaftlicher Disziplin rekonstruiert werden und in jeweils aktuelle Diskurse eingebettet werden (Llanque, 2016, S. 6).

Politische Ideengeschichte kann damit als Innovationszentrum gesehen werden, welches als Gewebe politischer Diskurse verschiedene Stränge des Denkens miteinander verknüpft und sie für politisches Denken nutzbar macht. Damit ist auch ein anregender Austausch über Begriffe, Konzepte, Zäsuren und Fundamente verbunden. In wissenschaftsinternen Diskursen und in der öffentlichen Kommunikation werden Werthaltungen und die Rationalität von Gesprächen in der Reflexion sichtbar (Thümmler, 2018, S. 27f.).

> Das Archiv der politischen Ideen liefert eine Grundlage für eine Vielfalt an Theorieleistungen und Interpretationsschemata.

Diese kommen in der jeweilig aktuellen Zeit zum Tragen:

> Das Textmaterial der Ideengeschichte stellt nicht nur ein Kontinuum dar, dieses ist selbst Gegenstand der Interpretation. Jede Argumentation, beispielsweise über die Zeitgemäßheit oder Modernität politischen Denkens, stellt nicht nur dessen spezifische Merkmale heraus, sie verschafft ihm eine besondere Legitimation und kann so andere Merkmale als unmodern oder vormodern qualifizieren. Politische Ideen sind also keine historischen Relikte, sie dienen dazu, dem Menschen inmitten der unüberschaubaren Fülle möglicher Auslegungen des Selbstverständnisses und der daran sinnvoll anschließenden Handlungsweisen eine gewisse Orientierung zu vermitteln. (Llanque, 2016, S. 9)

Die hier verarbeiteten Materialien zu den klassischen Autoren greifen insbesondere den Gedanken der Orientierung innerhalb der Diskurse auf, die sich über die Jahrhunderte auf der Basis der Gedankenwelt der Klassiker entwickelt haben. Der Hinweis auf diese kritische Einordnung klassischer Theorien und der sich daraus entwickelnden Diskurse soll zeigen, dass politische Ideen und Theorien jeweils einer Rahmung bedürfen und entsprechende Darstellungen innerhalb des damit eingegrenzten argumentativen Kontextes aufgenommen werden können. Diese Eingrenzung bietet aber auch die Chance, eigene Positionen zu entwickeln und sie mit in der Literatur befindlichen unterschiedlichen Interpretationen zu vergleichen.

1.2.2 Theorie der Politik

Theorie der Politik definiert Pfetsch in einem weiten Sinne. Er hält fest: „[…] ein Ensemble von Sätzen, das sich auf eine politische Handlung direkt oder indirekt, verstehend oder erklärend, bezieht, kann man eine Theorie der Politik nennen" (Pfetsch, 2019, S. 15).

Hinweis

„Verstehend" und „erklärend" beziehen sich auf zwei unterschiedliche wissenschaftstheoretische Paradigmen: „Verstehend" bezeichnet eher geisteswissenschaftliche und sozialwissenschaftliche Herangehensweisen, die interpretative Verfahren verwenden, „erklärend" eher naturwissenschaftliche Herangehensweisen, die nach allgemeingültigen Gesetzmäßigkeiten suchen. Beide Ansätze finden sich in Denktraditionen oft parallel und widerstreiten in der langen Geschichte der wissenschaftlichen Theorien.

Diese sehr weit gefasste Definition spezifiziert Pfetsch weiter. Unter Theorie versteht er in einem engeren Sinne, dass „eine Reihe von Vorstellungen über empirisch zu erkennende Sachverhalte" (Pfetsch, 2019, S. 17) thematisiert werden. Sie sind auch im Politikgeschehen (z. B. in der Beratung) präsent. Nach Pfetsch besteht ein spezifisches Verhältnis zwischen Wissenschaft und dem (politischen) Alltag; Theorien der Politik produzieren politisches Wissen und unterliegen zugleich den Konsequenzen, die sich aus diesem Wissen ergeben. Daher kann man sagen, „dass an diesen Theorien zweierlei ‚politisch' ist: erstens, sie thematisieren politische Gegenstände und zweitens, sie sind selbst, im Moment ihres Entstehens wie im weiteren Verlauf der Zeit, der Politik unterworfen" (Pfetsch, 2019, S. 17). Daraus schließt er:

Wenn es […] Theorien der Politik gibt, dann gibt es auch eine Politik der Theorien. (Pfetsch, 2019, S. 19)

Wichtig ist, das spezifische Spannungsverhältnis zwischen den Theorien der Politik, wie sie im politischen Alltag verwendet werden, und den wissenschaftlichen Theorien der Politik zu beachten. In der Darstellung der ausgewählten politischen Theorien werden diese daher zum einen historisch eingeordnet, zum anderen in ihrer Dimension politischen Wirkens interpretiert. Doch auch die Auswahl und die Art der Darstellung der politischen Theorien stehen in diesem Spannungsverhältnis. Die Auswahl erfolgte, wie bereits gesagt, aufgrund einer breiten Übereinstimmung in der Wissenschaft, welche Autoren Klassiker politischer Theorie darstellen, aber auch unter dem Gesichtspunkt, welche „Botschaften" sie für heute mit sich bringen. Es geht also grundsätzlich, so Pfetsch, um das Folgende:

> Die politische Theorie bzw. die Beschäftigung mit der Geschichte politischer Theorien hat [...] wie jede Theorie, u. a. die Funktion, bereits existierende Wissensbestände zu überprüfen und zu ordnen, das Wesentliche vom Marginalen zu trennen, die Orientierung zu erleichtern, Zusammenhänge zu finden etc. (Pfetsch, 2019, S. 17)

In diesem Sinne werden die ausgewählten Theorien behandelt, mit einer Einschränkung: Es werden politische Theorien zusammengefasst, die einen Zeitraum von über 2000 Jahren betreffen. Auf der Basis einer fundierten Literatur werden relevante Denkfiguren der ausgewählten Theoretiker unter den jeweils gekennzeichneten Aspekten dargelegt. Es wird nicht beansprucht, eine umfassende und allgemeingültige Darlegung zu präsentieren. Das grundlegende methodische Problem besteht darin, dass alle politische Theorie verallgemeinert (Synthese), erläutert (Analyse) oder bewertet (normative Aussagen) (Pfetsch, 2019, S. 19). Gerade in den klassischen Theorien der Politik mischen sich diese Elemente und dementsprechend ist ihre Darstellung im Rahmen dieses Kapitels nicht immer eindeutig oder widerspruchsfrei. Jedoch, um es noch einmal hervorzuheben: „[E]s ist unmöglich, eine Theorie zu kreieren, die nicht selbst wertend wäre oder in der es keine Wertaussagen gibt" (Pfetsch, 2019, S. 19). Dieser Schwierigkeit, welche die politische Theorie selbst betrifft, kann dementsprechend dieser Text nicht entgehen.

1.2.3 Zentrale Begriffe politischer Theorien

Politische Theorien verwenden für die Analyse, aber auch im Sinne der Nachvollziehbarkeit spezifische grundlegende Begriffe. Da sie auch in der nachfolgenden Darstellung verwendet werden, hier ein Ausschnitt aus Pfetschs eingehenden Definitionen:

Definitionen

Begriff: „Ein politischer Begriff ist ein Terminus, der ein für die Politikwissenschaft relevantes, einzelnes Phänomen sprachlich benennt, es definiert und damit identifizierbar macht. Es kommt darauf an, dass innerhalb einer Theorie jeder (Grund-)Begriff möglichst eindeutig ist und seine Bedeutung nicht ständig wechselt."

Als Beispiele werden etwa Demokratie, Elite, Legitimität, Macht, Pluralismus oder Staat genannt.

Idee: „Eine Idee ist eine weniger strikte Ordnungsvorstellung als z. B. eine Theorie und braucht sprachlich noch nicht ausformuliert zu sein."

Beispiele: die Idee einer gerechten oder theokratischen Gesellschaft, die Idee der Freiheit

Modell: „Ein Modell ist eine formalisierte Theorie, also eine Konstruktion, die von realen Inhalten abstrahiert, um dadurch das Verstehen oder Erklärungen zu vereinfachen [...]."

Beispiele: das Modell der vollständigen Konkurrenz für das Verständnis der Ökonomie in der Frühphase des Liberalismus; das Modell des liberalen Besitzindividualismus

Typus: „Typen sind [...] Konstruktionen, die eine bestimmte Anzahl von empirisch feststellbaren Phänomenen auswählen und zusammenfassen, [...] zum Zweck des Verstehens oder Erklärens."

Beispiele: Basisdemokratie, repräsentative Demokratie, Autoritarismus, Totalitarismus

Lehre: „Eine Lehre ist eine Theorie oder lediglich ein Ausschnitt daraus, durch die eine Handlungsanweisung gegeben wird, um ein bestimmtes Problem zu lösen."

Beispiele: Lehre von der Gewaltenteilung von Montesquieu, die Zwei-Reiche-Lehre des Augustinus, die Staatslehre von Hegel.

Gesetz: „Ein Gesetz ist ein häufig bestätigter Satz der Form: ‚Alle x sind y' oder: ‚Immer wenn X der Fall ist, dann ist auch Y der Fall'. In den Sozialwissenschaften gelten Gesetze aber nur unter einer großen Zahl von (historischen) Bedingungen, sodass sie keineswegs beliebig reproduzierbar sind."

Beispiele: Gesetz der Oligarchie von Robert Michels, Gesetz des tendenziellen Falls der Profitrate von Karl Marx

(Pfetsch, 2019, S. 15ff.)

Diese Begriffe werden Ihnen im Folgenden häufig begegnen und kehren auch bei den referierten Autoren wieder. Dabei ist zu beachten, dass durchaus unterschiedliche Begriffsverwendungen zum Tragen kommen, und nicht immer können diese unterschiedlichen Verständnisse diskutiert werden. Die Begriffssortierung dient also in erster Linie dazu, eine Ordnung in die Darlegung politischer Theorien zu bringen, welche deren aktueller Reflexion eine Orientierung geben.

Zusätzlich spielen noch zwei Begriffe in den politischen Theorien, die hier referiert werden, eine Rolle, werden jedoch nicht wissenschaftlich betrachtet: die Begriffe Utopie und Ideologie. Als Utopien werden gedachte Konstruktionen der Zukunft bezeichnet, die in ihrem Aussagegehalt wissenschaftlich nicht zugänglich sind. Dies gilt ähnlich auch für Ideologien: Zwar können sie zum Gegenstand wissenschaftlicher Untersuchungen werden, sind in ihrem inhaltlichen Gehalt jedoch ebenfalls nicht zugänglich. Ideologien stellen im Kern nicht überprüfbare Glaubenssätze auf der Basis angenommener Werte dar und sie dienen dazu, politische Handlungen zu initiieren oder zu rechtfertigen. Utopien und Ideologien sind jedoch stets Gegenstände wissenschaftlicher Untersuchungen (Pfetsch, 2019, S. 16f.; Celikates & Jaeggi, 2011, S. 222ff.). In diesem Sinne können z. B. Konservatismus, Sozialismus, Kommunismus usw. als Ideologien betrachtet werden, wenn sie als Glaubenssätze etwa richtiges oder falsches Verhalten vorschreiben oder politische Handlungen legitimieren; sie können jedoch unter anderen, wissenschaftlichen Aspekten auch als Modelle betrachtet werden, die mit entsprechenden Methoden einer Untersuchung zugänglich sind. Dabei ist es nicht immer leicht, den Bereich einer „theoretischen Wissensermöglichung von dem Bereich der ideologischen Wissensrechtfertigung scharf zu trennen" (Pfetsch, 2019, S. 18f.). Dieser Problematik stellt sich eine methodische Auseinandersetzung mit den Theorien der Politik, ohne sie jedoch im Rahmen der Darstellungen auflösen zu können.

> **Beispiel**
>
> Augustinus' Zwei-Reiche-Lehre von einem irdischen Staat und einem Gottesstaat kann heute als theologisch fundierte Ideologie oder auch als Utopie angesehen werden. Unter anderer Perspektive stellte sie eine Idee und eine Lehre eines politischen Systems dar.

1.2.4 Konzeption politischer Theoriegeschichte

Politische Theorien werden unter differenzierten Aspekten untersucht, mit denen das Gesamtbild eingerahmt wird. Als solche rahmenden Aspekte arbeitet Pfetsch bspw. die folgenden heraus:

- Ideen, Denkfiguren oder Begriffe werden untersucht, um Wandlungen und Kontinuitäten festzuhalten (Beispiel: Nation).
- Handlungsprozesse oder Strukturelemente politischer Ordnungen werden herangezogen, um herauszufinden, welche Lösungen von welchen Autoren angeboten wurden (Beispiele: Willensbildung, Machtverteilung).
- Epochen werden betrachtet, um bestimmte historische Zeitabschnitte zu charakterisieren (Beispiel: Absolutismus, Imperialismus).
- Chronologien werden nach bestimmten zeitlichen Schemata erstellt (Beispiele: Antike, Neuzeit, Gegenwart etc.).
- Denkrichtungen werden gekennzeichnet, um daraus bestimmte Argumentationshaushalte zu filtern (Beispiel: Machiavellisten).

- Ideologien werden genutzt, um übergreifende politische und soziale Entwicklungen zu kennzeichnen (Beispiel: Sozialismus).
- Herrschaftsformen und Regierungsformen werden idealtypisch betrachtet, um bestimmte Verfassungen nachzuvollziehen (Beispiel: Demokratie, Totalitarismus).
- Zeittypische Repräsentanten werden ausgewählt, um bestimmte geschichtliche Epochen oder Gesellschaftsformationen voneinander abzusetzen (Beispiel: frühliberale oder bürgerliche Theoretiker).
- Prozesse der Überlagerung werden gekennzeichnet, wenn es um historischen Wandel geht (Beispiel: Aufstieg und Fall des Römischen Reichs).
- Staatliche oder kulturelle Einheiten werden zum Bezugspunkt einzelner Theorien gewählt (z. B. nationale Geschichte, englische Moralphilosophie). (Pfetsch, 2019, S. 19ff.)

Dieses Kapitel folgt weitgehend einer chronologischen Einteilung, die auch in der hauptsächlich verwendeten Bezugsliteratur vorgenommen wird. Die voranstehenden Aspekte werden in diese Darstellung aufgenommen. Entsprechende Gewichtungen der Argumente unter diesen Aspekten werden bezeichnet.

Noch ein weiterer Aspekt ist für die Darstellung und Rezeption klassischer politischer Theorien von Bedeutung: Wenn vom „Archiv" die Rede ist, so rekurriert dies insbesondere auf das Wissen, welches durch Schriften und Interpretationen überliefert ist. Damit ist der wissensgeschichtliche Fokus gesetzt (Pfetsch, 2019, S. 21). Dieses Wissen steht aber immer auch in den Kontexten der Entstehungszeit und der späteren Zeiten, in denen es interpretiert wurde: Damit richtet sich der Fokus auf sozialgeschichtliche Fragen. Auch hier ist bedeutsam, dass sowohl die wissensgeschichtliche als auch die sozialgeschichtliche Betrachtung in ihren jeweiligen Zeiten, aber auch aktuell mit ihren Kontexten auf die Wahrnehmung der politischen Theorien einwirken. Eine exakte Trennung zwischen wissens- und sozialgeschichtlichen Betrachtungen ist nicht immer möglich. Vielmehr gehen diese in die Gesamtdarstellung über.

1.2.5 Beobachtungsschwerpunkte

Klassische Theorien geben Anlass, unter bestimmten Fragestellungen ihre Konstruktionen und Aussagen theoretisch zu beobachten und einzuordnen. Die Frage ist, welche Schwerpunkte mit Blick auf die Verwendbarkeit und den Nutzen für die Leserinnen und Leser dabei gesetzt werden sollten. Pfetsch nennt neun Themenschwerpunkte, denen sich die Politikwissenschaft in ihren Analysen widmet und die in ihrem Kern auch auf klassische politische Theorien angewendet werden können. Dies sind in Anlehnung an Pfetsch (Pfetsch, 2019, S. 31ff.):

Politik-Umfeld-Analysen: Dies sind Untersuchungen über die Beziehung zwischen dem Politik- und dem Wirtschafts- und Gesellschaftssystem. Sie sind nahezu durchgängig in den klassischen politischen Theorien zu finden.

Politische Handlungslehre: Bei diesem Blickwinkel werden Akteure (z. B. Regierungen) sowie politisch handelnde Subjekte untersucht, z. B., wenn von „Machiavellisten" gesprochen wird. Dahinter stehen Handlungstheorien.

Meinungs- und Willensbildungsprozesse: Hier geht es um die Betrachtung von Prozessen im Vorfeld von Regierungshandeln. Beispiele sind Untersuchungen zu Theoretikern des Liberalismus und z. B. Umfragen zum Parlamentarismus oder der Parteienorganisation.

Regierungshandeln: Dies wird unter Fragestellungen wie z. B. der Rekrutierung oder dem Sturz von Regierungen thematisiert. Hier steht vor allem der Staat im Mittelpunkt der Untersuchung wie z. B. bei Montesquieu oder Hobbes.

Implementation von Entscheidungen: Hier geht es um die Frage, wie Entscheidungen durchgesetzt werden und wie diese Prozesse der Durchsetzung evaluiert werden können (dies wird bei den klassischen Theorien nicht prominent berücksichtigt).

Policy-Forschung: In diesem Beobachtungsschwerpunkt geht es um spezifische Politikfelder.

Lebensfähigkeit und Wandel von Herrschaft: Im Rahmen dieses Beobachtungsschwerpunkts geht es um Theorien, welche Fragen von Reform oder Revolution behandeln und insbesondere den gesellschaftlichen und politischen Wandel in den Blick nehmen.

Außenpolitik und internationale Beziehungen: Staaten (insbesondere Nationalstaaten) im Geflecht der zwischenstaatlichen und internationalen Beziehungen stehen im Mittelpunkt dieses Beobachtungsschwerpunkts. Zahlreiche Autoren klassischer Theorien nehmen dies in den Blick.

Wertbezug der politischen Theorie: Die Staatsrechtslehre thematisiert insbesondere die Ziele und Zwecke des staatlichen, politischen Handelns. Unter diesem Gesichtspunkt liegen auch moralphilosophische Fragen nahe. Dies gilt z. B. hinsichtlich des Problems von Gleichheit und Freiheit in der Demokratie. Von der antiken Tugendlehre bis hin zu Diskussionen um moralische und politische Freiheit stellen Werte einen zentralen Untersuchungsgegenstand politischer Theorie dar.

Für die Methode der Darstellung ergibt sich aus diesen Überlegungen das in Abbildung 1.1 visualisierte Set von Darstellungskriterien. Die Theorien werden nach diesen

Kriterien besprochen, allerdings werden nicht alle Kriterien auf jede der Darstellungen angewendet, sie haben exemplarische Funktion.

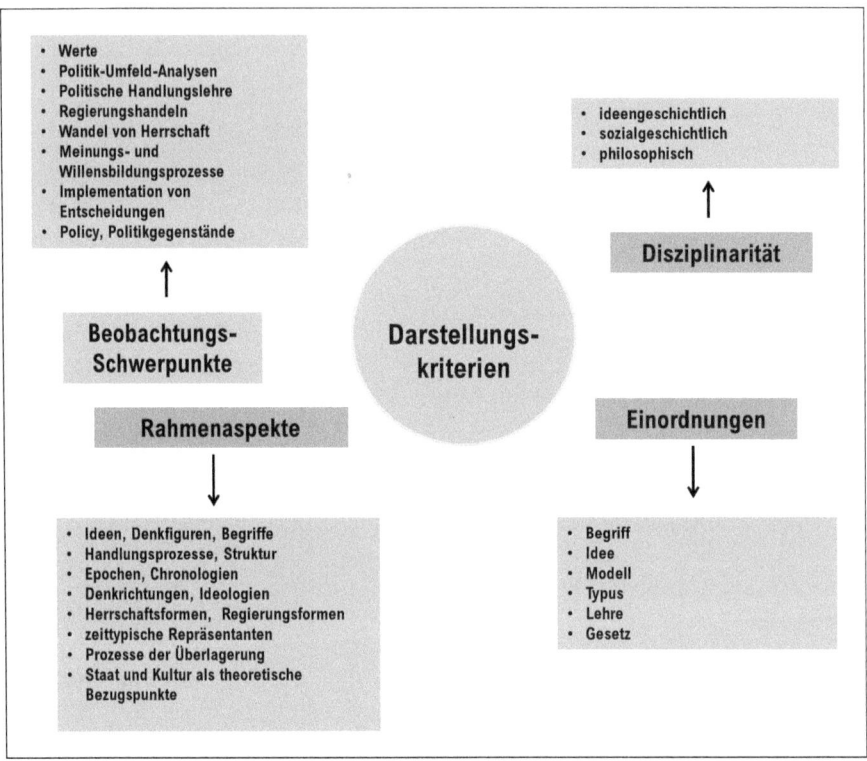

Abb. 1.1: Darstellungskriterien politischer Theorien (eigene Darstellung)

1.2.6 Zusammenfassung

Die Darstellung politischer Theorien bedarf einer methodischen Einordnung. Diese ergibt sich daraus, dass ein spezifisches Verhältnis zwischen wissenschaftlichen politischen Theorien und Theorien der Politik im Alltag besteht. Bei der wissenschaftlichen Betrachtung politischer Theorien kann nicht außer Acht gelassen werden, dass sie selbst auch politisch wirken kann. Dementsprechend sind politische Theorien von Utopien und Ideologien zu unterscheiden. Die Darstellung politischer Theorie beinhaltet ihre Synthese, Analyse und Bewertung. Insofern kann sich die wissenschaftliche Darstellung politischer Theorien methodisch nicht gänzlich normativen Aspekten entziehen. Die politischen Theorien werden im Folgenden chronologisch vorgestellt, wenn auch in der Literatur zum Ausdruck kommende weitere Konzeptionen der politischen Theoriegeschichte von Fall zu Fall berücksichtigt werden. Die Rezeption der klassischen Ideen erfolgt in der Regel im Rahmen von subjektiven, individuellen Wahrnehmungen, Ausgangspunkten und Leseinteressen. Möglicherweise stellen sich dementsprechende Fragen an dieses Kapitel heraus. Als Lektüreanregung werden die folgenden allgemeinen Leitfragen empfohlen.

Allgemeine Leitfragen als Lektüreanregung:

- Stimmt das in diesem Kapitel dargelegte Bild klassischer politischer Theorien mit meinem bisherigen Bild überein?
- Welche Anregung geben die dargelegten Denkkonstruktionen für heutige Diskussionen?
- Worin unterscheiden sich antikes Denken, mittelalterliche Theorien und das Denken der Neuzeit?
- Worin kann ich Kontinuitäten und Brüche politisch-theoretischen Denkens erkennen?
- Welche Rolle spielen die jeweiligen historischen Kontexte für die Kernaussagen politischer Ideen?

1.3 Sokrates

Sokrates

Sokrates lebte von 469 bis 399 v. Chr. in Athen, gilt als Gründer der abendländischen Philosophie und prägt damit das abendländische Denken bis heute. Es existieren keine originalen schriftlichen Dokumente seines Wirkens. Sein Denken wurde insbesondere durch Platon überliefert, der ihn in seinen Dialogen auftreten lässt (Kraut, 2017; Freely, 2012, S. 37). Insofern geht es bei der Überlieferung sokratischer Ideen von Anbeginn an um Sekundärliteratur, die teilweise zeitlich weit nach den berichteten Geschehnissen aufgezeichnet wurde. Dementsprechend breit sind die Spielräume der Auslegungen der Sokrates zugeschriebenen Zitate. Was als gesichert gilt, sind Hinweise auf seine Lebensumstände. Nails weist darauf hin, dass Sokrates ein unergründliches Rätsel bleibe und jedes Zeitalter, jede intellektuelle Wendung einen eigenen Sokrates geschaffen habe. Gleichwohl sei sein Einfluss weit über die Philosophie hinaus in jedem Zeitalter spürbar (Nails, 2018). Was bietet sokratische Philosophie heute für politisches Denken?

1.3.1 Philosophie als Verführung

In Athen waren die angesehenen Bürger, wenn sie nicht ihrem Erwerb nachgingen, verpflichtet, sich um die Angelegenheiten der Stadt zu kümmern. Sokrates scheint diese eher beobachtet zu haben, er selbst hielt sich wohl in diesem Engagement sehr zurück (Nails, 2018). Stattdessen verstand er sich als jemand, der anderen half, selbst zu erkennen, was real, wahr und gut sei (Chappell, 2013). Dies geschah in seinen Gesprächen, einer spezifischen Form des Lehrens, wobei er sich selbst nicht als Lehrer verstand, der Wissen zu vermitteln hätte. Es kam ihm darauf an, Neugierde zu wecken (Nails, 2018). Die Themen, um die es häufig ging, betrafen allerdings die Politik und die Politiker. Dies weckte Widerstände, sodass Sokrates wegen der Verführung der Jugend schließlich zum Tode verurteilt wurde; das „Leeren des Schierlingsbechers" gilt seitdem als Symbol der Gesetzestreue trotz der Überzeugung von der eigenen Unschuld (Nails, 2018). Über sein grundlegendes philosophisches Wirken beeinflusste Sokrates in hohem Maße das Denken politischer Ideen.

1.3.2 Moralisches Handeln: Wissen, Wahrheit, Ethik, Selbsterkenntnis

Berühmt sind bis heute die „sokratischen Dialoge" (Horster, 1994), in denen es um die Frage geht, was das Wesen einer bestimmten Denkkonstruktion sei. Themen der durch Platon überlieferten Dialoge sind unter anderem „Was ist Mut?" (Laches), „Was ist Selbstbeherrschung?" (Charmides), „Was ist Gerechtigkeit?" (Alkibiaden I; Republik 1), „Was ist Heiligkeit?" (Euthyphro), „Was ist Freundschaft?" (Lyse), „Was ist Tugend?" (Meno) (Platon, Politeia, 2005a). Diese Themen scheinen bis heute wichtig und auch ungeklärt zu sein oder sind zumindest in der Diskussion jeweils in ihrer Zeit immer wieder aktuell. Das Besondere an der Figur des Dialogs ist, dass dabei auf die Frage, was wahr und was falsch sei, eine Antwort gesucht und im Dialog gefunden werden kann. Begriffe wie Wahrheit und Tugend werden also nicht aus Transzendentalem oder aus Göttlichem abgeleitet, sondern aus der Kraft des Wissens.

> Aus dem sokratischen Dialog des Theaetetus stammt die Vorstellung, dass Wissen allein aus Wahrnehmung und nur Wahrnehmung konstruiert wird – eine Erkenntnis, welche das Denken bis heute beeinflusst. (Chappell, 2013)

Damit verbunden ist die Frage, was Wissen sei, und daher kommt es, dass diese Frage kaum beantwortet werden kann: Allenfalls kann gesagt werden, was Wissen nicht ist (Chappell, 2013). Damit wird der Grundgedanke des Konstruktivismus vorweggenommen: Wissen bildet sich durch Sinneswahrnehmungen, nicht durch eine „objektive" Welt.

Somit haben wir es bei Sokrates bereits mit einer Denkstruktur zu tun, die das Wissen relativiert und insofern politisches Handeln, das mit dem Argument des Wissens arbeitet, stets kritisch sieht: Es ist zu überprüfen, was als wahr bzw. falsch zu erkennen ist. Sokrates fragte nach dem Wesen der Dinge (Horster, 1994), Sachverhalte lassen sich nach „wahr" und „falsch" unterscheiden.

> Sokrates begründet moralisches Handeln mit der Vernunft, Ethik wird zu einer Sache des Wissens.

„Für Sokrates war das Wissen um moralische Werte die hinreichende Bedingung für das richtige Handeln: Wer das Gute erkennt, wird es auch tun" (Grabner-Haider, 2012, S. 30). Dementsprechend unterliegt derjenige, der nicht moralisch handelt, einem Irrtum, weil er das moralische Gesetz nicht kennt. Daraus folgt: „Es ist immer falsch, einen Mitmenschen zu schädigen. Folglich darf ein Unrecht nicht mit einem Unrecht vergolten werden […]. Vereinbarungen und Versprechungen gelten nur dann, wenn sie gerecht sind. Wenn sie ungerecht sind, müssen sie nicht eingehalten werden (Grabner-Haider, 2012, S. 31). An seinem eigenen Beispiel zeigt Sokrates, dass er die Gesetze akzeptiert. Zwar war er zu Unrecht angeklagt, doch sah er sich an die bestehenden Gesetze gebunden und verzichtete auf die ihm offenstehende Flucht, sondern nahm den Giftbecher, der ihn zu Tode brachte. Dahinter steht eine weitere Erkenntnis: „Jeder muss sich selbst erkennen, um die sittliche Tugend zu verwirklichen. Wenn ich weiß, wer ich bin, dann erkenne ich, was ich tun soll" (Grabner-Haider, 2012, S. 31; Niedermaier, 2017, S. 20ff.).

1.3.3 Zusammenfassung

Grabner-Haider resümiert Sokrates' Bedeutung für das politische Handeln folgendermaßen: „Sokrates starb für seine moralischen Überzeugungen, er wolle kein Unrecht tun. Damit ist er für unsere Kultur zum Vorbild der aufrechten Vernunft geworden: die Aufgabe der Philosophie liegt zum einen im kritischen Denken, zum anderen im gut geführten Leben" (Grabner-Haider, 2012, S. 32; Schwaabe, 2008, S. 21). Sokrates gilt als ein Mensch, dem es gelang zu inspirieren. Die Inspiration liegt in den von ihm angelegten Thematiken, nicht zuletzt aber auch in der Form des Philosophierens und der Methode des Dialogs. Dabei ist die Rolle Platons zu beachten. Durch die von ihm aufgezeichneten Dialoge will er zeigen, wer Sokrates war und was sein Denken repräsentiert. Aber Platon ist nicht einfach der Überlieferer dessen, was Sokrates in seinen Dialogen thematisierte; es ist immer auch Platon selbst, der in diesen Dialogen wirkt (Kraut, 2017).

1.4 Platon – Einsicht in die Vernunft

Platon

Platon lebte von ca. 429 bis 347 v. Chr. Er bietet der abendländischen Philosophie ein weites Spektrum und beeinflusste maßgeblich alle grundlegenden Themen politischer Theorie (Kraut, 2017). Die Wurzeln seines Denkens werden sozialhistorisch und ideengeschichtlich in seinen eigenen Erfahrungen mit unterschiedlichen Herrschaftsformen gesehen. Platon entstammte der Aristokratie Athens, seine Familie war politisch in verschiedenen Regierungsfunktionen vertreten. Platon war Schüler des Sokrates. Unter anderem aus dem Erleben einer damals in Athen wirkenden tyrannischen Herrschaft und des mit dieser Tyrannei zusammenhängenden erzwungenen Selbstmords des Sokrates, begangen aus Treue zu den Gesetzen trotz der Möglichkeit der Flucht, erwuchs Platons Kritik an der Funktionsfähigkeit des Staats. Aus dieser Kritik schloss er, dass Philosophen zu Herrschern im Staat werden sollten (Pfetsch, 2019, S. 51f.; Reese-Schäfer, 2016, S. 20). Dem vorausgegangen war allerdings auch, dass er selbst als Berater eines Politikers im Umfeld des sizilianischen Tyrannen Dionysus I. tätig war und in diesem Zusammenhang versklavt worden sein soll; daraufhin gründete er nach seiner Befreiung in Athen seine Akademie und im Rahmen seiner Schule verfasste er die „Politeia" (Platon, Politeia, 2005a), das zentrale Werk seiner Philosophie und politischen Theorie (Pfetsch, 2019, S. 50; Reese-Schäfer, 2016, S. 12). So war das Leben Platons geprägt durch „Unruhen, Instabilitäten und Krisen" (Pfetsch, 2019, S. 51), die ihn zur Entwicklung seiner staatsutopistischen Ideen (welche für ihn jedoch keine Utopien waren) veranlassten (Ottmann, 2001, S. 23).

Möglicherweise hängt es auch mit diesen Unsicherheiten zusammen, dass Platon in seinen Dialogen selbst keine Stellung bezieht, sondern immer andere sprechen lässt. Somit stellt sich grundsätzlich die Frage, ob von einer Philosophie Platons gesprochen werden kann oder ob es sich um die Spiegelung von Meinungen seiner Gesprächspartner (welche tatsächlich existierten) handelt:

> Da er selbst in keinem seiner Dialoge etwas bejaht, können wir uns jemals auf sicherem Boden befinden, wenn wir ihm eine philosophische Lehre zuschreiben (im Gegensatz zu einer seiner Figuren)? Hatte er selbst philosophische Überzeugungen, und können wir herausfinden, was sie waren? Sind wir berechtigt, von „der Philosophie Platons" zu sprechen? Oder, wenn wir Platon selbst einen Blick zuschreiben, sind wir untreu gegenüber dem Geist, in dem er beabsichtigte, dass die Dialoge gelesen werden? Ist es sein Sinn, die Leser seiner Werke davon abzuhalten, zu fragen, was ihr Autor glaubt, und sie stattdessen zu ermutigen, einfach nur die Plausibilität oder Unglaubwürdigkeit dessen zu berücksichtigen, was seine Figuren sagen? Hat Platon deshalb Dialoge geschrieben?

> Wenn nicht aus diesem Grund, was war dann sein Zweck, wenn er davon absah, sein Publikum auf eine direktere Weise anzusprechen? (Kraut, 2017)

Somit stellen letzten Endes alle Darstellungen platonischer Philosophie eine Filterung derjenigen dar, die die zentralen Aussagen seiner Dialoge interpretieren. Platons Philosophie wird zwar als grundlegend für das abendländische Denken angesehen, doch ist er zugleich, wie die Kritik an ihm zu verschiedensten Zeiten der Philosophie zeigt, durchaus umstritten (Schwaabe, 2008, S. 39f.).

1.4.1 Staat – Staatsmann – Gesetze: Dialog

Für die politische Theorie sind besonders maßgeblich die Schriften:

–   „Der Staat – Politeia" (Platon, Politeia, 2005a),
–   „Der Staatsmann – Politikos" (Platon, Politikos, 2005b) und
–   „Die Gesetze – Nomoi" (Platon, Nomoi, 2005c).

Hinweis: „Platon in Bagdad"

Platons Schriften wurden nicht alle von ihm selbst verfasst bzw. dokumentiert, sondern auch durch die Schüler seiner Akademie. Der weite Weg seiner Bücher in die heutige Zeit hat Übersetzungen vom Altgriechischen über das Arabische ins Lateinische und schließlich in die heutigen Sprachen hinter sich.

Bereits die Rezeptionsgeschichte der für das europäische Denken grundlegenden Klassiker des Altertums ist interessant: Deren Überlieferung erfolgte keineswegs „geradlinig" durch entsprechende Übersetzungen. Vielmehr gerieten die griechischen Klassiker nach ihrer Rezeption in der römischen Antike in Vergessenheit, kamen aber, aufbewahrt in der arabischen Welt, über die muslimische Expansion im Mittelalter nach Spanien (Cordoba, Toledo) und damit nach Europa zurück als verlorenes, aber wiedergefundenes Wissen (Freely, 2012, S. 99ff., 183ff.). Damit ist es wesentlich der Rezeption griechischer Schriften durch Muslime, nestorianische Christen, Sabier und Juden zu verdanken, dass die Grundlagen des „abendländischen Denkens" erhalten blieben.

Ein Nebenaspekt dieses Wegs ist, dass Platons Ideengut Ergebnis des Austauschs vieler Kulturen ist (Freely, 2012, S. 7ff.).

Das Besondere an diesen Schriften ist, dass sie dialogisch verfasst sind:

> Platon vergleicht das geschriebene Wort mit dem Gespräch und lässt Sokrates (ein Dialogpartner in vielen seiner Dialoge) ausführen, dass nur das lebendige Gespräch wahres Wissen lehren könne, da es auf seinen Partner eingeht. Die Personen des Dialoges können ihre Behauptungen erklären und verteidigen (Pfetsch, 2019, S. 52).

Platon spricht nie direkt zu seinem Publikum, sondern nur durch die Stimmen der Dialogpartner: das Bejahen, Zweifeln, Hinterfragen, Argumentieren etc. überlässt er seinen Gesprächsteilnehmern. So werden alle, die seine Schriften zur Kenntnis nehmen und interpretieren, letzten Endes von ihm selbst dazu angehalten, über die behandelten Themen nachzudenken und sich ein eigenes Bild zu machen. Mit dieser Form, die einer politischen Debatte ähnelt, wird eine soziale Realität vermittelt: Oft beginnen die Dialoge mit einer Darstellung des Orts der Diskussion – einem Besuch in einem Gefängnis, einem wohlhabenden Herrenhaus, einer Feier, einem religiösen Fest, einem Besuch im Gymnasium, einem Spaziergang außerhalb der Stadtmauer oder einem langen Spaziergang an einem heißen Tag (Kraut, 2017). Damit wird die Realität des sozialen Umfelds in den Dialog einbezogen, der somit nicht als abgehobene Philosophie gelten kann, sondern als lebendiger Ausdruck einer politischen Kultur. Da diese Debatten äußerst vielseitig sind und sehr unterschiedliche Standpunkte zum Ausdruck bringen, stellt die Dialogform ein wertvolles Beispiel für politische Kommunikation und Dialogbereitschaft dar (Kraut, 2017; Ottmann, 2001, S. 22ff., 80ff.).

In Platons Schriften steckt die Überzeugung, dass das eigene Denken eine entscheidende Rolle spielt und nicht etwa abgeleitete Konstruktionen. Die Relativität, die darin zum Ausdruck kommt, gibt wichtige Hinweise für aktuelle Diskussionen um Politik (Llanque, 2016) und deren Denkkonstruktionen („politisches Framing") (Wehling, 2016). Dies zeigt auch, dass politisches Philosophieren lebendig und unvollendet ist und stets nach einem eigenen Beitrag derjenigen verlangt, die politische Theorien zur Kenntnis nehmen (Kraut, 2017).

Die Auslegung von Platons Schriften hat dementsprechend zu unterschiedlichen Einschätzungen geführt:

- die Politeia wird als ideale Staatsverfassung betrachtet, die sich vornehmlich mit dem Thema der Gerechtigkeit auseinandersetzt,
- die Nomoi werden als beste politische Ordnung angesehen, „[...] weil die Mittel der Verwirklichung einer gerechten Ordnung und Ermöglichung eines guten Lebens nicht, wie in der Politeia, in idealisierter Form angedacht, sondern stärker auf reale Bedingungen bezogen sind. An die Stelle des weisen Herrschers tritt die Herrschaft des Gesetzes" (Pfetsch, 2019, S. 53).

1.4.2 Das Reich der Ideen

Bis heute werden in den politischen Theorien Themen diskutiert, die Platon bewegten, etwa Gerechtigkeit, Staat, Gesetz, Wahrheit, Gleichheit, das Gute, die Güte, das Glück. Diese Begriffe sind, wie Pfetsch sagt, zwar zeitgebunden, sie haben aber über die griechische Zeit hinausweisende Bedeutung: „Dass Regierungen ihr Handeln auf Gerechtigkeit, Glück oder Glückseligkeit ausrichten sollen, sind auch heute Maximen" (Pfetsch, 2019, S. 59), und damit sind zugleich Vorstellungen verbunden, die jeweils ihre spezielle Bedeutung im historischen Kontext erhalten.

Allerdings ist zu beachten, dass Platon zwischen einer Welt, die uns fehlerhaft erscheint, und einer Welt im perfekten Reich der Ideen unterscheidet.

Das bedeutet, Politik und Leben sind zunächst immer nur in der uns zugänglichen, von Fehlern belasteten und unvollständigen Weise bestimmt. Anders das Reich der Ideen, welches das wirkliche Wesen dieser Begriffe mit ihren entsprechenden Eigenschaften repräsentiert:

> Als Denker des Denkens lag es nun für Platon nahe, die Einzeldinge als gleich gültige Erscheinungsformen zu betrachten, die mal so und mal anders sein könnten, während er annahm, dass die Idee sich immer gleich bliebe und deshalb gerade das einzig Beständige sein müsse. Nicht die gleichgültigen Einzeldinge konnten die wahre Wirklichkeit ausmachen, sondern diese konnte nur in den Ideen selbst aufgefunden werden. Deshalb haben die Ideen bei Platon einen ontologischen Vorrang vor der kontingenten Materialität. (Reese-Schäfer, 2016, S. 16)

In Platons Denken erschließt sich das Reich der Ideen den Philosophen. Diese Denkfigur unterscheidet also zwischen dem, was Menschen gewöhnlich wahrnehmen, und einer Wirklichkeit, die außerhalb dieser begrenzten Wahrnehmung liegt, doch von Philosophen erkannt werden kann (Kraut, 2017).

Reese-Schäfer weist darauf hin, dass die Vorstellung von der Welt der Ideen Platon zu einem direkten Antipoden des Denkens von Marx mit seinem Vorrang der materiellen Basis vor dem Überbau der Gedanken, Ideologie und Ideen macht (Reese-Schäfer, 2016, S. 16).

Grundlage und Ausgangspunkt des platonischen Denkens ist eine Analyse des politischen Systems. Er sieht den Mangel der attischen Demokratie darin, dass nicht die Werte, das Gute, handlungsleitend seien, sondern die „mehr oder weniger zufälligen Wünsche und Bedürfnisse des Menschen" (Llanque, 2016, S. 13). Die Lösung der daraus resultierenden Probleme sah er in einer Herrschaft der Philosophen, die an die Stelle der Demokratie treten solle (Llanque, 2016, S. 14; Niedermaier, 2017, S. 40f.). Diese Überlegungen ergeben sich unter anderem aus der folgenden Kritik an der Demokratie:

- Politiker sind nicht in der Lage ihre Mitbürger zu erziehen, stattdessen schmeicheln sie ihnen;
- weder Politiker noch Bürger verfügen über das erforderliche Wissen, um Fragen der Politik angemessen beurteilen zu können;
- statt auf Wahrheitssuche zielt Politik lediglich auf die Formung von Meinungen (Llanque, 2016, S. 14).

Platons Kritik richtet sich auch gegen soziale Institutionen wie Familie, Erziehung und Privateigentum. Seine Kritik an den von ihm gesehenen und erfahrenen politischen Strukturen bezieht sich auch auf Abstimmungsverfahren, Strafen, Bildung, Gesetzgebung oder die Beaufsichtigung der Verwaltung (Kraut, 2017). Alle diese Themen sind Gegenstände verschiedenster Betrachtungen und somit Themen, die bis heute aktuell sind (Reese-Schäfer, 2016, S. 22f.).

Durch seine Kritik kommt er zu der Überzeugung, dass an die Stelle gleichrangiger Meinungen der Bürger ein davon unabhängiges Expertenwissen treten sollte. Dies verdeutlicht Platon mit dem Bild der Steuerung eines Schiffs:

> Die Eigner des Schiffes (gemeint ist das Volk) seien zugleich seine Passagiere und erhöben unentwegt Forderungen, in welche Richtung das Schiff gesteuert werden solle; doch nur der Steuermann verfüge über das Wissen, das Schiff erfolgreich durch Wind und Wetter zu navigieren. (Llanque, 2016, S. 14f.)

Mit diesem Bild zeigt Platon auf, dass ein vernünftiger Anspruch auf die Lenkung des Staats das hierzu erforderliche Wissen voraussetze, und er kommt zu dem Ergebnis, dass nur Philosophen dazu in der Lage seien (Llanque, 2016, S. 15). Doch wie ist der Idealstaat aufgebaut?

1.4.3 Antike Regierungslehre

Die antike Regierungslehre geht von einem ständigen Wandel der politischen Ordnungen aus. Diese werden unterschieden in:

1. Aristokratie, Monarchie: Regierung der Besten, auf das allgemeine Gute und Gerechte ausgerichtet;
2. Timokratie: ambitionierter Herrschaft, die auf Überlegenheit ausgerichtet ist;
3. Oligarchie: Herrschaft der Reichen;
4. Demokratie: Herrschaft freier Männer;
5. Tyrannei: Herrschaft der Ungerechten. (Pfetsch, 2019, S. 58)

Der Wandel wird von Platon unter anderem auf den Wechsel der Stände (z. B. Reich gegen Arm, Erwerbsstand gegen Kriegerstand), Ehrgeiz, Unzufriedenheit und Freiheitsstreben zurückgeführt. Dieser Wandel war für Platon unzuträglich, denn er verfocht Stabilität als etwas Göttliches (Pfetsch, 2019, S. 58; Schwaabe, 2008, S. 32ff.). Mit seiner politischen Philosophie sucht Platon nach dieser Stabilität, welche auf dem Prinzip der Gerechtigkeit beruht und in einem idealen Staat verkörpert wird (Ottmann, 2001, S. 80f., 90ff.).

1.4.4 Gerechtigkeit

Gerechtigkeit gehört, wie oben angedeutet, zu den zentralen sokratischen Themen. Platon betrachtet Gerechtigkeit zum einen unter dem Aspekt des Individuums und zum anderen unter dem Aspekt der politischen Verfassung (Schmidt, 2021, S. 168; Ottmann, 2001, S. 25ff.). Gerechtigkeit spielt in ihrer Widersprüchlichkeit im platonischen politischen Denken eine zentrale Rolle. Dies kann insbesondere auf zwei Positionen zugespitzt werden.

Die erste Position wird im Dialog des Sokrates mit Trasymachos dessen Position zugeschrieben. Demnach bedeutet Gerechtigkeit nichts anderes als den Vorteil des Stärkeren, denn jede Regierung gebe sich ihre Gesetze zum eigenen Vorteil:

> Jede Regierung gibt doch die Gesetze mit Rücksicht auf das, was ihr zuträglich ist: die Demokratie demokratische, die Tyrannis tyrannische und die anderen ebenso. Wenn sie sie gegeben, so haben sie damit ausgesprochen, dass dies, das ihnen Zuträgliche, für die Regierten gerecht sei, und den, der das übertritt, bestrafen sie als einen Gesetzesübertreter und Frevler. Das also, mein Bester, ist das, was ich meine, dass in allen Staaten das nämliche gerecht ist, nämlich dass der bestellenden Regierung Zuträgliche. (Platon, Politeia, 2005a, S. 338)

Mit dieser Position definiert Trasymachos im Grunde nicht den Begriff „Gerechtigkeit", sondern leitet ihn von der Macht und egoistischen Antrieben der handelnden Personen ab. Damit ist eine erste machttheoretische Position gebildet, an welcher später unter anderem der Machiavellismus ansetzt; Verträge beruhen auf dem Recht des Stärkeren (Reese-Schäfer, 2016, S. 13f.; Zehnpfennig, 2020, S. 18ff).

> Der Dialog mit Trasymachos ist nicht allein intellektueller Art. Vielmehr zeigt er den politisch-kulturellen Hintergrund derartiger Debatten auf. Sokrates hatte ihn eingeladen, um unter anderem die Frage der Gerechtigkeit zu diskutieren: Trasymachos verlangt für seine Antwort als guter Sophist, der von seiner Weisheit lebt, ein Honorar. Offenbar

> lässt er sich dann aber doch zu einem kostenlosen Diskurs überreden, auch wenn einige der Gesprächsteilnehmer das Angebot machen, anstelle von Sokrates die Bezahlung zu übernehmen. (Reese-Schäfer, 2016, S. 13)

Diesem machttheoretischen Verständnis von Gerechtigkeit setzt Sokrates laut Reese-Schäfer folgendes Argument entgegen: „Das Gerechte soll also das für die jeweilige Regierung Vorteilhafte sein. Was nun aber, wenn diese sich täuscht und ungewollt etwas für sie Schädliches anordnet? Wäre das auch gerecht?" (Reese-Schäfer, 2016, S. 14). Mit dieser Frage zeigt Sokrates auf, dass Herrscher dann das Richtige tun, wenn sie für ihre Untergebenen das Richtige tun, nicht jedoch das, was lediglich ihnen selbst nutzt (Reese-Schäfer, 2016, S. 14). Ungerechtigkeit mache Staaten unfähig, sich als Ganzes für etwas einzusetzen (Reese-Schäfer, 2016, S. 15). Hingegen sei Gerechtigkeit besser als Ungerechtigkeit (Reese-Schäfer, 2016, S. 17). Die zweite Position vertritt Sokrates (und mit ihm Platon): „Gerechtigkeit sei eine metaphysische Idee, deren Inhalt absolut, ewig, objektiv und unabhängig von menschlicher Konvention sei" (Reese-Schäfer, 2016, S. 25).

Für die politische Theorie kennzeichnend ist die Auffassung, dass sowohl einzelne Menschen als auch der Staat insgesamt gerecht sein können: „[D]a der Staat größer ist, kann man an ihm leichter, nämlich sozusagen im Vergrößerungsglas, das Gerechte erkennen" (Reese-Schäfer, 2016, S. 17).

Damit handelt es sich, wie Reese-Schäfer hervorhebt, um die Personalisierung des Politischen (Reese-Schäfer, 2016, S. 17), sodass man sagen kann, derjenige, der als einzelne Person gerecht handelt, ist auch in der Lage, politisch gerecht zu handeln.

> Die größte Strafe aber ist, dass man von einem Schlechteren regiert wird, wovor man nicht selbst regieren mag. (Platon, Politeia, 2005a, S. 347)

Dies zeigt sich auch in der Analogie von Mensch und Staat. Das Individuum besteht nach Platon aus natürlichen Teilen der Seele, nämlich der Vernunft, dem Eifer (bzw. Mut) und dem Begehren. Dementsprechend besteht auf der individuellen Ebene Gerechtigkeit als psychische Verfassung, in der jeder Seelenteil das Seinige tut. Es gibt aber auch ungerechte Verfassungen der Seele, die sich im Charakter eines timokratischen, oligarchischen, demokratischen oder tyrannischen Menschen zeigen. Parallel dazu ist das Gemeinwesen eingeteilt in die von Platon so genannten natürlichen Klassen des Staats, nämlich die Herrscher (bzw. vollkommene Hüter), Wächter (bzw. einfache Hüter, Helfer) und die erwerbstätige Bevölkerung. Gerechtigkeit als politische Verfassung ist dann gegeben, wenn jede Klasse das Ihrige tut. Ungerechte Verfassungen wären dementsprechend die Timokratie (Herrschaft der Militärs, die die

Bevölkerung ausbeuten), die Oligarchie (Herrschaft der Reichen über die Armen), die Demokratie (schrankenlose Freiheit der Bürger, Gesetzlosigkeit) und die Tyrannis (Willkürherrschaft einzelner Machthaber) (Schmidt, 2021, S. 185f.).

Platonische Analogien zwischen Mensch und Staat

Individuum	*Gemeinwesen*
Natürliche Teile der Seele – Vernunft – Eifer (bzw. Mut, Zorn) – Begehren	Natürliche Klassen des Staates – Herrscher (bzw. vollkommene Hüter) – Wächter (bzw. einfache Hüter, Helfer) – Erwerbstätige Bevölkerung
Gerechtigkeit als psychische Verfassung, in der jeder Seelenteil das Seinige tut	Gerechtigkeit als politische Verfassung, in der jede Klasse das Ihrige tut
Ungerechte Verfassungen der Seele – Timokratischer Mensch – Oligarchischer Mensch – Demokratischer Mensch – Tyrannischer Mensch	Ungerechte Verfassungen des Staates – Timokratie – Oligarchie – Demokratie – Tyrannis

Abb. 1.2: Platonische Analogien von Mensch und Staat (Schmidt, 2021, S. 186)

Die Analogien zwischen Mensch und Staat (Abb. 1.2) können somit, so Zehnpfennig, als eine Übersetzung der Seelenstruktur des Menschen in eine Staatsstruktur verstanden werden (Zehnpfennig, 2020, S. 21).

1.4.5 Der Idealstaat: elitär, gleich, gerecht

Merkmale des utopischen Staats sind:

a) die Ständegesellschaft (vor allem mit privilegiertem Wächterstand),
b) der Güter- und Landbesitz als Gemeineigentum des Wächterstands,
c) die Frauen- und Kindergemeinschaft beim Wächterstand,
d) die Erziehung,
e) der Philosophenstaat (Pfetsch, 2019, S. 54).

Ständegesellschaft: Den Hintergrund für das Gesellschaftsbild des Idealstaats bildet die Dreiteilung, wie sie sich in Sparta (Heloten: versklavt; Spartiaten: Krieger; Rat der Alten: Gerusia) darstellte und von Platon in fünf Stände umgewandelt wurde: (Voll-) Bürger, Erwerbsstand, Wächter, Kriegerstand und Philosophen. Dabei hatte die Gesellschaft eine teilweise egalitäre Ausrichtung, indem der Besitz von Gold und Silber z. B. in der Kriegerkaste Spartas verboten war.

- Güter- und Landbesitz: In den Nomoi wird die Größe des Besitzes so bemessen, dass er ausreichen soll, um sich zu ernähren. Die Folge der egalitäre Landteilung ist z. B. die Abschaffung der Wirkung ungleichen Eigentums,
- Wünsche gleichen sich an, keiner will mehr haben als der andere,
- es herrscht Friede, da niemand mehr haben kann als der andere.

Diese nahezu kommunistischen Grundlagen sind jedoch sehr eingeschränkt: Sie beziehen sich lediglich auf die oberste Klasse, wobei Philosophen zu Herrschern werden.

Familie/Moral: Frauen und Männer sind grundsätzlich gleich, Frauen können auch öffentliche Ämter wahrnehmen. Allerdings basiert dies auf einer gesellschaftlichen Selektion; nur die Tüchtigsten dürfen überleben, die Kinder der Tüchtigsten werden gemeinschaftlich aufgezogen, Kranke und Schwache werden selektiert (und möglicherweise getötet), Kinder werden für den Staat geboren.

Erziehung: Der ideale Staat basiert auf einer Erziehung, die musische Erziehung, sportliche Ertüchtigung, Allgemeinbildung, Dialektik und praktische Politik umfasst.

Philosophenstaat: Die Philosophen wissen abseits von der Tagespolitik um das Stetige und Unveränderliche. Ihr Blick sei auf das ewig Wahre gerichtet. Insofern stellen Philosophen eine Elite dar und seien zur Führung berufen. Allerdings sieht Platon auch Probleme darin, dass Philosophen bei aller Scharfsicht dennoch nicht immer die Fähigkeit zur Führung besitzen. Selten also würden Gerechtigkeit, Besonnenheit, Tapferkeit und Weisheit zusammenfallen und somit handele es sich um ein Ideal. (Pfetsch, 2019, S. 54ff.)

Pfetsch charakterisiert einige Merkmale von Platons Idealstaat folgendermaßen:

- gegen einen schlechten Zustand wird ein besserer konzipiert;
- das Idealmodell ist der Stadtstaat, der klein und überschaubar ist; [...]
- er ist nicht gewachsen aus eigenem Recht;
- er ist eine (relativ) geschlossene Wirtschaft, d. h., der Handel ist erschwert und stellt eine Art von kapitalistischer Subsistenzwirtschaft dar;
- es gibt Gemeineigentum von Land, Frauen und Kindern (beschränkt auf die obersten Schichten);
- er ist das Ideal, ein Musterbild von „schön und wahr";
- er besteht aus den Eugeniten, d. h., der Auswahl der „Besten";

- die Realisierung des Idealstaats ist zwar möglich, aber der Übergang zu ihm unterscheidet sich, mit Ausnahme der Erziehung, nicht von anderen;
- es gibt eine Klassengesellschaft, an der Spitze stehen die Philosophen, die sich am vorgegebenen Schönen, Guten und Waren orientieren;
- der Philosophenstand (Lehrstand) und der Wächterstand (Wehrstand) lebt vom Erwerbsstand (Nährstand);
- es herrscht eine reglementierte Ordnung;
- bei nivelliertem Land- und Geldbesitz ist die Lebensweise die der Mäßigung;
- geographisch soll die Stadt eine Mittellage einnehmen, d. h. sich im Zentrum befinden und die Bürger wohnen um den Stadtkern herum. (Pfetsch, 2019, S. 58f.; siehe auch Reese-Schäfer, 2016, S. 18f.)

Es ist eine Klassengesellschaft, in der es entsprechend den drei Seelenteilen des Menschen drei Klassen oder, wie meist übersetzt wird, Stände, gibt [...]. Der erste Seelenteil, der vernünftige, entspricht dem Stand der herrschenden Philosophen. Der zweite Seelenteil ist der Selbstbehauptungswille. Ihm entspricht der Krieger-bzw. Wächterstand. Der dritte Stand schließlich ist der Erwerbstand, der dem niedrigsten Seelenteil, dem Begehrungsvermögen oder auch dem Triebhaften entspricht. Wer zu welchem Stand gehören soll, richtet sich nach der Anlage, die im Prozess der Erziehung zum Ausdruck kommt. Ein Kind aus dem Erwerbsstand kann also, wenn es schon früh die entsprechende Begabung zeigt, aufsteigen und die Erziehung der Wächter bekommen. Doch auch Abstieg ist möglich und soll mitleidlos durchgesetzt werden. [...] Jeder soll seiner Natur entsprechend das Seinige und ihm Angemessene tun. (Reese-Schäfer, 2016, S. 18)

Die Ständegesellschaft wird nicht starr gedacht. Die Einteilung der Stände geschieht durch den Einfluss der Erziehung durch Leistung, nicht etwa durch Erbe. Somit kann im Grunde jeder aufsteigen, indem er durch entsprechendes Wissen für Führungsaufgaben im Staat seine Eignung nachweist.

Die ideale Lösung sieht Platon darin, Wissen und Macht miteinander zu verbinden. Als Grundlage sieht er die Gerechtigkeit, die wie in einen Organismus funktioniert: „Wie im Organismus, so müsse auch in der politischen Ordnung jedes Glied gemäß seiner Funktion bei der Lebenserhaltung integriert sein" (Llanque, 2016, S. 16; Zehnpfennig, 2020, S. 15ff.). Er ordnet den Ständen die Funktionen Ernährung, Bewachung und Führung zu. Die entsprechenden Tugenden sind Besonnenheit, Maß (Nährstand), Tapferkeit (Wehrstand) und Weisheit (Herrscherstand) (Ottmann, 2001, S. 35).

Beispiel

Platon differenziert die Notwendigkeit von Erziehung ständespezifisch:

„Die Erziehung der Angehörigen des Nährstandes solle früher abgebrochen werden als die der Wächter, doch nur die Philosophenkönige würden das volle Erziehungsprogramm durchlaufen, das erst im Alter von 50 Jahren abgeschlossen sei. Zur Erziehung gehören die körperliche ebenso wie die charakterliche und vor allem die intellektuelle Ausbildung. Auch Frauen sollten an der Auslese teilnehmen, da körperliche Unterschiede nicht den Ausschlag für die Standeszugehörigkeit gäben" (Llanque, 2016, S. 16).

Die Grundlage für die staatliche Ordnung sieht Platon also in der Erziehung. In dieser wird nichts dem Zufall überlassen. Besonders wichtig für die Stabilität des Staats ist der Wächterstand, der die politische Ordnung nach außen, vor allen Dingen aber auch nach innen garantiert. Dazu bedarf es entsprechender Charaktere und vor allem eines Ausrichtens des Handels auf das Gemeinwohl, nicht auf das Privatwohl. In ihrer Erziehung sollen die Wächter einen eigenen, in sich nicht differenzierten Stand darstellen. Um dies zu erreichen, sollen sie in einer Mütter- und Kindergemeinschaft aufwachsen und nicht Familien angehören. Jeglicher Besitz soll ihnen verboten sein. Der Philosophenkönig hingegen ist dank seiner Vernunft dazu in der Lage, das Gemeinwohl zu erkennen und zur Grundlage seines Handelns zu machen (Llanque, 2016, S. 16f.; Ottmann, 2001, S. 35ff.).

Doch wie gerät der Philosoph in jenen Stand, der ihn von den anderen Ständen so maßgeblich unterscheidet? Die Antwort darauf liegt im berühmten, nachfolgend zitierten Höhlengleichnis. In diesem wird gezeigt, dass einige wenige in der Lage sind, Erkenntnisse zum Wesen der Ideen zu gewinnen, im Unterschied zu jenen, welche im trügerischen Schein der Einzeldinge verbleiben.

Stelle dir nämlich Menschen vor in einer höhlenartigen Wohnung unter der Erde, die einen nach dem Lichte zu geöffneten und längs der ganzen Höhle hingehenden Eingang habe, Menschen, die von Jugend auf an Schenkeln und Hälsen in Fesseln eingeschmiedet sind, so dass sie dort unbeweglich sitzen bleiben und schauen nur vor sich hin, aber nach links und rechts die Köpfe wegen der Fesselung nicht umzudrehen vermögen. Licht haben sie von oben von der Ferne von einem Feuer hinter ihnen. Zwischen dem Feuer und den gefesselten sei oben ein Querweg, längs diesem denke dir eine kleine Mauer erbaut, ähnlich wie die Schranke, die Gaukler vor dem Publikum haben, über die sie ihre Kunststücke zeigen. [...]

So stelle dir nun weiter vor, längs dieser Mauer trügen Leute allerhand über diese hinausragende Gerätschaften, auch Menschenstatuen und Bilder von anderen lebenden

---

> Wesen aus Holz, Stein und allerlei sonstigen Stoffe, während, wie natürlich, einige der Vorübertragenden ihre Stimme hören lassen, andere schweigen. [...] Haben wohl solche Gefangene von ihren eigenen Personen und voneinander etwas anderes zu sehen bekommen als die Schatten, die von dem Feuer auf die ihrem Gesicht gegenüberstehende Wand fallen? (Platon, Politeia, 2005a, S. 514f.)

Außer dem Philosophenstand sieht Platon alle Menschen hinsichtlich ihrer Erkenntnisfähigkeit als Höhlenbewohner, die dementsprechend das, was sie wahrnehmen, als die Wirklichkeit wahrnehmen. Anders verhält es sich mit dem Philosophen:

> Der Philosoph, der sich aus der Höhle zur Sonne hinausgearbeitet hat, wird zunächst geblendet sein und gar nichts sehen. Erst nach Gewöhnung wird er die Wirklichkeit wahrnehmen, wie sie ist. Kommt er dann in die Höhle zurück, wird niemand seinen Bericht hören wollen und keiner ihm glauben. Er wird im Dunkeln sich zunächst nicht zurechtfinden und von den Höhlenbewohnern verspottet und ausgelacht werden. Wer die Idee des Guten einmal geschaut hat und dann wieder hinabsteigt in die Jammerwelt der Menschen, der wird sich ungeschickt benehmen und lächerlich erscheinen. Kann man diesen Leuten die Herrschaft anvertrauen? Die sokratische Antwort: Es ist politisch gesehen besonders ungefährlich, wenn diejenigen an der Regierung sind, die aufgrund ihrer Veranlagung und ihres Bedürfnisses zur Reflexion am wenigsten darauf aus sind, zu herrschen. Sie werden am wenigsten ihren eigenen Vorteil suchen und am ehesten dem Gemeinwohl dienen. Der Hungerleider und Geldgierige dagegen wird als Erstes darauf achten, sich selbst zu bereichern. (Reese-Schäfer, 2016, S. 20f.; Bezug auf: Platon, Politeia, 2005a, S. 520)

Den Philosophen zeichnet es aus, dass „er sich nicht mit bloßer Meinung zufriedengibt, sondern nach Erkenntnis sucht" (Zehnpfennig, 2020, S. 25). Mit ihrem Wissen werden Philosophen zu den geeigneten Personen, Staaten zu führen oder zumindest den Herrscher zu beraten: Ihr Wissen ist imperativ (Schwaabe, 2008, S. 36; Zehnpfennig, 2020, S. 25ff.; Becker, 2021, S. 80ff.).

Die Weltfremdheit, die in ihrer Rolle liegt, wie auch die Konstruktion des idealen Staats insgesamt führt dazu, dass Platon in den Nomoi eine weitere, realistischere Variante staatlicher Ordnung entwickelt (Platon, Nomoi, 2005c). So erkennt er, dass im Herrschaftsmodell des idealen Staats die Vermittlung der entsprechenden Entscheidungen an das Volk als nicht gelöst gilt: „Es ist unklar, ob die gerechte Herrschaft aufgrund ihrer Gerechtigkeit auch tatsächlich bei den Beherrschten auf Akzeptanz stößt" (Llanque, 2016, S. 17). In einer zweiten Variante wird die Alleinherrschaft des Philosophenkönigs durch eine Gremienherrschaft ersetzt. Der Staatsmann erhält nun moderierende Funktionen: „Was den Staatsmann auszeichnet […], verdeutlicht er mit seinem Vergleich von politischer Kunst und Webkunst: So wie es beim Weben auf das Verketten und Ineinanderweben ankommt, so habe die politische Kunst die unterschiedlichen Temperamente und Tüchtigkeit zu verbinden, ineinander zu weben" (Schwaabe, 2008, S. 36). Der Staatsmann nähert sich damit dem Gemeinsamen, den Prinzipien von Maß und Mitte (Schwaabe, 2008, S. 36). Mitglieder dieser Gremien sind wiederum elitäre Experten. In nicht öffentlichen nächtlichen Sitzungen werden die als wahr und gerecht angesehenen politischen Maßnahmen erörtert. Diese Sitzungen unterliegen einer klaren politischen Kommunikation, denn mit den gefassten Beschlüssen wird zugleich „festgelegt, wie sie den Beherrschten vermittelt werden sollen, damit diese, welchen die Einsichtsfähigkeit in Wahrheit und Gerechtigkeit der Maßnahme fehlt, leichter Anordnungen Folge leisten" (Llanque, 2016, S. 18; Patzig, 2001, S. 45ff.). Verbunden wird die Verfassung mit Institutionen, die Machtmissbrauch wirkungsvoll verhindern sollen und sich gegenseitig kontrollieren: „Vollversammlung, Rat, Gerichtswesen, Gesetzeswächter" (Schwaabe, 2008, S. 37) gehören dazu und haben den Vorzug eines Höchstmaßes an Stabilität.

In „Politikos" unterscheidet Platon, laut Schwabe, nunmehr sechs Staatsformen:

> […] drei Formen von Gesetzesherrschaft (Monarchie, Aristokratie und Demokratie) und drei Formen gesetzlose Herrschaft (Tyrannei, Oligarchie und gesetzlose Demokratie). Dabei ist die Herrschaft der Gesetze in jedem Fall der gesetzlosen Herrschaft vorzuziehen. Am besten von den gesetzlichen Formen ist die Monarchie, sie steht dem Urbild der besten Stadt am nächsten. Von diesem am weitesten entfernt ist unter den gesetzlichen Formen die Demokratie. Denn von der Überzeugung, dass es immer weniger Gute und Erkennende gibt, weicht Platon nicht ab. Umgekehrt ist von den gesetzlosen Herrschaftsformen die Demokratie noch die erträglichste. Die Tyrannis bleibt die schlechteste aller Staatsformen. (Schwaabe, 2008, S. 36f.)

Politik kann aus sich heraus als Expertenpolitik legitimiert werden:

> Selbst die Demokraten suchten Experten für alle Lebensfragen auf und überantworteten sie nicht den Mitbürgern. Schuhe würden vom Schuster repariert und Krankheiten vom Arzt geheilt: warum [sic] überlasse man das wichtigste aller Gebiete, die Politik, dem gemeinen Volk, dem es an dem hierzu nötigen Wissen ermangelte? (Llanque, 2016, S. 18) Allerdings stellte sich Platon die Frage nach der Realisierbarkeit seines staatlichen Modells (Reese-Schäfer, 2016, S. 23).

1.4.6 Kritik

Mit Karl Popper (Popper, 2003, S. 104ff.) kritisiert Pfetsch Platon, weil sein Denken totalitäre Züge aufweise, und zwar in folgenden Punkten:

- Strenge Drei-Klassenteilung mit herrschender Klasse,
- Identifikation des Schicksals des Staates mit dem Schicksal der herrschenden Klasse;
- die herrschende Klasse hat das Alleinrecht auf kriegerische Tugenden, Ausbildung und Erziehung;
- das geistige Schaffen wird durch Zensur kontrolliert („Pressezensur");
- der Staat muss sich selbst versorgen können (Idee der Autarkie).
- Ferner konstatiert Popper bei Platon ein Führerprinzip: „der Weise soll führen und herrschen, der Unwissende soll ihm folgen." (Allmacht der Philosophen und damit Bevormundung).
- Diesem Führerprinzip eng verbunden ist die Erziehung, die als Selektionsinstitution dient und somit für die Führerauswahl verantwortlich ist. (Gleichmacherei durch Kindergemeinschaft, Frauengemeinschaft, Besitzgemeinschaft, d. h. Homogenisierung zum Zwecke der Beherrschung);
- Produkt der Erziehung (und nicht der politischen Praxis) ist der Philosoph, der fast allwissend und allmächtig ist;
- Zuchtwahl durch nicht kontrollierte Instanzen;
- die Privatsphäre wird öffentlich durch Vorschriften der Partnerwahl sowie durch Kindererziehung etc.;
- Reglementierung von Bewegungsmöglichkeiten,
- Kollektiv steht vor Individualität.
(Pfetsch, 2019, S. 60; siehe auch Reese-Schäfer, 2016, S. 17)

In Poppers Kritik, so Pfetsch, wird zudem darauf hingewiesen, dass der Begriff der Gerechtigkeit, der ja zentral für seine Philosophie ist, keineswegs dem heutigen Verständnis entspreche (z. B. Gleichbehandlung vor dem Gesetz). Vielmehr stünde Platons Begriff für das, was im Interesse des Staats liege, und dies bedeute die Aufrechterhaltung der Klassengesellschaft. Endzweck des Staats ist also die Stabilität des Staats. Platons Welt betreibe das Geschäft älterer Männer, die auf das Bewahren alter Dinge (konservativ) aus und nicht bereit seien, von der Initiative und der Originalität der Jüngeren zu lernen; dies habe seinen Grund vor allem darin, dass Platon die Veränderung und den Wechsel hasste (Pfetsch, 2019, S. 59f.).

Zu diesen kritischen Argumenten formuliert Pfetsch eine Gegenposition:

- Poppers Bewertung enthält einige Einseitigkeiten. So trifft die Gemeineigentumsidee nur für den Wächterstand, nicht für die übrige Bevölkerung zu, und Presse(-zensur) hat es in der Antike nicht gegeben.

- Gegen den Totalitarismusvorwurf muss das für den Verfassungsstaat Neuartige von Platons politischer Philosophie hervorgehoben werden, nämlich dass er das Recht als Grundlage der Politik betont hat und nicht [...] die Macht. Dass er Gerechtigkeit als Ordnung stiftendes Prinzip erkannt hat, dass die höchstmögliche Einheit in der Vielheit stiftet und dass er die Polis als Einheit begreift, die bei ihm mit den Entscheidungsformen der Seele vergleichbar ist.

- Platons Schriften dürfen nicht als Sozialtechnik handlungsanleitend verstanden werden, sondern eher als ideale Möglichkeitsform. Versuche, Platons Schriften handlungsanleitend zu verstehen, verkennen dann die Intention des Autors. (Pfetsch, 2019, S. 61) Die Kritik an bestimmten Konstruktionen der Aussagen Platons kann man auch durch die Dialogform mindern. Denn in ihr kommt zum Ausdruck, dass das Publikum zum Nachdenken gebracht werden soll und nicht etwa beabsichtigt war, Vorschriften zu formulieren. Insofern haben die platonischen Dialoge den Charakter eines Ausbildungsprogramms, welches darauf angelegt ist, sich mit den Argumenten und Schlussfolgerungen von Gesprächspartnern auseinanderzusetzen, bevor diese akzeptiert oder abgelehnt werden (Kraut, 2017). Eine Denkfigur, die der heutigen Debatte um politische Grundlagen durchaus nahekommt (Brown, 2017).

1.4.7 Zusammenfassung

Platon hatte ideengeschichtlich und philosophisch eine erhebliche Wirkung. Nicht nur Aristoteles bezieht sich als direkter Schüler auf ihn, sondern zahlreiche spätere Denker wie z. B. Augustinus, Montesquieu oder Rousseau (Pfetsch, 2019, S. 61). Historisch erfuhr er wenig Zustimmung zu seinem idealen Staat. Kant brachte zum Ausdruck, dass eine Philosophenherrschaft keineswegs zu erwarten und zu wünschen sei, so schreibt Reese-Schäfer, der auch darauf hinweist, dass die russische Revolution der vorläufig letzte Versuch einer Platon ähnlichen politischen Konzeption gewesen sei (Reese-Schäfer, 2016, S. 23). Allerdings finde sich im „Prinzip Verantwortung" von Hans Jonas ein Rückbezug, wenn eine Ökodiktatur auf der Basis wissenschaftlicher Erkenntnis die ökologische Krise überwinden könnte. Popper sieht in Platons Konstruktion ein autoritäres, totalitäres Staatswesen. Als modern empfindet Reese-Schäfer allerdings platonische Anknüpfungspunkte in der Frage Karl Poppers, wie politische Institutionen so organisiert werden könnten, dass es schlechten oder inkompetenten

Herrschern unmöglich sei, allzu großen Schaden anzurichten (Reese-Schäfer, 2016, S. 22f.; Schwaabe, 2008, S. 39).

Zusammengefasst beruht Platons Denken auf einem Konzept der Gerechtigkeit, das zwei weit auseinanderliegende Vorstellungen umfasst. Zum einen wird Gerechtigkeit als eine Idee angesehen, deren Sinn absolut, ewig, objektiv und unabhängig von menschlicher Konvention sei. Zum anderen besteht Gerechtigkeit als weltliches Phänomen, bei dem sich immer die Vorstellung von Gerechtigkeit durchsetze, die der Stärkste vertrete. Insofern ist Gerechtigkeit zugleich Macht. Die Staatsvorstellung besteht in einem aristokratischen Ständestaat, der unter anderem auf genauen Regelungen und einem selektiven Erziehungssystem beruht; es herrschen Philosophen, da ausschließlich diese die Gerechtigkeit zu erkennen vermögen. Platons Staat kennzeichnet andauernde Stabilität (Reese-Schäfer, 2016, S. 21ff.).

1.5 Aristoteles

Aristoteles (384–322 v. Chr.) studierte an der Akademie Platons und stand Philipp II. und Alexander dem Großen nahe. Ihr militärisches und politisches Wirken beeinflusste maßgeblich die politische Theorie des Aristoteles. Dies gilt insbesondere für den politischen Vergleich und die Staatsformen Monarchie und Demokratie. Seine Überlegungen verfolgten unter anderem die Absicht, Staatsmänner zu beraten bzw. zu leiten (Miller, 2017). Sein philosophischer Einfluss reicht von der Antike bis zur Renaissance und hat auch heute noch Relevanz. Dies betrifft unter anderem seine Logik, Ethik, Ästhetik, Rhetorik und vor allem die politische Theorie (Shields, 2015). Er widmete sich jedoch auch den Naturwissenschaften, der Ökonomie, der Medizin und der Mathematik. Insofern war Aristoteles ein Universalist, der sich den Grundfragen seiner Zeit widmete und dabei politische Theorien entwarf, die weit über seine Zeit hinausreichen sollten. Er gilt als Gründer der politischen Wissenschaft. Mit seinen Schriften wirkte er unter anderem auf die arabische Philosophie und wurde ab dem 12. Jahrhundert wieder in Europa wahrgenommen (Reese-Schäfer, 2016, S. 25; Jacobi, 2001, S. 54ff.).

Aristoteles

Aristoteles stammte aus Chalkidike (Makedonien) aus einer begüterten Familie und kam mit ca. 18 Jahren nach Athen, wo er Platons Schüler in dessen Akademie wurde (ca. 367 v. Chr.). Dort blieb er bis zu Platons Tod im Jahre 347 v. Chr. Nach seinem Weggang wurde er Lehrer des makedonischen Königssohns Alexander (Alexander der Große). 335 v. Chr., im Alter von etwa 50 Jahren, kehrte er nach Athen zurück und gründete dort eine eigene Schule (Pfetsch, 2019, S. 62).

1.5.1 Politische Wissenschaft: Empirie

Aristoteles' wichtigste Schriften hinsichtlich seiner politischen Theorie sind:

- „Die Nikomachische Ethik" (Aristoteles, Nikomachische Ethik, 2017), in der es um die Frage nach dem guten und glücklichen Leben in der Gemeinschaft geht,
- „Die Politik" (Aristoteles, Politik, 1989) mit der Frage nach den Einrichtungen der Politik und
- „Die Metaphysik" (Aristoteles, Metaphysik, 1991) mit der Frage nach der Ordnung von Herrschaft.

Zwar geht Aristoteles genau wie Platon von einem Ideal der Politik aus, seine Betrachtungsweise ist jedoch eine empirische (Pfetsch, 2019, S. 62ff.). Seine Methodologie beruht auf dem Prinzip sachgerechter Klarheit: „Also muss man sich schon damit begnügen, wenn bei der Behandlung solcher Dinge und solcher Voraussetzungen die Wahrheit nur in groben Umrissen zum Ausdruck kommt." (Aristoteles, Nikomachische Ethik, 2017, S. 7, 1094b20). Reese-Schäfer weist darauf hin, dass Aristoteles mit dem Begriff „Umriss", übersetzt aus dem griechischen *typos*, zugleich Einfluss auf die Wissenschaftssprache hatte, in der Typologien bis heute einen festen Platz haben (Reese-Schäfer, 2016, S. 27f.). Die exakte Betrachtung der „Gegenstände" weist auf den empirischen Ansatz hin, denn es kommt Aristoteles darauf an, die Untersuchungsgegenstände genau zu kennen (Jacobi, 2001, S. 56). Damit setzte er sich deutlich von Platon ab und kennzeichnete Politik als praktische Wissenschaft:

> Sie ist zwar die höchste der Wissenschaften, weil sie sich mit dem höchsten, alles zusammenführenden Gut befasst. Aber andererseits ist sie eine praktische Wissenschaft wie die Medizin [...] und keine theoretische Wissenschaft wie Mathematik oder Physik. Denn ihr Ziel ist nicht so sehr die Erkenntnis als vielmehr das Handeln. (Reese-Schäfer, 2016, S. 28)

Praktische Philosophie umfasst nach Aristoteles eine weite und eine enge Bedeutung (vgl. Tabelle 1.1).

Tabelle 1.1: Praktische Philosophie nach Aristoteles (Pfetsch, 2019, S. 78)

	Praktische Philosophie	
Weiteste Bedeutung	*Ethik*: Lehre vom Handeln des Individuums	*Politik*: Lehre vom Handeln des Individuums
Engste Bedeutung	*Ökonomie*: Lehre von der richtigen Führung der häuslichen Gemeinschaft	*Politik*: Lehre von der politischen Verfassung

Obwohl er damit eine empirische Fundierung der politischen Wissenschaft geschaffen hat, wird die Lehre Aristoteles' gleichwohl zu den normativen Ansätzen gezählt. Dies liegt an der klaren Zielsetzung, die er der politischen Theorie zuweist: „Jede Technik und jede Methode, desgleichen jedes Handeln und jedes Vorhaben zielt, wie es scheint, auf irgend ein Gut ab; deshalb hat man das Gute treffend als das bezeichnet worauf alles abzielt" (Aristoteles, Nikomachische Ethik, 2017, S. 5). Reese Schäfer resümiert diesen Gedanken folgendermaßen:

Das Gute also ist das Ziel, oder präziser gesprochen: das, was jeder anstrebt und für etwas Gutes hält. Die verschiedenen Handlungen, Künste und Wissenschaften erstreben natürlich verschiedene Güter: die Medizin die Gesundheit, die Ökonomik den Reichtum etc. Aristoteles sucht nun nach einem höchsten Gut, das alle anderen dieser Güter überragt und zugleich zusammenführt und zusammenfasst. Dieses höchste Gut ist das politische, weil in der Polis als Gemeinschaft alle diese Künste zusammenkommen [...]. Oder, präziser in der typisch aristotelischen Normativität ausgedrückt: Eine wohl organisierte Polis zeichnet sich dadurch aus, dass sie ausdifferenziert genug ist, alle diese wichtigen Fertigkeiten, Künste und Wissenschaften in sich zu vereinigen. Sie muss in diesem Sinne vollständig [...] sein, was nichts anderes heißt, als alles Wesentliche zu enthalten. (Reese-Schäfer, 2016, S. 28f.)

Dementsprechend stellt die politische Wissenschaft die Leitwissenschaft dar,

[...] denn diese bestimmt, welches Wissen es im Staat geben und welches und wie weit es der einzelne sich aneignen soll. Wir sehen, dass ihr sogar die am meisten geschätzten Kompetenzen, wie die Kriegskunst, die Haushaltsführung und die Redekunst, unterstehen. Indem sie sich aller anderen [...] Wissenschaften bedient und ferner festlegt, was zu tun und was zu lassen ist, so wird ihr Ziel die Ziele der anderen mit einschließen, so dass dieses das für den Menschen angemessene Gut ist. Wenn dieses auch für den einzelnen und für den Staat dasselbe ist, so scheint es doch wichtiger und vollkommener, das Gut des Staates zu erlangen und zu erhalten. Es ist zwar auch erfreulich, wenn das Gut für den Einzelnen erreicht wird, schöner aber und göttlicher ist es, wenn das bei einem ganzen Volk und bei Staaten der Fall ist. (Aristoteles, Niko-machische Ethik, 1991a, S. 6, 1094a)

Die Frage ist also, worauf das Gute beruht und worin es besteht.

1.5.2 Das Gute als Ziel der Gemeinschaft

Die aristotelische Antwort auf die Frage, was das höchste aller Güter sei, lautet, dass es sich um die Glückseligkeit *(eudaimonía)* handele (Reese-Schäfer, 2016, S. 29): „So-wohl die breite Masse als auch die Gebildeten nennen es Glück und unterstellen dabei, gut leben und sich wohl befinden wäre dasselbe wie glücklich sein. Was aber das We-sen des Glückes ist, darüber gehen die Meinungen auseinander und die breite Mas-se urteilt darüber ganz anders als die Gebildeten" (Aristoteles, Nikomachische Ethik, 2017, S. 9). An dieser Stelle ist bemerkenswert, dass die Frage nach dem Guten und der Glückseligkeit bzw. des Glücks zu einer soziologischen Analyse führt. Glückseligkeit, so differenziert Aristoteles, kann in Lust, Reichtum und Ehre bestehen und so nimmt er eine Zuordnung dieser Auffassungen vom Guten mit einer sozialen Dreiteilung vor.

Beispiel
- Die große Menge wählt die Lust in der Form des rohen Genusses. Sie ist sklaven-artig, indem sie das Leben des Viehs vorzieht. Das kaufmännische Leben hat etwas Gewaltsames an sich, und Reichtum ist offenbar nicht das gesuchte Ziel, sondern nur Mittel zum Zweck.
- Die gebildeten und energischen Menschen wählen die Ehre, die man auch als Ziel des politischen Lebens betrachten kann. Aber sie ist doch ein wenig zu oberflächlich, denn sie liegt wohl eher in den Ehrenden als in den Geehrten und kann deshalb leicht verloren gehen. Dies ist der *bios politicos*, die *vita activa*.
- Die höchste Lebensform ist aber die betrachtende, der *bios theoreticos*, die *vita contemplativa*. (Reese-Schäfer, 2016, S. 30)

Hier zeigt sich bei Aristoteles eine Ähnlichkeit zu Platon, wobei in dieser sozialen Dreiteilung eine deutliche Verachtung von Handel und Gewerbe im Unterschied zum hochgeschätzten philosophischen Leben zum Ausdruck kommt (Reese-Schäfer, 2016, S. 30). Eine erhebliche Differenz zu Platon liegt allerdings in der Rolle, die er dem

Philosophen als Betrachter *(bios theoreticos)* zumisst. Während Platon Philosophen als geeignete Staatslenker sieht, setzt Aristoteles Philosophen von Politikern ab: „Philosophie zu treiben ist für einen König nicht nur nicht notwendig, sondern sogar hinderlich; dagegen soll er auf wirkliche Philosophen hören und ihnen folgen" (Aristoteles, zit. nach Pfetsch, 2019, S. 77). Damit wird deutlich, dass Aristoteles der Wissenschaft, hier insbesondere bezogen auf Philosophie, eine maßgebliche Beratungsfunktion für das Regierungshandeln zuspricht.

Eine nähere Bestimmung des Guten, welches ja der Zweck des politischen Handelns sein soll, folgt in der aristotelischen Theorie nach Reese-Schäfer zusammengefasst in diesem Gedankengang: Ein vollkommenes Gut hat seinen Zweck in sich. Hingegen haben unvollkommene Güter einen anderen Zweck (Musikinstrumente dienen dazu, Musik zu machen; Reichtum dient dazu, sich ein gutes Leben zu verschaffen) (Reese-Schäfer, 2016, S. 30). Das vollkommene Gut ist hingegen selbst genügsam, da der Mensch entsprechend seiner Natur *(zoon politikon)* in der Gemeinschaft *(koinonia politiké)* lebt und die Gemeinschaft sich alle nötigen Güter verschaffen kann:

> Die Glückseligkeit ist in diesem Sinne autark, weil sie das Wünschenswerteste ist, zu dem nichts anderes mehr addiert werden muss. Sie ist das vollkommene Gut und damit das Endziel allen Handelns. Sie besteht in der Tätigkeit der Seele aufgrund ihrer jeweiligen besonderen Befähigung […] und dies wiederum das ganze Leben hindurch, denn ein einziger Tag macht noch niemanden glücklich und selig. (Reese-Schäfer, 2016, S. 30f.)

Denn auch umgekehrt gilt: Wenn der Endzweck des Staats das Gute ist, folgt daraus, „dass auch die Staatsbürger sich auf dieses Gute bezogen verhalten, also das Schöne und das Gute in sich vereinen, sich vor allem auch selbst tugendhaft verhalten" (Reese-Schäfer, 2016, S. 31; Pfetsch, 2019, S. 69). Hier sieht Aristoteles eine zentrale Aufgabe der Erziehung, da gerade auch im Frieden besondere Fähigkeiten der Bürger erforderlich seien. Somit müsse Erziehung die militärische Tapferkeit der Bürger und zugleich die intellektuelle Ausbildung zum Ziel haben (Llanque, 2016, S. 23; Aristoteles, Politik, 1989, S. 358f., 1334b).

> Daraus geht nun klar hervor, dass der Mensch ein von Natur aus staatsbezogenes Lebewesen ist. (Aristoteles, Politik, 1989, S. 78, 1252b)

1.5.3 Gesellschaft und Ökonomie

Wenn hier vom Menschen die Rede ist, so gelten die Annahmen des Aristoteles jedoch nicht für alle Menschen. Vielmehr sieht er einen Gegensatz zwischen Herrschenden und Beherrschten in jedem Sozialwesen, welches er naturrechtlich durch das Verhältnis von Herren und Sklaven bestimmt sieht. Hier kommt ein sozialökonomischer Aspekt zum Tragen. Der Staat sei zusammengesetzt aus mehreren Dorfgemeinschaften, eine Dorfgemeinschaft sei zusammengesetzt aus Familien: „[…] die Familie setzt sich aus Sklaven und Freien zusammen. Herr und Sklave (Herrenrecht), Mann und Frau (Eherecht), Vater und Kinder (elterliches Recht) stehen in einem Über-Unterordnungsverhältnis zueinander" (Pfetsch, 2019, S. 66). Aus heutiger Sicht interessant ist, dass die Existenz von Sklaven aus dem Besitzrecht hergeleitet wird.

Pfetsch bemerkt, dass nach Platon ein Sklave von Natur aus ein Mensch ohne Vernunft sei und dementsprechend in der Antike die besiegte Bevölkerung versklavt wurde (Pfetsch, 2019, S. 66). Ein Sieg rechtfertigte also eine Versklavung.

Die gesellschaftliche Schichtung resultiert laut Aristoteles aus der Leistung, die wiederum an Vermögens- und Einkommensverhältnissen sichtbar werde. Politische Gleichheit ist für ihn nicht gleich soziale Gleichheit (Pfetsch, 2019, S. 67f.; Reese-Schäfer, 2016, S. 34ff.). Die oben formulierten Grundthesen gelten bei Aristoteles also nur für die Gleichen unter Gleichen. Dort, wo Gleiche und Freie zusammenleben, „wäre es naturwidrig, wenn einige in besonderer Weise herausgehoben wären und über die anderen herrschen würden" (Reese-Schäfer, 2016, S. 33). Dies führt zu der Idee des Naturrechts, in welchem Aristoteles zwischen „dem gesetzlichen, lediglich auf Vertrag beruhenden (*nomos*) und dem natürlichen politischen Recht" (Reese-Schäfer, 2016, S. 34) unterscheidet.

> Das Gesetzliche wird vereinbart und unterliegt dem Prinzip der Zuträglichkeit. Es kann so oder auch anders sein. Das natürliche Recht dagegen ist daran zu erkennen, dass es überall gleich ist, überall dieselbe Autorität hat und von den Meinungen der Menschen nicht abhängt. Da es sich um den Bereich der Politik handelt, ist das Gerechte allerdings durchaus wandelbar und veränderbar. (Reese-Schäfer, 2016, S. 34)

Gerechtigkeit im gesetzlichen Sinne sieht er als eine politische Angelegenheit. Damit hängt auch zusammen, dass Aristoteles Sklaverei augenscheinlich für notwendig (und naturrechtlich gerechtfertigt) hielt. Sie wird rechtlich z. B. damit begründet, dass jemand körperlich und seelisch für körperliche Arbeit geeignet sei, jemand anderes aber für niedrige Verrichtungen ungeeignet. Auch die Versklavung nach Kriegen wird so gerechtfertigt, denn die Sieger hätten sich als die Stärkeren erwiesen. Diese seltsame Beweisführung der Argumentation ordnet Reese-Schäfer in eine Beobachtung ein.

Die vielfach behauptete These, Aristoteles habe die Sklaverei gerechtfertigt, weil er sie für selbstverständlich hielt und unter den damaligen historischen Bedingungen auch dafür halten musste, wird schon durch den Argumentationsgang und Aufbau seines Textes widerlegt. Man könnte sich sogar fragen, ob hier nicht ein Versuch des Philosophen vorliegt, in subversiver Weise die Argumente für die Sklaverei zu unterminieren, denn die Schwäche und innere Widersprüchlichkeit seiner Argumente müsste ihm doch selbst aufgefallen sein. (Reese-Schäfer, 2016, S. 36)

Aristoteles nimmt also die Gesellschaft in den Blick, wenn er den Kontext des Politischen, des Staats und der Verfassungen betrachtet. Bemerkenswert ist darüber hinaus der ökonomische Kontext. So ist er der Ansicht, dass der Handel eine Tendenz zur schrankenlosen Vermehrung in sich trage und ein Mittel zur Befriedigung schrankenlosen Verlangens nach sinnlichen Genüssen, also nach Luxus, mit sich bringe. Hingegen sei Gelderwerb, welcher durch Hauswirtschaft erarbeitet wird, im Rahmen von Bedürfnissen der Menschen einzuordnen und diene letzten Endes der Selbstgenügsamkeit (Pfetsch, 2019, S. 67). Diese ökonomische Theorie entsteht aus der Unterscheidung zwischen Gebrauchswert und Tauschwert von Geld, welche z. B. im Liberalismus von John Locke gemacht wird und die zu einem zentralen Aspekt in der Theorie Karl Marx' wird (Pfetsch, 2019, S. 66). Zur Differenzierung von *Gebrauchswert* und *Tauschwert* führt Pfetsch aus:

[V]on jedem Besitzstück gibt es einen zweifachen Gebrauch; jeder von beiden ist Gebrauch eines Dinges an sich oder als solches, doch es ist nicht jeder auf gleiche Weise. Der erste Gebrauch ist dem Dinge eigentümlich, der andere ist es nicht; ein Beispiel für beide Weisen des Gebrauches ist etwa bei einem Schuh einerseits das Anziehen, andererseits seine Verwendung als Tauschobjekt. Beides ist Gebrauch des Schuhs. Auch wer ihn an jemanden, der ihn nötig hat, für Geld oder Lebensmittel vertauscht, gebraucht den Schuh als Schuh, nur nicht nach dem ihm eigentümlichen Gebrauch, da er ja nicht des Tausches wegen gemacht worden ist. Ebenso ist es mit anderen Besitzstücken. Der Tauschhandel kann bei allen Dingen stattfinden und hat zuerst mit dem, was naturgemäß ist, angefangen, in dem die Menschen von der einen Art von Produkten mehr, von der anderen weniger hatten, als sie brauchten. Hieraus erhellt sich auch, dass das Krämergewerbe nicht von Natur zur Kunst des Gelderwerbs gehört; denn der Tauschhandel brauchte nur so weit zu gehen als es für das Bedürfnis genug war (Pfetsch, 2019, S. 66f.; vgl. Aristoteles, Politik, 1989, S. 92).

Des Weiteren bemerkenswert ist, dass Aristoteles diese ökonomisch-theoretische Einordnung zudem in eine Theorie des Geldes einordnet, die er nicht zuletzt begründet sieht durch den (vielleicht würde man heute sagen: globalen) Handel. Denn Einfuhr und Ausfuhr legten seiner Beobachtung nach die Entwicklung eines Tauschhandels nahe, der durch die Verwendung einer Symbolik (Geld: Eisen, Silber) am leichtesten zu handhaben war. Aristoteles verweist auf die Entwicklung, dass man zunächst diese symbolischen Güter nach Größe und Gewicht einteilte und schließlich durch Prägungen vereinfachte, um sich das Messen zu ersparen. Und infolge der Notwendigkeit des Tauschhandels, welcher das Geld erschuf, kam nach seiner Ansicht das Händlergewerbe auf (Pfetsch, 2019, S. 67; Aristoteles, Politik, 1989, S. 19,1.B., 9. Kap).

Aristoteles entwickelt letzten Endes das Bild einer geschichteten Leistungsgesellschaft; durch die Schichtung stellt sich das Problem der Gerechtigkeit infolge ungleicher Verfügung über Ressourcen. Für günstig hält er die Mischung von Privat- und Gemeineigentum und formuliert damit einen sehr modernen Satz, nämlich dass Eigentum unter einem sozialen Vorbehalt zu sehen ist. Die Ökonomie beruht bei ihm auf Vermögens- und Einkommensunterschieden und dementsprechend ist politische Gleichheit nicht gleich soziale Gleichheit (Pfetsch, 2019, S. 66).

In diesem Zusammenhang ist hervorzuheben, dass Aristoteles einen sehr differenzierten Begriff von Gerechtigkeit entwickelt. In einem allgemeinen Sinn sieht er Gerechtigkeit in der Achtung vor dem Gesetz. In einem besonderen Sinne sieht er darin die Achtung der Gleichheit. Diese Differenzierung nimmt er im politischen, sozialen und ökonomischen Kontext vor und unterscheidet die distributive, die korrektive und die kommutative Gerechtigkeit. Darunter ist Folgendes zu verstehen:

- „Der Begriff der *distributiven* Gerechtigkeit bezieht sich auf das Verhältnis des Staates zu seinen Bürgern" (Schmidt, 2021, S. 195). Bei ihr geht es um die Verteilung öffentlicher Güter und Positionen.

- „Der Begriff der korrektiven Gerechtigkeit bezieht sich auf das Verhältnis der Bürger untereinander" (Schmidt, 2021, S. 195). Dabei geht es um die staatlichen Regelungen, wenn privates Unrecht wieder gut gemacht werden soll.

- „Der Begriff der kommutativen Gerechtigkeit bezieht sich ausschließlich auf die sehr spezielle Frage, was von den Konditionen zu halten ist, zu denen Waren und Dienstleistungen getauscht werden" (Schmidt, 2021, S. 196). Dabei geht es also um wirtschaftsrechtliche Regelungen (Abb. 1.3).

Dimensionen des Gerechtigkeitsbegriffs nach Aristoteles

A. Gerechtigkeit im *allgemeinen* Sinn: Achtung vor dem Gesetz

B. Gerechtigkeit im *besonderen* Sinn: Achtung der Gleichheit

    a. bei der Verteilung gemeinsamer Güter: *distributive* (oder verteilende) Gerechtigkeit

    b. bei der Wiedergutmachung von Unrecht: *korrektive* (oder ausgleichende oder wiederherstellende) Gerechtigkeit

    c. beim Tausch von Gütern: *kommutative* (oder austauschende) Gerechtigkeit

Abb. 1.3: Dimensionen des Gerechtigkeitsbegriffs nach Aristoteles (Schmidt, 2021, S. 196)

Mit dieser Differenzierung verabschiedet Aristoteles einen absoluten Begriff der Gerechtigkeit und differenziert ihn hinsichtlich politischer und sozialer wie auch individueller Aspekte. Gerechtigkeit wird damit zu einem konstitutiven Teil der Politik (Schmidt, 2021, S. 208ff.).

1.5.4 Staat und Verfassung

Ausgangspunkt für Aristoteles ist die Gemeinschaft, zu der der Entschluss eines Zusammenlebens gehört. Mit Reese-Schäfer zusammengefasst ergeben sich fünf Grundthesen, nämlich:

– Die Polis ist die koinonia politiké [bürgerliche Gesellschaft, Zivilgesellschaft – Anm. d. V.], die alle anderen Gemeinschaften umfasst und auf die Realisierung des höchsten und umfassendsten Gutes zielt nämlich der eudamonía, eines autarken Gutes, das an sich selbst gut ist und keinem anderen Zweck untergeordnet werden kann. In diesem Sinne ist sie die höchste Perfektionsform, die höchste Steigerung des Menschenmöglichen.

– Der Staat, die Polis, ist von Natur aus da.

– Der Mensch ist ebenfalls von Natur aus ein politisches Lebewesen (zoon politkón).

– Der Staat steht vor dem Einzelnen, er ist die Substanz, Natur und Erfüllung (im Sinne der Perfektion und Überbietung) der Einzelnen.

– Der Mensch ist als einziges Lebewesen sprachbegabt, weil er zu Gerechtigkeit und Sittlichkeit bestimmt ist. (Reese-Schäfer, 2016, S. 32)

Reese-Schäfer charakterisiert die pluralistische Politiktheorie Aristoteles' kurz gefasst folgendermaßen: Der Staat ist eine Gemeinschaft in der Vielheit. Die wird durch Gleichheit erhalten, die auf dem Gerechtigkeitsprinzip und der Gegenseitigkeit beruht.

Das eigentlich Politische besteht in der Koordination der Pluralität und in der Selbstgenügsamkeit des Staats (Reese-Schäfer, 2016, S. 37f.). Damit ist noch keine Entscheidung über die beste Verfassung eines Staats getroffen.

Aufgrund seiner Untersuchungen der tatsächlichen Verfassungen (Ordnungen), die er beobachtete, kommt Aristoteles zu folgender Unterscheidung: „Entweder regiert einer oder wenige oder alle" (Reese-Schäfer, 2016, S. 39). Es stellt sich allerdings die Frage, von welcher Qualität die Herrschaft ist, nämlich „ob sie auf das Gemeinwohl zielt oder stattdessen auf das Wohl der Regierenden" (Reese-Schäfer, 2016, S. 39). Daraus folgt,

> dass alle diejenigen Verfassungen, die auf den gemeinsamen Nutzen ziehen, richtige sind nach dem Maßstab des Rechtes schlechthin, und das dagegen diejenigen, die nur auf den eigenen Vorteil der Regierenden abzielen, sämtliche fehlerhafte Verfassungen und Entartung der richtigen sind; sie sind despotischer Art, der Staat ist aber eine Gemeinschaft freier Leute. (Reese-Schäfer, 2016, S. 40; siehe auch Aristoteles, Politik, 1989, S. 169).

Dementsprechend sortiert Reese-Schäfer die Verfassungsformen nach Aristoteles in einer Tabelle (Tabelle 1.2).

Tabelle 1.2: Die Verfassungsformen nach Aristoteles (Reese-Schäfer, 2016, S. 40)

Zahl der Herrschenden	Zum gemeinsamen Nutzen (richtig)	Zum Wohl der Herrschenden (entartet)	Sekundäre Kriterien: Zahl der Regierenden und Ziel der Verfassung
Einer (monarchía)	Königtum	Tyrannis	Primäres Kriterium: Soziale Schichtung
Einige (oligoi)	Aristokratie	Oligarchie (Herrschaft der Reichen	Herrschen bspw. die Reichen, ist die Verfassung immer oligarchisch, also auch dann, wenn nicht nur einige, sondern viele reich sind.
Alle/viele/die Menge (démos)	Politie	Demokratie (Herrschaft der Armen)	

Die Herrschaft eines Einzelnen, die Herrschaft einiger bzw. aller entsprechen, wenn sie auf den gemeinsamen Nutzen angelegt sind, dem Königtum, der Aristokratie bzw. der Politie. Wenn sie auf das Wohl der Herrschenden angelegt sind (entartet), so handelt es sich um eine Tyrannis, Oligarchie bzw. Demokratie.

Reese-Schäfer führt beispielhaft aus, dass für Aristoteles für die Art der Regierungsform jedoch nicht die Zahl der Regierenden oder die Unterscheidung nach dem Wohl der Gesamtheit und dem Wohl der Herrschenden ausschlaggebend sei, sondern letzten Endes die soziale Schichtung. Folgendes Beispiel verdeutlicht dies: Die großen Unterschiede in einer Gesellschaft sieht er zwischen Arm und Reich. Dementsprechend ist er der Überzeugung, dass dort, wo Herrschaft auf Reichtum beruht, die Oligarchie die angemessene Regierungsform darstelle. Sofern eine arme Minderheit Reiche dominiert, handelt es sich um eine Demokratie (Reese-Schäfer, 2016, S. 41). Zur Definition des Staats bei Aristoteles führt Reese-Schäfer aus,

> [...] dass der Staat keine Gemeinschaft bloß dem Orte nach oder nur zum Schutz wider gegenseitige Beeinträchtigungen und zur Pflege des Tauschverkehrs ist, sondern dass dies zwar da sein muss, wenn ein Staat vorhanden sein soll, dass aber, auch wenn es alles da ist, noch kein Staat vorhanden ist, sondern als solcher erst zu gelten hat: Die Gemeinschaft in einem guten Leben unter Häusern und Geschlechtern zum Zwecke eines vollkommenen und sich selbst genügenden Daseins. (Reese-Schäfer, 2016, S. 41; siehe auch Aristoteles, Politik, 1989, S. 174)

Reese-Schäfer betont, „dass bei Aristoteles zum Staat auch Verwandtschaftsbeziehungen, Kultusvereine, wie z. B. religiöse Gemeinschaften und gesellige Verbände, also das, was wir heute als Verbands- und Vereinswesen und als bürgerliches Engagement bezeichnen" (Reese-Schäfer, 2016, S. 41) gehöre. Den Zusammenhalt, der damit für einen Staat zentral verbunden ist, nennt Aristoteles Freundschaft. Denn dieses Zusammenwirken „ist das Werk der Freundschaft; denn es ist Freundschaft, wenn man sich entschließt, zusammenzuleben" (Reese-Schäfer, 2016, S. 41; Llanque, 2016, S. 23; Aristoteles, Politik, 1989, S. 174f.). Damit wird ein wichtiges politisch kulturelles Element bezeichnet, welches als Politikkonzept in die Neuzeit reicht (Reese-Schäfer, 2016, S. 41).

Beispiel

Der Zusammenhalt, den Aristoteles als grundlegend für einen Staat bezeichnet, findet in heutigen Diskussionen eine Entsprechung unter anderem in der Bindungsfähigkeit der politischen Kultur oder in der auf dem Solidaritätsgedanken aufbauenden Wohlfahrtspolitik.

Pfetsch resümiert die Untersuchung der politischen Ordnungen bei Aristoteles im Vergleich zu Platon unter anderem in folgenden Punkten:

- Freiheit ist ein Merkmal der Demokratie (Übereinstimmung).
- Es gibt beständige Formen und andere Entwicklungen.
- Aus der Demokratie folgt nicht notwendigerweise Tyrannei (Abweichung).
- Aristoteles betont vor allem soziale Tatsachen, die hinter den Herrschaftsformen stehen: Arm [sic] (Demokratie), reich (Oligarchie), Herrschaft im Interesse von einzelnen [sic] (Monarchie), einigen (Oligarchie) und vielen (Politie).
- Aristoteles nimmt Bezug auf historische Concreta, während bei Platon die Realität verschlüsselt bleibt und zum Teil dekodiert werden muss. Aristoteles diskutiert Probleme auf die soziale Realität bezogen. (Pfetsch, 2019, S. 75) Ein Wandel der Ordnungen wird laut Aristoteles durch Revolutionen oder durch Reformen herbeigeführt. Für diesen Wandel sieht er nach seinen Untersuchungen sieben unterschiedliche Gründe:

1. Korruption und Unfähigkeit (Empörung gegen Gewalttätigkeit, Habsucht, Amtserschleichung),
2. Usurpation von Macht (Aufstände gegen Zusammenballung),
3. Ablenkungsmanöver (Anstiftung von Aufruhr durch Machthaber selbst),
4. Unterrepräsentation und Misswirtschaft (Auflehnung gegen Nichtbeteiligung und schlechte Staatsführung),
5. Störung des gesellschaftlichen Gleichgewichts (Inkongruenz zwischen gesellschaftlicher und politischer Realität),
6. Verfassungsfeindlichkeit (Amtserschleichung durch Wahl von Menschen, die die Verfassung aushöhlen wollen),
7. ethnische Konflikte (Aufstände gegen Zuwanderung und „Stammesverschiedenheit") (Pfetsch, 2019, S. 41f.).

Angesichts dieser Gründe für Wandel spricht sich Aristoteles für eine sog. gemischte Verfassung aus, die von mehreren sozialen Gruppen getragen wird und sich insbesondere auf den mittleren Stand stützt. Denn das genannte Ziel des Staats, Gemeinwohl und Glückseligkeit herzustellen, sei keinesfalls möglich, wenn dieser lediglich auf den Nutzen des Monarchen, den Vorteil der Reichen oder auch den Vorteil der Armen ausgerichtet sei. Somit besteht der aristotelische Verfassungsbegriff unter anderem aus folgenden Komponenten:

– […] als Verfassungsziel der „gemischten" oder „mittleren" Verfassung wird das Gemeinwohl genannt.

– Verfassungen haben eine soziale Basis beruhend auf Eigenschaften der Bürger (Tugenden). Die gemischte Verfassung hat die Gleichheit der männlichen Bürger, aber die Ungleichheit in der Gesellschaft (durch soziale Schichtung) zur Grundlage.

– Verfassungen sollen veränderbar sein und durch „Ausführungsgesetze" konkretisiert werden.

– Verfassungen müssen für das jeweilige Gemeinwesen geeignet sein, d. h. für das jeweilige Gemeinwesen angemessen und angepasst sein.

– Die Verfassung gibt Anweisungen über die Ordnung der Regierungsämter und über ihr Verhältnis zueinander.

– Verfassungen haben drei Bestandteile: die „beratende Gewalt" (Legislative), die „regierende Gewalt" (Exekutive), die „richterliche Gewalt" (Judikative) und die ihnen zugerechneten Kompetenzen. (Pfetsch, 2019, S. 74; siehe Aristoteles, Politik, 1989, S. 201ff.)

Die Modernität der aristotelischen Theorie liegt in ihrer Ausrichtung auf einer Balance der Macht im Kontext der Sozialstruktur und der Ökonomie.

Unter diesen Bedingungen sieht Aristoteles die von ihm gewünschte Stabilität als möglich an, besonders wenn verfassungsmäßige Regularien eingehalten werden (Niedermaier, 2017, S. 57f.). Dazu gehört unter anderem eine Neubesetzung von Ämtern nach sechs Monaten (eine zwar kurzfristige, in einem kleinen Staat aber wohl als sinnvoll empfundene Regelung), Verteilung von Ämtern unter Berücksichtigung der gesellschaftlichen Schichten, Information der Öffentlichkeit, ein entsprechend dem Wohlstand organisiertes Zensusrecht, Schlichtung von Streitigkeiten auf gesetzlichem Wege, Vermeidung eines Übergewichts an Macht, staatliche Kontrolle der „Asozialen", Sicherung der Eigentumsrechte der Reichen (als Gegengewicht gegen die Herrschaft der Armen) und ein Verbot, dass Behörden aus ihrer Stellung Gewinn erzielen (Pfetsch, 2019, S. 72). Aus diesem Zusammenspiel der Kräfte ergibt sich die politische Einheit, die Aristoteles keineswegs durch die Verfassung gesichert sieht; sie ist vielmehr „das Ziel praktischer Tätigkeit, die erst aus der Vielheit eine in der Praxis wirksame Einheit schaffen müsse" (Llanque, 2016, S. 23).

Aristotelische Grundthesen und deren moderne Gegenthesen nach Günther Bien

Tabelle 1.3: Aristotelische Grundthesen und deren moderne Gegenthesen nach
Günther Bien (Reese-Schäfer, 2016, S. 32)

Aristoteles	Moderne Gegenthesen
Die Polis ist die *koinonia politikè*, die alle anderen Gemeinschaften umfasst und auf die Realisierung des höchsten und umfassendsten Gutes zielt, nämlich der *eudaimonia*, eines autarken Gutes, das an sich selbst gut ist und keinem anderen Zweck untergeordnet werden kann. In diesem Sinne ist sie die höchste Perfektionsform, die höchste Steigerung des Menschenmöglichen.	Der Staat hat kein höchstes Ziel, sondern ist eine menschliche Notgemeinschaft. Es gibt kein höchstes Gut, sondern nur die divergierenden Ziele der Einzelnen.
Der Staat, die Polis ist von Natur aus da.	Der Staat ist ein Produkt der Herauslösung des Menschen aus dem Naturzustand und insofern eine komplexe zivilisatorische Leistung, die auf einem Gesellschaftsvertrag basiert. Griechisch ausgedrückt: Der Staat ist nicht *physei*, sondern *thesei*, er existiert nicht von Natur aus, sondern durch einen bewussten, vernunftgeleiteten Akt der Konstruktion und Vereinbarung.
Der Mensch ist ebenfalls von Natur aus ein politisches Lebewesen (*zoon politicòn*).	Der Mensch ist von Natur aus ein Individuum, das im Zweifel mit den Übrigen im Streit liegen würde und erst durch einen doppelten Akt, nämlich die vernunftmäßige Zustimmung zum Vertrag und den gewaltsamen staatlichen Zwang, diesen Vertrag dann auch einzuhalten, gesellschaftsfähig wird.
Der Staat ist vor dem Einzelnen, er ist die Substanz, Natur und Erfüllung (im Sinne der Perfektion und Überbietung) der Einzelnen.	Der Staat ist also das Produkt der Einzelnen und erst nach ihnen da. Sein Zweck ist die Lebenserhaltung der Einzelnen. Er ist nicht mehr als ein Rahmen, in dem diese ihre belie-bigen Zwecke verfolgen können.
Der Mensch ist als einziges Lebewesen sprachbegabt, weil er zur Gerechtigkeit und Sittlichkeit bestimmt ist.	Es gibt keine Bestimmung des Menschen, sondern nur die verstandsmäßige Einsicht und den Zwang.

Die aristotelischen Grundthesen finden sich übersichtlich zusammengefasst in Tabelle 1.3. Die von Günther Bien durch Reese-Schäfer (Reese-Schäfer, 2016, S. 32) übernommenen modernen Gegenthesen verweisen auf aktuelle Verständnisse und Diskurse. Diese heben u. a. hervor, dass im Unterschied zu Aristoteles der Staat als menschliche Notgemeinschaft betrachtet wird und auf einem vernunftgeleiteten Vertrag gründet. Durch eine entsprechende vernunftgemäße Zustimmung der Individuen wird das Handeln des Staates gesellschaftsfähig, sein Zweck ist wesentlich die Lebenserhaltung des Individuums. Eine transzendieren Bestimmung des Menschen wird im Allgemeinen nicht angenommen, sondern von einer verstandesmäßigen Einsicht in die Aufgaben und ggf. den Zwang des Staates ausgegangen. Die Thesen und Gegenthesen geben Stoff für vertiefende Diskussionen, z. B. aus religiöser oder philosophischer Sicht.

1.5.5 Zusammenfassung

Aristoteles, so resümiert Pfetsch mit Bezug auf die Literatur, verdanken wir die erste Lehre von den Staatsformen und Regierungsarten. Er zeigt dies daran, dass Aristoteles unter anderem eine Analyse der politischen Gemeinschaft bis hin zur Verfassungstypologie entwickelt, und zwar vor dem Hintergrund einer systematischen und empirischen Wissenschaft. Mit seinem Grundsatz „Gleiche sollen gleich behandelt werden" im Zusammenhang mit seiner Vorstellung von Gerechtigkeit, die sich auf generelle Normen bezieht, setzte er Maßstäbe, die bis zur Philosophie Immanuel Kants reichen. Für das politische Verständnis maßgeblich ist auch seine Bestimmung des Menschen als Gemeinschaftswesen. Politik richtet sich laut Aristoteles auf eine gute Ordnung. Besonders hervorzuheben ist sein Blick auf die Kontexte des gesellschaftlichen Lebens und der politischen Ökonomie (Pfetsch, 2019, S. 78f.). Innerhalb einer so verstandenen pluralistisch zusammengesetzten Gemeinschaft von Menschen sieht Aristoteles den betrachtenden Menschen als höchste Lebensform; Philosophen können insoweit eine gewichtige Rolle in der Beratung von Politikern spielen, als sie einen Beitrag leisten können zur Klärung dessen, was als selbstgenügsame, vollkommene Glückseligkeit das Ziel aller Menschen sein sollte. Dieses Ziel kann nur in einer gut geführten Polis erreicht werden. Verfassungen differenziert er nach der Zahl der Herrscher, dem Ziel der Herrschaft sowie nach der sozialen Schichtung. Als beste Verfassung sieht er diejenige, die auf die Balance der unterschiedlichen Handlungsakteure ausgerichtet ist (Reese-Schäfer, 2016, S. 42).

1.6 Cicero und römischer Humanismus

Marcus Tullius Cicero (106–43 v. Chr.) durchlief als Angehöriger des Adels, aber nicht der römischen Nobilität, eine Außenseiterkarriere, die ihn bis ins Konsulat trug. Als Jurist und Anwalt stieg er in der Ämterlaufbahn auf und setzte sich aufgrund seiner exzellenten Rechtskenntnisse, aber auch seiner Persönlichkeit und Rhetorik durch. Er vertrat gegen die Widerstände seiner Zeit den republikanischen Gedanken, der sich auch gegen Korruption und Willkür richtete. Er fiel schließlich mehrfachen Intrigen zum Opfer und wurde kurz nach der Ermordung Caesars, an der er nicht beteiligt war, aufgrund von politischen Allianzen verfolgt und getötet (Weber-Faß, 2005, S. 85). Cicero gilt, so Ottmann, als bedeutendster Philosoph, Redner und Politiker Roms, dessen Schriften der politischen Philosophie durch das Mittelalter hindurch bis heute wirken:

„Ciceros Wirkung auf die Kultur des Westens, auf Rhetorik und Humanismus, auf Ethik und Politik, war außerordentlich" (Ottmann, 2002, S. 77).

Rom, das Römertum oder die Idee Roms bezeichnen einen Zeitraum, der von der Gründung des Königtums im 7. Jahrhundert v. Chr. bis in das Spätmittelalter reicht. Es herrscht eine große Übereinstimmung in der wissenschaftlichen Literatur, dass Rom unter dem Gesichtspunkt politischer Ideen eine Mittelstellung zwischen der griechischen Philosophie und dem Christentum einnimmt und in vielerlei Hinsicht, z. B. durch die Grundsätze römischen Rechts, bis heute wirkt. Die römische Geschichte bietet zudem bis heute Ansatzpunkte für Reflexionen hinsichtlich der Entstehung und des Zerfalls von Weltreichen, der Funktionsfähigkeit von Verfassungen, der Rolle von Religion und Politik, der Anbindung von Politik an Ethik, aber auch hinsichtlich der Beobachtung von Willkür, Diktatur und der Überdehnung von Herrschaftsbereichen (Ottmann, 2002, S. 1). Die Facetten politischer Ideen in diesem Zeitraum sind dementsprechend zahlreich und können hier nicht ansatzweise aufgezeigt werden (Weber-Faß, 2005, S. 86ff.). Rom bietet unter dem Gesichtspunkt heutiger Diskurse jedoch hinsichtlich der Idee des Humanismus grundlegende Hinweise und Anregungen. Dieser Aspekt soll hier hervorgehoben werden.

Humanismus steht in enger Beziehung zu den griechischen Philosophien. In Rom wird er insbesondere durch Cicero symbolisiert, der als „Vater des römischen Humanismus" angesehen wird (Ottmann, 2002, S. 24). Ottmann charakterisiert Ciceros Humanismus folgendermaßen: Während „Menschlichkeit" in der griechischen Philosophie charakteristischerweise in Relation zur Göttlichkeit gesehen wurde, ist die Humanitas Ciceros „erdennäher, mehr auf das Menschliche als auf das Göttliche ausgerichtet" (Ottmann, 2002, S. 79). Humanitas erhält wesentlich drei Bedeutungen: die Bildung, das sittliche Verhalten und die Menschenfreundlichkeit. Alle drei Bedeutungen sind von politischer Kraft, sie begründen in ihrer Gesamtheit die Würde des Menschen (Ottmann, 2002, S. 79).

Die erste Bedeutung, „Humanitas" als Bildung, weist eine direkte Verbindung zum griechischen Verständnis auf. Bei Cicero wird Bildung in einem engen Zusammenhang mit der Rhetorik gesehen und stellt einen wesentlichen Teil des praktisch-politischen Lebens dar (Cicero, De Oratore, 2007). Interessanterweise wird diese Bildung fern von einengenden Nützlichkeitsaspekten als eine Standesangelegenheit des Adels angesehen. Dieses Charakteristikum setzt sich fort bis in das klassische Bildungsideal des 19. Jahrhunderts. Unter Bildung wurden die „freien Künste" (die sogenannten Artes liberales) verstanden, die aus dem sogenannten Trivium (Grammatik, Rhetorik, Dialektik/Logik) und dem Quadrivium (Arithmetik, Geometrie, Musik) bestanden (Rötzer, 2003, S. 215ff.); es handelt sich dabei um Disziplinen, welche heute noch als allgemeinbildende Inhalte angesehen werden und in Schulen als solche unterrichtet werden. Cicero geht so weit zu fragen, ob wirkliche Menschen nur solche sind, die in diesem Sinne gebildet sind (Cicero, De re publica, 2013, 17 (22), S. 41f.). Bildung stellt also ein Privileg dar, das eine besondere Bedeutung für die Ausübung des politischen Lebens hat. Es besteht nach Cicero die Hoffnung, dass „der gebildete Mensch zugleich der menschenfreundlichere sein werde" (Ottmann, 2002, S. 22).

Eine zweite Bedeutung der Humanitas liegt bei Cicero in dem Verständnis dessen, was als geziemend oder schicklich erachtet wird. Hier geht es um den kulturellen Aspekt der Gesittung und der Sittlichkeit, der in das politische Leben eingeht. In diesem Zusammenhang argumentiert Cicero, dass eine Gemeinschaft Institutionen, Gesetze und Kultur benötigt, die auf Werten beruhen. Als solche Werte sieht er z. B. Ehrfurcht, Würde, Verlässlichkeit, Nüchternheit und Beherrschung (Cicero, De re publica, 2013, IV, S. 220ff.).

Die dritte Bedeutung der Humanitas ist für das Verständnis von Politik besonders wichtig: Humanitas wird als Menschlichkeit im Sinne von Milde, also Menschenfreundlichkeit verstanden. Diese Vorstellung bezieht sich insbesondere auf die kriegerischen Auseinandersetzungen und auch die Auseinandersetzungen in Bürgerkriegen bzw. bürgerlichen Konflikten. Humanitas als Menschlichkeit wird als Gegensatz zur barbarischen und tierischen Grausamkeit betrachtet (Ottmann, 2002, S. 80). Einen bis heute prägnanten Aufruf zur Menschlichkeit formulierte Cicero in seiner Verteidigungsrede für einen Sextus Roscius, der angeklagt war, seinen Vater ermordet zu haben. Tatsächlich ging es jedoch um eine Verschwörung, um ihn um seinen Besitz zu bringen:

> Verbannt diese Grausamkeit aus dem Staat, ihr Richter, lasst sie nicht länger in dieser Republik ihr Unwesen treiben; denn an ihr haftet nicht nur das Schlimme, dass sie so viele Bürger aufs Grauenhafte hingemordet hat, sondern auch die sanftesten Menschen durch die Gewöhnung an Leiden dem Mitleid entfremdet hat. Denn wenn wir zu jeder Stunde sehen oder hören, dass etwas Grässliches geschieht, so verlieren wir, auch wenn wir von Natur die Sanftmütigsten sind, durch die ständige Gegenwart des Übels jedes Gefühl für Menschlichkeit. (Ottmann, 2002, S. 84)

Dieser Appell geht deutlich über den Einzelfall hinaus, er richtet sich an das staatliche Handeln, von dem verlangt wird, auf Grausamkeit zu verzichten, auch weil Grausamkeit auf Dauer abstumpft und damit die Menschenwürde bedroht.

Es geht also darum, in der Machtpolitik aus Menschenfreundlichkeit den Gegner zu schonen. Ottmann betont allerdings, dass Humanitas im Sinne von Milde in Rom nicht immer eine grundlegende Menschlichkeit als Hintergrund hatte. Dagegen sprechen die zahlreichen Schilderungen von Grausamkeiten Gegnern gegenüber in kriegerischen Auseinandersetzungen. Menschlichkeit und Milde können daher in zweierlei Hinsicht interpretiert werden:

– zum einen als mitmenschliche Regung und Achtung der Menschenwürde und
– zum anderen als eine paternalistische, kalkulierende Haltung gegenüber Gegnern, die zwar mit Milde geschont, gleichwohl aber durch Eroberung beherrscht und versklavt werden.

Als ein Beispiel für diese beiden Verständnisse erwähnt Ottmann die Schilderung des weinenden Scipio nach seiner Eroberung Karthagos: „Aber Scipio, der das brennende Karthago vor Augen hat, weint nicht aus Mitgefühl mit den Opfern. Er weint angesichts der Unbeständigkeit des Glücks" (Ottmann, 2002, S. 25f.): Scipio erinnert sich im Moment des militärischen Triumphs daran, dass Troja untergegangen war, und der Fall von Karthago erzeugt in ihm die Vorstellung, dass auch Rom, von dessen Anspruch auf Weltherrschaft er überzeugt ist, „einmal das Schicksal alles Vergänglichen beschieden sein" werde (Ottmann, 2002, S. 24f.). Demnach hat Rom, wie Ottmann verharmlosende Darstellungen seiner Weltmachtpolitik ironisch zitiert, „immer nur Verteidigungskriege geführt oder Bundesgenossen beigestanden" und auf diesem „ehrenwerten, ja unschuldigen Wege hat es seine Grenzen bis nach Griechenland und Afrika, nach Germanien und Britannien verschoben" (Ottmann, 2002, S. 23). Nach Cicero, so Ottmann, sei die Außenpolitik Roms von Milde geprägt gewesen, sofern die Gegner sich ergaben und den Herrschaftsanspruch Roms akzeptierten. Dementsprechend differenziert beurteilt Ottmann die Humanitas Roms in zweierlei Sinne: nämlich als eine Bemäntelung seines Imperialismus und zugleich als sittliche Herausforderung des politischen Handelns (Ottmann, 2002, S. 22f.).

Hinweis

In diesem Zusammenhang ist darauf hinzuweisen, dass erste Ansätze eines Völkerrechts durch Rom für die Kriegsführung, die Begründung von Kriegen und die Glaubwürdigkeit und Vertrauenswürdigkeit von Politik entwickelt wurden (Ottmann, 2002, S. 23). Wenn es um rechtliche Grundlagen von Krieg und Frieden geht, verweist insbesondere die Philosophie Ciceros auf spätere Überlegungen und Konzepte bei Augustinus und Kant.

Diese römische Humanitas kann „als Roms schönstes Erbe" (Ottmann, 2002, S. 21) bezeichnet werden. Die politischen Ideen, die weit ins Mittelalter und teilweise bis heute tradiert werden, gehen weit darüber hinaus. Sie betreffen u. a. das römische Recht (in seiner weltlichen und kirchlichen Dimension) sowie die Vorstellung über die Regierung von Weltreichen und deren Verfall. Ebensolche Bedeutung haben bei Cicero die Überlegungen zur Staatsformenlehre und Verfassungen, zur Gerechtigkeit und ihren sittlichen Grundlagen und nicht zuletzt zur Frage, was den besten „Staatsmann" ausmache (Ottmann, 2002, S. 97 sowie Cicero, 2013, Bücher I, II, III, V). Ein besonderes

Erbe liegt, wie gesagt, in der „Idee Roms" mit seiner politischen Kultur, die bei aller Kritik an bestimmten Phasen der praktischen (Macht-)Politik in der Verschwisterung von „Humanismus und Republikanismus" gesehen wird (Ottmann, 2002, S. 2).

1.7 Merkmale politischer Theorie des Altertums

In den vorstehenden Kapiteln zu Sokrates, Platon und Aristoteles wurden die Konturen ihrer politischen Ideen und ihrer politischen Theorien herausgearbeitet. Dabei wurden implizit die in Kapitel 1.2 erläuterten Beobachtungsschwerpunkte angelegt. Dementsprechend lassen sich die Konturen der politischen Ideen und Theorien der griechischen Antike wie in Abbildung 1.4 dargestellt zuordnen.

Abb. 1.4: Beobachtungsschwerpunkte: griechische Antike (eigene Darstellung)

Wertbezug:

Unter dem Aspekt des Wertbezugs wurde bei Sokrates das moralische Handeln herausgestellt, das sich auf Wissen, Vernunft und Wahrheit gründet. Platon verabsolutiert die hinter diesen Werten stehenden Begriffe, indem er sie auf eine metaphysische Ebene hebt und damit in das Reich der Ideen verweist, die allenfalls Philosophen zugänglich sind. Aristoteles hingegen sieht den Wertbezug im Diesseits des Lebens: Glückseligkeit und das Gute sind die erstrebenswerten Elemente im privaten wie auch im politischen Leben. Daher fußt seine Vorstellung auf der Wirklichkeit der Menschen und er differenziert das, was als Glückseligkeit und das Gute betrachtet wird, nach sozialen Zusammenhängen. Je nach sozialer und ökonomischer Bindung kann dies in Reichtum oder in der Ehre bestehen oder aber, worin er die höchste Lebensform sieht, in der theoretischen, betrachtenden Perspektive auf das Leben.

Politik-Umfeld-Analysen:

Platon bezieht in seine Philosophie das Lebensumfeld seiner Gesprächspartner ein, das die Art und die Inhalte seiner Untersuchungen beeinflusst. Aristoteles geht weiter, indem er seine Betrachtungen empirisch und analytisch angeht: Er analysiert Verfassungen, die Gesellschaft insgesamt und vor allem auch die Ökonomie. Der Wissenschaft bzw. den Philosophen weist er eine betrachtende Beraterfunktion zu.

Politische Handlungslehre:

Platon arbeitet in seiner Philosophie einen Idealstaat heraus, der auf einem egalitären Gesellschaftsentwurf beruht. Gerechtigkeit ist der Maßstab politischen Handelns, der jedoch seinem Wesen nach nur Philosophen zugänglich ist. Gerechtigkeit erzeugt Stabilität, sie gründet sich außerhalb des Menschlichen auf göttlichen Maßstäben. Daraus folgt für Platon hinsichtlich seines Idealstaats eine Verbindung von Wissen und Macht bei denjenigen, die Erkenntnis besitzen, also bei den Philosophen. In seinem zweitbesten Entwurf nimmt er davon Abstand und sucht nach Möglichkeiten, wie Philosophen im politischen Bereich Maß und Mitte finden können.

Aristoteles verankert seine Theorie in einer praktischen Philosophie. Politik strebt nach Glückseligkeit und dem Guten, sie ist entsprechend auf das Ziel ausgerichtet, den Bürgern ein gutes Leben zu verschaffen. Dies geschieht auch in Übereinstimmung mit ihnen, da ihre Seele individuell ebenfalls nach Glückseligkeit strebt. Das, was glückselig macht und unter dem Guten zu verstehen ist, unterscheidet sich allerdings je nach sozialer Zugehörigkeit. Insofern gibt es auch keine ideale Verfassung, die diese Ausgangspunkte widerspiegeln würde, sondern es gibt richtige und entartete Verfassungen. Richtige Verfassungen ermöglichen Bürgern ein gutes Leben, entartete Verfassungen tragen lediglich zum Nutzen der Herrschenden bei. Als die besten Verfassungen sieht Aristoteles solche an, die auf einer sozialen Basis eine Machtbalance herstellen.

Regierungshandeln:

Bei Sokrates sollten Philosophen für das Regierungshandeln zuständig sein, das sie aufgrund ihrer Erkenntnisse Experten für das Politische sind. Platon personalisiert hingegen das Politische. Zwar sind Herrscher legitimiert durch Wissen und ihre Erkenntnis, sie werden jedoch durch einen Stand von Wächtern abgesichert. Ein moralisch begründbares Regierungshandeln wird durch ein Erziehungssystem abgesichert, das nach klaren Regeln funktioniert und innerhalb dieser Regeln den Austausch zwischen den gesellschaftlichen Schichten nach oben wie unten ermöglicht. Das Regierungshandeln ist bestimmt durch die Legitimität der Erkenntnis der Philosophen, die imperativen Charakter besitzt. Bei Aristoteles hingegen hat das Regierungshandeln die Aufgabe, das Wohl der Gesamtheit herzustellen, und dementsprechend beruht es auf einem Pluralismus der unterschiedlichen politischen Stände. Aristoteles sieht die Einheit in der Vielheit der Gesellschaft und nicht zuletzt auf der Basis des privaten Eigentums. Gleichheit wird politisch betrachtet, jedoch nicht sozial.

Wandel von Herrschaft:

Platon sieht in der Abfolge staatlicher Formen von der Monarchie bis zur Demokratie eine gewisse Zwangsläufigkeit. Dies ist bei Aristoteles nicht der Fall, der vielmehr annimmt, Reformen und Umwälzungen führten zum Wandel von Herrschaft. Demnach gibt es in einer Gesellschaft immer Gründe, Reformen zu verlangen oder Umwälzungen anzustreben. Entsprechend sieht er einen Zusammenhang mit einem entsprechenden Erziehungssystem und die Notwendigkeit, für die Stabilität von Verfassungen zu sorgen. Diese Stabilität kann unter anderem durch Regelungen und Gesetze hergestellt werden.

Meinungs- und Willensbildungsprozesse:

Sokrates und Platon setzen auf den Dialog der Philosophen untereinander und darauf, dass bei ihnen die Erkenntnis entsteht und sie in die Lage versetzt, das Wesen der Dinge zu erfassen. Mit diesem Wissen sind die Philosophen in der Lage, die Willensbildung in der Politik zu steuern. Demgegenüber setzt Aristoteles auf Ausgleich, Zusammenhalt und Freundschaft (in einem politischen Sinne), die mit entsprechenden balancierenden Regeln zu einer ausgleichenden Meinungsbildung führen. Dabei kommt es auf das Zusammenspiel der unterschiedlichen Akteure in Gesellschaft und Ökonomie, die in der Gesetzgebung, der Amtsführung und im Gerichtswesen tätig sind, an.

Implementation von Entscheidungen:

Bei Sokrates entscheidet sich die Frage der Implementation von Politik an einer Kritik des politischen Handelns: Zu prüfen ist, ob das Handeln den Maßstäben wahr/falsch unterworfen werden kann. Bei Platon ist der Maßstab die Gerechtigkeit, für Aristoteles geht es um die Aspekte der sozialen Balance und des Nutzens von Politik für alle Bürger.

Policy/Politikfelder:

Platon und Aristoteles betrachten die Erziehung als einen wesentlichen Aspekt politischer Arbeit. Platon fasst Erziehung als Mittel der Herrschaft auf und setzt unter anderem das Verhältnis von Müttern und Kindern als Instrument der Vermittlung von Werten ein, und zwar selektiv nach Ständen. Aristoteles hingegen betrachtet Erziehung als etwas, das der Ertüchtigung z. B. für kriegerische Auseinandersetzungen dient, vor allem aber dem Erhalt der Stabilität einer Verfassung und somit als intellektuelles Mittel, „richtige" Verfassungen im Sinne des Nutzens für ihre Bürger abzustützen.

1.8 Augustinus und Marsilius

Augustinus

Augustinus und Marsilius haben mit ihren Positionen zur Rolle der Religion in der Politik nicht nur ihre Zeit maßgeblich beeinflusst, sondern wirken weit über das Mittelalter hinaus.

Augustinus (354–430) spielte eine entscheidende Rolle in der Zusammenführung der griechisch-römischen und christlich-jüdischen Denktraditionen. So wirkt er unter anderem durch die Betrachtung von Glauben, Autorität und Vernunft (Mendelson, 2018; Pfetsch, 2019, S. 83; Schwaabe, 2008, S. 77ff.). Augustinus stellt die Brücke vom Altertum in die frühe Neuzeit dar, sein Thema ist die Vereinbarkeit „der christlichen Heilslehre mit den Anforderungen des Lebens in einer letztlich nur im Übergang zur endgültigen Gottesherrschaft befindlichen Welt" (Llanque, 2016, S. 24). Zu seiner Zeit befanden sich das Römische Reich und damit auch das bereits zur Staatsreligion gewordene Christentum in einer Krise (Pfetsch, 2019, S. 82). Das Römische Reich war durch den Einfall der Westgoten bedroht und das Christentum geriet durch seine Ausrichtung auf das Jenseits in eine Legitimationskrise: „Hatte das Christentum mit seinem Jenseitsglauben und seiner Liebesethik als Staatsreligion die Widerstandskraft des weströmischen Reiches von innen heraus untergraben? Wie konnte man sich mit Nächstenliebe und Friedenssehnsucht gegen Barbaren wirksam zur Wehr setzen?" (Llanque, 2016, S. 26). In seiner politisch verstandenen Theologie versuchte Augustinus, „das Verhältnis der Christen zur politischen Ordnung unter Beibehaltung ihres Glaubens an die Gottesherrschaft zu klären" (Llanque, 2016, S. 26). Darauf aufbauend entwickelt er sein Bild staatlicher Herrschaft, die der göttlichen Herrschaft unterzuordnen sei. Augustinus, der der politischen Oberschicht Roms angehörte, durchlief zunächst eine in der römischen Führungselite übliche Ausbildung, um dann nach seinem Bekenntnis zur Religion im Jahre 395 Bischof der Region Hippo (jetzt das algerische Annaba) zu werden.

Einige Jahrhunderte später, zu Beginn des 13. Jahrhunderts, bezieht Marsilius von Padua (etwa 1290–1342/43) eine vollkommen gegenteilige Position. Mit seinen Überlegungen löste er die zur politischen Macht gewordene Kirche „aus ihrer religiös-theologischen Umklammerung" (Llanque, 2016, S. 24). Marsilius entstammte der patrizischen Oberschicht Paduas, das eine gewisse Selbstverwaltung unter kaiserlicher Oberhoheit erreicht hatte. Für diese Art der Selbstverwaltung setzte er sich als politische Ordnungsmacht ein. Als Papst Bonifaz VIII. im Jahre 1302 mit seiner Bulle „Una Sanctem" den weltlichen Machtanspruch der Kirche erneuerte, sah Marsilius dies als friedensgefährdende Einmischung in die Angelegenheiten des Kaisertums an: „Er verglich den Papst mit einer ‚verderblichen Pest', die wegen der ‚Fäulnis ihrer verderblichen Wurzel'" bekämpft werden sollte" (Llanque, 2016, S. 31).

Worin diese beiden Positionen bestehen und wie sie begründet wurden, wird im Folgenden analysiert.

1.8.1 Primat des Glaubens

Augustinus versteht die Geschichte der Menschen als Bewegung vom Sündenfall zum jüngsten Gericht: Der Mensch sei „wie ein Pilger, in der sichtbaren Welt wandernd, aber einem Ziel zustrebend, das in einer anderen, erst in Teilen sichtbaren Welt, dem himmlischen Reich, zugehört" (Llanque, 2016, S. 26). Daher existieren für ihn zwei Staaten, der irdische Staat (*civitas terrena*) und der Gottesstaat (*civitas Dei*). Der Mensch gehöre beiden Staaten an. Schon im ersten Satz seines Vorworts zu seiner Schrift *Vom Gottesstaat* schreibt Augustinus, worum es ihm geht: Er will den Gottesstaat gegen seine Feinde aus dem Weltstaat verteidigen (Augustinus, Vom Gottesstaat, Bd. I, 1955a, S. 44; Niedermaier, 2017, S. 82ff.).

> In diesem Werk, das zu schreiben ich mir vorgenommen [...] habe, möchte ich den ruhmreichen Gottesstaat verteidigen, ihn, der in dieser Weltzeit unter Gottlosen pilgert und „im Glauben lebt", ihn, der in der ewigen Behausung seine sichere Ruhestatt finden wird, deren „er jetzt in Geduld wartet, bis die Gerechtigkeit sich wendet zum Gericht, und die er dereinst herrlich erlangen wird, wenn der Endsieg errungen und vollkommener Friede eingekehrt ist". (Augustinus, Vom Gottesstaat, Bd. I, 1955a, S. 43)

Die Kirche sieht er sowohl als wesentlichen Teil des himmlischen, als auch als Teil des irdischen Reichs: „Kirchendiener könnten Fehler machen und irren. Erst beim Jüngsten Gericht werde man wissen, wer der göttlichen Gnade anteilig werde, im hiesigen Leben gehörten auch Ungerechte der Kirche an" (Llanque, 2016, S. 27). Das bedeutet: Zum einen repräsentiert die Kirche den himmlischen Gottesstaat, der durch seinen „endguten" (d. h. auf das Göttliche angelegten) Charakter, Unsterblichkeit, die höchsten Güter, die Tugenden des Geistes, den ewigen Frieden, Gottesliebe, Enthaltsamkeit, Demut und Gehorsamkeit gekennzeichnet ist. Diese ist aber zugleich eingebunden in den „endüblen" (auf das Irdische angelegten) Staat, gekennzeichnet durch Sterblichkeit, Armseligkeit, Ungerechtigkeit, körperliche Lust, irdischen Frieden, Selbstsucht und das Streben nach der Mehrung irdischer Güter sowie die Beherrschung anderer (Abb. 1.5).

Irdischer Staat (Civitas terrena)	Gottesstaat (Civitas Dei)
Irdisch	himmlisch
Sterblichkeit	Unsterblichkeit
Endübel	Endgut höchstes Gut
Armselig	Gerechtigkeit
Ungerechtigkeit	Tugend des Geistes
körperliche Lust	ewiger Friede
irdischer Friede	Gottesliebe
Selbstsucht	Enthaltsamkeit
Mehrung irdischer Güter	Demut
Beherrschung anderer	Gehorsamkeit

Abb. 1.5: Die Zwei-Reiche-Lehre des Augustinus (Pfetsch, 2019, S. 84)

Christinnen und Christen bewohnen beide Welten, doch die himmlische Bürgerschaft hat absoluten Vorrang (Schwaabe, 2008, S. 69, 72ff.). Mit diesem Ansatz umreißt Augustinus das zentrale Thema des Mittelalters, den Glauben:

- Alles ist dem Glauben und dem jenseitigen Heil unter- oder nachgeordnet, auch die weltliche und politische Ordnung. [...]
- Der Primat des Glaubens formt das Weltbild des gesamten Mittelalters, des „christlichen Abendlands".
- Er bedingt eine radikale Abwertung des Diesseits, die dem Denken und der Praxis der griechischen und römischen Klassik völlig fremd war – und ebenso dem modernen Weltbild fremd geworden ist, wenn auch in anderer Weise. (Schwaabe, 2008, S. 67; siehe auch Ottmann, 2004, S. 23ff.)

> Der Primat des Glaubens formt das Weltbild des gesamten Mittelalters, des christlichen Abendlandes.

Dieser Primat des Glaubens zeigt sich unter anderem in der Auffassung von Gerechtigkeit (Schwaabe, 2008, S. 67ff.), wie sie sich bei Augustinus findet: „[...] letzte Gerechtigkeit liege bei Gott, vollständiger Friede finde sich als Seelenfrieden nur bei Gott" (Llanque, 2016, S. 27). Der Staat sei allerdings an seine weltlichen Gesetze gebunden.

> **Beispiel**
> Ein christlicher Richter verstößt nach Augustinus keineswegs gegen das fünfte Gebot („Du sollst nicht töten"), wenn er die Todesstrafe auf gesetzlicher Grundlage verhängt.

Denn nach Ansicht von Augustinus

> [...] hatte Gott immer wieder das Töten befohlen, was er sich mit der Theorie der gerechten Vernunft erklärte: deren [sic] Vollstrecker sei die politische Ordnung durch ihre Autorität und mit Hilfe von Gesetzen [...]. Alle Ungerechtigkeit folge aus dem Umstand der Schlechtigkeit des Menschen. Der Mensch sei schlecht aufgrund der Erbsünde [...]. Der falsche Gebrauch der Freiheit, den der Mensch im Paradies machte, bestimme die Gattung. Daraus leite sich die Notwendigkeit der Beherrschung ab, da der Mensch aus eigener Kraft kaum zur Selbstregulierung imstande sei, und dies rechtfertige alle politische Ordnung. (Llanque, 2016, S. 27f.)

1.8.2 Hierokratie versus Selbstverwaltung

Augustinus' Grundgedanke, hinsichtlich der irdischen Welt von der Schlechtigkeit des Menschen auszugehen, hat Konsequenzen für den Aufbau des Staates. Es ging ihm darum, den Menschen in seiner Unvollkommenheit zu beherrschen, und zwar mit staatlichen Institutionen, die ihrerseits im Spannungsfeld zwischen irdischer Verwurzelung und der Sehnsucht nach vollkommenem Frieden handeln. Dazu bedarf es einer steuernden Institution, die sich trotz aller Fehler durch die Heilserwartungen im Jenseits leiten lässt:

> Kriege, Krankheiten, Herrschaftsstrukturen, auch ungerechte wie die Versklavung, sind für Augustinus Maßnahmen Gottes zur Strafe des sündigen Menschen. Die Erlösung von den Mängeln kann nicht im Diesseits geschehen, folglich sei von dieser Welt nicht zu erwarten, dass sie den Mangelzustand überwinde. Erst im Frieden, der bei Gott sei, werde die Vernunft aufhören können, die Sünde zu beherrschen. (Llanque, 2016, S. 28; siehe auch Augustinus, Vom Gottesstaat, Bd. II, 1955b, S. XIX 27)

Die Bekämpfung der Sünde leitet demnach alle Gewaltverhältnisse, sei es die der häuslichen Gewalt und vor allem der politischen Herrschaft. Verbunden ist damit auch eine Rechtfertigung der Kriegführung. Denn, so Llanque, die christliche Liebesethik bezieht sich bei Augustinus auf die innere Gesinnung, nicht auf das äußerliche Verhalten: „Auch der Krieg könne mit Nächstenliebe geführt werden, wenn er dazu diene, den Besiegten aus Mitgefühl in die Gerechtigkeit zurückzuführen, die er zuvor verletzte. Wer also den Krieg um des Friedens willen führe, um die Bösen zu bekämpfen und die Guten zu befreien, der führt einen gerechten Krieg" (Llanque, 2016, S. 28). Ein christlich verstandener Begriff der Gerechtigkeit verankert das politische Verständnis des Staats.

Was anders also sind Reiche, wenn ihnen Gerechtigkeit fehlt, als große Räuberbanden? Sind doch auch Räuberbanden nichts anders als kleine Reiche! Auch da ist eine Schar von Menschen, die unter Befehl eines Anführers steht, sich durch Verabredung zu einer Gemeinschaft zusammenschließt und nach fester Übereinkunft die Beute teilt. (Pfetsch, 2019, S. 85; siehe auch Augustinus, Vom Gottesstaat – 1955a, IV, 4, S. 213; Schwaabe, 2008, S. 74f.)

Diese Verankerung wird auch in den beiden nachfolgenden charakteristischen Zitaten deutlich:

„Wo keine Gerechtigkeit ist, da auch kein Staat" (Pfetsch, 2019, S. 85; siehe auch Augustinus, Vom Gottesstaat, Bd II, 1955b, IXX,21, S. 571).

„Denn nichts anderes kann den Staat glücklich machen, als was auch den Menschen glücklich macht, da der Staat nichts anderes ist als eine zur Eintracht verbundene Vielheit von Menschen" (Augustinus, Vom Gottesstaat, Bd. I, 1955a, I, 15, S. 69).

Für Augustinus ist das staatliche Handeln an Regularien gebunden, die sich in Gesetzen ausdrücken (Horn, 2004, S. 75). Solche Regularien zeigen sich z. B. in der Frage der Kriegführung. Für einen gerechten Krieg gilt demnach:

- [...] ein gerechter Krieg muss die Wiederherstellung des Friedens zum Ziel haben (iustus finis), ein darauffolgender gerechter Friede darf nicht von Rache überschattet werden
- wenn der Krieg das Unrecht vergrößern und verschlimmern würde, soll das Unrecht geduldet werden
- nur wenn einem Feind Unrecht vorgeworfen werden kann, kann von einem gerechten Krieg gesprochen werden
- friedlichen Wegen zur Umgehung des Krieges muss stets der Vorrang gegeben werden
- der Krieg muss von einer legitimierten Instanz (Gott oder Fürsten) angeordnet sein (legitima auctoritas)
- die kriegführenden Soldaten müssen ihn als Dienst am Frieden erkennen können, der Kriegsbefehl darf nicht gegen Gottes Gebot verstoßen [...]
- damit im Krieg nicht Grausamkeit und Wüten herrscht, muss es ein Kriegsrecht (jus in bello) geben. (Pfetsch, 2019, S. 85)

Diese Regelungen sind von erheblicher politisch-theoretischer Bedeutung. Sie binden das politische Handeln (am Beispiel der Kriegsführung) an klare Regularien und eine in der christlichen Ethik begründete Grundlage (Schwaabe, 2008, S. 75). Wichtig unter dem Gesichtspunkt späterer Wirkungen ist der Hinweis auf das Kriegsrecht, welches die Formen des Kriegs eingrenzen soll. Krieg ist nur dann gerechtfertigt, wenn er dem Ziel dient, Menschen der jenseitigen Heilserwartung näherzubringen. Die Autorität darüber, ob Kriege in diesem aus der Religion definierten Sinne gerechtfertigt sind, wird der Kirche und der Krone zugemessen. Damit konzentrierte sich die von der Spitze her gedachte politische Ordnung auf den Papst und die Kaiser, die hierdurch zu den Fixpunkten eines Kampfes um legitime politische Macht wurden: „Waren Bischöfe alleine von der Anerkennung durch den Papst abhängig oder hatten weltliche Fürsten ein Mitspracherecht? Mussten nicht sogar die Könige und allen voran der Kaiser in ihre Ämter durch den Papst eingesetzt werden und konnten von ihm daher auch wieder abgesetzt werden?" (Llanque, 2016, S. 29). Letzten Endes fordert Augustinus eine Christianisierung der Macht (Schwaabe, 2008, S. 76ff.). Staatliche Aufgaben wie Friede, Ordnung und Eintracht sind danach durchaus erstrebenswert, jedoch keineswegs letzte Ziele wie Glaube, Hoffnung und Liebe. Für diese übergeordneten „letzten" Ziele ist die weltliche Herrschaft weder zuständig noch kompetent, der Staat ist beschränkt auf das „Vorletzte", denn die weltliche Macht unterliegt ewigen Gesetzen, an welchen sie sich allerdings zu orientieren hat (Schwaabe, 2008, S. 76; Horn, 2004, S. 66ff.)

In dieser Beschränkung staatlicher Zuständigkeit und politischer Zugriffsmöglichkeit stoßen wir auf den Keim einer erstaunlich „modernen" Sichtweise – oder anders gesagt: die [sic] moderne liberale Demokratie folgt dieser Beschränkung aufs Vorletzte und macht sie zu einem ihrer Fundamentalprinzipien. Der liberale Rechtsstaat hat sich aus allen Fragen letzter moralischer und religiöser Wahrheit herauszuhalten. Er tut dies freilich gerade deshalb, weil er von einem unvermeidlichen Pluralismus religiöser Vorstellungen ausgeht und nicht, wie Augustinus, von der *einen* transzendenten Wahrheit. (Schwaabe, 2008, S. 76)

In dieser Frage nimmt Thomas von Aquin (1225 – 1274) eine Position ein, die Augustinus' Lehre, welche im 13. Jahrhundert umstritten war, deutlich unterstützt und besonders auch auf Begründungen durch die Natur setzt (Ottmann, 2004, S. 203ff.).

Im dauernden Streit zwischen Papsttum und Kaisertum bildete sich ein gewisses Vakuum, welches seit dem 12. Jahrhundert durch die Selbstverwaltung etwa der oberitalienischen Städte gefüllt wurde, indem diese sich gegen kirchliche und fürstliche Machthaber durchsetzten: „Was sich in der politischen Praxis etablierte, etwa in der Amtseinsetzung durch die Wahl der Bürger, suchte eine angemessene theoretische Reflexion" (Llanque, 2016, S. 29).

Diese Reflexion lieferte unter anderem Marsilius. In seiner Politiktheorie war das Ziel „politischen Handelns auf die Verfolgung und Sicherung des innerweltlichen Friedens festgelegt und nicht auf das auf Seelenheil oder spirituelle Ziele. Hierarchie war laut Marsilius auch keine Folge der Erbsünde, wie Augustinus behauptet hatte, sondern ausschließlich Ergebnis menschlicher Satzung […] und damit veränderbar" (Llanque, 2016, S. 31). Marsilius vertrat die Position, dass ein Gesetz nur das binde, was in ihm explizit formuliert werde (positives Recht) und das Zustandekommen der Gesetzgebung maßgeblich sei: „Externe Maßstäbe gemäß bestimmter Gerechtigkeitsvorstellungen, wie sie beispielsweise die Theologie der Politik auferlegte, lehnte Marsilius als zweitrangig ab. Die innerweltliche Ordnung folge ihren eigenen Gesetzen, die sich die Bürgerschaft selbst gebe, auch wenn sie sich von allgemeinen Richtlinien leiten lassen sollte" (Lüddecke, 2020, S. 93ff.). Dazu zähle der Vorrang der Gesetzesherrschaft, des Gemeinwohls und der magistratischen Regierungsweise, da gewählte Regierungen nicht gewählten überlegen seien (Llanque, 2016, S. 31).

Auf diese Sichtweise kommt Marsilius unter anderem durch die Beschäftigung mit Aristoteles und seiner Vorstellung von politischen Ordnungen (Lüddecke, 2020, S. 97ff.). Allerdings habe Aristoteles den wichtigsten Störfaktor politischer Ordnungen noch nicht gekannt, nämlich die Kirche (Llanque, 2016, S. 30; Marsilius von Padua, 1958, S. I 13,4). Kaiser oder Papst sieht er daher nicht als legitimiert an, Herrschaft werde vielmehr legitimiert durch die „Gesamtheit der Bürger (universitas) oder wenigstens ihres gewichtigeren Teils (valenciorem partem)" (Llanque, 2016, S. 32; Marsilius von Padua, 1958, S. I 12,7). Als gewichtig gilt für ihn das Bürgertum, welches aufgrund seiner Bildung die Mängel von Gesetzesvorschlägen besser erkennen könne als das prinzipiell durchaus mit politischer Urteilskraft ausgestattete ungebildete Volk. Dementsprechend plädierte Marsilius für eine gesetzgebende Versammlung, die sich aus Gebildeten und Ungebildeten zusammensetzen sollte: „Er zählte somit nicht zu den Vorläufern der modernen Volkssouveränitätslehre, da der für die Demokratie charakteristische egalitäre Volksbegriff fehlte, vielmehr diente seine Argumentation der Stärkung fürstlicher weltlicher Herrschaft" (Pfetsch, 2019, S. 89). Llanque konstatiert: „Gemessen am zeitgenössischen Diskurs findet sich jedoch niemand, der ihn in Hinblick auf die Einbeziehung der Bevölkerung in politische Herrschaft an Radikalität überbietet" (Llanque, 2016, S. 33). Dabei ging es auch um die Verfahren der Gesetzgebung, die im Rahmen der Repräsentativität von Körperschaften durch die Bürgerschaft selbst festzulegen waren (Llanque, 2016, S. 33; Pfetsch, 2019, S. 89).

Durch Marsilius wurden Fragen aufgeworfen, die bis heute die Diskussionen um die Formen und Gestaltung von Politik bewegen:

Wie stark sind die Regierten durch Akte der Repräsentation, etwa durch parlamentarische Gesetzgebung, gebunden? Was heißt es, im Namen des Volkes zu handeln und zu sprechen? […] Bedarf es einer sakralen Bindung, mag diese auf religiösem Glauben oder „Wahrheit" beruhen? Woher speist sich der Inhalt von Gerechtigkeitsvorstellungen und was geschieht, wenn unterschiedliche Gerechtigkeitsvorstellungen aufeinanderprallen? (Llanque, 2016, S. 33f.)

Mit diesen Fragen bereitete Marsilius die Loslösung der Politik von der Religion vor (Ottmann, 2004, S. 267ff.).

Hinweis: Thomas von Aquin

Thomas von Aquin (1224/25-1274) steht zwischen der Verteidigung des Primats der Kirche und einer Lehre der Toleranz.

Primat der Kirche

„Der Plan Gottes erschließt sich aus der natürlichen Ordnung der Dinge und aus der menschlichen Natur. Dies führt zu einer relativen Autonomie der Vernunft, zur Aufwertung der Natur, zur Einbeziehung sinnlicher Erfahrung. Im Streit zwischen Kaiser und Papst gibt Thomas dem Papst Vorrang, weil die ewige Seligkeit über den irdischen Zweck erhaben ist; das geistliche Amt hat Vorrang vor jedem anderen Amt. Der Kaiser erhält seine Gewalt aus der Hand des Papstes, dieser unmittelbar von Gott. Dementsprechend verlangt er Gehorsam gegenüber staatlicher Gewalt [...]. Nur eine übergeordnete Gewalt (Papst) könne einen tyrannischen König absetzen. Das Heil im Jenseits könne nur durch die Nachfolger Petri erlangt werden; ihm müssten alle Könige des christlichen Volkes untergeben sein (Primat der Kirche vor weltlicher Macht)" (Pfetsch, 2019, S. 87).

Toleranz

„Thomas' Behandlung der Toleranz steht an einer Schnittstelle zwischen Augustinus und dem neuen Verständnis von Toleranz. Grundannahme der Toleranzlehre ist die Überzeugung, dass der Glaube nicht zu erzwingen ist. Er muss eine Sache der freien Entscheidung sein [...]. Krieg gegen Ungläubige lässt sich nur rechtfertigen, wenn diese das Christentum behindern. Die Riten der Ungläubigen sind zu tolerieren, wenn aus der Duldung Gutes entsteht oder Böses vermieden wird [...]. Ganz anders zu behandeln sind Gläubige, welche die Wahrheit des Glaubens schon erfahren haben und dennoch vom Glauben abfallen. Ein Häretiker kann ein- oder zweimal zurechtgewiesen werden. Findet er zum Glauben zurück, nimmt ihn die Kirche als büßenden Sünder wieder auf [...]. Bleibt er jedoch hartnäckig bei seiner Häresie, ist nach Thomas die Todesstrafe zu verhängen. Eine Sonderstellung gesteht Thomas den Juden zu. Die Taufe ihrer Kinder gegen den Willen der Eltern wird verworfen. Die Kinder stünden nach dem Naturrecht noch unter der Vormundschaft ihrer Väter [...]. Ist somit der Ritus der Juden zu tole-

---

rieren, so liegt der Grund für die Toleranz allerdings nicht im Respekt vor der anderen Religion. Vielmehr wird nach Thomas im Judentum das Christentum ‚präfiguriert'. An seinen ‚Feinden' habe man ein ‚Zeugnis des eigenen Glaubens' [...]" (Ottmann, 2004, S. 218f.; Thomas von Aquin, Die Summe der Theologie, Bd. 2., Die sittliche Weltordnung, 1985; Thomas von Aquin, Über die Herrschaft der Fürsten, 1994).

1.8.3 Zusammenfassung

Mit seiner Theorie der „zwei Reiche" begründet Augustinus das entscheidende Paradigma des Mittelalters. Der Glaube, repräsentiert durch die Kirche, ist entscheidend für die politische Hierarchie weltlicher Herrschaft. Der Primat des Papsttums führt zu einem Dauerkonflikt mit den weltlichen Herrschern, insbesondere dem Kaisertum. Die weltliche Herrschaft ist für die Regelung irdischer Angelegenheiten zuständig, sie richtet sich auf den Menschen als irdischen Bürger. Die kirchliche Herrschaft zielt auf den Gottesstaat, nämlich den Menschen als himmlischen Bürger. Freilich ist auch die weltliche Herrschaft in das religiöse Wertesystem eingebettet. Während weltliche Herrschaft also auf den Menschen als irdischen Bürger ausgerichtet ist, zielt die kirchliche Herrschaft auf den Menschen als himmlischen Bürger. Mit der Überordnung der Kirche über den Staat wird ein Weltherrschaftsanspruch des Papsttums begründet, der über Jahrhunderte hinweg zu einer Verwirklichung und einem Niedergang der Kirche führte. Die damit einhergehenden politischen Theorien wurden vor allem von Marsilius formuliert. Dieser begründete ein Umdenken, das sich darauf richtete, Staat und Kirche voneinander zu trennen.

1.9 Niccolo Machiavelli

Niccolo Machiavelli

Niccolo Machiavelli (1469–1527) gilt als Ideengeber für das, was gemeinhin „Machiavellismus" genannt wird und bei zahlreichen Philosophen und Politiktheoretikern zu einem Rückgriff auf ihn geführt hat, z. B., wenn es um Fragen von Macht und Herrschaft geht (Nederman, 2014). Machiavelli, selbst Praktiker der Politik, ging es um das politische Handeln: Abseits des Moralischen liegt dessen Ziel in dauerhaftem politischem Erfolg. Italien war zu seiner Zeit politisch geschwächt durch die Fehden zwischen den Republiken (Venedig, Florenz), dem Herzogtum Mailand, dem Königreich Neapel sowie dem Kirchenstaat Rom und nicht zuletzt durch in sich gespaltene rivalisierende Familien; zudem wurde Italien durch auswärtige Mächte wie Habsburg und Frankreich bedroht. Italien hatte sich noch nicht zu einem Nationalstaat entwickelt, sodass Machiavelli als höchstes Ziel die Einheit des Vaterlands forderte, dem er sein politisches Denken unterordnete. Geboren als Sohn eines Notars in Florenz erlebte er die Exkommunikation und Hinrichtung des Dominikanermönchs Savoranola im Jahre 1498 (Pfetsch, 2019, S. 97). Diesem Erlebnis wird sein Misstrauen gegenüber der Kirche zugeschrieben. Er übernahm verschiedene Aufgaben in Verwaltung und Politik der Republik Florenz, lebte aber am Ende seines Lebens in der Verbannung, in der unter anderem zwei seiner Hauptwerke, die *Discorsi* und *Il Principe* entstanden. Seine politischen Erfahrungen und seine politiktheoretischen Ziele beeinflussten sich gegenseitig (Pfetsch, 2019, S. 98; Llanque, 2016, S. 38; Ottmann, 2004, S. 11ff.).

Machiavelli wurde in die italienische Renaissance hineingeboren, die sich vom mittelalterlichen Denken löste und an die hellenistische Philosophie anknüpfte. Die Renaissance kann als Übergang vom Mittelalter zur Neuzeit betrachtet werden. Die Merkmale dieser Zeit sind nach Pfetsch:

– Feudalismus als System gegenseitiger Rechte und Pflichten in einer hierarchischen Ordnung persönlicher und legaler Beziehungen; politische Macht beruht auf feudalem Grundgesetz, kirchlicher Herrschaft und Handelszentren; England, Frankreich und Spanien entwickelten sich zu Nationalstaaten, Italien und Deutschland blieben zersplittert.
– Die Renaissance war gekennzeichnet durch bahnbrechende technische Erfindungen (Buchdruck, Schießpulver u. a. m.), die Entdeckung des amerikanischen Kontinents und eine beginnende Universalität der europäischen Welt sowie die Vertreibung der Mauren aus Europa.
– Die Ablösung des ptolemäischen und heliozentristischen Weltsystems durch die kopernikanische Wende; naturwissenschaftliches Denken (Kepler, Galilei) löst die aristotelische und scholastische (Meta-)Physik ab.
– Humanismus als geistesgeschichtliches Kennzeichnen verbunden mit der Wiedergeburt des Geistes der Antike, Befreiung von der geistigen und geistlichen Vormacht der katholischen Kirche.
– Infragestellung der Einheit des Christentums durch die Reformation.
– Entwicklung des Nationalgefühls.
– Soziale, politische und wirtschaftliche Umwälzungen, insbesondere Aufblühen der Städte mit einem selbstbewusst Handel treibenden Bürgertum, allmähliches Entstehen frühkapitalistischer Produktionsweisen, die den Feudalismus und das Lehenssystem ablösen (Pfetsch, 2019, S. 94f.).

In dieser Zeit war Florenz eine der bedeutendsten Handels- und Kunststädte der Welt und die wechselhaften politischen wie ökonomischen Entwicklungen führten nicht nur bei Machiavelli zu der Frage, „wie die [...] Florentinische Republik dauerhaft aufrechterhalten werden konnte" (Llanque, 2016, S. 39).

1.9.1 Fürstenherrschaft

Llanque weist darauf hin, dass es Machiavelli gleich zu Beginn des *Fürsten* (Il Principe) um die Erhaltung und Bewahrung der politischen Ordnung gehe, die er mit dem Begriff „Stato" bezeichnet. „Stato" ist die allgemeine Bezeichnung für alle Regierungsformen und das Wesen des Politischen. Bürgerkriege, Notstände und Machterhaltungskämpfe waren keine Störung des guten Lebens, so Llanque, für Machiavelli waren sie das politische Leben. Damit brach er sowohl mit der aristotelischen Tradition des Ausgleichs als auch besonders mit der mittelalterlichen Vorstellung von Politik als Verwirklichung von normativen Zielen der Religion (Llanque, 2016, S. 39f.). Das bedeutet in der Konsequenz: Machiavelli „löste damit endgültig die Politik aus der Umklammerung der Ethik", worunter er vor allem die christlich geprägte Ethik verstand und ihre spezifische Interpretation der Antike (Llanque, 2016, S. 40).

Mit diesem Denken gilt, wie Reese-Schäfer betont, Machiavellis *Principe* bis heute als einer der spektakulärsten „Traktate im Klassikerkanon der abendländischen politischen Theorie überhaupt" (Reese-Schäfer, 2016, S. 44), da er das Politische radikal auf den Begriff der Macht reduziert: „Was der überkommen Ethik als verschlagene List, Intrigenspiel und insgesamt als amoralische Prinzipienlosigkeit erschien, war für Machiavelli Inbegriff der politischen Klugheit. Dies einzusehen gehöre zu den Grundvoraussetzungen aller Politiker, ob der bürgerschaftlich gewählten oder der illegitim in ihre Machtstellung gelangten" (Llanque, 2016, S. 40). Dabei gründet sein Machtstaatsdenken auf bestimmten Kernbegriffen:

> Dazu gehören vor allem die Tüchtigkeit des Herrschers, die *virtú*, sowie dessen Klugheit, die *prudenzia*. Diese wirken zusammen mit dem Glück – *fortuna* – und der Gunst des Augenblickes – *occasione*. Die Mittel der Machtpolitik sind an der Nützlichkeit – *utilitá* – orientiert. Diese kann sogar Verschwörung, Lug und Trug, Mord und Totschlag rechtfertigen, wenn solche Mittel zur erfolgreichen Herrschaftsgewinnung und Herrschaftserhaltung notwendig sind – die *necessitá* (Notwendigkeit) ist dabei einzukalkulieren. Letztlich wird die Zeit die Empörung darüber heilen und die Einschüchterung der Gegner wird heilsam wirken. (Reese-Schäfer, 2016, S. 44f.; siehe auch Ottmann, 2004, S. 40ff.; Niedermaier, 2017, S. 106ff.)

> Es muss also des Fürsten einziger Zweck sein, sein Leben und seine Herrschaft zu erhalten. Man wird alle Mittel, deren er sich hierzu bedient, rechtfertigen, und jeder wird ihn loben. (Machiavelli, 2011, S. 357; Reese-Schäfer, 2016, S. 45)

Das zentrale Thema Machiavellis ist also die Fürstenherrschaft, sein Interesse ist im *Principe* auf die Monarchie gerichtet: „Diejenigen Monarchen finden sein ganzes Interesse, die entweder einen Staat neu gründeten (weil sie ihm eine Verfassung gaben) oder die einen Staat aus eigener Kraft eroberten (statt: ererbten) und anschließend dafür Sorge tragen mussten, dass ihre Herrschaft weder in Abrede gestellt noch unterminiert werden konnte" (Pfetsch, 2019, S. 100; Llanque, 2016, S. 40). Hierzu wählt er eine Metapher, indem er diesem neuen Fürsten rät, die Natur eines Tieres anzunehmen, und zwar eines Fuchses und eines Löwen, denn der Fuchs kenne die Schlingen und der Löwe schrecke die Wölfe (Machiavelli, 2011, S. 356). Machiavelli fordert weiter, dass der Fürst verstehen müsse, sich zu drehen und zu wenden, am Guten festhalten solle, aber auch nicht vor dem Schlechten zurückschrecken (Machiavelli, 2011, S. 356f.; Münkler, 2020, S. 120). Das bedeutet also:

> Der Fürst muss die Kraft und Gestalt des Löwen und die Schläue des Fuchses in seiner Person vereinigen und mit beiden Eigenschaften zugleich – in durchaus opportunistischer Weise, also im Notfall auch bedenkenlos – spielen können, wenn es ernsthaft um die Durchsetzung seiner Politik bzw. um die Erwerbung eines neuen Staates oder um die Sicherung des (gerade) geschaffenen Staates geht. (Pfetsch, 2019, S. 101)

1.9.2 Handeln

Politisches Handeln, so Llanque, bedeute für Machiavelli, „die gegebene Situation zu erfassen und unbeeindruckt von sachfremden (ethischen, moralischen, konventionellen, legalen) Erwägungen die nötigen Handlungsweisen zu ermitteln und auch anzuwenden" (Llanque, 2016, S. 41). Diese Maxime bleibt keineswegs abstrakt, sie wird durch eine Handlungstheorie unterlegt (Münkler, 2020, S. 109). So fordert Machiavelli unter anderem dazu auf, Menschen entweder mit Freundlichkeit zu behandeln oder unschädlich zu machen. Ein Herrscher solle unliebsame Dinge auf andere abwälzen und angenehme sich selbst vorbehalten. Ein Herrscher ist dementsprechend oft gezwungen, unmoralisch zu handeln, um seine Macht zu behaupten. Um den Vorwurf der Grausamkeit solle sich ein Herrscher nicht kümmern, wenn er dadurch seine Untertanen in Einigkeit und Ergebenheit halten kann (Pfetsch, 2019, S. 102f.). So stellt sich Machiavelli die Frage, „ob es besser sei, geliebt zu werden als gefürchtet, oder umgekehrt" (Pfetsch, 2019, S. 103; Machiavelli, 2011, S. 358ff.), und meint, es sei schwierig, beides miteinander zu vereinen. Sicherer wäre, gefürchtet zu sein, als geliebt zu werden.

Während diese politischen Grundsätze für die Monarchie gedacht sind, werden sie von Machiavelli in den *Discorsi* (Machiavelli, 2011) verallgemeinert und damit auch auf die Republik beziehbar. Der Unterschied, dass in dieser die Bürgerschaft ihre Machthaber wählt, führe dazu, dass sie sich dementsprechend mit ihm anders verbunden fühlt als mit einem Alleinherrscher. So könnten z. B. Luxus, Egoismus und eine Erosion politischer Regelungen dazu führen, dass die Bereitschaft, Gesetze anzuerkennen, sinkt. Die Politik könne auf Erziehung, Vorbilder und Partizipation in Verbindung mit guten Gesetzen zurückgreifen, um dies zu verhindern. Letztendlich müssten gewählte Politiker jedoch genauso rücksichtslos und kompromisslos agieren wie Alleinherrscher, um die Feinde der Republik auch in kriegerischen Ausnahmesituationen zu bekämpfen. Im Zweifel stellt eine Diktatur ein Mittel der Freiheitssicherung dar, in diesem Fall werden Gesetze zwar nicht geändert, sondern suspendiert (Machiavelli, 2011, S. Discorsi, Bd. I, 4).

Politiker müssen davon ausgehen, dass Menschen „schlecht sind und dass sie stets ihren bösen Neigungen folgen, sobald sie die Gelegenheit dazu haben" (Llanque, 2016, S. 41; Machiavelli, 2011, S. Discorsi, Bd. I, 4).

Machiavelli, so Pfetsch, versteht die Politik als Summe der Mittel, die nötig sind, um zu Macht zu kommen und an der Macht zu bleiben und von ihr nicht etwa für das allgemeine Wohl Gebrauch zu machen: Die Lehre der Machterhaltung stellt eine Handlungsanleitung für die zeitgenössische Politik zur Frage dar, wie man Fürstentümer erwirbt, wie man sie stabilisiert etc. (Pfetsch, 2019, S. 103).

Weber und Beckstein weisen auf die kontroverse Rezeption von Machiavelli hin. Je nach rezeptionstheoretischem Zugang (z. B. Perspektiven „Autor", „Text" „Lesende") können unterschiedliche Schlussfolgerungen gezogen werden. In der Auseinandersetzung mit dem *Fürsten* ist z. B. eine vertiefende Beschäftigung mit dem Primärtext empfehlenswert, um die in der langen Rezeptionsgeschichte entstandenen Machiavelli-Deutungen einer eigenen Betrachtung zu unterziehen (Weber & Beckstein, 2014, S. 203f.).

1.9.3 Zusammenfassung

Pfetsch hebt hervor, dass sich das Werk Machiavellis von anderen klassisch gewordenen Autoren in drei Punkten unterscheidet. Es handelt sich erstens um eine Handlungslehre aus der Perspektive des Akteurs, nicht der des Beobachters. Sie versucht zweitens den Erfordernissen und Ansprüchen des aktiven Politikers gerecht zu werden. Drittens geht es Machiavelli aufgrund seiner eigenen politischen Erfahrungen darum, seinen Ansatz als praktische Schule für politisches Handeln zu verstehen, also um eine anwendungsorientierte Politikwissenschaft (Pfetsch, 2019, S. 100). Machiavelli entwirft eine politische Theorie, die in radikaler Weise für die ungezügelte Machterhaltung mit jeglichen Mitteln ohne Bindung an Ethik oder Religion plädiert. In diesem Konstrukt liegt die Faszination des politischen Handelns, welches Eingang in spätere Vorstellungen und Diskurse um die Leitlinie der Staatsräson sowohl unter monarchistischer Verfassung wie auch in demokratischen Strukturen findet.

Die Doktrin der Staatsräson kommt im folgenden Zitat prägnant zum Ausdruck:

> [E]in Fürst [...] kann nicht so handeln, wie die Menschen gewöhnlich handeln sollten, um rechtschaffen genannt zu werden; das Staatserfordernis nötigt ihn oft Treue und Glauben zu brechen und der Menschenliebe, der Menschlichkeit und Religion entgegen zu handeln. Er muss also nach dem Wind segeln, aber nicht ganz vom Weg des Guten ablenken, solange dies nur möglich ist; erst dann muss er ohne Bedenken Verbrechen begehen, wenn es die äußerste Not erfordert. (Machiavelli, 2011, S. 357).

1.10 Merkmale politischer Theorie im Mittelalter

Die Konturen politischer Theorien und Ideen im Mittelalter wurden anhand von Augustinus, Marsilius von Padua und Niccolo Machiavelli gezeichnet. Aus Perspektive der in Kapitel 1 genannten Beobachtungsschwerpunkte (soweit sie berücksichtigt werden können) ergibt sich eine Struktur wie in Abb. 1.6 dargestellt.

Wertbezug:

Augustinus geht von dem Grundgedanken der Unvollkommenheit des Irdischen aus, der im Sündenfall begründet liegt. Die Glückseligkeit ist nicht auf der Erde zu erreichen, sondern nur im Jenseits nach dem jüngsten Gericht. Daher ist der Mensch Bürger zweier Staaten: des irdischen, weltlichen Staates und des Gottesstaates. Der Gottesstaat verkörpert letzte Ziele im Religiösen (Glaube, Hoffnung, Liebe), der weltliche Staat hat diese Kompetenz nicht, sondern kann nur weltliche Dinge regeln. Allerdings ist auch der weltliche Staat verpflichtet, die religiösen Ziele anzustreben. Augustinus geht es mit seiner Theorie um die Verteidigung des Gottesstaats auf Erden. Die Kirche gehört zum Gottesstaat und repräsentiert diesen daher, wenngleich ihre Vertreter, also der Klerus, als Menschen fehlbar sind. Machiavelli löst die Politik grundsätzlich von wertorientierten religiösen Bindungen.

Politik-Umfeld-Analysen:

Die politischen Ideen Augustinus' entstanden vor dem Hintergrund des Niedergangs Roms und der damit verbundenen Kritik an der christlichen Staatsreligion als zu friedensorientiert. Aus dieser Situation heraus konstruiert Augustinus seine theoretischen Überlegungen, mit denen er das Christentum als herrschende Religion in einen weltlichen Zusammenhang bringt, ohne religiöse Ziele aufzugeben. Nach Jahrhunderten der Auseinandersetzungen zwischen Papsttum und Kaisertum kritisiert Marsilius den moralischen Niedergang der Kirche. Er setzt vor allem auf die Selbstverwaltung der Städte in einer von Handel geprägten ökonomischen Landschaft Europas. Machiavelli wiederum ist vor dem Hintergrund der Renaissance in einer feudalistischen Gesellschaft zu sehen, die von starken sozialen und politischen Umwälzungen geprägt ist. Politische Kämpfe sieht er als den Normalfall politischen Lebens an.

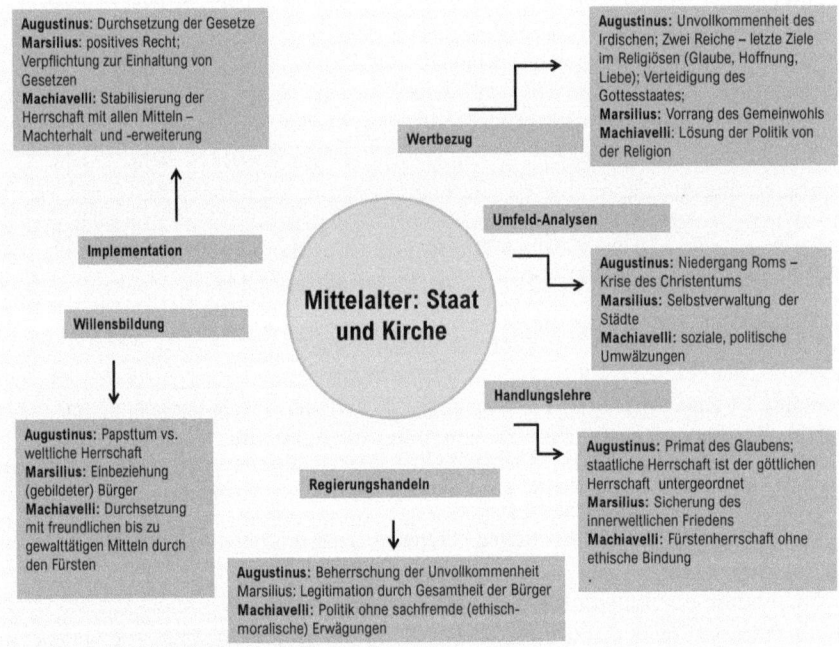

Abb. 1.6: Konturen politischer Ideen im Mittelalter (eigene Darstellung)

Politische Handlungslehre:

Augustinus begründet den Primat des Glaubens. Danach ist die staatliche Herrschaft der göttlichen Herrschaft unterzuordnen, woraus eine durch das Papsttum an der Spitze organisierte Hierokratie folgt. Diese bedarf steuernder Institutionen, welche an Gesetze zu binden sind, die der christlichen Ethik folgen. Die weltliche Herrschaft beschränkt sich jedoch auf „vorletzte", nicht religiöse Ziele zur Sicherung des innerweltlichen Friedens. Dieser schließt eine gewisse Toleranz gegenüber anderen Religionen ein, sofern diese nicht die christliche Religion bedrohen. Marsilius kritisiert die Herrschaftspraxis des Papsttums als politischen Störfaktor insbesondere aufgrund des Verfalls seiner Moralität. Dies begründet seine Abkehr vom Religiösen als handlungsleitend für weltliche Ziele; vor allem aber sieht er eine Kompetenz für die Gesetzgebung insbesondere bei den Städten, welche eine Repräsentation des Bürgertums einschließt. Machiavelli hingegen trennt die Politik von jeglicher Ethik und setzt auf eine ganz auf den Fürsten konzentrierte Herrschaft. Mit ihm wird Politik endgültig von Religion getrennt.

Regierungshandeln:

Regierungshandeln heißt bei Augustinus die Beherrschung der Unvollkommenheit des in Sünde lebenden Menschen. Vorrang hat dabei das Gemeinwohl, welches allerdings durch die Religion definiert wird. Bei Marsilius wird hingegen politisches Handeln durch die Gesamtheit der Bürger legitimiert. Bei Machiavelli bedeutet politisches Handeln machtorientiertes Handeln ohne sachfremde ethische, moralische oder durch Gesetze behinderte Erwägungen. Der Alleinherrscher ist berechtigt, rücksichtslos innere wie äußere Feinde zu bekämpfen und den Frieden in seinem Sinne zu sichern.

Meinungs- und Willensbildungsprozesse:

Das Mittelalter ist wesentlich geprägt durch politische Willensbildung vor dem Hintergrund des Streits zwischen Papsttum und weltlicher Herrschaft. Dem ordnet sich alles unter, wobei es den Städten immer mehr gelingt, eigene Strukturen zu bilden, die auf einer Balance der in einer Stadt herrschenden Ökonomie beruhen. Marsilius plädiert für die Einbeziehung von Bürgern in die politische Willensbildung. Die Willensbildung bei Machiavelli ist ausgerichtet auf die Durchsetzung des Alleinherrschers (oder auch der führenden Familien einer Republik).

Implementation von Entscheidungen:

Die Durchsetzung der göttlichen Gesetze in einer irdischen (und dementsprechend unvollkommenen) politischen Organisation kennzeichnet die Implementation von Entscheidungen bei Augustinus. Dies umfasst auch den Krieg, wenn er aus religiösen Gründen gerechtfertigt ist. Marsilius lehnt diese Positionen ab und formuliert ein positives Recht, das sich an die einmal gegebenen und gültigen Gesetze halten muss. Nach Machiavelli kann sich der Herrscher zwar gesetzlicher und bürgerfreundlicher Regelungen bedienen, darf jedoch zur Erreichung seiner Ziele zu gewalttätigen Mitteln greifen.

Hinweis: Thomas Morus

Etwa zur gleichen Zeit, zu der Machiavelli sich mit dem *Fürsten* beschäftigte, erschien *Utopia* von Thomas Morus (Morus, 1986).

Morus (1478–1535), war ein englischer Anwalt, Staatsmann und katholischer Märtyrer (hingerichtet 1535, heiliggesprochen 1935), der als Denker des Humanismus (dieser verband ihn z. B. mit Erasmus von Rotterdam) gilt (Baker-Smith, 2014). Sein bleibendes Werk ist „Utopia", welches einerseits als literarische Gattung von weitreichender Bedeutung war, andererseits politisch-theoretisch eine Konstruktion darstellte, welche die politischen Zeitumstände in Form einer Fiktion kritisierte. Diese besteht in der „Darstellung einer perfekten politischen Ordnung als Gegenentwurf zu den politischen und sozialen Mängeln der eigenen Zeit" (Llanque, 2016, S. 35). Mit Machiavelli verband ihn, dass er politische Vorstellungen vor dem Hintergrund der eigenen politischen Erfahrungen z. B. als Mitglied und Sprecher des Parlaments, später als Kanzler (als der er aus Protest gegen die Gründung der anglikanischen Kirche aus Gewissensgründen zurücktrat) verfasste (Llanque, 2016, S. 35).

Utopia ist ein ferner Inselstaat, von dem man nur von einem Besucher namens Raphael Hythlodaeus weiß. Im fiktiven Gespräch zwischen diesem und Thomas Morus folgt auf eine Analyse der sozioökonomischen Struktur Englands die Lösung der Probleme, welche im Gemeineigentum als Grundlage der Gesellschaft gesehen wird. In deutlicher Anspielung auf Platons *Politeia* steht im Vordergrund von *Utopia* die sozialpolitische Planbarkeit gesellschaftlicher Strukturen, die nach wissenschaftlicher Anleitung zu Wohlfahrt und Glück führt. Auch hier wird deutlich Bezug auf Griechenland genommen, denn in Utopia haben die Berater die Macht in der Hand (Llanque, 2016, S. 36). Aus der Überlegung heraus, dass Privateigentum das zentrale Problem aller Politik darstellt, ist Utopia eine perfekte Lösung, mit der Mängel, Fehlverhalten und materielle Ungleichheiten vermieden werden: „Das Ergebnis ist ein Wohlfahrtsstaat, in dem niemand hungern muss und der autark ist, also aus sich selbst heraus existiert und von niemanden abhängig ist" (Llanque, 2016, S. 36). Freilich werden auch „Nebenwirkungen" gesehen, die in Sklaventum, Mord, Furcht und Terror als Mittel der Herrschaftsstabilisierung bestehen. Mit *Utopia* wird Morus zum Namensgeber politischer Systementwürfe, wie sie sich später z. B. in Francis Bacons *New Atlantis* (1629), Tommaso Campanellas *Sonnenstaat* (1602), Aldous Huxleys *Brave New World* (1932) oder George Orwells *1984* (1949) finden (Reese-Schäfer, 2016, S. 67ff.).

1.11 Thomas Hobbes

Thomas Hobbes (1588–1679) schrieb seine eigene Geschichte des Parlaments (Duncan, 2014). Von ihm ist besonders der Satz „Homo homini lupus est" – „der Mensch ist des Menschen Wolf" – überliefert, der von der Vorstellung ausgeht, im Urzustand sei der Mensch ungesellig, habgierig und brutal. Daher kommt er zu dem Ergebnis, dass Frieden nur in einer Monarchie möglich sei; sie sei die perfekte Staatsform, um Frieden im Krieg aller gegen alle zu garantieren (Grabner-Haider, 2012, S. 85ff.; Hobbes, 1970, S. 167 ff.; Kersting, 2004, S. 213ff.).

> **Hinweis**
>
> In Abb. 1.7 ist das Titelblatt von Thomas Hobbes' *Leviathan* dargestellt. Zu sehen ist der Souverän, der über Land, Städte und deren Bewohner herrscht. Sein Körper besteht aus den Menschen, die in den Gesellschaftsvertrag eingewilligt haben. In seinen Händen hält er Schwert und Hirtenstab, die Zeichen für weltliche und geistliche Macht. Überschrieben ist die Darstellung mit einem Zitat aus dem Buch Hiob: „Keine Macht auf Erden ist mit der seinen vergleichbar" (Bevc, 2007, S. 62).

Thomas Hobbes

Politisch war Hobbes' Leben beeinflusst durch den Bürgerkrieg in England mit seiner Konfrontation zwischen Parlament und Karl I. und der damit verbundenen Teilung Englands sowie dem darauffolgenden zweiten Bürgerkrieg, der Hinrichtung Karls, der Abschaffung der Monarchie und der Errichtung einer Republik. Zehn Jahre seines Lebens verbrachte Hobbes aus Furcht vor Verfolgung durch das Parlament im Exil (Pfetsch, 2019, S. 131ff.; Ottmann, 2004, S. 266ff.).

Hobbes orientiert sich an der Naturwissenschaft, wie sie von Galilei geprägt wurde, und geht methodisch rational vor. Empirie spielt bei ihm dagegen keine Rolle. Hervorzuheben ist in diesem Zusammenhang, dass er der Sprache grundlegende Bedeutung zumisst, im Wissenschaftlichen einer definierten Sprache. Dieser wissenschaftliche Ansatz kennzeichnet sein Werk.

Hobbes' Denken ist stark geprägt durch die für die Zeit typische Erfahrung, „dass das Volk sich in Bürgerkriegen verstrickt und untereinander seine Kräfte verbraucht, wenn es nicht durch einen Herrscher vertreten wird, der nur im Namen des Volks handelt, ohne diesem allerdings verantwortlich zu sein" (Pfetsch, 2019, S. 151; Niedermaier, 2017, S. 125ff.).

1.11.1 Naturzustand und Gesellschaftsvertrag

Zu Beginn des zehnten Kapitels des *Leviathan* definiert Hobbes seinen machtorientierten Ansatz folgendermaßen:

> Allgemein genommen besteht die Macht eines jeden in dem Inbegriff aller der Mittel, die von ihm abhängen, sich ein anscheinend zukünftiges Gut zu eigen zu machen. Es gibt aber eine natürliche und eine künstliche Macht.
>
> Die natürliche Macht gründet sich auf außerordentliche Vorzüge des Körpers oder des Geistes, z. B. auf Stärke, Gestalt, Klugheit, Geschicklichkeit, Beredsamkeit, Freigebigkeit und Adel. Die künstliche Macht aber umfasst die Mittel und Werkzeuge, seine Macht zu erhöhen, in sich; sie mögen übrigens durch jene Ersteren oder durch Zufall erlangt sein, wie Reichtum, Achtung, Freunde und die unmerkliche Einwirkung Gottes, welche gewöhnlich das Glück genannt wird. […] Die größte menschliche Macht ist die, welche aus der Verbindung sehr vieler Menschen zu einer Person entsteht, sie mag nun eine natürliche sein wie der Mensch oder aber eine künstliche Person wie der Staat […] (Hobbes, 1970, S. 79f.)

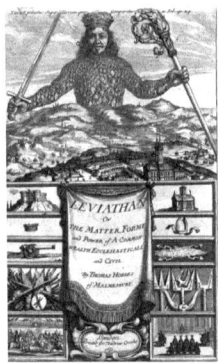

Abb. 1.7: Titelblatt von Thomas Hobbes' *Leviathan (Leviathan by Thomas Hobbes)*

Diese Auffassung ist vor dem Hintergrund eines Menschenbilds und eines Bilds der Gesellschaft zu sehen, das Hobbes im 13. Kapitel des *Leviathan* darlegt (Schmidt & Zintl, 2021, S. 33ff.). Darin beschreibt er zunächst die Gleichheit der Menschen als grundsätzliche Gleichheit in den Geistesfähigkeiten ebenso wie in den körperlichen Fähigkeiten. Die Unterschiede zwischen den Menschen sieht er als nicht so groß an, als dass nicht jeder aufgrund seines Verstands und seiner körperlichen Kraft in der Lage wäre, andere Menschen zu töten. Eine noch größere Gleichheit bestehe bei den Geistesfähigkeiten durch den Gebrauch der Sprache (wobei er eine Ausnahme bei den wenigen Wissenschaftlern macht). Er begründet dies damit, dass sich diese Geistesfähigkeiten auf Erfahrung gründeten und den Menschen von der Natur gleichmäßig mitgegeben seien. In der Psychologie des Menschen liege begründet, dass jeder eine hohe Meinung von sich selbst und weniger von den anderen bilde. Aus dieser Gleichheit schließt Hobbes auf die Feindschaft der Menschen untereinander, da sich aus ihr auch die Hoffnung der Menschen ergibt, die je eigenen Wünsche zu befriedigen (Hobbes, 1970, S. 112f.).

Gleichheit stellt bei Hobbes also eine Naturtatsache dar, aus der, wie Reese-Schäfer konstatiert, „unangenehme Dinge folgen", wie sie sich in dem berühmt gewordenen

Zitat „der Mensch ist des Menschen Wolf" zeigen (Reese-Schäfer, 2016, S. 81; Hobbes, 1970, S. 112f.; Llanque, 2016, S. 45ff.; Schwaabe, 2008, S. 115ff.).

> Sooft daher zwei ein und dasselbe wünschen, dessen sie aber beide zugleich nicht teilhaftig werden können, so wird einer des anderen Feind, und um das gesetzte Ziel, welches mit der Selbsterhaltung immer verbunden ist, zu erreichen, werden beide danach trachten, sich den andern entweder unterwürfig zu machen oder ihn zu töten. (Hobbes, 1970, S. 113f.)

Für diese These gibt er zugleich ein Beispiel:

> **Beispiel**
> Sooft daher jemand ein etwas erträglicheres Stück Land besitzt, es beseelt, bepflanzt und bebaut hat und sein Nachbar Lust bekommt, ihn anzugreifen, weil er nur den Widerstand dieses einen und sonst nichts zu fürchten hat, so muss er nur die freiwillige Beihilfe anderer abwarten, um jenem nicht bloß die ganze Frucht seiner Arbeit, sondern auch Leben und Freiheit zu rauben: indes werden sie, sobald Stärkere über sie kommen, ein Gleiches erleiden müssen. (Hobbes, 1970, S. 114) Hieraus ergibt sich der Rückschluss, dass die Furcht, die Menschen voreinander aus dem genannten Grund haben müssen, nahezu zwangsläufig dazu führt, dass „einer dem anderen zuvorkommt oder so lange fortfährt, durch List und Gewalt sich alle anderen zu unterwerfen, als noch andere da sind, vor denen er sich zu fürchten hat" (Hobbes, 1970, S. 114).

Die fortgesetzte Gewaltanwendung und damit die Vermehrung der Macht sind dementsprechend begründet und als Mittel der Selbsterhaltung akzeptabel. Als Motive sieht Hobbes Konkurrenz, das eigene Sicherheitsbedürfnis, aber auch das Streben nach Ruhm, die zu Konflikten führen (Hobbes, 1970, S. 115; Reese-Schäfer, 2016, S. 81ff.). Aus dieser Logik ergibt sich sein berühmtes Diktum des „bellum omnia contra omnes": „[...] hieraus ergibt sich, dass ohne einschränkende Macht der Zustand der Menschen ein solcher sei, wie er zuvor beschrieben wurde, nämlich ein Krieg aller gegen alle" (Hobbes, 1970, S. 115). Er setzt also an der Natur des einzelnen Menschen an, überträgt diese allerdings auch auf Staaten (Kersting, 2020, S. 213ff.). Denn auch für diese gilt die gleiche naturgegebene Ausgangslage, da Staaten im Grunde nur eine Ansammlung von individuellen Menschen darstellen (Reese-Schäfer, 2016, S. 83). So kann man von einem dauerhaften Krieg ausgehen, auch dann, wenn es aus unterschiedlichen Gründen nicht zu faktischen Feindseligkeiten kommt. Hier liefert Hobbes eine heute noch geltende Definition: „Die Zeit aber, in der kein Krieg herrscht, heißt Frieden" (Hobbes, 1970, S. 115).

Die Vernunft des Menschen hingegen liefere „uns einige zum Frieden führende Grundsätze, und das sind die natürlichen Gesetze" (Hobbes, 1970, S. 118). Die drei konstituierenden Gesetze der Natur beschreibt er folgendermaßen:

Erstes Gesetz – „Das Naturrecht ist die Freiheit, nach welcher ein jeder zur Erhaltung seiner selbst seine Kräfte beliebig gebrauchen und folglich alles, was dazu etwas beizutragen scheint, tun kann". Entsprechend definiert er den Begriff der Freiheit: „Freiheit begreift ihrer ursprünglichen Bedeutung nach die Abwesenheit aller äußeren Hindernisse in sich" (Hobbes, 1970, S. 118). Dies beinhaltet das Recht eines jeden, andere zu verletzen, weswegen er sich seinerseits nicht sicher sein kann, selbst getötet zu werden. Die Folgerung daraus ist, dass ein eigenes Interesse an Frieden bestehen muss (Reese-Schäfer, 2016, S. 84; Hobbes, 1970, S. 118).

Zweites Gesetz – Sobald dieser Friede in irgendeiner Form besteht, folgt gemäß Hobbes das zweite Naturgesetz: „Sobald seine Ruhe und Selbsterhaltung gesichert ist, muss auch jeder von seinem Recht auf alles – vorausgesetzt, dass andere dazu auch bereit sind – abgehen und mit der Freiheit zufrieden sein, die er den übrigen eingeräumt wissen will" (Hobbes, 1970, S. 119). Der Verzicht auf Rechte hat jedoch seine Grenzen. Eine Grenze besteht z. B. dort, wo es um die Unverletzlichkeit geht. Da der Verzicht auf Rechte in der Sicherung des Überlebens liegt, kann niemand veranlasst werden, dieses Recht selbst aufzugeben.

Beispiel

Das trifft z. B. auch auf Straftäter zu (Reese-Schäfer, 2016, S. 84), denen dieses grundsätzliche Recht zugestanden wird (Schwaabe, 2008, S. 117ff.): „Dieser naturrechtliche Grundsatz wirkt noch bis in unser heutiges Recht nach, denn es ist nicht strafbar aus dem Gefängnis zu fliehen. Strafbar sind nur Taten, die damit verbunden sein können […]. Außerdem darf man niemals vertraglich gezwungen werden, sich selbst anzuklagen […]" (Reese-Schäfer, 2016, S. 84f.).

Auf dieser Grundlage kommt Hobbes dazu, Verträge als die Möglichkeit zu konstituieren, welche vernunftgemäß aus der Erkenntnis des Kriegs aller gegen alle folgen muss. Das Modell besteht darin, dass der Vertrag „von allen Bürgern untereinander abgeschlossen wird und die gegenseitige Übertragung von Rechten zum Ziel hat" (Reese-Schäfer, 2016, S. 85). Damit geht Hobbes im nächsten Schritt zum dritten Gesetz (Kersting, 2020, S. 219ff.).

Drittes Gesetz – Das dritte Gesetz bezieht sich auf die Frage, wie die Übertragung von Rechten wirksam gesichert werden kann. Es gilt bis heute mit dem Prinzip *pacta sunt servanda*: „Vertragliche Abkommen müssen erfüllt werden; denn geschieht dies nicht, so hat man dem Rechte auf alles vergeblich entsagt, und der Krieg aller gegen alle bleibt" (Hobbes, 1970, S. 129). Ein entscheidender Faktor dieser Vertragstheorie ist die Rolle, die Hobbes dem Eigentum zuspricht. Denn um dieses geht es, wenn Verträge schützen sollen: „Gerechtigkeit ist der feste Entschluss, einem jeden das Seinige zu geben. Denn wo es nichts gibt, was man das Seinige nennen kann, oder wo kein Eigentum da ist, da fällt alles Ungerechte weg; und ohne bürgerliche Gesellschaft gibt es kein Eigentum" (Hobbes, 1970, S. 130). Nach Hobbes entstehen demgemäß Staat, Eigentum und Gerechtigkeit in einem einzigen Zusammenhang.

Im Weiteren formuliert Hobbes eine Reihe weiterer natürlicher Gesetze (Hobbes, 1970, S. 129ff.). Im Anschluss daran hebt er vor allem darauf ab, dass alle diese Gesetze der natürlichen Selbsterhaltung dienen, da das Übertreten der Gesetze den Frieden störe und Krieg verursache (Hobbes, 1970, S. 142f.).

Es fällt auf, dass zahlreiche der von Hobbes so bezeichneten natürlichen Gesetze bis heute wirken. So z. B. die Verpflichtung, erhaltene Unterstützungen zu rechtfertigen, die Verpflichtung zu einer bestimmten Beteiligung am Gemeinwesen, das Verbot der Verbreitung von Hass, das Recht auf die Nutzung von Gemeineigentum, die Unabhängigkeit richterlicher Gewalt und der Beleg von Unrecht durch Zeugenaussagen. Besonders hervorzuheben ist aber das neunte Gesetz, das die Gleichheit aller Menschen postuliert (Hobbes, 1970, S. 137). Hobbes wendet sich explizit gegen andere, z. B. Aristoteles, der Ungleichheit durch seine Philosophenherrschaft rechtfertigt. Vielmehr ist er der Ansicht, dass „die Natur selbst die Menschen gleich gemacht" (Hobbes, 1970, S. 138) habe und diese Gleichheit auch anerkannt werden müsse. Er weist zudem darauf hin, dass Frieden nur unter gleichen Bedingungen herzustellen sei, schon deswegen, „weil jeder dem anderen gleich zu sein glaubt" (Hobbes, 1970, S. 138).

Übung

Beziehen Sie die natürlichen Gesetze Hobbes' auf heutige politische Debatten.

Die Naturgesetze, so schließt Hobbes, verlangen nach einem starken Staat, denn „Gesetze und Verträge können an und für sich den Zustand des Krieges aller gegen alle nicht aufheben; denn sie bestehen in Worten, und bloße Worte können keine Furcht erregen [...]" (Hobbes, 1970, S. 151; Reese-Schäfer, 2016, S. 87).

1.11.2 Der Staat und die Idee des Leviathan

Die Konsequenz aus den Naturgesetzen sieht Hobbes darin, einen Staat zu gründen, unter dessen Schutz jeder Einzelne steht (Schwaabe, 2008, S. 120ff.). Dazu ist es erforderlich, die Macht einem oder mehreren Menschen zu übertragen, die stellvertretend für den Einzelnen handeln. Sie handeln nicht losgelöst von den Individuen, sondern haben ihre Handlungen so zu beurteilen, als ob sie sich diesen selbst freiwillig unterwerfen müssten. Die Legitimation dieser Machtinhaber bemisst sich nach Hobbes daran, dass jeder zu jedem sagen können muss: „Ich übergebe mein Recht, mich selbst zu beherrschen, diesem Menschen oder dieser Gesellschaft unter der Bedingung, dass du ebenfalls dein Recht über dich, ihm oder ihr abtrittst" (Hobbes, 1970, S. 155). Auf diese Weise, so Hobbes weiter, „entsteht der Staat oder das Gemeinwesen, den er den großen Leviathan oder den sterblichen Gott nennt, dem die Menschen Frieden und Schutz zu verdanken haben" und fährt fort: „Dieses von allen und jedem übertragene Recht bringt eine so große Macht und Gewalt hervor, dass durch sie die Gemüter aller zum Frieden unter sich gern geneigt gemacht und zur Verbindung gegen auswärtige Feinde leicht bewogen werden" (Hobbes, 1970, S. 155; Kersting, 2004, S. 219ff.).

So gelangt er zu folgender Definition des Staats:

> Staat ist eine Person, deren Handlungen eine große Menge Menschenkraft der gegenseitigen Verträge eines jeden mit einem jeden als ihre eigenen ansehen, auf dass diese nach ihrem Gutdünken die Macht aller zum Frieden und zur gemeinschaftlichen Verteidigung anwende. (Hobbes, 1970, S. 155f.)

Bedeutsam an dieser Konstruktion ist, so hebt Pfetsch hervor, dass alle Bürger untereinander einen Vertrag zugunsten eines Dritten schließen. Diesem wird die gesamte Macht der Bürger übertragen „und in seiner Person (bzw. in einer Versammlung) vereinigt. Zugleich erhält dieser (bzw. diese) den Auftrag, inneren Frieden und äußere Sicherheit zu gewährleisten, ohne dass dieser Auftrag selbst aber im Vertrag inhaltlich spezifiziert wäre" (Pfetsch, 2019, S. 145).

Daraus ergibt sich eine Reihe von Rechten und Pflichten (siehe Hinweis: „Rechte und Pflichten der Herrscher nach Hobbes"), durch die, so Pfetsch, Herrschern eine Blankovollmacht ausgestellt werde, die Hobbes im 30. Kapitel rechtfertigt. Der Souverän ist demnach nur Gott verantwortlich und dem göttlichen Gesetz. Damit wird der Herrscher zu einer gottähnlichen Figur, die Hobbes mit dem mythischen Seeungeheuer Leviathan vergleicht. Es ist daher nicht sinnvoll, sich gegen ihn aufzulehnen (Pfetsch, 2019, S. 143; Hobbes, 1970, S. 278ff.; Llanque, 2016, S. 47f.).

In seiner Staatstypologie kennt Hobbes außer der Monarchie nur die Demokratie und die Aristokratie – die traditionellen Staatsformen wie Tyrannei, Oligarchie und Anarchie erkennt er nicht als eigene Staatstypen an, sondern als Ausdruck des Widerwillens gegen die drei Staatstypen (Hobbes, 1970, S. 167). Vor diesem Hintergrund überrascht es nicht, dass Hobbes die Monarchie als die geeignete friedenssichernde Staatsform ansieht (Reese-Schäfer, 2016, S. 90ff.). Dafür macht er im 19. Kapitel des *Leviathan* verschiedene Argumente geltend:

- Öffentliches Wohl: Das öffentliche Wohl ist am besten gesichert, weil der Reichtum des Monarchen von dem Vermögen der Bürger (etwa durch Steuereinnahmen) abhängt.
- Beratung: Für seine Meinungsbildung kann der Monarch die erfahrensten Berater heranziehen, während z. B. in der Demokratie über die Repräsentation völlig unerfahrene Personen in diese Funktion kommen könnten.
- Beschlusskraft: Die Beschlüsse des Monarchen sind stabil, während Versammlungen, z. B. wegen wechselnder Mehrheiten, instabil sind.
- Entscheidungen: Missgunst und Habsucht, die bei Versammlungen oft zu Uneinigkeit bis hin zu Bürgerkriegen führen, sind bei einem einzigen Herrscher auszuschließen.
- Günstlingswirtschaft (Korruption): Zwar ist es möglich, dass sich in der Monarchie Günstlinge bereichern, dies gilt aber gleichermaßen für die anderen Staatstypen. (Den Vorteil der Monarchie in dieser Hinsicht sieht er sogar darin, dass ein Monarch nur wenige Verwandte und Freunde hat, die er eventuell bereichern möchte, wohingegen bei den anderen Staatstypen ein breiter Anhang von Verwandten und Freunden zu versorgen wäre).
- Nachfolgeregelung: Hier sieht er einen Nachteil der Monarchie, da beispielsweise ein Kind oder eine Person ohne richtige Urteilskraft in diese Position gelangen könnte. Damit droht die Gefahr eines Konflikts unter potenziellen Nachfolgern, besonders bei problematischen Nachfolgeregelungen. Allerdings sieht er in dieser Frage keinen großen Unterschied etwa zu großen demokratischen Staaten, in denen es ebenfalls Konflikte in Nachfolgesituationen gibt (Hobbes, 1970, S. 168ff.; Pfetsch, 2019, S. 147f.; Reese-Schäfer, 2016, S. 90f.).

So sehr Hobbes für einen starken und unbarmherzigen Souverän plädiert, der die Vertretungsmacht für das Volk repräsentiert, so sieht er dennoch die Schwächen des von ihm konstruierten Staats. Er sieht z. B. Probleme in aufrührerischen Lehren in der Religion, wenn diese sich auf die Instanz der Vernunft berufen und damit die Gottähnlichkeit des Souveräns bezweifelten. Weithin bestehe die Gefahr, dass Bürger sich auf ihre eigene Vernunft besinnen, auf ihr absolutes Eigentum berufen oder sich die Ansicht verbreitet, die souveräne Gewalt sollte geteilt werden, um die Interessen unterschiedlicher Gruppen auszubalancieren. Ferner sieht er Probleme für die Monarchie, wenn dem Staat nicht ausreichend Steuergelder zur Verfügung gestellt werden, ein Bürger an Popularität und Macht gewinnt, große Städte sich mit ihrem ökonomischen Gewicht gegen die Zentralgewalt wenden oder wenn Kriege die Ressourcen des Souveräns übersteigen (Pfetsch, 2019, S. 145f.).

Angesichts dieser Gefahren stattet Hobbes die Politik mit Abwehrmitteln aus. Hierzu gehört unter anderem das Wahrheitsmonopol des Monarchen. Dies geschieht durch bürgerliche Gesetze, die er als Befehl versteht: „Bürgerliches Gesetz ist eine Regel, welche der Staat mündlich oder schriftlich oder sonst auf eine verständliche

Weise jedem Bürger gibt, um daraus das Gute und Böse zu erkennen und danach zu handeln" (Hobbes, 1970, S. 228). Aus diesem Monopol wird unter anderem das Recht abgeleitet, Philosophien oder Lehrmeinungen verbieten oder Richtersprüche rückgängig machen zu können, wenn diese nicht im Sinne des Souveräns sind (Hobbes, 1970, S. 234f.). Auch das Volk besitzt kein Widerstandsrecht, sondern ist verpflichtet, sich durch Beauftragte des Herrschers erziehen zu lassen. In diesem Sinne hat die Pädagogik die Aufgabe, ethische Pflichten an das Volk zu vermitteln. Inhalte dieser Erziehung des Volkes sind unter anderem,

- dass sie keine andere Staatsform höher schätzen sollten als die eigene (Monarchie),
- dass sie sich niemals dazu verleiten lassen sollen, Vorzüge und Eigenschaften anderer Bürger zu verehren (außer denen des Monarchen),
- dass es ein Vergehen ist, gegen den Souverän zu lästern oder seine Macht in Zweifel zu ziehen.
- dass nicht nur gesetzeswidrige Handlungen selbst, sondern auch deren Vorbereitungen gegen Gesetze verstoßen (Pfetsch, 2019, S. 150f.; Hobbes, 1970, S. 281ff.).

Mit dieser Einordnung will Hobbes sicherstellen, dass die genannten Schwächen der Monarchie überbrückt werden. Der Monarch darf somit die Mittel der Indoktrination nutzen, um seine Aufgabe zu erfüllen, den Krieg des Menschen gegen den Menschen zu verhindern, und zwar ohne, dass er selbst den bürgerlichen Gesetzen unterworfen wäre (Hobbes, 1970, S. 229).

1.11.3 Rechte und Pflichten der Herrscher nach Hobbes

Der Vertrag zwischen Herrscher und Bürgern umfasst die folgenden Rechte und Pflichten:

- Es gibt keine Bindung der Vertragschließenden an frühere Abkommen, somit können Bürger auch keinen neuen Vertrag ohne Erlaubnis des Herrschers beschließen, der Herrscher ist gleichfalls an den einmal zustande gekommenen Vertrag gebunden.
- Da der Herrscher lediglich der Begünstigte des Vertrags ist, kann er keinen Vertragsbruch begehen.
- Bei der Wahl des Souveräns entscheidet die Mehrheit, der Herrscher ist damit ein legitimer Herrscher, kein Bürger kann den Vertrag rückgängig machen.
- Da alle Gewalt auf den Herrscher übertragen wurde, kann keine seiner Handlungen gegenüber den Untertanen jemals Unrecht sein.
- Dementsprechend dürfen Herrscher niemals von ihren Untertanen rechtmäßig zum Tode verurteilt werden.

- Nur der Herrscher entscheidet aufgrund seines Machtmonopols über alle Maßnahmen zum Schutz des Staats, insbesondere über Maßnahmen, dem Staat gegebenenfalls erlittenen Schaden zu ersetzen.
- Der Herrscher hat das Recht zu entscheiden, was zur Erhaltung oder zur Störung des Friedens dient, unter anderem auch darüber, unter welchen Bedingungen das Volk über derartige Entscheidungen aufzuklären ist (hierzu gehört unter anderem die Zensur von Büchern und die Definition von Lehrmeinungen).
- Der Herrscher hat das Recht zur Entscheidung über Maßnahmen, die das Eigentum betreffen.
- Die Rechtsprechung über alle Streitfälle, d. h. das Richteramt, liegt in der Gewalt des Herrschers.
- Dem Herrscher müssen für alle Maßnahmen, die dem inneren Frieden dienen, die Mittel zur Verfügung gestellt werden, seine Ziele zu erreichen. Dazu gehört auch die Verteilung dieser Mittel. Der Herrscher erlässt Gesetze über Belohnungen und Bestrafungen.
- Dem Herrscher kommt die Besetzung von Ämtern in Kriegs- und Friedenszeiten zu.
- Der Herrscher hat das Recht der Vergabe von Auszeichnungen, die Bürger haben ihm diese Mittel zur Verfügung zu stellen. Er hat auch das Recht, in Fällen, die gesetzlich nicht geregelt sind, Bestrafungen zum Zwecke der Abschreckung festzusetzen (Pfetsch, 2019, S. 145f.; Hobbes, 1970, S. 157ff.).

Hinweis: Hobbes' Gesetze in Kürze

4. Gesetz: Wer Wohltaten anderer empfängt, soll dafür sorgen, dass der Wohltäter dies nicht bereut.

5. Gesetz: Jeder soll dem anderen nützlich werden.

6. Gesetz: Beleidigungen sollen bei Reue und der Zusicherung, nicht wiederholt zu werden, vergeben werden.

7. Gesetz: Strafen sollen der Abschreckung dienen und die Chance der Vergebung beinhalten.

8. Gesetz: Niemand darf Hass durch Taten, Worte oder Gebärden verbreiten.

9. Gesetz: Alle Menschen sind von Natur untereinander gleich.

10. Gesetz: Niemand darf ein Recht für sich verlangen, welches anderen nicht zugestanden wird.

11. Gesetz: Richter müssen unparteiisch sein.

12. Gesetz: Gemeineigentum muss auch ohne Einschränkung gemeinschaftlich genutzt werden können.

13. Gesetz: Sofern eine gemeinschaftliche Nutzung nicht möglich ist, soll ein abwechselnder Gebrauch eingerichtet werden oder ein Los entscheiden.

14. Gesetz: Sofern etwas weder geteilt noch gemeinschaftlich benutzt werden kann, soll dieses Recht dem ersten Besitzer zufallen.

15. Gesetz: Friedensermittlern soll persönliche Sicherheit garantiert werden.

16. Gesetz: Richterliches Urteil gilt.

17. Gesetz: Niemand kann in eigener Sache Richter sein.

18. Gesetz: Richter dürfen keine Vorteile aus einem Urteilsspruch nehmen.

19. Gesetz: Streitigkeiten verlangen Zeugenaussagen (Hobbes, 1970, S. 135ff.).

1.11.4 Zusammenfassung

Hobbes geht in seiner Philosophie vom menschlichen Verhalten aus. Naturrechtlich ist der Mensch auf Freiheit angelegt, die jedoch dazu führt, dass sich Menschen untereinander ihr Eigentum streitig machen und es daher zu einem dauernden Krieg aller gegen alle kommen würde, wenn nicht die Vernunft ein zweckorientiertes Handeln ermöglichte. Dies besteht darin, die individuellen Rechte vertraglich zu übertragen. Aus diesem Grunde ist es vernünftig, Eigentum und Leben dadurch zu sichern, dass diese Aufgabe durch einen Souverän ausgeübt wird. Dieser wiederum kann seine Aufgabe, für Sicherheit zu sorgen, nur dann erfüllen, wenn ihm ausnahmslos sämtliche Rechte und auch Ressourcen dazu nach innen wie außen zur Verfügung gestellt werden. Die beste Staatsform hierzu ist die Monarchie. Allerdings bestehen Gefahren, die dazu führen können, dass der Souverän seine Aufgaben nicht mehr erfüllen kann. Diese Gefahren können im Inneren wie im Äußeren liegen. Um sie abzuwehren, hat der Souverän das Recht, Meinungen und Lehren, die dem Staat gefährlich werden könnten, zu verbieten, und er hat das Recht zur Erziehung des Volks, um dieses auf seine Herrschaft zu verpflichten. Nach außen hat der Souverän das Recht, alle für seine Herrschaft erforderlichen Ressourcen durch das Volk zur Verfügung gestellt zu bekommen. John Locke, um den es im folgenden Abschnitt gehen wird, nimmt hierzu in den meisten Aspekten eine konträre Position ein.

1.12 John Locke

John Locke

John Locke (1632–1704) war ein britischer Philosoph und Forscher, der als einer der Ersten – wie auch Bacon (Bacon, 2017) – eine moderne Empirie im Wissenschaftsverständnis betonte. In seiner politischen Theorie begründet Locke die Souveränität des Volks, seine Regierung zu wählen, aus einem naturrechtlich abgeleiteten Sozialvertrag. Zentral sind seine Forderungen nach Toleranz und der Trennung von Kirche und Staat. Die Meinung der Einzelnen sieht er in der Vernunft begründet, für das Handeln der Institutionen ist die Unterscheidung in legitim/illegitim mit Blick auf die Anwendung von Gewalt bedeutsam (Uzgalis, 2018).

Lockes Leben fällt in die Zeit der Revolution und Restauration in England, die mit dem Anstieg der ökonomischen und politischen Bedeutung des Landes verbunden ist; in dieser Zeit wird das parlamentarische System etabliert, das Königtum ist nur in Verbindung mit dem Parlament Träger der Souveränität (Brocker, 2020, S. 258f.). Zentrale Schriften sind seine 1690 anonym publizierten *Two Treatises of Government*, die als Rechtfertigung der Revolution gesehen werden. In der ersten seiner beiden Abhandlungen kritisiert Locke den Absolutismus (Pfetsch, 2019, S. 159), in seiner zweiten Abhandlung über die Regierung entwickelt Locke seine eigene Theorie, mit der er als wesentlicher Begründer des Liberalismus gilt (Niedermaier, 2017, S. 140ff.; Brocker, 2020, S. 271).

Bedeutsam ist auch der *Brief über Toleranz* (Locke, 1996, S. 14ff.), in dem es um die Duldung der Christen verschiedener Bekenntnisse geht und Locke die Position vertritt, dass religiöse Unduldsamkeit „nur dann ins Spiel kommt, wenn die staatliche Obrigkeit in religiösen Angelegenheiten Partei nimmt" (Reese-Schäfer, 2016, S. 99). Locke geht so weit, dass er eine Pflicht zur Toleranz fordert, sowohl die Kirchen als auch Privatpersonen betreffend (Locke, 1996, S. 27ff., 37).

1.12.1 Naturrecht

Seine Ausgangsposition macht Locke gleich zu Beginn der „Zweiten Abhandlung über die Regierung" präzise deutlich (Schmidt & Zintl, 2021, S. 48ff.):

> Um politische Gewalt richtig zu verstehen und sie von ihrem Ursprung herzuleiten, müssen wir sehen, in welchem Zustand sich die Menschen von Natur aus befinden. Es ist ein Zustand vollkommener Freiheit, innerhalb der Grenzen des Naturgesetzes seine Handlungen zu lenken und über seinen Besitz und seine Person zu verfügen, wie es

einem am besten erscheint – ohne jemandes Erlaubnis einzuholen und ohne von dem Willen eines anderen abhängig zu sein. Es ist überdies ein Zustand der Gleichheit, in dem alle Macht und Rechtsprechung wechselseitig sind, da niemand mehr besitzt als ein anderer: ist doch nichts offensichtlicher, als dass Lebewesen von gleicher Art und gleichem Rang, die unterschiedslos zum Genuss derselben Vorteile der Natur und zum Gebrauch der gleichen Fähigkeiten geboren sind, auch gleichgestellt sein sollen, ohne Unterordnung oder Unterwerfung [...] (Locke, 1974, S. 4f.)

Locke argumentiert, dass Menschen zwar unkontrollierte Freiheit über ihre Person und ihr Eigentum besitzen, jedoch nicht die Freiheit, „sich selbst oder irgendein in seinem Besitz befindliches Lebewesen zu zerstören" (Locke, 1974, S. 6). Das im Naturzustand geltende und für alle Menschen verbindliche natürliche Gesetz beinhaltet nach Locke, dass niemand einem anderen, „da alle gleich und unabhängig sind, an seinem Leben, seiner Gesundheit, seiner Freiheit oder seinem Besitz Schaden zufügen soll" (Locke, 1974, S. 6). Er begründet dies damit, dass alle Menschen ein Werk Gottes seien, denen die gleichen Fähigkeiten verliehen wurden, und zwar ohne irgendeine Rangordnung.

Die Naturrechte bestehen, so Locke, somit schon in einem vorstaatlichen Naturzustand: Er ist der Meinung, dass

- der einzelne Mensch von Natur aus gut ist,
- der Selbsterhaltungstrieb und das Glücksstreben des Menschen naturgesetzliche Konstanten sind und
- das Individuum unveräußerliche Rechte besitzt (Freiheit, Unabhängigkeit) (Pfetsch, 2019, S. 164).

Ein wichtiges Element seines naturrechtlichen Denkens besteht in seiner Verknüpfung mit der Vernunft: „So sind wir frei geboren, wie wir vernünftig geboren sind" (Locke, 1974, S. 46). Er ergänzt, dass dieses noch nicht besage, dass der Mensch direkt frei und vernünftig handeln könne. Hierin bestehe die Aufgabe der Erziehung, die Menschen zur Selbstverantwortung führen soll (Locke, 1974, S. 46f.).

1.12.2 Politische Ökonomie

Reese-Schäfer umreißt Lockes Position zu den Aufgaben des Staats im Verhältnis zu seinen Bürgern folgendermaßen:

> Der Staat hat nach Locke bürgerlichen Interessen zu dienen: „Leben, Freiheit, Gesundheit, Schmerzlosigkeit" und dem „Besitz äußerer Dinge wie Geld, Ländereien, Häuser, Einrichtungsgegenstände und dergleichen". (Reese-Schäfer, 2016, S. 98; Locke, 1996, S. 13)

Davon ausgehend entwickelt Locke ebenso wie Hobbes eine Vertragstheorie, jedoch von einem gänzlich anderen Ausgangspunkt her. Locke nimmt an, dass ursprünglich, also im Naturzustand, zu Zeiten der Subsistenzwirtschaft, keine Probleme existierten, sich ökonomisch selbst zu erhalten und sich selbst zu verteidigen. Die Problematik der Selbstverteidigung tritt erst auf, als durch „Besitzakkumulation und schließlich eine innergesellschaftliche Besitzdifferenzierung nach dem Leistungsprinzip (Arbeit, Fleiß)" (Pfetsch, 2019, S. 166) gesellschaftliche Machtverhältnisse und damit Konflikte entstehen (Locke, 1974, S. 30ff.). Diese Probleme können nach Locke durch den Abschluss eines Vertrags behoben werden, der Kontext der Vertragstheorie liegt also bei ihm in der politischen Ökonomie. Diese sieht er im Eigentum begründet, welches jedem Menschen zusteht (Brocker, 2004, S. 264ff.).

> Unter Eigentum will ich […] jenes Eigentum verstanden wissen, welches die Menschen sowohl an ihrer Person als auch an ihren Gütern haben. (Locke, 1974, S. 133)

Dabei begrenzt er die Nutzung des Eigentums durch drei Schranken, und zwar die Kollektivschranke, die Verbrauchsschranke und die Verderbnisschranke, die folgendermaßen charakterisiert sind:

Kollektivschranke: Begrenzung des Eigentums auf das, was sich der Mensch selbst schaffen kann. Die Natur ist gemeinsamer Besitz aller Menschen.

> So viel Land ein Mensch beflügelt, bepflanzt, bebaut, kultiviert und so viel er verwerten kann durch die Nutzung seines Ertrages, soviel ist sein eigen. (Locke, 1974, S. 25)

Verbrauchsschranke: Eigentümer dürfen Güter verbrauchen, solange sie anderen Ressourcen übriglassen. Locke gibt dazu folgendes Beispiel:

Beispiel

„Niemand kann sich geschädigt fühlen, wenn ein anderer trinkt – mag dieser auch einen mächtigen Schluck tun –, solange ihm selbst ein ganzer Fluss desselben Wassers bleibt, um seinen Durst zu stillen." (Locke, 1974, S. 26)

Allerdings sieht er daraus folgend die Gefahr der Verschwendung, da Eigentum dazu verführe, Güter verderben zu lassen.

Verderbnisschranke: Zur Begründung der Verderbnisschranke beruft sich Locke auf die Bibel und auf die Vernunft. Beides begrenze den Genuss auf ein bestimmtes Maß, nämlich: „So viel, als ein jeder zu irgendwelchem Vorteil für sein Leben nutzen kann, bevor es verdirbt, darf er sich zu seinem Eigentum machen. Was darüber hinausgeht, ist mehr, als ihm zusteht, und gehört den anderen. Nichts ist von Gott geschaffen worden, damit es die Menschen verderben lassen oder vernichten" (Locke, 1974, S. 25). Hiermit begründet Locke eine ökologische Sicht auf den Gebrauch des Eigentums und liefert eine ethische Begründung für Nachhaltigkeit aus sozialer Verantwortung.

Die Lösung für die aus der Ökonomie des Eigentums folgenden Konflikte sieht Locke in der Bildung von Staaten: „In Staaten nämlich regeln die Gesetze das Eigentumsrecht, und der Grundbesitz wird durch positive Satzungen festgesetzt" (Locke, 1974, S. 39).

1.12.3 Vertrag, Staat, Gewaltenteilung

Mit der Einführung des Gelds wird für Locke die Unvollkommenheit des Naturzustands sichtbar. Dieser habe nach Einführung des Gelds drei wesentliche Mängel:

1. „Es fehlt ein feststehendes, geordnetes und allen Menschen bekanntes Gesetz.
2. Es fehlt ein anerkannter und unparteiischer Richter.
3. Es fehlt eine Sanktionsgewalt, die gerechte Urteile vollstreckt" (Pfetsch, 2019, S. 166; Locke, 1974, S. 96f.).

Um diese Mängel auszugleichen, müsse die naturgesetzlich begründete Freiheit in einem gewissen Maße aufgegeben werden:

> Die einzige Möglichkeit, diese natürliche Freiheit aufzugeben und die Fesseln bürgerlicher Gesellschaft anzulegen, ist die, dass man mit anderen Menschen übereinkommt, sich zusammenzuschließen und in eine Gemeinschaft zu vereinigen, mit dem Ziel, behaglich, sicher und friedlich miteinander zu leben – in dem sicheren Genuss des Eigentums und in größerer Sicherheit gegenüber allen, die ihr nicht angehören. (Locke, 1974, S. 73)

Damit stellt sich auch die Frage, wie diese Gemeinschaft zustande kommt und auf welcher Grundlage Regierungen sich bilden und handeln sollen. An dieser Stelle plädiert Locke für ein klares Mehrheitsrecht. „Sobald eine Anzahl von Menschen auf diese Weise übereingekommen ist, eine Gemeinschaft oder Regierung zu bilden, haben sie sich ihr sogleich einverleibt, und sie bilden einen einzigen politischen Körper, in dem die Mehrheit das Recht hat, zu handeln und die übrigen Glieder mitzuverpflichten" (Locke, 1974, S. 73). An dieser Konstruktion ist wichtig, dass diejenigen, die in der Minderheit sind, auf ihre Bindung an den Sozialvertrag verpflichtet werden. Locke betrachtet Mehrheitsentscheidung unter anderem deshalb als sinnvoll, weil eine Entscheidung aller aus praktischen Gründen kaum zu erreichen wäre. Im Übrigen konzediert er für die Minderheit die Freiheit, wie sie im Naturzustand definiert ist (Locke, 1974, S. 73f.; Brocker, 2004, S. 269): In diesem Verständnis geben Menschen bei ihrem freiwilligen Eintritt in die Gemeinschaft nicht alle Rechte auf (wie bei Hobbes durch den Unterwerfungsvertrag). Staatsbildung ist also eine vernunftgemäße Vereinbarung zwischen Individuen zum Schutze ihrer Freiheit, ihres Lebens und Besitzes (Pfetsch, 2019, S. 168).

Es stellt sich aber die Frage, was die auf diese Weise vollzogene Übertragung von politischer Gewalt bedeutet. Politische Gewalt definiert Locke folgendermaßen:

> „Politische Gewalt […] halte ich für das Recht, zur Regelung und Erhaltung des Eigentums Gesetze zu schaffen […], wie auch das Recht, bei der Vollstreckung dieser Gesetze und bei der Verteidigung des Staates gegen fremdes Unrecht die Gewalt der Gemeinschaft zu gebrauchen – und zwar einzig zugunsten des gemeinen Wohls" (Locke, 1974, S. 4) – eine Definition, in der unter anderem die spätere Weber'sche Begriffsbestimmung ebenso anklingt wie die auf das Gemeinwohl gerichtete Zwecksetzung bei Aristoteles. (Pfetsch, 2019, S. 168f.)

Reese-Schäfer hebt hervor, dass nach Locke das Ziel, Leben, Freiheit und Eigentum zu erhalten und zu schützen, das Handeln des Staates zugleich begrenzt, da er sich nicht über dieses Ziel hinaus ausdehnen dürfe: „Hier zeigt sich der liberale Kern von Locke's [sic] Lehre: privates [sic] Eigentumsrecht und Begrenzung der Staatsgewalt sind die einander gegenseitig bedingenden Grundelemente dieser Konzeption" (Reese-Schäfer, 2016, S. 107). Die Begrenzung ergibt sich insbesondere aus folgenden Punkten:

- aus der Beschränkung auf das öffentliche Wohl, die es verbietet, Leben willkürlich zu vernichten oder Einzelne ihres Eigentums zu berauben (Locke, 1974, S. 186),
- aus der Verpflichtung zur Vorsorge für Gerechtigkeit durch öffentliche Verkündung der Gesetze und durch autorisierte Richter (Locke, 1974, S. 104f., 110),
- aus dem Verbot, Eigentum zu enteignen oder ohne (legislative) Zustimmung zu besteuern (Locke, 1974, S. 107) sowie
- aus dem Verbot für die Legislative, die Gewalt, Gesetze zu geben „in andere Hände zu legen" (Locke, 1974, S. 109), also die durch naturrechtlichen Vertrag zustande gekommene Gewalt auf andere Gewalten zu übertragen (Pfetsch, 2019, S. 170).

Bemerkenswert ist in diesem Zusammenhang, dass Locke ein Widerstandsrecht für den Fall vorsieht, dass der Staat gegen diese Bestimmungen grundsätzlich verstößt und etwa die Gewaltentrennung aufgehoben werde oder auch nur die Gefahr drohe, dass sich eine Tyrannei entwickelt (Locke, 1974, S. 165ff.; Pfetsch, 2019, S. 176).

Diese Konstruktionen enthalten den Ansatz für eine Gewaltenteilung bei Locke, die die Legislative, die Exekutive und die föderative Gewalt vorsieht. Sie geht der von Montesquieu entwickelten Vorstellung von Gewaltenteilung voraus, hat jedoch einen bis heute unumstrittenen modelltheoretischen Hintergrund; mit ihr wird „zwischen mehreren Machtpotenzialen ein Modell der gegenseitigen Austarierung, der ‚checks and balances' geschaffen [...], das keine der einzelnen Gewalten zu dominanten werden lässt und doch andererseits flexibel genug ist, tatsächliche Entscheidungen zu ermöglichen und sie nicht durch Vetomacht endlos bis zum Untergang des eigenen Staates aufzuschieben" (Reese-Schäfer, 2016, S. 107; Locke, 1974, S. 82).

Die Legislative stellt nach Locke die höchste Gewalt dar, sie kommt als Repräsentativorgan durch Wahl oder Ernennung zustande, jedenfalls mit Zustimmung des Volkes:

> Sie liegt in der Hand einer Versammlung (Parlament) oder aber der Exekutive, bis diejenige Zeit verstrichen ist, die benötigt wird, damit die Legislative sich konstituieren (periodische Wahlen, Mehrheitsentscheid) und/oder ihre Mitglieder sich versammeln können. Ihre Aufgabe besteht darin, Gesetze zu schaffen, sie zu legitimieren und mit einer Sanktionsgewalt zu versehen, so das letztere [sic] auch durchgesetzt werden können [...] (Pfetsch, 2019, S. 170)

Die Exekutive hat die Aufgabe, die von der Legislative geschaffenen Gesetze innenpolitisch durchzusetzen, und ist insofern das Vollzugsorgan der Legislative (Pfetsch, 2019, S. 171; Locke, 1974, S. 112). Ihre Notwendigkeit begründet Locke mit dem in der Psyche des Menschen angelegten Machtstreben und handfesten Eigeninteressen der Mächtigen (Locke, 1974, S. 111).

Locke kennt zwei weitere Gewalten: Zum einen handelt es sich um die von ihm so bezeichnete föderative Gewalt (welche der Exekutive sehr nahesteht), die über „Krieg und Frieden, über Bündnisse und alle Abmachungen mit allen Personen und Gemeinschaften außerhalb des Staatswesens" (Locke, 1974, S. 112) bestimmt. Dabei handelt es sich also um die Macht, die Außenpolitik zu bestimmen,

Hinweis

Diese Art der Trennung findet sich bis heute z. B. in der Zuständigkeit des amerikanischen Präsidenten für die Außenpolitik, die weitgehend losgelöst von der Legislative und Exekutive organisiert ist.

Zum anderen kennt Locke die prärogative Gewalt, die er vorausschauend folgendermaßen definiert:

Weil nämlich die Gesetzgeber nicht alles, was der Gemeinschaft nützlich sein könnte, voraussehen und gesetzlich regeln können, hat der Vollzieher der Gesetze, in dessen Händen die Macht liegt, [...] das Recht, diese Macht zum Wohl der Gesellschaft so lange zu gebrauchen, bis die Legislative in angemessener Form versammelt werden kann, um sich damit zu befassen. (Locke, 1974, S. 123)

Beispiel

Durch den Gesetzgeber können unvorhergesehene Ereignisse wie kriegerische Auseinandersetzungen, Naturkatastrophen o. Ä. nicht vorausschauend geregelt werden – dies liegt dann zunächst in der Macht der Regierung.

Mit der prärogativen Gewalt ist im Grunde keine eigene Gewalt verbunden, vielmehr spielen hier Legislative und Exekutive in ihrer Bindung an das Gemeinwohl für solche Ausnahmefälle zusammen. Die Rechtsprechung, welche später zur „dritten Gewalt" wurde, spielt in dieser Eigenständigkeit bei Locke noch keine Rolle, sondern liegt im Wesentlichen bei der Legislative (Pfetsch, 2019, S. 171).

Die Locke'sche Theorie gründet somit auf Naturgesetzen, welche zu einem sozialen Vertrag zur Sicherung von Leib und Leben führen und zu einer politischen Ordnung, die durch Gewaltenteilung gesichert wird. Dies ist das für ihn Entscheidende, nicht die Staatsform (Monarchie, Demokratie, Oligarchie). Denn hinsichtlich der Staatsform selbst hält er sich an die Mehrheitsregel:

> Wie schon gezeigt worden ist, liegt bei der ersten Vereinigung der Menschen zu einer Gesellschaft naturgemäß die gesamte Gewalt der Gemeinschaft in der Mehrheit. Sie kann diese ganze Gewalt anwenden, um der Gemeinschaft die von Zeit zu Zeit erforderlichen Gesetze zu geben, und diese Gesetze durch Beamte vollstrecken zu lassen, die von ihr selbst ernannt werden. (Locke, 1974, S. 99f.)

1.12.4 Zusammenfassung

Schwaabe bietet eine komprimierte Zusammenfassung der theoretischen Quintessenz Lockes, die hier wiedergegeben wird:

Stellt man Lockes *Two Treatises of Government* neben die nur wenige Jahrzehnte zuvor erschienenen *Leviathan*, so wird die antiabsolutistische Stoßrichtung deutlich, die Locke verfolgt. Er bedient sich wie Hobbes der vertragstheoretischen Argumentation, ergänzt diesen argumentativen Ausgangspunkt beim Individuum nun aber um einen normativen Individualismus, der bei Hobbes weitgehend fehlt. Die Menschen werden mit dem Vertragsschluss nicht zu bloßen Untertanen einer unkontrollierbaren Staatsmacht. Sie haben Rechte, die ihnen kein Leviathan nehmen kann, da sie durch ein vorstaatliches, göttliches Naturrecht verbürgt sind. Zu deren Schutz gibt es den Staat, und in diesen Rechten findet die Staatsgewalt ihre Grenze. Gewaltenteilung und die Prinzipien des modernen Verfassungs- und Rechtsstaates verbürgen den Schutz vor willkürlicher Herrschaft. Staatliche Herrschaft ist nicht nur, wie bei Hobbes, auf Zustimmung gegründet, sondern auch explizit auf das Gemeinwohl verpflichtet. Vor allem ist politische Macht bei Locke nur auf der Basis von Vertrauen verliehen – und kann legitimerweise entzogen werden, wenn dieses Vertrauen missbraucht wird. Die liberale Abkehr vom Hobbes'schen Absolutismus gipfelt konsequent in einem Recht auf Widerstand (Schwaabe, 2008, S. 127).

1.13 Merkmale der Vertragstheorien

Vertragstheorien spielen in den politischen Theorien vor dem Hintergrund von Naturrecht und Erkenntnistheorien eine zentrale Rolle. Wichtige Beobachtungsaspekte der Theorien Hobbes' und Lockes werden nachfolgend gemäß den von Pfetsch aufgeführten Kriterien zusammengefasst.

Wertbezug:

Die grundlegenden Werte bei Hobbes sind Frieden und Sicherheit, die im Rahmen von Freiheit, welche insbesondere als Abwesenheit von Hindernissen verstanden wird, herzustellen sind. Eigentum wird unter dem Aspekt der Gerechtigkeit gesehen, welche jedem das Seine garantiert. Hobbes versteht die Bildung von Eigentum als Veränderung des Naturzustands, der menschliches Zusammenleben auf der Basis von Furcht organisiert, nämlich der Furcht vor den Übergriffen anderer. Dieses Negativbild begründet seine Vorstellungen vom Staat. Trotz einer prinzipiellen Gleichheit der Menschen nimmt er an, es bestehe zwischen ihnen eine Rangordnung.

Locke hingegen sieht den Menschen als gut und verbesserbar an. Daraus folgend begründet er einen Sozialvertrag auf der Basis von Vernunft und einer Freiheit, die sowohl für Personen als auch für Eigentum gilt. Als Schutz vor Zerstörung sind der Freiheit allerdings Grenzen gesetzt. Eine Rangordnung unter den Menschen lehnt er ab.

Politik-Umfeld-Analysen:

Nach Hobbes hat der Staat das Eigentum durch eine staatliche Ordnung zu sichern. Dies geschieht in einem Umfeld der Konkurrenz der Menschen untereinander, aber auch der Konkurrenz zwischen den Nationen.

Locke betrachtet die politische Seite der Ökonomie. Er bestimmt das Verhältnis des individuellen (zu schützenden) Eigentums zum Staat, der im Grunde in dieses Eigentum nicht einzugreifen hat. Damit legt er die Grundlage für eine liberale Wertordnung, die auch die Forderung nach Toleranz und die Trennung von weltlicher und geistlicher Sphäre umfasst.

Politische Handlungslehre:

Hobbes' politische Handlungslehre umfasst die Abgabe aller individuellen Rechte an einen Souverän, der die Gesetze bestimmt. Der Souverän hat in seiner Handlung keine Bindung an christliche oder an ethische Werte. Dies entspricht einer absoluten Monarchie, in der der Staat die abstrakten individuellen Rechte seiner Bürger schützt.

Locke verficht hingegen eine Gewaltenteilung auf der Basis eines sozialen Konsenses. Er tritt für Wahlen ein und für eine Balance der voneinander getrennten Gewalten. In diesem Sinne hat der Staat das Recht zur Regelung des Schutzes von Eigentum und zudem das Recht zum Schutz gegen fremdes Unrecht.

Regierungshandeln:

Regierungshandeln ist bei Hobbes durch das Bild des totalen Staats gekennzeichnet. Der Souverän ist niemandem als Gott verantwortlich. Er hat die Aufgabe, seine Macht zu mehren.

Demgegenüber vertritt Locke eine konstitutionelle Monarchie, in der die Regierung durch das Parlament eingesetzt und kontrolliert wird. Er tritt für eine Gemeinwohlorientierung der Regierung ein. Das Mehrheitsrecht wird durch einen Minderheitenschutz begrenzt.

Wandel von Herrschaft:

Hobbes besteht auf der Einhaltung des einmal geschlossenen Sozialvertrags, der die Übertragung der Macht an einen Souverän beinhaltet. Dementsprechend kann ein Machthaber nicht gestürzt werden, ein Widerstandsrecht ist nicht vorgesehen. Allerdings muss ein Souverän mit aufrührerischen Ideen rechnen und verfügt dementsprechend legitimerweise über alle Mittel, diese zu unterdrücken.

Locke hingegen formuliert ein Widerstandsrecht. Auslöser für einen gerechtfertigten Widerstand sind z. B. Willkürhandeln der Regierung oder widerrechtliche Okkupation von Macht. Seine Vorstellungen beinhalten auf der Basis der Gewaltenteilung z. B. das Recht zur Wahl einer neuen Legislative und dementsprechend einer neuen Regierung.

Meinungs- und Willensbildungsprozesse:

Die Meinungsbildung führt bei Hobbes zu der prinzipiellen Bereitschaft, bei aller Gegensätzlichkeit der Menschen untereinander Frieden zu schließen, dies jedoch insbesondere durch die Willensabtretung an den Souverän.

Locke plädiert demgegenüber für die Austarierung von unterschiedlichen Gruppeninteressen und eine Abstimmung dieser Interessen im Rahmen der Balance der handelnden Akteure.

Implementation von Entscheidungen:

Bei der Implementation von Entscheidungen kommt es Hobbes auf die Stabilität der Regierung an, die das Wahrheitsmonopol und auch die Möglichkeit der Indoktrination für sich beanspruchen kann. Die Implementation von Entscheidungen beruht bei Locke auf der Durchsetzung von Mehrheitsentscheidungen (Abb. 1.8).

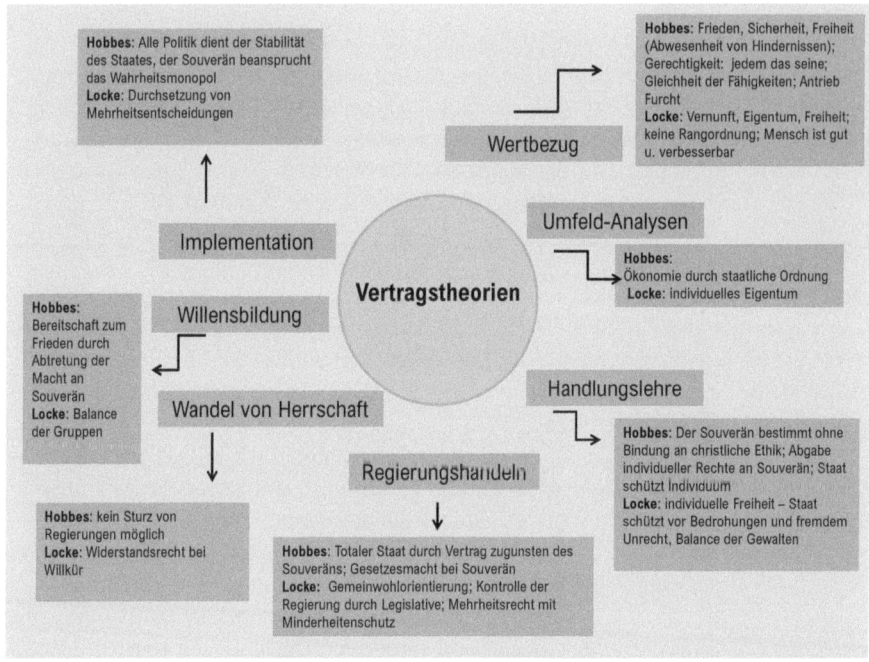

Abb. 1.8: Konturen der Vertragstheorien bei Thomas Hobbes und John Locke (eigene Darstellung)

1.14 Montesquieu

Montesquieu

Charles-Louis de Secondat, Baron de Montesquieu (1689–1755) wurde genau 100 Jahre vor der französischen Revolution geboren. Er stammte aus einer in den Adelsstand erhobenen bürgerlichen Gutsbesitzerfamilie, seine Mutter kam aus dem englischen Adel. 1717 erbte er von einem Onkel einen Parlamentssitz in Bordeaux und nannte sich seitdem Montesquieu. Literarisch übte er in den *Persischen Briefen* früh Kritik am Absolutismus (Montesquieu, 1991). Montesquieu gilt als einer der großen politischen Philosophen der Aufklärung und auch des soziologischen Denkens (Aron, 2018, S. 9ff., 38ff.). Ottmann charakterisiert den Ausgangspunkt seines Denkens folgendermaßen:

> [D]as Unbehagen an den herrschenden Zuständen in Frankreich, ein freundlicher Blick auf die Verfassung Englands und der Wille, einfach alles in Erfahrung bringen zu wollen, was für eine gemäßigte Regierung von Bedeutung sein kann, gehen eine Mischung ein. Leitmotivisch kehrt in allen Werken ein Thema wieder: die Kritik am Despotismus. Aus diesem Motiv heraus erklärt sich Montesquieus Interesse an einer Verfassung, welche die Gewalten teilt, und an einer Regierung, die gemäßigt ist. (Ottmann, 2004, S. 433)

Durch voneinander getrennte Organe der Gesetzgebung, die Exekutive und die Judikative, gebunden an den Rechtsstaat, kann nach seiner Überzeugung Despotie verhindert werden. Damit entwickelt er die Theorie der Verfassung und Gewaltenteilung, die unmittelbare Auswirkungen zu seiner Zeit vor allem in Frankreich und auf die amerikanische Verfassung hatte (Bok, 2014).

Für aktuelle Diskussionen interessant ist der anthropologische Ansatzpunkt Montesquieus. Pflanzen und Tiere, so konstatiert er, folgen als Gattungen ihren natürlichen Gesetzen und machen von ihren Instinkten einen besseren Gebrauch als die Menschen. Als physisches Wesen wird der Mensch genauso wie Tiere von unwandelbaren Gesetzen regiert. Der Unterschied liegt in der Ausstattung mit Vernunft, sodass sich der Mensch selbst lenken muss, aber trotzdem ein beschränktes Wesen und fortgesetzt Unwissenheit und Irrtum ausgesetzt ist. Deshalb verstößt er gegen die von Gott und von ihm selbst gegebenen Gesetze. Hinzu kommt: Die geringen Kenntnisse, die der Mensch besitzt, büßt er noch dadurch ein, dass er von seiner Leidenschaft überwältigt werde. So vergessen menschliche Wesen jederzeit sich selbst und nur durch die Gesetze der Moral bewahren die Philosophen sie vor diesen Gefahren. Montesquieu argumentiert, dass der Mensch zwar zum Leben in der Gesellschaft geschaffen sei, aber dabei andere vergesse. Nur durch die Staats- und Zivilgesetze wird er von Gesetzgebern dazu gebracht, seinen Pflichten nachzukommen (Montesquieu, 1965, S. 97ff.; Ottmann, 2004, S. 441f.).

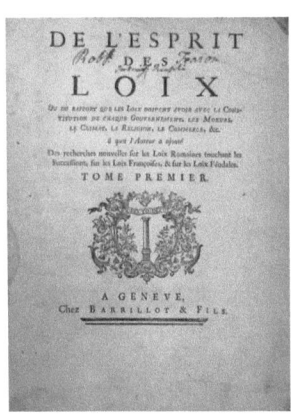

Abb. 1.9: *Vom Geist der Gesetze*: Titelblatt der Originalausgabe 1748 (Montesquieu, Vom Geist der Gesetze, 1965, S. 86)

Zur Einordnung der politischen Theorien von Montesquieu und Rousseau in die Zeit der Aufklärung schreibt Reese-Schäfer:

„Als ‚Aufklärung' wird üblicherweise die Phase der politischen und philosophischen Entwicklung zwischen John Locke und der französischen Revolution, also zwischen 1688 und 1789 bezeichnet. Wer die außerordentliche Bedeutung der naturwissenschaftlichen Entdeckungen für diese Zeit hervorheben will, kann die Epochengrenzen auch mit Isaac Newtons *Prinzipia Mathematica* von 1687 ansetzen. Am einfachsten und durchaus nicht falsch ist es, das Zeitalter der Aufklärung [...] mit dem 18. Jahrhundert zu identifizieren. Im Vordergrund stehen die Öffentlichkeitswirkung und Verbreitung des Wissens, das die modernen Naturwissenschaften und die Philosophie seit Galilei und Newton, seit Bacon, Hume, Leibnitz und Spinoza bereitgestellt hatten, [...] durch spektakuläre Debatten, aber auch durch die politikberatende und persönliche Einwirkung auf die politischen Eliten bis hin zu den monarchischen Spitzen des sogenannten ‚aufgeklärten Absolutismus'" (Reese-Schäfer, 2016, S. 138).

Dies hat „viele Philosophiehistoriker dazu verleitet, die Epoche als populär, zu brillant und zu wenig originell abzuwerten. [...] Richtig daran ist, dass das Denken diskursiv wurde und sich nicht mehr in der einsamen Monomanie der Großsystemdenker vollzog. Jedoch ist in dieser Phase ein faszinierendes Bilderbuch des Denkens aufgeschlagen worden. Politische Theorie, Religionskritik und utopisches Denken wurden miteinander verbunden. Als Gegenpol entwickelte sich eine radikale Naturauffassung, verbunden mit massiver Zivilisationskritik. [...] Dennoch liegt hier der Schlüssel zu einem adäquaten Verständnis dieser Phase der politischen Ideengeschichte, denn sie verbindet zwei Revolutionen: die englische Glorious Revolution von 1688, als deren Theoretiker John Locke verstanden werden kann, mit der französischen von 1789. Herrschende Auffassungen wurden kritisch erschüttert – nicht nur im Bewusstsein der wenigen, sondern für das sich herausbildende Bürgertum, das hier die Ideen und Parolen der seiner Selbstbewusstwerdung und schließlich seiner politischen Revolution fand" (Reese-Schäfer, 2016, S. 138f.).

1.14.1 Verfassungstheorie

Montesquieu legt eine für seine Zeit neue, soziologische Sichtweise an die Verfassungen an. Diese betrachtet er nicht allein als Rechtskonstruktionen, sondern beeinflusst von unterschiedlichen kulturellen, ökonomischen und weiteren Faktoren, die auf die Praxis des Verfassungslebens Einfluss nehmen. In *Vom Geist der Gesetze* (Abb. 1.9) widmet er ihnen jeweils ausführliche Abschnitte („Bücher"), in denen er das Verhältnis der juristischen Gesetze zu diesen Faktoren in den Blick nimmt. Dieses Verhältnis arbeitet Montesquieu im Detail in den Büchern 9 bis 26 heraus. Einen Eindruck über die Breite der Einflussfaktoren, die von Montesquieu gesehen werden, vermitteln die Überschriften dieser Bücher:

9. Buch: über die Gesetze in ihrem Bezug zur Verteidigungsstärke,

10. Buch: über die Gesetze in ihrem Bezug zur Angriffsstärke,

11. Buch: über die Gesetze, welche die politische Freiheit formen, und ihren Bezug zur Verfassung,

12. Buch: über die Gesetze, welche die politische Freiheit formen, in ihrem Bezug zum Bürger,

13. Buch: über Steuererhebung und Ausmaß der Steuerausgaben in ihrem Bezug zur Freiheit,

14. Buch: über die Gesetze in ihrem Bezug zur Art des Klimas,

15. Buch: welchen Bezug die Gesetze der wirtschaftlichen Sklaverei zur Natur des Klimas haben,

16. Buch: inwiefern die Gesetze der häuslichen Sklaverei mit der Natur des Klimas in Bezug stehen,

17. Buch: inwiefern die Gesetze politischer Knechtung Bezug zur Natur des Klimas haben,

18. Buch: über die Gesetze in ihrem Bezug zur Bodenbeschaffenheit,

19. Buch: über die Gesetze in ihrem Bezug zu den Prinzipien, die den Gemeingeist, die Sitten und den Lebensstil einer Nation formen,

20. Buch: über die Gesetze in ihrem Bezug zum Handel hinsichtlich seiner Natur und seiner Unterteilungen,

21. Buch: über die Gesetze in ihrem Bezug zum Handel hinsichtlich Wandlungen, die er in der Welt erfahren hat,

22. Buch: über die Gesetze in ihrem Bezug zum Gebrauch des Geldes,

23. Buch: über die Gesetze in ihrem Bezug zur Zahl der Bewohner,

24. Buch: über die Gesetze in ihrem Bezug zu der in den einzelnen Ländern eingeführten Religion hinsichtlich ihres Wirkens und ihres Wesens,

25. Buch: über die Gesetze in ihrem Bezug zu den Religionseinrichtungen jedes Landes und ihre äußere Regelung,

26. Buch: über die Gesetze in dem Bezug, den sie zu dem Bereich der Sachen, über die sie befinden, haben müssen (Montesquieu, 1965, S. 197–384). Die Ausführungen dazu können verstanden werden als Beschreibung der allgemeinen Geisteshaltung eines Volks und seiner Bürger „relativ unabhängig von der politischen Ordnung, in der sie leben" (Hereth, 2020, S. 278f.). Daher wird im Folgenden eine kleine Auswahl zur Kennzeichnung einzelner Faktoren, die Montesquieu in dieser Beziehung sieht, gegeben:

Verteidigungsstärke und Krieg: Die Verteidigungsstärke steht für Montesquieu in einem engen Zusammenhang mit der geografischen Lage und der Größe von Staaten. Kleineren Staaten spricht er das Recht zur Kriegsführung häufiger zu als großen Staaten, weil sie öfter in die Lage kämen, ihre Vernichtung befürchten zu müssen (Montesquieu, 1965, S. 197, 201; Pfetsch, 2019, S. 253).

Individuelle Freiheit: Unter Freiheit versteht Montesquieu „das Recht, all das zu machen, was die Gesetze gestatten" (Montesquieu, 1965, S. 210). Grenzenlose Freiheit lehnt er ab, da diese die Freiheit der anderen einschränken würde. Es bestehe jedoch die grundsätzliche Gefahr des Machtmissbrauchs, der jedoch gebremst werden könne: „[E]in Staat kann so aufgebaut werden, dass niemand gezwungen ist, etwas zu tun, wozu er nach dem Gesetz nicht verpflichtet ist, und niemand gezwungen ist, etwas zu unterlassen, was das Gesetz gestattet" (Montesquieu, 1965, S. 211). Politische Freiheit, so Montesquieu, „besteht in der Sicherheit oder der Überzeugung, man habe Sicherheit" (Montesquieu, 1965, S. 250), daher hänge die Freiheit von der Art der Strafgesetze ab.

Steuererhebung/Staatsausgaben: Höhere Steuern, konstatiert Montesquieu, „können proportional zur Freiheit der Untertanen erhoben werden" (Montesquieu, 1965, S. 252); maßvolle Staaten bieten seiner Meinung nach eine Entschädigung für den Steuerdruck, nämlich die Freiheit der Bürger. Er warnt, dass eine übermäßige Besteuerung Knechtschaft hervorbringe und diese wiederum zu einer Verminderung der Steuereinnahmen führe (Montesquieu, 1965, S. 253).

Klima, Bodenbeschaffenheit, Kultur: Montesquieu konstatiert, das Klima habe einen erheblichen Einfluss auf die Gesellschaft.

Beispiel

Montesquieu vermutet, dass kaltes Klima (in nördlichen Ländern) mehr Energie erzeuge, Wärme hingegen (in südlichen Ländern) zu Kraftlosigkeit führe (Montesquieu, 1965, S. 255, 258). Das Kapitel hinsichtlich der Folgen des Klimas ist gespickt mit Vorurteilen jeglicher Art, die aus heutiger Sicht fast amüsant anmuten. Montesquieu macht etwa die klimatischen Verhältnisse in England dafür verantwortlich, dass dort ein „Widerwille gegen alle Dinge" zu beobachten sei und eine gewisse Dickfelligkeit, die aus einer Unzufriedenheit mit Missständen stamme und dazu führe, dass die Politik nur allmählich ihr Ziel erreiche und bei Verhandlungen das nötige ruhige Blut nicht aufbringen könne (Montesquieu, 1965, S. 263f.).

Klimatische Einflüsse macht er unter anderem auch für wirtschaftliche Ausbeutung und die Ungleichheit von Frauen und Männern verantwortlich (Montesquieu, 1965, S. 267ff., 270ff., 281ff., 306; Ottmann, 2004, S. 452).

Geld und Handel: Montesquieu formulierte eine bis heute viel beachtete und oft zitierte Maxime: „Friedensliebe ist die natürliche Folge des Handels. Zwei Nationen, die miteinander Handel treiben, werden voneinander gegenseitig abhängig: die eine hat Interesse am Kauf, die andere am Verkauf. Alle Bündnisse beruhen auf wechselseitigen Bedürfnissen" (Montesquieu, 1965, S. 320), sodass der Handel zu einer Macht der Zivilisierung und der Befriedung wird (Ottmann, 2004, S. 453). Im Inneren hat laut Montesquieu die Verteilung des Gelds eine erhebliche Funktion für die Stabilität des Staats (Hereth, 2020, S. 280f.).

Religion: Die verschiedenen Religionen der Welt betrachtet Montesquieu in Bezug auf den Wert, „der daraus im Gesellschaftszustand erwächst" (Montesquieu, 1965, S. 366), und formuliert eine funktionalisierende Beschreibung der Rolle der Religion: „Denn selbst wenn die Religion falsch ist, ist sie der bestmögliche Garant der Menschen für die Rechtschaffenheit ihrer Mitmenschen" (Montesquieu, 1965, S. 362). Daher ist es seiner Meinung nach „zweckmäßig, dass die Gesetze von diesen unterschiedlichen Religionen nicht nur fordern, dass sie den Staat nicht beunruhigen, sondern auch, dass sie untereinander Ruhe halten" (Montesquieu, 1965, S. 379). Seine Überlegungen zur Rolle der Religion sind auch aus heutiger Sicht eine Fundgrube für Diskussionen. Zu seiner Zeit entfachte diese funktionalistische Betrachtung der Religion erhebliche Widerstände in der Kirche (Ottmann, 2004, S. 433; Llanque, 2016, S. 54).

Übung

Prüfen Sie die Aussage Montesquieus zur Funktion von Religion im Staat im Lichte heutiger Debatten.

Die genannten Faktoren begründen die Unterschiedlichkeit der Gesetze der Völker: „Mehrere Dinge regieren die Menschen: Klima, Religion, Gesetze, Staatsmaximen, Beispiele aus der Geschichte, Sitten, Lebensstil. Aus all dem bildet sich als ihr Ergebnis ein Gemeingeist" (Montesquieu, 1965, S. 288). Die Unterschiedlichkeit der Menschen ergibt sich daraus, dass die einzelnen Faktoren jeweils verschieden stark wirken.

Wenn man die Sammlung der Faktoren insgesamt betrachtet, so laufen die Argumente auf den Grundgedanken Montesquieus zu, dass der Macht Schranken gesetzt werden sollten. Er nimmt an, „dass jeder Mensch, der Macht hat, dazu getrieben wird, sie zu missbrauchen. Er geht immer weiter, bis er an Grenzen stößt […]. Damit die Macht nicht missbraucht werden kann, ist es nötig, durch die Anordnung der Dinge zu bewirken, dass die Macht die Macht bremse" (Montesquieu, 1965, S. 211). Die Besonderheiten des „Gemeingeistes" eines Volkes, also Sitten, Tugenden und Gebräuche, sollen sich in den Gesetzen wiederfinden, nach denen es regiert wird (Montesquieu, 1965, S. 288). Mit Tugenden meint Montesquieu z. B. die Liebe zum Vaterland, Freiheit, Tapferkeit und Gleichheit (Pfetsch, 2019, S. 255). Llanque resümiert, dass Montesquieus bleibende Leistung darin besteht, dass er die „sozialen und politischen Konventionen und Gewohnheiten der Menschen in die Regierungslehre" einbezogen hat (Llanque, 2016, S. 54).

1.14.2 Gewaltenteilung

Auf dieser Grundlage der Verfassungstheorie entwickelt Montesquieu seine Lehre von der Gewaltenteilung. Diese orientiert er, wie Pfetsch schreibt, unausgesprochen an zwei Leitfragen:

– „Wem sind die Gewalten anzuvertrauen (Frage nach der Partizipation an der Macht gleich materiale Gewaltenteilung)? – und:
– Wie ist das Verhältnis der Gewalten zueinander (Frage nach der Separation der Macht gleich formale Gewaltenteilung)?" (Pfetsch, 2019, S. 256).

Zunächst unterscheidet Montesquieu drei Gewalten:

> Es gibt in jedem Staat drei Arten von Vollmacht: die legislative Befugnis, die exekutive Befugnis in Sachen, die vom Völkerrecht abhängen, und die exekutive Befugnis in Sachen, die vom Zivilrecht abhängen.
>
> Aufgrund der ersteren schafft der Herrscher oder Magistrat Gesetze auf Zeit oder für die Dauer, ändert geltende Gesetze oder schafft sie ab. Aufgrund der zweiten stiftet er Frieden oder Krieg, sendet oder empfängt Botschaften, stellt die Sicherheit her, sorgt gegen Einfälle vor. Aufgrund der dritten bestraft er Verbrechen oder sitzt zu Gericht über die Streitfälle der Einzelpersonen. Diese letztere soll richterliche Befugnis heißen, und die andere schlechtweg exekutive Befugnis des Staates. (Montesquieu, 1965, S. 212)

Er fährt fort, dass politische Freiheit aus der Überzeugung hervorgehe, dass jeder Bürger sich sicher fühlen soll, und dies bedeute, dass Regierungen so beschaffen sein müssen, dass kein Bürger einen anderen zu fürchten habe:

> Sobald in ein und derselben Person oder derselben Beamtenschaft die legislative Befugnis mit der exekutiven verbunden ist, gibt es keine Freiheit. Es wäre nämlich zu befürchten, dass derselbe Monarch oder derselbe Senat tyrannische Gesetze erließe und dann tyrannisch durchführte. Freiheit gibt es auch nicht, wenn die richterliche Befugnis nicht von der legislativen und von der exekutiven Befugnis geschieden wird. (Montesquieu, 1965, S. 212f.)

Entscheidend ist bis heute jedoch seine Forderung, die Gewalten, wie auch immer sie im Einzelnen definiert sind, konsequent voneinander zu trennen:

> Alles wäre verloren, wenn ein und derselbe Mann bzw. die gleiche Körperschaft entweder der Mächtigsten oder der Adligen oder des Volkes folgende drei Machtvollkommenheiten ausübte: Gesetze erlassen, öffentliche Beschlüsse in die Tat umsetzen, Verbrechen und private Streitfälle aburteilen. (Montesquieu, 1965, S. 213)

Das Wirken der politischen Kräfte sieht Montesquieu vor dem Hintergrund der sozialen Schichten seiner Zeit, nämlich der Aristokratie, des Bürgertums bzw. des Volks und der Institution des Monarchen (Pfetsch, 2019, S. 258). Diese soziale Schichtung beeinflusst die Bestimmung der Gewalten, deren Differenzierung er in folgender Weise vorsieht:

Gerichtsbarkeit: Die richterliche Befugnis wird zeitlich befristet auf gewählte Personen übertragen. Bei Strafverfahren können Angeklagte Richter zumindest teilweise zurückweisen; Richter sollen aus dem Stand des Angeklagten stammen, um Voreingenommenheit auszuschließen (Montesquieu, 1965, S. 214f.). Dieser Ansatz findet sich bis heute z. B. im amerikanischen Justizsystem (Reese-Schäfer, 2016, S. 121).

Legislative: Im Prinzip müsste das Volk als Gesamtkörper die Gesetzgebungsgewalt innehaben, so Montesquieu. Er schränkt aber ein, dass dies in großen Staaten unmöglich sei und auch in kleinen Staaten Nachteile habe. Insofern plädiert er dafür, dass orientiert an den Strukturen vor Ort die Einwohner jeweils einen Repräsentanten wählen (Montesquieu, 1965, S. 216). Nachteile einer direkten Demokratie sieht er vor allem in langen Verfahrensregelungen, geringer Kompromissfähigkeit und auch darin, dass zufällige Launen des Volks die Politik lähmen könnten. Der gesetzgebenden Körperschaft weist er eine klare Rolle zu. Ihre Aufgabe bestehe in der „Schaffung von Gesetzen bzw. [in der] Kontrolle, ob die geschaffenen Gesetze richtig angewendet wurden. Das vermag sie sehr gut, und niemand besser als sie" (Montesquieu, 1965, S. 217). Für die der

Machtbalance sieht Montesquieu neben der gesetzgebenden Gewalt, welche die vom Volk gewählten Repräsentanten ausüben, eine zweite Kammer vor, die durch den Adel gebildet wird, d. h., er sieht die Bildung von Körperschaften vor, die ein gegenseitiges Vetorecht gegen die Beschlüsse der anderen enthalten (Montesquieu, 1965, S. 217f.).

Exekutive: Die exekutive Befugnis sollte laut Montesquieu „in den Händen eines Monarchen liegen, weil in diesem Zweig der Regierung fast durchweg unverzügliches Handeln vonnöten ist, das besser von einem als von mehreren besorgt wird. Was hingegen von der legislativen Befugnis abhängt, wird oft besser von mehreren angeordnet als von einem" (Montesquieu, 1965, S. 218). Der Exekutive wird auch ein wichtiges Machtinstrument zugesprochen, die Armee. Der Zugriff auf dieses Machtinstrument dürfe allerdings, so Montesquieus Gedanke, nicht dazu führen, dass die Exekutive zum Unterdrücker wird. Daher sieht er vor, dass die der Exekutive „anvertrauten Armeen aus dem Volk stammen und gleichen Geistes wie das Volk sein" (Montesquieu, 1965, S. 224) sollen.

Machtbalance: Die Machtbalance zwischen Exekutive und Legislative kommt auch darin zum Ausdruck, dass Montesquieu der Exekutive das Recht zuspricht, die Legislative einzuberufen und ein Veto gegen Beschlüsse der Legislative einzulegen. Die Legislative soll die Regierung nicht kurzerhand abberufen können, ist jedoch auch nicht an deren Weisungen gebunden und ihre Mitglieder besitzen Immunität. Das Zwei-Kammer-System nach englischem Vorbild dient ebenfalls dieser Balance. Beide Kammern überwachen sich gegenseitig, das Steuerbewilligungsrecht liegt bei der Volksvertretung, während die Adelskammer ein Vetorecht besitzt, sodass ein Zwang zum Aushandeln besteht. Auch die Judikative wird geteilt: Es wird eine Rechtsprechung für die Angelegenheiten des Adels eingerichtet, ebenso wie eine eigene Rechtsprechung für Angelegenheiten des Volks. Damit wird sichergestellt, dass juristische Auseinandersetzungen nicht durch Standesunterschiede dominiert werden. Es entsteht ein System von Vetorechten, welches einerseits das soziale Gleichgewicht zum Ziel hat, andererseits bewirken soll, dass die Inhaber der Gewalten sich gegenseitig mäßigen (Pfetsch, 2019, S. 258f.; Aron, 2018, S. 36, 303f.; Hereth, 2020, S. 276).

Heute, so Reese-Schäfer, sei sich die Forschung darin einig, dass Montesquieu eine neuartige Staatstheorie entwickelt habe, die er an der äußeren Form des englischen Beispiels orientierte (Reese-Schäfer, 2016, S. 119f.), jedoch: „Ihn interessiert das Modell, nicht die Wirklichkeit. [...] Es handelt sich um eine Art verfassungstheoretisches benchmarking" (Reese-Schäfer, 2016, S. 120).

1.14.3 Regierungsformen und Regierungsprinzipien

Das zweite Buch in *Vom Geist der Gesetze* überschreibt Montesquieu mit „Über die Gesetze, die sich unmittelbar aus der Natur der Regierung ergeben" (Montesquieu, 1965,

S. 104). Er unterscheidet zunächst die republikanische, die monarchische und die despotische Form der Regierung. Zur Kennzeichnung ihrer Natur setzt er drei Definitionen voraus oder, wie er sagt, drei Tatsachen:

> Republikanisch ist diejenige Regierung, bei der das Volk als Körperschaft bzw. bloß ein Teil des Volkes die souveräne Macht besitzt. Monarchie ist diejenige Regierung, bei der ein einzelner Mann regiert, jedoch nach festliegenden und verkündeten Gesetzen, wohingegen bei der despotischen Regierung ein einzelner Mann ohne Regel und Gesetz alles nach seinem Willen und Eigensinn abrichtet. (Montesquieu, 1965, S. 104)

Sodann unterscheidet er zwischen zwei Formen der Republik: „Sobald in der Republik das Volk als Körperschaft die souveräne Macht besitzt, haben wir eine Demokratie vor uns. Sobald die souveräne Macht in den Händen eines Teils des Volkes liegt, heißt sie Aristokratie" (Montesquieu, 1965, S. 104). Mit dieser Definition bestimmt Montesquieu die Regierungsformen nicht nur anhand der Anzahl der Regierenden, sondern auch nach der Art der Regierung (Abb. 1.10). Die Natur der Regierungsformen spezifiziert er folgendermaßen:

In der *Demokratie* solle das Volk alles das selber machen, was es selber machen kann, ansonsten solle es seine Minister machen lassen. Dabei setzt er ein erhebliches Vertrauen in das Volk, denn dieses sei zur Wahl derer, denen es einen gewissen Teil seiner Autorität anvertrauen muss, erstaunlich geeignet. Allerdings sei die Mehrzahl der Bürger nicht geeignet, gewählt zu werden, das Volk tauge auch nicht zu eigener Amtsführung (Montesquieu, 1965, S. 105ff.). Außerdem sei das Volk nicht in der Lage, in den Staatsgeschäften zügig voranzukommen, denn manchmal kehre es „mit hunderttausend Armen das Unterste zuoberst, manchmal geht es mit hunderttausend Füßen im Schneckentempo" (Montesquieu, 1965, S. 107). Die Demokratie zeichnet sich also durch einen großen Einfluss der Bürger aus, aus Gründen der Effektivität ist es jedoch sinnvoll, die Politik ihren durch das Los zu bestimmenden Repräsentanten zu überlassen (Pfetsch, 2019, S. 261; Montesquieu, 1965, S. 107f.).

Die *Aristokratie* unterscheidet von der Demokratie, dass die Bürger hier weniger Einfluss auf die Politik besitzen. In der Aristokratie stelle der Senat die zentrale politisch handelnde Institution dar. Hier wäre es im Unterschied zur Demokratie sehr nachteilig, die Repräsentanten durch Los zu bestimmen, da dadurch der Neid geschürt würde. Stattdessen sieht Montesquieu das adlige Erbrecht als „Wahl durch Abstimmung der Natur" (Montesquieu, 1965, S. 107) als das geeignete Instrument an, um die Repräsentanten zu bestimmen. Ein Argument für die Aristokratie ist die Größe eines Staates, da die demokratische Organisation z. B. abhängig von Kommunikationswegen ist und so Schwierigkeiten haben könne, sich durchzusetzen und dementsprechend Legitimationsprobleme bekomme. Dies ist ein Argument, welches in Diskussionen um die demokratische Gestaltung des Großraums Europa durchaus aktuell ist (Reese-Schäfer, 2016, S. 113; Montesquieu, 1965, S. 112).

In der *Monarchie* besitzt eine einzelne Person jegliche staatliche und zivile Regierungsgewalt. Allerdings, so betont Montesquieu, sei der Monarch an Gesetze gebunden: „Denn wenn der Staat nur auf momentanen und launenhaften Entschlüssen eines einzelnen beruht, kann nichts von Bestand und infolgedessen keinerlei Gesetz grundlegend sein" (Montesquieu, 1965, S. 113). Somit sieht Montesquieu für die Monarchie vor, dass sie nach Recht und Gesetz regiert und dies vor dem Hintergrund des Ausgleichs gesellschaftlicher Gruppen tut. Als intermediäre, vermittelnde „Zwischengewalten" fungieren der Adel und die Geistlichkeit sowie die Gerichtsbarkeit (Montesquieu, 1965, S. 112ff.; Pfetsch, 2019, S. 261).

Die *Despotie* kennt keine grundlegenden Gesetze und daher auch keine Institutionen, die die Ausführung von Gesetzen kontrollieren könnten. Allenfalls sei in solchen Ländern die Religion eine Institution, die eine Art von Obhut übernehme. Despotien bringt Montesquieu in Verbindung mit ausgedehnten Reichen (Montesquieu, 1965, S. 115f.). Pfetsch betont, dass die Despotie bei Montesquieu im Grunde als Regierungstypus nur behandelt werde, weil er ihre negativen Eigenschaften insbesondere gegenüber Aristokratie und Monarchie absetzen will. Insofern gehe es Montesquieu im Grunde nur um eine Dichotomie der Regierungsformen Republik und Monarchie (Pfetsch, 2019, S. 262).

Gute Verfassungen		Entartete Verfassung(en)
Republik	Demokratie	
	Aristokratie	Despotie
Monarchie		

Abb. 1.10: Verfassungsschema im „Geist der Gesetze" (Ottmann, 2008, S. 443)

Sind damit die Regierungsformen nach Anzahl und Art der Regierenden bestimmt, geht es Montesquieu des Weiteren um die, wie er es nennt, *Prinzipien der drei Regierungsarten*: „Zwischen der Natur der Regierung und ihrem Prinzip besteht folgender Unterschied: Ihre Natur macht sie zu dem, was sie ist, ihr Prinzip bringt sie zum Handeln. Das eine ist ihre besondere Struktur, das andere sind die menschlichen Leidenschaften, die sie in Bewegung setzen" (Montesquieu, 1965, S. 117). Damit spricht Montesquieu die Motive an, welche die drei Regierungstypen kennzeichnen.

Zur Stützung einer monarchischen oder einer despotischen Regierung sei, so Montesquieu, keine sonderliche Tüchtigkeit vonnöten, in der einen werde alles durch Gesetz geregelt, in der anderen durch die Kraft des Herrschers. In einer Demokratie aber, so sagt er, sei „eine zusätzliche Triebkraft vonnöten: die Tugend" (Montesquieu, 1965, S. 118). Er kritisiert, dass die Politiker seiner Zeit nur noch von „Manufakturen, Handel, Finanzen, Reichtum, ja sogar vom Luxus" sprächen (Montesquieu, 1965, S. 119), die Tugend aber schwinde und die Republik ein Beutestück werde. Er beklagt den Verlust von Normen, Genügsamkeit und auch, dass das Eigentum der Privatleute früher einen öffentlichen Schatz dargestellt habe, nun aber der öffentliche Schatz zur Einnahmequelle für Privatleute werde (Montesquieu, 1965, S. 119). Tugend bedeutet Liebe zur Gleichheit und Vaterlandsliebe ist der Stoff, aus dem die Republik gemacht ist. Bei Montesquieu ist die „Tugend der Republik nicht eine sittliche, sondern eine echte politische Tugend. Sie besteht darin, dass Gesetze beachtet werden und der Einzelne sich der Gemeinschaft unterordnet" (Aron, 2018, S. 28).

In der Aristokratie täte die Tugend zwar auch not, sei aber nicht unbedingt erforderlich. Der Adel spüre von vornherein, dass er gegen sich selbst vorgehe, wenn er die Gesetze gegen seine Standesgenossen anwenden solle (Montesquieu, 1965, S. 121). Daraus ergibt sich eine Mäßigung im Interesse der Erhaltung seiner Macht (Montesquieu, 1965, S. 112).

Während also die Republik auf Tugenden und Eigeninteressen beruht, schreibt Montesquieu der Monarchie die Ehre als bewegendes Prinzip zu. Das Standesbewusstsein nimmt in der Monarchie die Stellung der Tugend in der Republik ein (Montesquieu, 1965, S. 124f.).

Das Prinzip der Despotie sei hingegen keineswegs die Ehre, sondern die Furcht. Dies begründet Montesquieu damit, dass ein Despot keinerlei Regeln kenne. Daher sei in einer Despotie der Terror erforderlich, die Natur despotischer Staaten verlange strengsten Gehorsam (Montesquieu, 1965, S. 126f.): „Der Mensch ist Kreatur und gehorcht einer Kreatur, die befiehlt" (Montesquieu, 1965, S. 127; Abb. 1.11).

Staatsform	Prinzip
Demokratie	Tugend
Aristokratie	Mäßigung
Monarchie	Ehre
Despotie	Furcht

Abb. 1.11: Prinzipienlehre im *Geist der Gesetze* (Ottmann, 2008, S. 444)

Regierungsformen betrachtet Montesquieu in einer gewissen Kontinuität. „Natur und Prinzip müssen kompatibel sein" (Hereth, 2020, S. 278), daraus entstehe politische Stabilität. Unter bestimmten Voraussetzungen, z. B. bei Nichtbeachtung der Prinzipien, könne es hingegen schnell zu einem Wandel kommen. Montesquieu erkennt eine Dynamik zwischen Freiheit und Unfreiheit sowie Herrschaft und Knechtschaft, die verbunden sind mit Verfallserscheinungen innerhalb der jeweiligen Regierungsform.

Darin liege die Begründung für den Zyklus des historischen Wandels von einer Regierungsform zu einer anderen (Pfetsch, 2019, S. 261f.).

1.14.4 Zusammenfassung

Vor dem Hintergrund eines sich zu seiner Zeit wandelnden Menschenbilds geht es Montesquieu um die durch zahlreiche Einflussfaktoren bestimmten Staatsverfassungen. Diese müssen der Natur der Menschen entsprechen, sodass aufgrund der Unterschiede der Menschen auch unterschiedliche Verfassungen möglich sind. Im Urzustand sei laut Montesquieu jeder Mensch mit jedem anderen gleichgestellt und erst im gesellschaftlichen Zustand differenziere sich diese Situation, weil Menschen sich Vorteile, die sich jeweils ergeben, zunutze machen wollten. In einer sozialwissenschaftlichen Betrachtungsweise schließt er auf verschiedene Möglichkeiten der Verfassung, die er in seiner Verfassungstheorie kennzeichnet. Sie führen zu verschiedenen Regierungsformen, denen er jeweils verschiedene Prinzipien als Beweggründe des Handelns zuordnet. Grundlegend ist für Montesquieu die Begründung der Gewaltenteilung und damit verbunden der Gedanken der Machtbalance. Die klare Trennung der Gewalten und die Beziehungen zwischen den Gewalten sollen die politische Freiheit sichern. Es ergibt sich auf diesem Wege eine Übereinstimmung des Volkswillens mit dem Geist der Gesetze (Pfetsch, 2019, S. 251ff.; Reese-Schäfer, 2016, S. 125; Hereth, 2020, S. 278ff.).

Montesquieus Überlegungen bieten bis heute Kriterien, die an die unterschiedlichsten Erscheinungsformen von Regierungen in ihren Abwandlungen verschiedenster Verfassungen und vor allen Dingen auch verschiedenster Regierungspraxen angelegt werden können. Vor Montesquieu wurde in der Frage der Regierungsform und des Regierens kaum die Organisation von Gesellschaften angesprochen. Aron resümiert daher: „Der entscheidende Beitrag Montesquieus besteht darin, dass er das Problem in seiner Gesamtheit neu erfasst und die Analyse der Regierungsformen mit der Analyse der sozialen Organisationen verbunden hat, sodass jede Regierung sich gleichzeitig als eine bestimmte Gesellschaft darstellt" (Aron, 2018, S. 29).

Während Montesquieu also eher die Gemeinschaft und den Ausgleich betont, geht es Rousseau um die Art, wie der Wille des Volks zur Geltung kommen kann.

1.15 Jean-Jacques Rousseau

Jean-Jacques Rousseau

Jean-Jacques Rousseau (1712–1778) postuliert in seiner politischen Philosophie die Freiheit des Menschen in einer Welt, in der Menschen in der Befriedigung ihrer Bedürfnisse voneinander abhängig sind und ihrem natürlichen Impuls zum Mitgefühl entfremdet werden. Er zeichnet zwei Wege: Politisch geht es ihm um Institutionen, die das Zusammenleben freier, gleicher und souveräner Bürger ermöglichen, und pädagogisch geht es ihm darum, durch die Erziehung von Kindern zur Autonomie die geistige und moralische Basis dafür zu legen (Bertram, 2017; Niedermaier, 2017, S. 153ff.). Rousseau war Genfer Bürger, verlor aber dort sein Bürgerrecht, weil er zum Katholizismus konvertierte, und entwickelte in seinem Hauptwerk, dem „Gesellschaftsvertrag", ein ideales Modell der Republik (Rousseau, 2011). Dieser Entwurf einer politischen Grundlegung wurde begleitet von kulturkritischen Schriften, nämlich: *Abhandlung über die Wissenschaft und Künste* (Rousseau, 2012) und *Abhandlung über den Ursprung und die Grundlagen der Ungleichheit unter den Menschen* (Rousseau, 1998; Abb. 1.12).

Abb. 1.12: Rousseau-Titel, Ausgabe Reclam (Rousseau, 1998)

Diese politischen und kulturkritischen Werke sind im Zusammenhang mit Rousseaus pädagogischen Hauptwerk, dem *Emile*, zu sehen (Rousseau, 1995). Dieses ist geprägt durch ein neuzeitliches subjektivistisches Menschenverständnis. Erziehung steht in seiner Sicht in einer engen Beziehung zur Kultur und zur Echtheit des Menschen (Ballauf & Schaller, 1970, S. 326). Rousseaus kritische Zivilisationstheorie kennzeichnet Llanque folgendermaßen: Die im Naturzustand praktizierte Sittlichkeit und natürliche Freiheit seien im Zuge der Vergesellschaftung verschiedenen Formen der Ungleichheit gewichen, die wiederum Unfreiheit verursachten. Die Einführung des Eigentums habe die ökonomische Ungleichheit von Arm und Reich geschaffen, die Einführung der Regierung die politische Ungleichheit zwischen Mächtigen und Schwachen. Mit der despotischen Gewalt sei die letzte Stufe der Ungleichheit erreicht, in welcher die Menschen einander wieder gleich seien, weil sie alle nichts im Vergleich zum Herrscher, de facto also Sklaven seien (Llanque, 2016, S. 59; Schmidt & Zintl, 2021, S. 65ff.). Nachfolgend werden die Hauptaspekte seiner theoretischen Überlegungen skizziert, nämlich die Ungleichheit, der Gesellschaftsvertrag sowie Fragen der Regierung und des Idealstaats. Methodisch geht Rousseau anders vor als Montesquieu. Während dieser im Grunde eine empirische Vorgehensweise durch die Beobachtung der unterschiedlichsten Einflussfaktoren des Regierens pflegt, argumentiert Rousseau ausschließlich auf der Basis gedanklicher Konstruktionen, insbesondere in der Rekonstruktion des Naturzustands. Dieser dient ihm vor allem dazu, einen Gegenpol zu den von ihm analysierten Problemen seiner Zeit zu entwickeln. Vielfach betont er, dass es zu früheren Zeiten so, wie er beschreibt, hätte sein können, behauptet aber nicht, dass es so war. Diese rhetorische Figur ist äußerst produktiv, da es sich eigentlich nicht lohnt, sich lediglich mit historischen Fakten auseinanderzusetzen. Die Kraft seiner Argumente erwächst hingegen aus der Spiegelung der Jetztzeit in einer gedachten Vergangenheit (Pfetsch, 2019, S. 274f.).

1.15.1 Ungleichheit

Gleich zu Beginn seiner Abhandlung über die Ungleichheit definiert Rousseau:

> Ich erkenne in der menschlichen Gattung zwei Arten von Ungleichheit [...]: die eine, welche ich die natürliche [...] oder physische [...] nenne, weil sie von der Natur eingerichtet ist, und in dem Unterschied des Alters, der Gesundheit, der Kräfte und der Eigenschaften des Geistes oder der Seele besteht; die andere, die man die gesellschaftliche [...] oder politische [...] Ungleichheit nennen kann, weil sie von einer Art Übereinkunft abhängt und durch die Zustimmung der Menschen eingerichtet oder wenigstens gebilligt wird. Die letztere [sic] besteht in verschiedenen Privilegien, die einige auf Kosten der anderen genießen, wie reicher, geehrter, mächtiger zu sein als diese oder sich sogar bei ihnen Gehorsam zu verschaffen. (Rousseau, 1998, S. 32)

Die menschliche Kultur entwickelt sich für Rousseau nach und nach. Ging es zunächst um die Erhaltung seiner Existenz, so zwangen z. B. Unterschiede des Klimas zu unterschiedlichen Lebensweisen. Diese wiederum brachten differenzierende Fähigkeiten hervor und das zentrale Ziel des menschlichen Handelns, das Wohlbefinden, führte sowohl zu gemeinsamen Interessen als auch zu Konkurrenzkampf. Gemeinsame Interessen motivierten gemeinsames Handeln bis zur Befriedigung der entsprechenden Bedürfnisse, ebenso war es möglich, dass Bedürfnisse einen Konkurrenzkampf hervorriefen, ebenso wie offene Gewalt und List. So entwickelten die Menschen unmerklich eine grobe Vorstellung von gegenseitigen Verpflichtungen und dem Vorteil, der darin lag, sie zu erfüllen. Allerdings mit der Einschränkung, dass nur so lange eine Verpflichtung eingegangen werde, wie es das gegenwärtige Interesse erfordere. Zukunftsplanungen spielten noch keine Rolle (Rousseau, 1998, S. 74ff.).

> Der Wilde lebt in sich selbst. Der gesellschaftliche Mensch ist immer außerhalb seiner selbst und weiß nur in der Meinung der anderen zu leben; und er bezieht sozusagen allein aus ihrem Urteil das Gefühl seiner eigenen Existenz. (Rousseau, 1998, S. 112)

Je mehr jedoch der Mensch durch seinen Verstand eine Vernunft entwickelte, die zu technischen Neuerungen führte (Werkzeuge, Hüttenbau etc.), differenzierte sich die Gesellschaft weiter. Dieser soziale und kulturelle Fortschritt erzwang rechtliche Regelungen. Denn sobald die Menschen sich gegenseitig schätzen lernten, beanspruchten sie auch Rechte: Beleidigungen etwa verlangten nach einer Bestrafung, da die darin zum Ausdruck kommende Missachtung als unerträglicher empfunden wurde als ein eventuell im Streit entstandener Schaden (Rousseau, 1998, S. 80ff.).

Beispiel

Man nahm die Gewohnheit an, sich vor den Hütten oder um einen großen Baum zu versammeln; Gesang und Tanz, echte Kinder der Liebe und der Muße, wurden das Vergnügen oder vielmehr die Beschäftigung der müßig versammelten Männer und Frauen. Jeder begann, die anderen zu achten und seinerseits geachtet werden zu wollen, und das öffentliche Ansehen erhielt einen Wert. Wer am besten sang oder tanzte, wer der Schönste, der Gewandteste oder der Beredsamste war, wurde der Geachtetste; und dies war der erste Schritt zur Ungleichheit und zugleich zum Laster. (Rousseau, 1998, S. 82)

Ungleichheit wird für Rousseau in der Geschichte des Menschen durch die Bildung von Eigentum verursacht und manifestiert: „Der erste [sic], der ein Stück Land eingezäunt hatte und auf den Gedanken kam zu sagen ‚Dies ist mein' und der Leute fand, die einfältig genug waren, ihm zu glauben, war der wahre Begründer der zivilen Gesellschaft" (Rousseau, 1998, S. 76). Mit dieser kulturellen Leistung der Bildung von Eigentum, aber auch der Technologie manifestiert sich nach und nach die Ungleichheit unter den Menschen. Ein Beispiel für sozial differenzierende Technologie ist für Rousseau etwa die Metallbearbeitung. Die Kunst, Eisen zu verwenden und dementsprechend Erze in Bergwerken zu fördern, sei ein Beleg dafür. Noch stärker differenziert der Ackerbau, der allerdings ohne die vorhergehende Kunst der Metallbearbeitung nicht denkbar war (Rousseau, 1998, S. 82ff.; Pfetsch, 2019, S. 279). Aus der Bebauung des Bodens folgte nach Rousseau notwendigerweise seine Aufteilung und aus dieser folgten wiederum die ersten Regeln der Gerechtigkeit:

> Denn um jedem das Seine zu geben, muss erst jeder etwas besitzen können [...]. Da allein die Arbeit dem Bauern ein Recht auf den Ertrag des Feldes gibt, das er bestellt hat, gibt sie ihm folglich auch das Recht auf den Boden, wenigstens bis zur Ernte, und so von Jahr zu Jahr – was sich, indem es einen fortgesetzten Besitz darstellt, leicht in Eigentum verwandelt. (Rousseau, 1998, S. 86f.)

Damit bildete sich nach Rousseau eine neue Art von Recht aus, nämlich das Eigentumsrecht, welches sich vom natürlichen Recht unterscheidet. Dadurch wurde das frühere Gleichgewicht unter den Menschen zerstört:

> [...] der Stärkere leistete mehr Arbeit, der Geschicktere zog größeren Nutzen aus der seinigen, der Erfindungsreichere erfand Mittel zur Abkürzung der Arbeit, der Bauer benötigte mehr Eisen oder der Schmied mehr Getreide; und obwohl beide gleich viel arbeiteten, verdiente der eine viel, während der andere kaum genug hatte, um davon zu leben. (Rousseau 1998, S. 87)

Diese Entwicklung kennzeichnet er folgendermaßen:

> Konkurrenz und Rivalität auf der einen Seite, Gegensatz der Interessen auf der anderen und immerzu die versteckte Begierde, seinen Gewinn auf Kosten anderer zu realisieren. Alle diese Übel sind die erste Wirkung des Eigentums und das unabtrennbare Gefolge der entstehenden Ungleichheit. (Rousseau, 1998, S. 89)

Aus dieser Situation etablierte sich ein Recht des Stärkeren und damit verbunden dauerhafte Konflikte. Diese wurden schließlich durch Gesetze geregelt, „die unwiederbringlich die natürliche Freiheit zerstörten, das Gesetz des Eigentums und der Ungleichheit für immer festlegten [...]" (Rousseau, 1998, S. 93). Das Recht diente also dazu, die Ungleichheit zu manifestieren. Dabei differenziert er vier unterschiedliche Arten der Ungleichheit, nämlich Reichtum, Adel und Rang, Macht und persönliches

Verdienst, wobei es der Reichtum ist, auf den sich alle Ungleichheit schließlich zurückführen lässt (Rousseau, 1998, S. 107).

Rousseau fasst zusammen:

Aus dieser Darlegung folgt, dass die Ungleichheit, die im Naturzustand fast gleich null ist, ihre Kraft und ihr Wachstum aus der Entwicklung unserer Fähigkeiten und den Fortschritten des menschlichen Geistes bezieht und schließlich durch die Einführung des Eigentums und der Gesetze dauerhaft und rechtmäßig wird. (Rousseau, 1998, S. 113f.)

1.15.2 Gesellschaftsvertrag und Gemeinwillen

Der Gesellschaftsvertrag Rousseaus hat politiktheoretisch außerordentliche Bedeutung erlangt. Mit dem ersten Satz der Schrift „Vom Gesellschaftsvertrag" zeigt Rousseaus seine Absicht an: zu untersuchen, ob es irgendeine rechtmäßige und sichere Regel für das Regieren geben kann, und zwar, wenn man die Menschen nimmt, wie sie sind, und die Gesetze, wie sie sein können. Dabei will er Gerechtigkeit und Nutzen nicht voneinander trennen (Rousseau, 2011, S. 5). Als Einstieg in seine Überlegungen formuliert er eine berühmt gewordene Passage:

Der Mensch ist frei geboren, und überall liegt er in Ketten. Einer hält sich für den Herrn des anderen und bleibt doch mehr Sklave als sie. (Rousseau, 2011, S. 5)

Damit knüpft er an die zuvor referierte Theorie von der Ungleichheit der Menschen an, macht aber sofort deutlich, dass es ihm nun darum geht, eine realistische und den Stand der menschlichen und kulturellen Entwicklung entsprechende positive Vorstellung des Regierens zu entwickeln.

Der Gesellschaftsvertrag kommt dementsprechend auf folgende Weise zustande: An einem bestimmten Punkt der Geschichte konnte der Naturzustand nicht weiter fortgeführt werden; die Menschen waren gezwungen, sich zusammenzuschließen, und die Selbstkonstitution eines Volks findet einstimmig statt (Reese-Schäfer, 2016, S. 149). Um die individuellen Freiheiten zu erhalten, müssen Freiheiten abgegeben werden. Dieses Problem umreißt Rousseau folgendermaßen: „Finde eine Form des Zusammenschlusses, die mit ihrer ganzen gemeinsamen Kraft die Person und das Vermögen jedes einzelnen Mitglieds verteidigt und schützt und durch die doch jeder, indem er sich mit allen vereinigt, nur sich selbst gehorcht und genauso frei bleibt wie zuvor" (Rousseau, 2011, S. 17). Damit formuliert er ein Autonomiepostulat in der politischen Theorie.

Die Lösung sieht Rousseau darin, dass jedes Mitglied eines Gemeinwesens alle seine Rechte an dieses als Ganzes abtritt und zwar in einem Akt des Gemeinwillens („volonté générale"): „Wenn man also beim Gesellschaftsvertrag von allem absieht, was nicht zu seinem Wesen gehört, wird man finden, dass er sich auf folgendes [sic] beschränkt: gemeinsam [sic] stellen wir alle, jeder von uns seine Person und seine ganze Kraft unter die oberste Richtschnur des Gemeinwillens; und wir nehmen, als Körper, jedes Glied als untrennbaren Teil des Ganzen auf" (Rousseau, 2011, S. 19). Dieser Akt des Gemeinwillens schafft, so Rousseau, „augenblicklich anstelle der Einzelperson jedes Vertragspartners eine sittliche Gesamtkörperschaft, die aus ebenso vielen Gliedern besteht, wie die Versammlung Stimmen hat, und die durch eben diesen Akt ihre Einheit, ihr gemeinschaftliches Ich, ihr Leben und ihren Willen erhält" (Rousseau, 2011, S. 18). Diese öffentliche Person ist die Republik:

– als staatliche Körperschaft ist sie der Staat,
– wenn sie aktiv wird, ist sie der Souverän und die Macht,
– ihre Mitglieder sind in der Gesamtheit das Volk,
– Einzelne sind die Bürger als Teilhaber der Souveränität und
– Untertanen, wenn sie den Gesetzen des Staates unterworfen sind (Rousseau, 2011, S. 18f.).

Reese-Schäfer arbeitet heraus, dass der Gemeinwille als Gegenbegriff zum Sonderinteresse zu verstehen ist. Sonderinteressen nehmen keine Rücksicht auf das Gemeinwohl. Das Gemeinwohl ist allerdings nicht die Addition aller Einzelwillen, da sich in dieser die Sonderinteressen zwangsläufig gegenseitig aufheben und lähmen würden. Also ist der Gemeinwille nicht durch eine einfache Abstimmung herauszufinden, er liegt vielmehr in dem, was in jedem einzelnen Willen verallgemeinerbar ist. Damit nimmt das Volk eine Doppelrolle ein, es ist zugleich Untertan und Souverän (Reese-Schäfer, 2016, S. 149f.; Pfetsch, 2019, S. 286f.). Die Regierung vermittelt zwischen Souverän und Untertan (Rousseau, 2011, S. 64f.; Herb, 2020, S. 308ff.).

Der Gesellschaftsvertrag kann aber, so Rousseau, keine Leerformel bleiben. Das bedeutet, dass sich niemand dem Gemeinwillen verweigern kann und vom Staat dazu gezwungen werden kann, ihm zu folgen,

> was nichts anderes heißt, [als] dass man ihn zwingt, frei zu sein; denn dies ist die Bedingung, die den einzelnen Bürger vor jeder persönlichen Abhängigkeit schützt, indem sie ihn dem Vaterland übergibt; eine Bedingung, [...] die allein den Verpflichtungen der Bürger Rechtmäßigkeit verleiht, welche sonst sinnlos, tyrannisch und größtem Missbrauch unterworfen wären. (Rousseau, 2011, S. 22)

Bei diesem Übergang vom Naturzustand zum bürgerlichen Stand konstatiert Rousseau eine Veränderung des Menschen, die er darin bemerkt, dass in seinem Verhalten nunmehr die Gerechtigkeit an die Stelle des Instinkts tritt und dies den Handlungen des Menschen Sittlichkeit verleiht (Rousseau, 2011, S. 22). Dadurch könnte der Mensch große Fähigkeiten und neue Vorstellungen entwickeln und seine Emotionen veredeln, wenn er nicht ständig durch den Missbrauch dieses neuen Zustands eines intelligenten Wesens bedroht wäre. Die neue Situation nach Abschluss des Gesellschaftsvertrags kennzeichnet Rousseau Folgendermaßen:

> Was der Mensch durch den Gesellschaftsvertrag verliert, ist seine natürliche Freiheit und ein unbegrenztes Recht auf alles, wonach ihm gelüstet und was er erreichen kann; was er erhält, ist die bürgerliche Freiheit und das Eigentum an allem, was er besitzt. Damit man sich bei diesem Ausgleich nicht täuscht, ist es notwendig, die natürliche Freiheit, die ihre Schranken nur in der Stärke des Individuums findet, deutlich von der bürgerlichen Freiheit zu unterscheiden, die durch den Gemeinwillen begrenzt ist, und den Besitz, der nur eine Folge der Stärke oder des Rechts des ersten Besitznehmers ist, vom Eigentum, das nur auf einen ausdrücklichen Titel gegründet werden kann. (Rousseau, 2011, S. 23)

Damit ist noch eine Frage offen, nämlich die nach dem Recht auf Eigentum und dem Umgang mit dem Eigentum. Diese beantwortet Rousseau in den Worten von Reese-Schäfer folgendermaßen:

> Es gibt ein Recht auf Erstbesitz von Land, das sich allerdings nur auf unbewohntes Land beziehen kann. Man darf nur so viel in Besitz nehmen, wie man für den eigenen Unterhalt benötigt. Dieser Anspruch muss sich in Arbeit und Anbau nachweisen lassen, die bloße Behauptung genügt nicht. [...] Das Eigentumsrecht auf den eigenen Boden bleibt aber jederzeit dem Recht der Gemeinschaft auf alles untergeordnet, denn diese garantiert ja überhaupt erst die individuellen Eigentumsansprüche. [...] Jeder hat als Teil des demokratischen Rechts das staatliche Hoheitsrecht über das gesamte Land, als einzelner Untertan das Recht auf sein eigenes Stückchen unterhalb und im Rahmen dieser Hoheit" (Reese-Schäfer, 2016, S. 151; auch Rousseau, 2011, S. 23ff.).

Somit kann Rousseau schlussfolgern, dass der Gesellschaftsvertrag für den Einzelnen keineswegs einen Verlust darstellt, sondern vielmehr einen Vorteil bringt, indem er ein unsicheres und schwankendes Leben gegen etwas Besseres und Sichereres eintauscht:

> [...] für die natürliche Unabhängigkeit die Freiheit, für die Macht, anderen zu schaden, die eigene Sicherheit, für ihre Stärke, die die der anderen übertreffen konnte, ein Recht, das durch die gesellschaftliche Einigung unüberwindlich wird. Selbst ihr Leben, das sie dem Staat gewidmet haben, wird dadurch dauernd geschützt. (Rousseau, 2011, S. 37)

Mit diesem Gesellschaftsvertrag, der auf dem Gemeinwillen beruht und eine doppelte Souveränität konstruiert, gewinnt Rousseau die Grundlage für seine Staatsvorstellung.

> **Übung**
>
> Worin sehen Sie in Rousseaus Verständnis von Souveränität Anknüpfungspunkte zu sozialistischen Staatsvorstellungen?

1.15.3 Regierung und Idealstaat

In seiner Abhandlung über die Ungleichheit charakterisiert Rousseau die Monarchie, die Aristokratie und die Demokratie in knapper Form folgendermaßen:

> Die verschiedenen Regierungsformen entspringen den mehr oder weniger großen Unterschieden, die zwischen den einzelnen Menschen im Augenblick ihrer Einführung bestanden haben. Stach ein Mensch hervor an Macht, an Tugend, an Reichtum oder an Ansehen, dann wurde er allein zum Magistrat gewählt, und der Staat wurde monarchisch. Wenn mehrere, untereinander ungefähr Gleiche, allen anderen überlegen waren, wurden sie zusammen gewählt, und man erhielt eine Aristokratie. Diejenigen, bei denen Vermögen oder Begabung in einem weniger großen Missverhältnis standen und die sich am wenigsten vom Naturzustand entfernt hatten, nahmen die oberste Verwaltung gemeinsam wahr und bildeten eine Demokratie. (Rousseau, 1998, S. 103f.)

Rousseau unterscheidet hinsichtlich des Staats die Legislative von der Exekutive, die jedoch eng zusammenwirken müssen. Die Legislative liegt ausschließlich beim Volk, welches allein berechtigt ist, Gesetze zu erlassen. Die Exekutive hingegen kann seiner Meinung nach nicht bei der Allgemeinheit liegen, weil diese sich aus einzelnen Maßnahmen zusammensetzt, welche den Willen des Gesetzes ausführen. Rousseau folgert weiter:

> Die öffentliche Gewalt braucht deshalb einen eigenen Geschäftsführer, der sie zusammenfasst und gemäß den Anweisungen des Gemeinwillens ins Werk setzt, der als Verbindung zwischen Staat und Souverän dient, der für die öffentliche Person in gewisser Weise das bewirkt, was beim Menschen die Vereinigung von Seele und Körper hervorbringt. Das ist im Staat der Sinn der Regierung, die fälschlicherweise mit dem Souverän verwechselt wird, dessen Diener sie nur ist. (Rousseau, 2011, S. 64)

Unter der Regierung versteht Rousseau die rechtmäßige Ausübung der Exekutive, Fürsten bzw. die Obrigkeit sind mit dieser Verwaltung betraut (Rousseau, 2011, S. 64). Der Demokratie, insbesondere der repräsentativen Demokratie, misstraut Rousseau, weil mit ihr unter anderem eine unaufhörliche Versammlung der Bürger verbunden sei und der Einfluss von Privatinteressen, partikularen Meinungen und der Missbrauch von Gesetzen naheliege (Rousseau, 2011, S. 74ff.).

Allerdings legt Rousseau sich nicht fest, welche der drei Regierungsformen die beste sei. Seine Vorstellung von einem Idealstaat entwickelt er folgendermaßen: Im Grunde weiß derjenige, der ein Gesetz macht, am besten, wie es ausgeführt werden soll. Daher müsste theoretisch die Exekutive mit der Legislative gekoppelt werden: „[…] ein Volk, das stets gut regiert, brauchte gar nicht regiert zu werden. […]. Es geht gegen die natürliche Ordnung, dass die Mehrzahl regiert und die Minderzahl regiert wird" (Rousseau, 2011, S. 75). Diese Konstruktion sieht er allerdings als unrealistisch an. Eine Repräsentation des Willens durch Volksvertreter lehnt aber er durchweg ab: „[…], wo ein Volk sich Vertreter gibt, ist es nicht mehr frei; es ist nicht mehr" (Rousseau, 2011, S. 108).

Der Idealstaat ist für Rousseau dementsprechend klein und überschaubar. Merkmale dieses Staats sind insbesondere eine große Einfachheit der Sitten, die Gleichheit der gesellschaftlichen Stellung und die Gleichheit der Vermögen. Ohne diese kann, so Rousseau, die Gleichheit von Recht und Einfluss nicht lange bestehen. Nicht zuletzt fordert Rousseau für den Idealstaat wenig oder gar keinen Luxus, da Luxus entweder die Folge von Reichtümern ist oder Reichtum nötig hat. Luxus würde sowohl die Reichen als auch die Armen verderben, die Reichen durch ihr Eigentum und die Armen durch ihre Begehrlichkeit. Luxus sieht er als Grundübel an, welches dem Staat alle seine Bürger entziehe, um die einen zu Knechten der anderen und alle zu Knechten der herrschenden Meinung zu machen (Rousseau, 2011, S. 75).

Eine besondere Rolle misst Rousseau in diesem Zusammenhang der Religion zu. Nach einer kritischen Auseinandersetzung mit Religionen und dem Befund: „Das Christentum predigt nichts als Knechtschaft und Abhängigkeit. Sein Geist leistet der Tyrannei zu sehr Vorschub" (Rousseau, 2011, S. 153f.), fordert er zur Stärkung des Volks eine Zivilreligion. Denn für den Staat ist es seiner Ansicht nach sehr wohl wichtig, dass jeder Bürger eine Religion hat, die ihn seine Pflichten lieben lässt (Rousseau, 1995, S. 326).

Der Idealstaat ist somit homogen, ein Ideal, das von Menschen nicht zu erreichen ist. Wenn es also diesen Staat nicht gibt, so kann es nur eine Annäherung an ein solches Ideal geben (Rousseau, 2011, S. 325; Pfetsch, 2019, S. 294). Und diese Annäherung, schlussfolgert Rousseau, wäre eine absolute Herrschaft.

Hinweis

Rousseau hat mit seinen Theorien erheblich auf die das 20. Jahrhundert bestimmenden Staatsformen liberale Demokratie, Faschismus und Sozialismus/Kommunismus gewirkt. Deren politische Konstruktionen konnten sich, wie Pfetsch herausarbeitet, auf die folgenden seiner Argumente berufen:

„Der liberalen Demokratie sind zuordbar:

- der Freiheitsbegriff,
- Individualismus und Traditionalismus,
- die Gemeinwohlorientierung bzw. -verpflichtung,
- die Existenz kleinerer und mittlerer Betriebe (Konkurrenz vieler kleiner Anbieter und Nachfrage),
- das Verbot der Monopolbildung.

Als Elemente des Faschismus sind zu erkennen:

- die Gemeinschaftsideologie,
- die Identität von Herrschenden und Beherrschten über Konsenstheorie und charismatischen Führer als Inkarnation des aufgeklärten Legislateurs,
- die Ablehnung von Repräsentation.

Zur sozialistischen Denktradition gehören:

- der Eigentumsbegriff (klein und homogen),
- das Rätemodell gegen Verkrustungen,
- die Annahme gleicher Bedürfnisse als Voraussetzung für sozialistische Planwirtschaft,
- die Beseitigung von Klassengegensätzen.

Selbst Elemente grüner Alternativparteien sind zu erkennen:

- dezentralisierte Organisationsformen,
- kleine und überschaubare Einheiten,
- das imperative Mandat, das Rotationssystem gegen Verkrustung." (Pfetsch, 2019, S. 297f.)

1.15.4 Zusammenfassung

Rousseau beeinflusste mit seinen Schriften zahlreiche nachfolgende politische Ideen. Kennzeichnend für die herausgearbeiteten Konturen seines Denkens ist zunächst der naturrechtliche Ausgangspunkt. Im natürlichen Zustand gab es nach Rousseau kaum Probleme der menschlichen Gesellschaft, insbesondere nicht in Bezug auf die Freiheit; diese treten erst mit der Bildung des Eigentums ein. Eigentum wird verbunden mit der Bewertung von Menschen und führt zu einer gesellschaftlichen Differenzierung. Die durch Eigentum entstehende Ungleichheit und Ungerechtigkeit bringt Rousseau zu dem Gedanken, dass nur die Vernunft die mit Eigentum verbundenen Konkurrenz- und Konfliktsituationen lösen kann. Die Vernunft waltet im und gestaltet den Gesellschaftsvertrag Gleicher unter Gleichen, welcher zur Folge hat, dass der Gemeinwille zur Grundlage von Gesetzen und deren Ausführungen wird. Da ab einer gewissen Größe eines Gemeinwesens gesetzgebende und ausführende Gewalt nicht mehr in einer Hand liegen können, kann, so seine Theorie, die Freiheit der Menschen nur dadurch gewährleistet werden, dass diese in einem einstimmigen Akt ein für alle Mal auf diese verzichten, um den Souverän mit der Macht auszustatten, den Gemeinwillen zu vollziehen. Dies kann idealerweise in einem Staat geschehen, in welchem die Obrigkeit sich ausschließlich am Gemeinwillen des Volks orientiert. Da Konkurrenzdenken und andere Faktoren jedoch diesen Idealstaat als nicht realistisch erscheinen lassen, kann sich die Regierung nur dem gedachten Gemeinwillen annähern. Dies ist allerdings möglich, wenn bestimmte Bedingungen gegeben sind, z. B. sehr begrenztes Privateigentum oder die sittliche Verpflichtung der Bürger auf den Gesellschaftsvertrag. Diese Verpflichtung wird besiegelt durch eine Zivilreligion.

Hinweis: Immanuel Kant

Immanuel Kant (1724-1804) nimmt zahlreiche philosophische Ideen auf, die vor und während seiner Zeit entstanden sind; er begründete die Begriffe und Konstrukte moderner Philosophie und wirkt bis heute, nicht zuletzt auch in Fragen der politischen Theorie. Erkenntnistheoretisch ist Kant wegweisend, da nach seiner Philosophie keine Erkenntnisse unabhängig von unseren Anschauungen möglich sind.

Zentral ist die Frage nach der Autonomie auf der Basis moralischer Gesetze, die sich aus der menschlichen Vernunft ergeben (Rohlf, 2016). Kant plädierte für Aufklärung und Freiheit: In diesem Kontext maß er jedem Menschen ein Recht auf Freiheit zu und auch die damit verbundene Pflicht, einen Status einzunehmen, der diese Freiheit verwirklicht und bewahrt (Rauscher, 2016). Ethik gründet sich nicht auf persönliche Neigungen, sondern immer auf moralische Pflichten, also auf den kategorischen Imperativ: „Handle so, dass die Maxime deines Willens jederzeit zugleich als Prinzip einer allgemeinen Gesetzgebung gelten könne" (Kant, 2013, S. 50). Damit verbunden ist u. a.

---

die Forderung, dass wir einen Menschen nie zum Mittel für die Erreichung unserer Ziele machen sollen. Das Recht im Staat und die Ethik hängen eng zusammen. Staatliche Ordnung muss die Freiheit des Einzelnen garantieren, das Recht ist das Mittel, um die Freiheitsansprüche der Einzelnen miteinander zu verbinden. Die Idee eines ursprünglichen Gesellschaftsvertrags ist ein ideales Konstrukt, Menschen leben in einem Staat zusammen, als hätten sie einen solchen Vertrag geschlossen (Grabner-Haider, 2012, S. 130ff.).

In seiner kurzen Schrift „Zum ewigen Frieden" fordert Kant, die Wahrhaftigkeit des Denkens zu etablieren. Wer z. B. einen Friedensschluss insgeheim mit Vorbehalten versieht, belügt sich selbst, wer machtpolitischen Staatenhandel (z. B. Kolonialismus) betreibt, kann Rechtsgründe nicht geltend machen, weil er menschliche Selbstbestimmung negiert, wer auf die Aufrüstung bestehender Heere setzt, ist nicht nur ökonomisch unvernünftig, sondern steht auch mit dem Menschheitsrecht auf Kriegsfuß, wer Staatsschulden zu Kriegsführungszwecken macht, ist ein Kriegstreiber. Wer sich in die Angelegenheiten eines anderen Staates gewalttätig einmischt, verlässt den Boden jeden Rechts. Und wer gegen die Regeln der Humanität im Krieg verstößt, vernichtet jeden möglichen Frieden im Kern (Dicke, 2007, S. 373; Kant, 2016, S. 5ff.). Kant argumentiert, dass es nach der Vernunft keine Wahl gebe, aus dem gesetzlosen, Kriege einschließenden Zustand herauszukommen, als einen Völkerbund zu bilden, in dem Staaten sich gesetzlich binden und die Föderalität aller Staaten achten, in dem auf Kriege verzichtet wird. Er sieht allerdings, dass faktisch Staaten dazu nicht bereit sind und es daher ersatzweise eines „den Krieg abwehrenden, bestehenden, und sich immer ausbreitenden Bundes" bedürfe, der „den Strom der rechtsscheuen, feindseligen Neigung aufhalten [solle], doch mit beständiger Gefahr ihres Ausbruchs" (Kant, 2016, S. 18). Weit vorausschauend fordert Kant ein Weltbürgerrecht, welches inkludiert, sich friedlich zu begegnen, auch auf dem Boden anderer Staaten: „Da es nun mit der unter den Völkern der Erde überhandgenommenen (engeren oder weiteren) Gemeinschaft so weit gekommen ist, dass die Rechtsverletzung an *einem* Platz der Erde von *allen* gefühlt wird: so ist die Idee eines Weltbürgerrechts keine fantastische und überspannte Vorstellungsart des Rechts, sondern eine notwendige Ergänzung des ungeschriebenen Kodex, sowohl des Staats- als Völkerrechts zum öffentlichen Menschenrechte überhaupt, und, so zum ewigen Frieden, zu dem man sich in der kontinuierlichen Annäherung zu befinden nur unter dieser Bedingung schmeicheln darf" (Kant, 2016, S. 22). Mit diesen Forderungen beschreibt Kant nicht nur einen realistischen Ist-Zustand, sondern einen unumkehrbaren Weg zur Vermeidung von Krieg und zur Sicherung von Frieden.

Gemäß Kant soll jeder Staat republikanisch-repräsentativ verfasst sein. Die Verfassung muss in dreifacher Weise entfaltet werden, nämlich als Staatsbürgerrecht, als Völkerrecht und als Weltbürgerrecht, um die Idee vom ewigen Frieden nicht zu verfehlen. Staatsrechtlich beruht die Verfassung auf Gewaltenteilung, völkerrechtlich auf einem

> Friedensbündnis und im Verhältnis der Staaten zu Fremden auf einem Weltbürgerrecht. Kant verbindet somit seine allgemeine Vernunftidee mit einer Geschichtsphilosophie in der Hoffnung, mit der Verfolgung des Imperativs des ewigen Friedens nicht einer Illusion aufzusitzen (Dicke, 2007, S. 374ff.; Kant, 2016, S. 10ff.; Weber-Fas, 2003, S. 144ff.)

1.16 Merkmale der Theorien der Gewaltenteilung und des Volkswillens

Gewaltenteilung, Repräsentation durch Abgeordnete oder Modelle plebiszitärer bzw. direkter Demokratie durchziehen die politischen Diskurse bis heute. Montesquieu und Rousseau stehen für die Begründung dieser Modelle im 18. Jahrhundert (Abb. 1.13).

Wertbezug:

Montesquieu bezieht sich auf Werte insbesondere durch das Postulat individueller Freiheit. Diese sieht er durch die Vernunft bestimmt. Ein ähnlicher Ausgangspunkt findet sich bei Rousseau, der ebenfalls vor dem Hintergrund des Primats der Vernunft Freiheit und Toleranz fordert. Bei ihm kommt jedoch hinzu, dass er eine auf Gleichheit beruhende Gemeinschaft für notwendig hält, während Montesquieu eine auf der Freiheit des Einzelnen basierende Gesellschaft entwirft.

Politik-Umfeld-Analysen:

Montesquieu führt eine soziologische Sichtweise ein, indem er die politischen Verfassungen und Regierungen in Beziehung setzt zu Einflussfaktoren, etwa klimatischen Bedingungen, Traditionen, Religionen oder der geografischen Lage. Er sieht, dass Demokratien auf die Akzeptanz der Gesetze durch die Bürger angewiesen sind und darüber hinaus auch auf eine aktive Unterstützung im Sinne eines Konsenses über die Grundlagen des Staats.

Rousseau fordert ebenso ein Bekenntnis des Bürgers zum Staat. Er geht davon aus, dass die Einführung von Eigentum und die damit verbundenen wirtschaftlichen Aktivitäten zu Ungleichheit und Unfreiheit führen. Eigentum zerstört nach seiner Ansicht das Gleichgewicht unter den Menschen, das zudem durch Rechtskonventionen und kulturelle Konventionen gestört werde.

Politische Handlungslehre:

Montesquieu konstruiert ein gemäßigtes Regierungssystem, das im Geiste von Gesetzen das Wohl seiner Bürger zum Ziel hat. Diese Zielsetzung sieht er als von einem durch Gewaltenteilung charakterisierten Staat gewährleistet, der sich nach dem Geist des Volkswillens richtet. Dies können nach seiner Auffassung die vorgesehenen Institutionen, aber auch der Ausgleich und Konsens der sozialen Gruppen leisten. Sie repräsentieren das Wesen eines Volks. Regierungen kommen durch Wahl und Beteiligung zustande und können dementsprechend auch wieder abgewählt werden.

Demgegenüber verfolgt Rousseau eine plebiszitäre, direkte Demokratie, in der der Volkswille Maßgabe des politischen Handelns ist. Der Volkswille bildet sich, indem die Einzelnen ihren individuellen Willen abtreten an einen gemeinsamen Souverän, der diesen von diesem Zeitpunkt an in absoluter Weise repräsentiert. Der Bürger ist insoweit dem souveränen Willen unterworfen. Sein Vorteil liegt darin, dass der Staat ihn schützt, der Angriffe von innen und außen in Sinne aller abwehrt. Rousseau lehnt ein Repräsentationssystem ab.

Regierungshandeln:

Das Regierungshandeln bei Montesquieu besteht im balancierten Vollzug von Gesetzen. Diese dienen der Sicherung der Freiheit und sind zeitlich begrenzt. Die Armee, die in der Zuständigkeit der Regierung liegt, darf nicht zum Unterdrücker werden, daher soll sie vom Volk kontrolliert werden.

Bei Rousseau geht es im Regierungshandeln um den Vollzug des abstrakten Gemeinwillens. Ihn zu definieren, ist allein Aufgabe des Souveräns. Maßstab des politischen Handelns ist die Gleichheit, aus der Gerechtigkeit erwächst.

Wandel von Herrschaft:

Gefahren für eine gemäßigte Regierung sieht Montesquieu unter anderem im Machtstreben Einzelner und bestimmter Gruppen; vor allem aber darin, dass die Gesetze nicht mit dem Geist der Bürger übereinstimmen. Dann können Entwicklungen eintreten, die bei Nichtbeachtung von Funktionsprinzipien zu Verfallserscheinungen und nachfolgend zu anderen Regierungsformen führen.

Bei Rousseau ist die Regierung dann stabil, wenn ein Ämterwechsel Machtansprüche begrenzt und wenn ökonomisch alle über einen mittleren Reichtum verfügen. Wenn dies nicht der Fall ist, können Konflikte dazu führen, dass die Basis des Souveräns zerbricht.

Meinungs- und Willensbildungsprozesse:

Die Meinungsbildung beruht für Montesquieu auf einer gewissen Dezentralität und insbesondere auf dem Wirken intermediärer Gruppen, die die Interessen der sozialen Gruppen aushandeln.

Rousseau sieht die Meinungsbildung allein als Aufgabe des Souveräns an; sie gelingt besonders dann, wenn Gleichheit der Sitten und auch Gleichheit des Eigentums herrschen.

Implementation von Entscheidungen:

In den Entscheidungsstrukturen bevorzugt Montesquieu einen gewissen Föderalismus. Innenpolitische Entscheidungen sieht er bei der Legislative, außenpolitische Entscheidungen in der Hand der Exekutiven.

Bei Rousseau liegt die Entscheidungsgewalt im Primat der Politik, also des Souveräns. Die ökonomische Basis besteht in einem geringen Anteil von Privateigentum und einem überwiegenden Anteil von Gemeineigentum.

Policy:

Politikinhalte sind laut Montesquieu insbesondere eine gemäßigte Steuerpolitik und die Aufgabe der Verteidigung gegen andere Nationen. Hervorzuheben ist, dass er den Handel unter den Nationen als wichtig ansieht, daher betrachtet er es als Aufgabe von Regierungen, ihn zu fördern.

Rousseau betont die Bedeutung der Erziehung als Vermittlung zwischen Einzelwillen und Gemeinwillen. Dementsprechend besteht für ihn eine staatliche Verpflichtung zur Bildung. Zudem fasst er als eine Aufgabe der Politik die Vermeidung von Luxus auf.

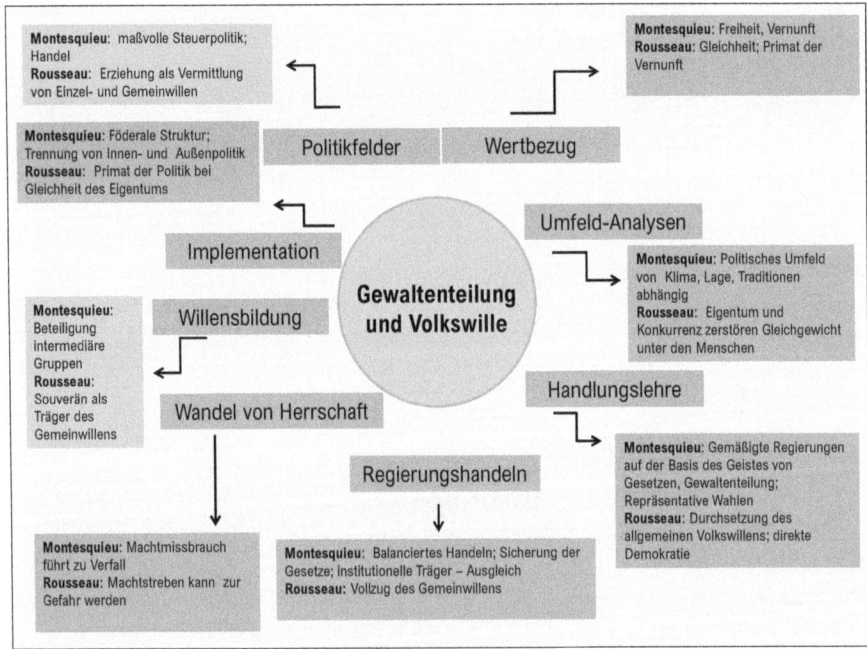

Abb. 1.13: Gewaltenteilung und Volkswille bei Montesquieu und Rousseau (eigene Darstellung)

1.17 Alexis de Tocqueville

Alexis de Tocqueville (1805–1859) entstammte einer alten normannischen Adelsfamilie. Einige Mitglieder dieser Familie wurden während der französischen Revolution hingerichtet, die nachrevolutionäre Zeit prägte die Familie stark. Tocqueville studierte in Frankreich Philosophie und Jura. Im Rahmen seiner Tätigkeit an einem Gericht reiste Tocqueville 1831 nach Amerika (Schwaabe, 2008, S. 304f.). Die Ergebnisse dieser Reise legte er in der politikwissenschaftlichen und soziologischen Untersuchung „Über die Demokratie in Amerika" dar (Tocqueville, 1976; Tocqueville, 1985; Reese-Schäfer, 2016, S. 184). Tocqueville bekannte, dass er ein Aristokrat aus Instinkt sei, jedoch aus Verstand eine Neigung zu den demokratischen Institutionen empfinde (Pfetsch, 2019, S. 305). Zu dieser Ansicht gelangte er insbesondere auch durch die Betrachtung Amerikas als einer Massendemokratie. Dadurch unterscheidet er sich von allen politiktheoretischen Vorläufern, die stets kleinere Völker bzw. Staaten im Blick hatten. Mit seiner Betrachtungsweise eröffnet Tocqueville neue politische Perspektiven auch vor dem Hintergrund der kapitalistischen Ökonomie, die er akzeptierte (Tocqueville, 1985, S. 273ff.; Abb. 1.13). Nach heutigen Maßstäben stellt das damalige Amerika eine noch kleine Staatengemeinschaft dar, denn die USA umfassten ca. 13 Millionen Einwohner. Tocqueville analysierte die Elemente dieser Demokratie jedoch bereits unter den neuen Rahmenbedingungen großer Staaten.

Alexis de Tocqueville

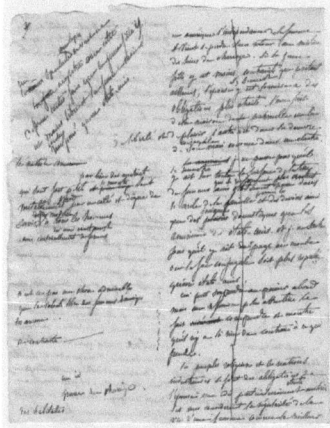

Abb. 1.14: Tocqueville: Seite aus dem Arbeitsmanuskript Über die *Demokratie in Amerika* (Tocqueville, nicht datiert)

Vor dem Hintergrund der Entwicklungen in Frankreich und Europa interessierte er sich politiktheoretisch insbesondere für das Verhältnis von Freiheit und Gleichheit in einer Demokratie, wie sie in einem modernen Bundesstaat wie den Vereinigten Staaten von Amerika entstanden war. Das Konzept dazu wurde in den „Federalist Papers" niedergelegt, die 40 Jahre vor der Zeit, die Tocqueville beobachtete, entstanden waren (Hamilton, Madison, & Jay, 2007; Kielmansegg, 2007, S. 356ff.). Er arbeitete unter anderem die Problematik von Mehrheitsentscheidungen einer Demokratie im Zusammenhang mit der Rolle der Exekutiven bzw. der Verwaltungsstrukturen heraus. Bedeutsam sind bis heute seine Reflexionen zu den Gefahren, die sich einer Demokratie stellen und die insbesondere im Despotismus zu suchen sind. Dabei spricht er zahlreiche Themen an, die in der Interpretation der amerikanischen Politik und des amerikanischen Systems bis heute Anregungen geben (Reese-Schäfer, 2016, S. 182). Einige davon werden im Folgenden aufgegriffen. Politikwissenschaftlich von Bedeutung ist auch, dass Tocqueville in der Anschauung der neuen ökonomischen, politischen und sozialen Verhältnisse in den USA wie auch in Europa eine neue Perspektive forderte und dies auch gleich mit seiner speziellen Betrachtungsweise umsetzte.

Eine durchaus neue Welt bedarf einer neuen politischen Wissenschaft. (Tocqueville, 1985, S. 21)

Das Besondere an Tocquevilles Perspektive besteht darin, dass er auf seinen Reisen (ähnlich wie Montesquieu oder Machiavelli) Beobachtungen sammelte und diese in allgemeine Aussagen formulierte. Dabei ging er nicht streng empirisch vor, er stellte politisch-soziologische Gesamtreflexionen zusammen, unternahm jedoch weniger eine Institutionenanalyse (Pfetsch, 2019, S. 307f.). Dennoch sind gerade auch seine Betrachtungen zu den amerikanischen Institutionen bis heute von heuristischem Wert. Amerika dient als Untersuchungsgegenstand für die universelle Problematik einer demokratischen Weltordnung (Mayer, 1985, S. 11).

Bemerkenswert in diesem Zusammenhang ist, dass Tocqueville die Entwicklungen der USA und Russlands zu Großmächten im 20. Jahrhundert voraussah. Tocqueville prophezeite nach seiner Analyse den künftigen Machtzuwachs dieser beiden Staaten. Den USA sagt er voraus, dass sie sich (von den seinerzeit 13 Millionen) auf 150 Millionen Menschen gleicher Herkunft, gleicher Sprache, gleicher Gewohnheiten und gleicher Sitten vergrößern würden; und er sagt voraus, dass auf der Erde zwei große Völker, die USA und Russland, in die, wie er formuliert, vorderste Reihe der Nationen treten werden (Tocqueville, 1985, S. 215f.). Das folgende Zitat wurde als Vorwegnahme des Kalten Krieges nach 1945 berühmt:

Der Amerikaner kämpft gegen die Hindernisse, die die Natur ihm bietet; der Russe liegt im Kampf mit den Menschen. Jener ringt mit Wüste und Barbarei, dieser mit der voll bewaffneten Zivilisation: daher erobert der Amerikaner mit dem Pflug, der Russe mit dem Schwert des Soldaten. Sein Ziel zu erreichen, baut der Amerikaner auf das private Interesse und lässt die Kraft und die Vernunft des Einzelnen wirken, ohne sie zu dirigieren. Der Russe drängt gewissermaßen die ganze Macht der Gesellschaft in einen Menschen zusammen. Freiheit ist dem einen der Antrieb, Knechtschaft dem anderen. Ihr Ausgangspunkt ist verschieden, verschieden ist ihr Weg; und doch, nach einem geheimen Plan

---

der Vorsehung scheint jeder von ihnen berufen, dereinst die Geschicke der halben Welt zu lenken. (Tocqueville, 1985, S. 216; dazu weiterführend Reese-Schäfer, 2016, S. 185)

1.17.1 Freiheit und Gleichheit

Tocqueville setzt sich zentral mit der Frage auseinander, wie in einer Flächendemokratie Freiheit und Gleichheit miteinander verträglich sind und wie sie in Einklang miteinander gebracht werden können. Darüber hinaus interessiert ihn die Partizipation der Regierten an der Gesetzgebung im Verhältnis zur Verwaltung/Administration (Pfetsch, 2019, S. 307; Aron, 2018, S. 302). Freiheit, so betont Pfetsch, wird bei Tocqueville als eine Freiheit zum Staat im Sinne politischer Teilhabe verstanden und weniger als Freiheit vom Staat. Unter Gleichheit versteht er im Wesentlichen Chancengleichheit; als Problem der Demokratie sieht er eine (nicht erreichbare) gesellschaftliche Gleichheit in der Freiheit an. Der Gegensatz zur Freiheit sei allerdings nicht die Gleichheit, sondern die Tyrannei (Pfetsch, 2019, S. 308; Aron, 2018, S. 205). Das Spannungsverhältnis zwischen Freiheit und Gleichheit, so Pfetsch, stelle ein Grundproblem jeder Gesellschaftsordnung dar:

Dieses entsteht dadurch, dass Freiheit den Individualismus, den Egoismus, die Bereicherung des Einzelnen etc. fördert und damit die Ungleichheit vergrößert; die Gleichheit hat die Tendenz zur Gleichförmigkeit und zum Konformismus, der zu Tyrannei ausarten kann. Bei Abwägung der Priorität von Freiheit und Gleichheit gibt Tocqueville der Freiheit den Vorzug. (Pfetsch, 2019, S. 308; siehe auch Aron, 2018, S. 301ff.)

Als problematisch betrachtet Tocqueville die Rolle der Religion. Er weist darauf hin, dass das Christentum, wo dem Glauben nach alle Menschen vor Gott gleich sind, nicht die Gleichheit vor dem Gesetz infrage stellen könne. Allerdings verhindere die Verwobenheit der Kirche mit Machtgruppen, dass diese die Gleichheit voranbringt; stattdessen sehe sie die Freiheit als Gegner der Religion an. Dabei übersehe seiner Meinung nach die Kirche, dass Freiheit nach Sitten verlange und dies sei ohne Religion unmöglich (Tocqueville, 1985, S. 29f.). Allerdings ist er skeptisch, ob Europa den gleichen politischen Weg einschlagen solle wie Amerika (Tocqueville, 1985, S. 30). Vielmehr betrachtet er die amerikanische Regierungsform als Studienobjekt, um daraus für Frankreich zu lernen, aber auch, um darüberhinausgehende allgemeine Theorien aufzustellen (Tocqueville, 1985, S. 31; Vorländer, 2020, S. 421f.).

Den Einfluss der demokratischen Vorstellungen auf das Staatsleben charakterisierte Tocqueville in folgender Weise: Seiner Ansicht nach veranlasste die Gleichheit voneinander unabhängiger Menschen diese, in ihren persönlichen Handlungen nur dem eigenen Willen zu folgen. Diese Unabhängigkeit führe dazu, dass die Menschen Autorität skeptisch betrachteten und sie politische Freiheit lieben lernten. Damit sei der Weg für demokratische, freiheitliche Institutionen vorgezeichnet. Die Freiheitsliebe sei, wie er meint, von allen politischen Wirkungen der Gleichheit diejenige, die zuerst ins Auge springe. Er knüpfte daran die These, dass die Gleichheit zwei Tendenzen auslöse: Die eine führe die Menschen zur Freiheit mit der Gefahr der Anarchie; die andere führe auf sicherem Wege in die Knechtschaft (dazu im Folgenden zur Despotie) (Tocqueville, 1985, S. 308ff.; Aron, 2018, S. 302).

Vor diesem Hintergrund sieht Tocqueville einen Lösungsansatz großer demokratischer Staaten in der Selbstverwaltung und der Repräsentation. Er ist überzeugt davon, dass eine Konzentration der staatlichen Gewalt etwa bei einer zentralen Regierung der Freiheit einen Todesstoß versetze. Als Quintessenz des Tocqueville'schen Denkens lässt sich formulieren:

> Eine Gesellschaft ist erst frei, wenn in ihr freie Menschen leben. (Aron, 2018, S. 302)

Das Ziel der Demokratie in einer sozial gleichen Gesellschaft liegt in Wohlstand und Frieden (Aron, 2018, S. 214). Der einzelne Bürger geht in der Masse auf und räumt dem Staat weitgehende Rechte ein. Die Amerikaner glauben nach seiner Beobachtung, dass die Gewalt in jedem Staat zwar unmittelbar vom Volk ausgehe, dann aber so gut wie keine Grenzen habe. Der einzelne Bürger reiße sich nach seinen Beobachtungen nur mühsam von seinen Privatangelegenheiten los, die Gleichheit befördere damit den Individualismus und den Rückzug auf sich selbst. Bei aller Geschäftigkeit bleibe auch keine Zeit für die Wahrnehmung öffentlicher Angelegenheiten und somit neigten die Bürger dazu, dem Staat seine kollektiven Interessen zu überlassen. Einzig für die öffentliche Ruhe setzten sich die Bürger noch ein, weil sie um ihr Eigentum fürchteten (Tocqueville, 1985, S. 228, 308ff.). Entsprechend sieht er den Gemeinsinn schwinden: „Da in den Zeiten der Gleichheit keiner verpflichtet ist, seinesgleichen zu unterstützen, da aber auch keiner berechtigt ist, von seinesgleichen eine große Hilfe zu erwarten, ist jeder so frei wie schwach" (Tocqueville, 1985, S. 313).

In diesem Zusammenhang ist zu erwähnen, dass Tocqueville das Wesensmerkmal der amerikanischen Gesellschaft, nämlich den Kapitalismus und die Industrialisierung, sah, dies für ihn aber nicht im Widerspruch zum Gleichheitsstreben moderner Gesellschaften stand. So bestünden z.B. keine hierarchischen Bindungen zwischen Industrieunternehmern und Arbeitern in Bezug auf ihre politische Gleichheit (Aron, 2018, S. 205f.). Anders sah dies etwa zur gleichen Zeit Auguste Comte, der für die Zukunft die Macht bei der Wirtschaft und der Wissenschaft liegen sah.

Hinweis: Auguste Comte

Auguste Comte (1798–1857) begründete den (soziologischen) Positivismus, mit dem er insbesondere auch auf die soziale Seite der Wissenschaft aufmerksam machte. Seine politische Philosophie unterscheidet sich von anderen Theorien durch den Grundgedanken, dass menschliches Handeln die natürliche Ordnung durch eine künstliche Ordnung ersetzt. Diese Ordnung ist weder perfekt noch unveränderlich. Daher ist keine Gesellschaft ohne Regierung denkbar, da das reibungslose Funktionieren einer Gesellschaft einer geistigen Macht bedarf (Bourdeau, 2018). Er vertrat die Vorstellung, dass die Einheit jeder Gesellschaft von einem Konsens zwischen den Überzeugungen der Menschen abhängt (z. B. in Fragen der Religion, des Eigentums, des Egoismus, der Freundschaft, Familie, der Sprache). Diese geistige Macht werde in der industriellen Gesellschaft durch Wissenschaftler (Philosophen, Soziologen) repräsentiert, die für Fortschritt und Gerechtigkeit und die Mäßigung der Macht sorgten. Seine Ansicht, die westliche Gesellschaft sei vorbildlich für die Welt und mit der wissenschaftlichen Organisation der Arbeit verbinde sich eine ständige Steigerung des Wohlstands, setzt sich bis in die heutige Zeit fort. Die Freiheit der Arbeit, die Anwendung von Wissenschaft und eine geistige Ordnung verbunden mit einem Vorrang der Organisation sind kennzeichnend für die Entwicklung der Industriegesellschaft. Nicht die von Zufällen gekennzeichnete Politik beeinflusst maßgeblich die menschliche Geschichte, sondern der notwendige Fortschritt des Geists (Aron, 2018, S. 71ff.).

Die Menschheit entwickelt sich in drei Stadien: Im theologischen Zeitalter herrschen die Stärkeren über die Schwächeren, Gott legitimiert die Herrschaft. Im metaphysischen Zeitalter dominieren Ideen und Weisheiten ausgehend vom Naturrecht. Juristen definieren darauf beruhende Normen. Das aus Comtes Sicht bevorstehende positivistische Zeitalter hingegen beruht auf wissenschaftlicher Exaktheit, Vernunft und Empirie, es herrschen Experten aus Wissenschaft und Wirtschaft, Ethik und Religion, sie verstehen sich als moralische Zensur des Wissens. Die Macht im Staate liegt bei der Wirtschaft, Wissenschaftler und Manager übernehmen steuernde Positionen in einer neuen Gesellschaft (Grabner-Haider, 2012, S. 145ff.; Fuchs-Heinritz, 1998, S. 85ff.).

Für Amerika gilt, dass die Entwicklung von der Gleichheit hin zu einer Konzentration der Macht auf den Staat starke Gegenbewegungen erzeugte. Ein Grund war die Einwanderung aus England, die im Rechtssystem die Geschworenen, die Rede- und Pressefreiheit, die Freiheit der Person und die Idee des Rechts mitbrachte. Tocquevilles Beschreibung dieser freiheitlichen Institutionen und damit verbundenen politischen Kulturen wurden auf Amerika übertragen. Bei den Amerikanern sei daher die Freiheit alt, die Gleichheit dagegen vergleichsweise neu; in Europa sei dies umgekehrt (Tocqueville, 1985, S. 317f.). Die Freiheit muss durch entsprechende Einrichtungen gewährleistet werden, woraus sich auch ein Wesensmerkmal der amerikanischen Demokratie ergibt. Denn eine Ursache für die liberale Demokratie der USA liegt für Tocqueville in den Gewohnheiten und Sitten, die auf das demokratische Verständnis Einfluss nehmen (Aron, 2018, S. 207; Tocqueville, 1976, S. 183ff.). Allerdings erkennt Tocqueville auch die Kehrseite der auf weiße Einwanderer eingestellten Verfassung und politischen Kultur: Er sieht Auseinandersetzungen zwischen der schwarzen und der weißen Bevölkerung ebenso kommen wie das langsame Verschwinden indigener Kultur aufgrund der weißen Dominanz.

1.17.2 Tyrannei der Mehrheit und Despotismus

Tocqueville, der eine Reihe unterschiedlicher amerikanischer Bundesstaaten genauer untersuchte (unter anderem Louisiana, Neuengland-Staaten, Georgia), entwickelte durchaus eine Skepsis gegenüber den Wirkungen der freien Wahlen. So beobachtet er, dass die seiner Ansicht nach bedeutendsten Männer selten in öffentliche Ämter berufen werden, und sieht die Gründe dafür unter anderem in einem mangelnden Bildungsstand der Bevölkerung und mangelnder Bereitschaft, Zeit für die eigene politische Bildung aufzubringen (Tocqueville, 1985, S. 112ff.). Er bezweifelt auch, dass die Masse der Bürger, obwohl sie aufrichtig das Wohl des Landes wolle, in der Lage sei, sich eine genaue Vorstellung vom Charakter seiner Repräsentanten zu machen:

> Das Volk findet niemals die Zeit und die Mittel, sich an diese Arbeit zu machen. Es muss immer übereilt urteilen und sich an das halten, was ihm am deutlichsten in die Augen springt. Daher kommt es, dass die Scharlatane aller Sorten sich so gut auf die Kunst verstehen, dem Volk zu gefallen, seine wirklichen Freunde bei ihm dagegen meistens durchfallen. (Tocqueville, 1985, S. 113)

Dies sei auch der Grund dafür, dass sich viele bedeutende Personen von einer politischen Laufbahn fernhalten. „Ich weiß nicht, ob das Volk in den vereinigten Staaten die bedeutenden Männer wählen würde, wenn sie sich zur Wahl stellten, sicher ist jedenfalls, dass diese Männer gar nicht kandidieren" (Tocqueville, 1985, S. 123). Seine Skepsis gegenüber der Qualität von Repräsentanten drückt er in dem Satz aus: „Ich bin überzeugt, dass sich durchaus täuscht, wer die allgemeine Wahl für eine Garantie guter Wahlen hält" (Tocqueville, 1985, S. 115). Diese Skepsis belegt er unter anderem mit einer Beobachtung der Unterschiede in der Qualität zwischen Mitgliedern des Repräsentantenhauses und des Senats.

Vor diesem Hintergrund entwickelt Tocqueville seine Überlegungen zur „Tyrannei der Mehrheit".

> Die unumschränkte Herrschaft der Mehrheit liegt im Wesen der Demokratie; denn in der Demokratie kann sich außerhalb der Mehrheit nichts behaupten. (Tocqueville, 1985, S. 139)

In seiner Theorie zur Allmacht der Mehrheit und ihren Wirkungen geht Tocqueville zunächst davon aus, dass die gesetzgebende Gewalt von allen Gewalten am willigsten der Mehrheit gehorcht. Das Positive sieht er darin, dass in den USA die Mitglieder der Exekutive direkt und für eine relativ kurze Zeit gewählt würden. Damit entstehe der Zwang, sich nach den aktuellen Wünschen der Wähler zu richten und die Politik nicht nur auf allgemeine Absichten auszurichten. Als negativ sieht er, dass damit eine Schwächung der exekutiven Gewalt verbunden ist, die sich, wie er meint, den Launen der Gesetzgebung beugen muss (Tocqueville, 1985, S. 139f.). Dieses macht „in Amerika die Macht der Mehrheit nicht nur vorherrschend, sondern unwiderstehlich" (Tocqueville, 1985, S. 140). Die Problematik dieser Mehrheitsentscheidungen begründet Tocqueville mit verschiedenen Argumenten:

– Moralisch gründet die Mehrheitsentscheidung auf der zweifelhaften Annahme, dass in der Mehrheit mehr Weisheit zu finden sei als bei der Minderheit; die Übertragung der „Theorie der Gleichheit auf den Verstand" hält Tocqueville für unzulässig.
– Die Orientierung an der Mehrheitsentscheidung fußt auf dem Grundsatz, die Interessen der größeren Zahl hätten denen der kleineren vorzugehen. Wenn aber mehrere große und unvereinbare Interessen eine Nation spalten, so sinkt die Bereitschaft, das Vorrecht der Mehrheit anzuerkennen.
– Minderheiten in Amerika akzeptieren in der Regel Mehrheitsentscheidungen in der Hoffnung, dass sie diese eines Tages selbst bestimmen könnten. Sobald jedoch auf der Grundlage von Mehrheiten eine tatsächliche Macht entstanden ist, ist sie kaum zu hemmen oder zum Stillstand zu bringen. Die Folgen dieses Sachverhalts sind damit für die Zukunft unheilvoll und gefährlich. „Die unumschränkte Herrschaft der Mehrheit liegt im Wesen der Demokratie; denn in der Demokratie kann sich außerhalb der Mehrheit nichts behaupten" (Tocqueville, 1985, S. 139).

Ein weiteres Problem der Mehrheitsentscheidungen sieht er in der Unbeständigkeit von Gesetzgebung und Verwaltung (Tocqueville, 1985, S. 320f.) und in der Einengung des Blickwinkels der Regierenden auf das, was dazu nützt, der Mehrheit zu gefallen. Unwichtig wird das, was außerhalb der Wahrnehmung von Mehrheiten liegt (Tocqueville, 1985, S. 141f.).

Seine Argumentation spitzt Tocqueville folgendermaßen zu: Das Handeln der Mehrheit ist an die Gerechtigkeit zu binden, welche allen Menschen zusteht. „Das

Recht eines jeden Volkes findet seine Grenze an der Gerechtigkeit" (Tocqueville, 1985, S. 145). So sieht er es als legitim an, einem ungerechten Gesetz den Gehorsam zu verweigern und damit an die Souveränität des Volks und im Weiteren an die Souveränität der Menschheit zu appellieren. Er bringt diese Auffassung eines berechtigten Widerstands gegenüber Mehrheitsentscheidungen auf eine nachvollziehbare Formulierung:

> [N]iemals werde ich die Befugnis, schlechthin alles zu tun, die ich einem einzelnen unter meinesgleichen versage, einer Mehrheit zugestehen. (Tocqueville, 1985, S. 146)

Somit bedarf es einer Kontrolle der Mehrheit, die dadurch erreicht werden kann, dass die ausführende Gewalt gegenüber der gesetzgebenden Gewalt eine angemessene Macht erhält. Vor allem liegt für ihn die Kontrolle aber in einer richterlichen Gewalt, die von den beiden anderen Gewalten unabhängig ist (Tocqueville, 1985, S. 148).

Durch die Allmacht der Mehrheit entsteht für Tocqueville auf Dauer die Gefahr des Despotismus unter anderem dadurch, dass sich die privaten Interessen mit dem öffentlichen Leben kreuzen. Zudem legen seiner Ansicht nach demokratische Republiken den Höflingsgeist nahe, dem die Meinung zum Opfer falle (Tocqueville, 1985, S. 150ff.).

In der Allmacht der Mehrheit schließlich liegt laut Tocqueville die größte Gefahr für die amerikanischen Republiken (Tocqueville, 1985, S. 157, 324). Aufgrund des Mehrheitsprinzips tendieren Demokratien zur Zentralisation und zu einer Art Despotismus (Aron, 2018, S. 214). Despotismus habe es, so Tocqueville, in allen geschichtlichen Phasen gegeben, doch nie sei er so weitreichend in alle Lebensbereiche eingedrungen, und zwar unter der Maßgabe der Gleichheit. Im Vergleich zu dem Despotismus der Cäsaren oder der Kaiser erwartete Tocqueville, dass er bei den demokratischen Nationen andere Züge annähme: „Er dürfte ausgedehnter und milder sein und die Menschen erniedrigen, ohne sie zu quälen" (Tocqueville, 1985, S. 341; Vorländer, 2020, S. 419ff.). Tocqueville hatte keinen Zweifel, dass es den Herrschern in Zeiten der Aufklärung und der Gleichheit leichter fallen werde, „die gesamte öffentliche Gewalt in ihrer Hand zu vereinigen und beständiger und tiefer in den Kreis der privaten Interessen einzudringen, als irgendein Herrscher der Antike das jemals vermochte" (Tocqueville, 1985, S. 341f.). Zwar könne es in Krisensituationen dazu kommen, dass demokratische Regierungen gewalttätig würden, dies sei aber eher selten zu erwarten. Mit enormer Weitsicht versuchte er einen Blick in die Zukunft zu werfen, um die Gefahren eines aus der Demokratie erwachsenen Despotismus zu charakterisieren:

Ich bin der Ansicht, die Art der Unterdrückung, die den demokratischen Völkern droht, wird mit nichts, was ihr in der Welt vorausging, zu vergleichen sein [...]. Die Sache ist neu, und da ich sie nicht benennen kann, muss ich versuchen, sie zu beschreiben.

Ich will entwerfen, unter welchen neuen Zügen der Despotismus sich in der Welt einstellen könnte: ich sehe eine unübersehbare Menge ähnlicher und gleicher Menschen, die sich rastlos um sich selbst drehen, um sich kleine und gewöhnliche Freuden zu verschaffen, die ihr Herz ausfüllen. Jeder von ihnen ist, ganz auf sich zurückgezogen, dem Schicksal aller anderen gegenüber wie unbeteiligt: seine Kinder und seine besonderen Freunde sind für ihn die ganze Menschheit; was seine übrigen Mitbürger angeht, so ist er zwar bei ihnen, aber er sieht sie nicht; er berührt sie, aber er spürt sie nicht; er lebt nur in sich und für sich selbst, und wenn ihm auch noch eine Familie bleibt, so kann man doch zumindest sagen, ein Vaterland hat er nicht mehr.

Über diesen Bürgern erhebt sich eine gewaltige Vormundschaftsgewalt, die es allein übernimmt, ihr Behagen sicherzustellen und über ihr Schicksal zu wachen. Sie ist absolut, ins Einzelne gehend, pünktlich, vorausschauend und milde. Sie würde der väterlichen Gewalt gleichen, hätte sie – wie diese – die Vorbereitung der Menschen auf das Mannesalter zum Ziel; sie sucht aber, im Gegenteil, die Menschen unwiderruflich in der Kindheit festzuhalten; sie freut sich, wenn es den Bürgern gut geht, vorausgesetzt, dass diese ausschließlich an ihr Wohlergehen denken. Sie arbeitet gern für ihr Glück; aber sie will allein daran arbeiten und allein darüber entscheiden; sie sorgt für ihre Sicherheit, sieht und sichert ihren Bedarf, erleichtert ihre Vergnügungen, führt ihre wichtigsten Geschäfte, leitet ihre gewerblichen Unternehmungen, regelt ihre Erbfolge und teilt ihren Nachlass; könnte sie ihnen nicht vollends die Sorge, zu denken, abnehmen und die Mühe, zu leben?

Auf diese Weise macht sie den Gebrauch des freien Willens immer überflüssiger und seltener, beschränkt die Willensbetätigung auf ein immer kleineres Feld und entwöhnt jeden Bürger allmählich der freien Selbstbestimmung. Auf all das hat die Gleichheit die Menschen vorbereitet: hat sie bereit gemacht, es zu erdulden, ja häufig sogar es für eine Wohltat zu halten. (Tocqueville, 1985, S. 343f.)

Liest man heute dieses Zitat, so lassen sich nicht nur Erscheinungen staatlichen Handelns in kommunistischen Staaten oder manchen eher entmündigenden Erscheinungsformen des Wohlfahrtsstaats erkennen, die auf dem Prinzip der Gleichheit aufbauen und die Freiheit nach und nach einschränken.

Den Weg zur Despotie sieht Tocqueville darin, dass der Staat sich des Einzelnen annimmt und die gesamte Gesellschaft mit seinen Intentionen und Vorschriften umarmt. Damit nimmt er dem Individuum die Verantwortung für das eigene Handeln. Dies gelingt ihm mit einem Netz kleiner, verwickelter, enger und einheitlicher Regeln (also der Bürokratie), das nicht mehr zu durchschauen ist. Der Despotismus besteht nicht darin, dass er den Willen der Menschen bricht, sondern diesen schwächt, beugt und leitet.

Despotismus zwingt Menschen „selten zum Handeln, steht vielmehr ständig dem Handeln im Wege; er zerstört nicht, er hindert die Entstehung" (Tocqueville, 1985, S. 344) des Handelns.

Tocqueville war der Überzeugung, dass dieser Staat nicht tyrannisiert, aber belästigt, bedrängt, entkräftet, schwächt und verdummt (Tocqueville, 1985, S. 344). Das Perfide sieht er zudem darin, dass sich in der Bevölkerung das Bedürfnis, geführt zu werden, aber auch das Bedürfnis, frei zu sein, miteinander verbinden. Dies gelingt, indem sich die Menschen eine einzige gewählte Vormundschaftsgewalt vorstellen und sich damit trösten, dass sie die Zentralisation der Gewalt selbst gewählt haben. Diese Form des demokratischen Despotismus, nämlich die gesamte zentralisierte Gewalt einer Körperschaft anzuvertrauen, hält Tocqueville für problematischer, als sie in die Hände einer einzelnen Person zu geben. Jedenfalls befindet er, dass „demokratische Völker, welche die Freiheit in den politischen Bereich eingeführt, während sie zugleich den Despotismus im Bereich der Verwaltung verstärkt haben, […] in eine seltsame und befremdliche Situation geraten" (Tocqueville, 1985, S. 347). Somit sieht Tocqueville den Despotismus in demokratischen Zeiten als eine besondere Gefahr an (Tocqueville, 1985, S. 348). Mit seiner Analyse ging es ihm darum, die Gefahren herauszustellen, mit denen die Gleichheit die menschliche Unabhängigkeit bedroht. Er ist der Überzeugung, dass diese Gefahren von allen, die die Zukunft birgt, am wenigsten vorhergesehen werden könne. Aber er hält sie nicht für unüberwindlich (Tocqueville, 1985, S. 359). Der nachfolgende Abschnitt beschäftigt sich mit seinen Überlegungen zu den Rahmenbedingungen einer funktionierenden Demokratie.

1.17.3 Demokratie und ihre Institutionen

Wie bereits erwähnt, hat Tocqueville keine exakte Analyse von Regierungssystemen vorgenommen. Mit Blick auf Amerika betont er jedoch nicht nur die Gefahren, denen eine Demokratie ausgesetzt ist, sondern auch die Merkmale, die verhindern, dass diese Gefahren eintreten. Er nennt mehrere Ansatzpunkte in der amerikanischen politischen Wirklichkeit, die in dieser Hinsicht hilfreich und vorbildlich sind.

Tocqueville nennt hier drei Elemente:

Drei Dinge scheinen mehr als alle anderen zu Erhaltung der Demokratischen Republik in der Neuen Welt beizutragen: das erste ist die bundesstaatliche Form, die die Amerikaner angenommen haben und die der Union erlaubt, sich der Macht einer großen und der Sicherheit einer kleinen Republik zu erfreuen.

Das zweite finde ich in den Gemeindeeinrichtungen, die dadurch, dass die kommunalen Institutionen den Despotismus der Mehrheit mäßigen, zugleich dem Volk den Sinn für Freiheit und die Kunst des Freiseins beibringen.

Das dritte besteht in der Konstitution der richterlichen Gewalt. Ich habe dargetan, wie sehr die Gerichtshöfe die Verirrungen der Demokratie berichtigen helfen, und wie sie, ohne je den Gang der Mehrheit aufhalten zu können, diesen doch zu verlangsamen und zu lenken vermögen. (Tocqueville, 1985, S. 182)

Die Logik des amerikanischen Systems sieht er in seinem Aufbau von unten nach oben.

Bedeutung der Gemeinde: Zunächst wird konstatiert, dass die Volkssouveränität in den USA durch Selbstverwaltung und Selbstherrschaft gekennzeichnet ist. Sie werden durch die Wahl der gesetzgebenden Körperschaft, aber auch durch die Wahl der Beamten hergestellt. Tocqueville betont, dass die USA im Grunde zwei getrennte und fast unabhängig voneinander agierende Regierungen kennen: „[...] die eine, die gewöhnliche, nicht begrenzte für die täglichen Bedürfnisse der Gesellschaft; die andere, außergewöhnliche und begrenzte, nur für gewisse allgemeine Interessen" (Tocqueville, 1985, S. 51f.). Damit meint er die Aufteilung der Vereinigten Staaten in damals 24 unabhängige Nationen (Bundesstaaten) und die Gesamtkörperschaft der Union. Und hierin sieht er einen für die Demokratie förderlichen Aufbau, der, wie er treffend sagt, verschiedene Bewegungszentren beinhaltet, nämlich die Gemeinde, darüber das County (Verwaltungsbezirk, von englisch „Count/Graf", also ursprünglich „Grafschaft") und sodann den Staat. Die Gemeinde sieht er als naturhaft an, denn überall, wo Menschen sich zusammenschließen, entsteht von selbst eine Gemeinde. Sie ist in der Lage, die wesentlichen und dringenden Bedürfnisse ihrer Mitglieder zu regeln. In einer auch heutzutage bemerkenswerten Weise kennzeichnet er die Bedeutung der kommunalen Selbstverwaltung so:

Und doch ruht die Kraft der freien Völker in der Gemeinde. Die Gemeindeinstitutionen sind für die Freiheit, was die Volksschulen für die Wissenschaften sind; sie machen sie dem Volke zugänglich; sie wecken in ihm den Geschmack an ihrem friedlichen Gebrauch und gewöhnen es daran. Ohne Gemeindeinstitutionen kann sich ein Volk eine freie Regierung geben, aber den Geist der Freiheit besitzt es nicht. (Tocqueville, 1985, S. 52)

An gleicher Stelle warnt er davor, dass ohne diese lebendige Form der politischen Selbstverwaltung demokratische Regierungen zwar frei sein können, aber den Geist der Freiheit nicht besitzen. Und ohne diesen könne der Despotismus früher oder später an die Oberfläche kommen (Tocqueville, 1985, S. 52).

Beispiel

Gemeinden sind unabhängige Körperschaften und dem Staat nur dann unterstellt, wenn es sich um Interessen handelt, die sie mit anderen Gemeinden teilen. Solche Verpflichtungen wären z. B. der Straßenbau, die Polizeiorganisation, das Schulsystem, die Festlegung staatlicher Steuern usw. Darüber hinaus hat sich der Staat nicht in die Gemeindeangelegenheiten einzumischen. Und auch bei den Steuern ist bemerkenswert, dass der Staat sie beschließt, die Gemeinden aber dafür zuständig sind, sie zu erheben, und manche dieser staatlichen Aufgaben wie z. B. den Schulbau vor Ort durchzuführen (Tocqueville, 1985, S. 57f.).

Interessant ist außerdem, dass Tocqueville die Bedeutung des Countys (Verwaltungsbezirk ähnlich einem Landkreis) hervorhebt und zwar als Mittler zwischen Gemeinden und Staat ohne eigene körperschaftsrechtliche Kompetenz. Dies habe den Grund, dass manche Aufgaben kommunaler Art am besten geregelt werden, wenn sie an eine Verwaltung delegiert werden (z. B. Sheriff und Gerichtswesen), deren Kontrolle jedoch die Gemeinden übernehmen (Tocqueville, 1985, S. 62f.). Diese bürokratische Struktur ähnelt etwa den in Deutschland in einigen Ländern anzutreffenden Regierungspräsidien.

Bundesstaat und Zentralisierung: Unter Zentralisierung versteht Tocqueville zweierlei: zum einen die Zuständigkeit der Nation für die allgemeinen Gesetze und vor allem auch für die Außenpolitik, zum anderen die Übertragung von Kompetenzen an eine übergeordnete Verwaltung. Er erkennt, dass mit der Zentralisierung der Verwaltung für die Regierung eine gewisse Machtposition entsteht, die möglicherweise gegen die Interessen der Einzelnen gerichtet ist. (In diesem Zusammenhang erinnert er an die französische Erfahrung mit zentralen Regierungen und weist auf das Diktum Ludwigs XIV. hin: „Der Staat bin ich.") Neben der mit einer Zentralgewalt verbundenen Machtfülle sieht er auch Probleme mit der Kompetenz, da eine Zentralgewalt, wie er meint, niemals fähig ist, alle Einzelheiten im Leben eines großen Volks zu erfassen. Im Grunde sind Zentralverwaltungen also eher überfordert. Die Zentralisierung der Verwaltung sieht Tocqueville als dauerhafte Verminderung des Bürgergeistes. Insofern lobt er die Vereinigten Staaten, die eine Zentralisierung der Verwaltung kaum vornehmen, obwohl eine zentrale Regierung vorhanden ist. Er sieht insbesondere die aus der Dezentralisierung der Verwaltung entstehenden politischen Wirkungen, beispielsweise, dass überall in den Gemeinden die Sorge um und der Stolz auf das Vaterland zu spüren seien. Im Ruhm der Nation sehe die amerikanische Bevölkerung ihren eigenen Ruhm (Tocqueville, 1985, S. 65ff.).

> Nur die administrative Dezentralisierung der staatlichen Zentralgewalt kann die menschliche Freiheit existenziell bewahren. (Mayer, 1985, S. 12)

Tocqueville kommt zu der Überzeugung, dass ein Bundesstaat oder auch ein Staatenbund gegenüber einer Zentralregierung erhebliche Vorteile habe. Zentralregierungen in großen Staaten richteten sich mehr gegen das Wohl und die Freiheit der Menschen, haben aber den Vorteil, dass sie aufgrund ihrer Macht Sicherheit nach außen bieten. Der Föderalismus verbindet somit Vor- und Nachteile großer und kleiner Staaten, weil er die demokratiebildenden Elemente zum Nutzen der Einzelnen mit den Schutzfunktionen eines großen Staates kombiniert (Pfetsch, 2019, S. 310). Allerdings sieht Tocqueville auch genau hier das Erfordernis des Ausgleichs zwischen den miteinander verbundenen Gewalten: „Der Bundesstaat wird nur so lange dauern, als alle Staaten, die ihn zusammensetzen, ihm angehören wollen" (Tocqueville, 1976, S. 540; Pfetsch, 2019, S. 313).

Richterliche Gewalt: Nach Tocquevilles Auffassung liegt das Wesen der richterlichen Gewalt darin, sich mit den Einzelinteressen zu beschäftigen und die Aufmerksamkeit auch auf kleine Angelegenheiten zu richten. Das Wesen der richterlichen Gewalt liegt aber auch darin, dass sie nicht von sich aus handelt, sondern nur dann, wenn jemand mit seiner Klage selbst aktiv wird. Dann allerdings steht sie auch den schwächsten Bürgern zur Verfügung. Somit diene die richterliche Gewalt den Bedürfnissen der Freiheit, besonders dann, wenn Regierungen sich in die Einzelheiten der menschlichen Handlungen einmischen (Tocqueville, 1985, S. 352f.). Die Macht der Gerichte, so Tocqueville, „ist zu allen Zeiten der sicherste Schutz gewesen, der sich der individuellen Unabhängigkeit bieten konnte" (Tocqueville, 1985, S. 353).

Die Gestaltung der richterlichen Gewalt in den Vereinigten Staaten hat für Tocqueville allgemeinen Modellcharakter. Richter besitzen seiner Beobachtung nach in den Vereinigten Staaten eine Macht wie in keinem anderen System. Dies liegt insbesondere daran, dass die Amerikaner den Richtern das Recht zugestehen, ihre Entscheidungen stärker auf die Verfassung als auf die Gesetze zu stützen, d. h., ein Richter braucht Gesetze nicht anzuwenden, wenn er diese für verfassungswidrig hält (Tocqueville, 1985, S. 78ff.). Diese Beobachtung Tocquevilles entspricht bis heute der amerikanischen Praxis:

> Es gibt in den Vereinigten Staaten kaum ein politisches Problem, das nicht früher oder später zu einem rechtlichen Problem wird. (Tocqueville, 1985, S. 171)

Dies liegt daran, dass Gesetze nahezu immer individuelle Interessen berühren und somit zu Streitigkeiten führen, die dann von der richterlichen Gewalt überprüft werden müssen. Der amerikanische Richter wird dadurch auf eine politische Ebene gezogen. „Indem er so die ihm als Richter auferlegten strengen Pflichten wahrnimmt, erfüllt er zugleich seine Pflicht als Bürger" (Tocqueville, 1985, S. 87).

Beispiel

Zu Beginn der 70er Jahre des vergangenen Jahrhunderts erschütterte die sog. Watergate-Affäre die Vereinigten Staaten. Sie bezeichnet den Missbrauch von Regierungsvollmachten, u. a. die Installation von Abhörwanzen in den Räumen der damals oppositionellen Demokratischen Partei. Im Zusammenhang mit der Watergate-Affäre, die durch die Presse aufgedeckt wurde und den damaligen Präsidenten Nixon das Amt kostete, zeigt sich die andauernde politische Rolle des amerikanischen Gerichtswesens: „Die Gegenwartsbedeutung der rechts- und staatssoziologischen Einsichten Tocquevilles kann [...] aufgezeigt werden: als die Richter des Obersten Bundes-Gerichtshofes durch ihre Entscheidung vom 24. Juli 1974 Nixon zum Rücktritt zwangen, beriefen sie sich ausdrücklich auf die [...] Grundregel, dass eine freie republikanische Regierung sich der juristischen Macht, die im Konflikt der Legislative mit der Exekutive unabhängig sein muss, zu beugen habe" (Mayer, 1985, S. 9). Um einem nach diesem Urteil drohenden Amtsenthebungsverfahren (Impeachment) zu entgehen, trat Nixon am 8. August 1974 zurück.

Der politische Charakter des Gerichtswesens ergibt sich somit aus der Tatsache, dass die Vereinigten Staaten den Gesetzgeber auf die Verfassung ebenso verpflichten wie den einfachen Bürger oder die Bürgerin. Richterinnen und Richtern wird das Recht zugestanden, unter den verschiedenen Gesetzen diejenigen auszuwählen, die sie am strengsten binden, und das sind die Bestimmungen der Verfassung. Damit sind nach Auffassung Tocquevilles die Gerichte in den USA mit einer ungeheuren politischen Macht ausgestattet. „Aber weil sie die Richter gleichzeitig dazu verpflichteten, die Gesetze nur mit richterlichen Mittel anzugreifen, haben sie die Gefahren dieser Macht weitgehend gebannt" (Tocqueville, 1985, S. 85). Anders ausgedrückt: Das amerikanische Gerichtswesen ist politischer Natur, betreibt aber nicht selbst Politik (Tocqueville, 1985, S. 86, 162). Dass das Gerichtswesen eine derartige Macht besitzt, führt er darauf zurück,

- dass es die öffentliche Meinung in akzeptierter Weise verkörpert,
- dass die Richter in ihren Rollen als Bürger und zugleich Staatsmänner den Zeitgeist erfassen und
- dass sie unabhängig agieren können (Tocqueville, 1985, S. 99).

Neben diesen drei wichtigen Elementen, welche die Demokratie vor den Gefahren des Despotismus schützen, nennt Tocqueville noch zwei weitere, die bis heute in allen Demokratien eine besondere Funktion erfüllen. Diese sind das bürgerschaftliche Engagement und die Pressefreiheit.

Bürgerschaftliches Engagement: In der Demokratie sieht Tocqueville verschiedene Gefahren für die Freiheit. Höchst aktuell sind seine Bemerkungen beispielsweise zu der Geringschätzung, die Bürger gegenüber demokratischen Institutionen bzw. Formen hegen:

> Sie begegnen ihnen mit einer instinktiven Geringschätzung. [...] Die Formen erregen ihre Verachtung, oft sogar ihren Hass. Da sie in der Regel nur auf leichten und sofortigen Genuss aus sind, stürzen sie sich leidenschaftlich auf jeden Gegenstand ihrer Wünsche; die geringste Verzögerung bringt sie auf. Diese Haltung, die sie auch auf das politische Leben übertragen, nimmt sie gegen die Formen ein, die sie täglich in irgendeinem ihrer Pläne aufhalten oder hemmen. (Tocqueville, 1985, S. 353)

Die Ursachen von Gefahren wie Willkür, Tyrannei oder Despotismus registriert Tocqueville vor allem in einer aus dem Individualismus entstehenden Gleichgültigkeit. Die Demokratie kann fallen, weil nichts sie stützt (Tocqueville, 1985, S. 348). Für Tocqueville lautet die Begründung für einen grundlegenden gesellschaftlichen Konsens in einer Demokratie folgendermaßen: „Denn ohne gemeinsame Ideen gibt es kein gemeinsames Handeln, und ohne gemeinsames Handeln existieren zwar Menschen, aber nie ein Gesellschaftskörper. Damit ein Staat sich bilde, und erst recht, damit er gedeihe, müssen die Bürger immer durch einige Grundgedanken vereinigt und zusammengehalten werden" (Tocqueville, 1985, S. 219).

Pressefreiheit: Darüber hinaus betont Tocqueville die Pressefreiheit. Wenn ein Bürger sich in einer Demokratie unterdrückt fühlt, so steht ihm im Grunde nur eine Möglichkeit offen (abgesehen vom Rechtsweg), nämlich an die Nation zu appellieren und, wenn nötig, an die ganze Menschheit. Das einzige Mittel dazu besteht in der Pressefreiheit, die in demokratischen Nationen besonders kostbar sei, da sie auf die Ungerechtigkeiten aufmerksam machen könne. Die Presse bietet die besondere Möglichkeit, Mitbürger gegen Ungerechtigkeiten zu Hilfe zu rufen. Sie stellt seiner Auffassung nach das eigentliche demokratische Werkzeug der Freiheit dar (Tocqueville, 1985, S. 352; Reese-Schäfer, 2016, S. 186). Auf der anderen Seite betrachtet Tocqueville die öffentliche Meinung ausgesprochen kritisch. So meinte er z. B., dass die Menschen durch ihre Neigung, der Masse zu glauben, letzten Endes durch die öffentliche Meinung geführt würden. In Demokratien besitze die öffentliche Meinung eine eigentümliche Macht, die nicht dadurch entstehe, dass sie auf Fakten beruht: Vielmehr dränge die „Massenseele" sich auf und wirke mit einem ungeheuren Druck auf den Einzelgeist ein (Tocqueville, 1985, S. 222f.). Zu einer Zeit, als es noch keine Massenmedien gab, kommt Tocqueville zu der Ansicht, dass den Bürgern Meinungen geliefert würden. Die öffentliche Meinung enthebt Bürger auf diese Weise der Verpflichtung, sich eine eigene Meinung zu bilden (Tocqueville, 1985, S. 223).

Aufgrund seiner Erfahrungen mit der amerikanischen Demokratie, die er im Grunde befürwortete, bezog er eine kritische Position zur Mehrheitsdemokratie, in der er Gefahren der Gleichförmigkeit, des Konformismus und der geistigen Despotie sah (Pfetsch, 2019, S. 344). Tocqueville bemerkt zur Qualität von politischen Vertretern:

> Wenn man den Saal der Repräsentanten in Washington betritt, ist man erschrocken darüber, wie durchschnittlich diese große Versammlung wirkt. Oft sucht das Auge in ihrer Mitte vergeblich nach einem berühmten Mann. Fast alle ihre Mitglieder sind unbekannte Leute, mit deren Namen man keinerlei Vorstellung verbindet. Meistens sind es Dorfanwälte, Kaufleute, ja selbst Männer aus den untersten Klassen. Es heißt, dass in einem Lande, in dem der Elementarunterricht fast überall eingeführt ist, die Vertreter des Volkes nicht immer richtig schreiben können. Zwei Schritte weiter liegt der Saal des Senates, dessen enger Raum einen großen Teil der berühmten Männer Amerikas enthält. Kaum einen einzigen Mann sieht man hier, der sich nicht unlängst ausgezeichnet hätte. Hier sitzen sprachgewaltige Anwälte, ausgezeichnete Generale, geschickte Beamte oder bekannte Staatsmänner. Jedes Wort in dieser Versammlung würde den wichtigsten parlamentarischen Debatten in Europa Ehre machen. Woher rührt dieser seltsame Kontrast? Warum findet sich die Elite der Nationen eher in dem einen Saal als in dem anderen? Warum vereinigt die erste Versammlung so viele durchschnittliche Elemente, während die zweite wirkt, als habe sie das Monopol der Talente und der Bildung? Und doch gehen beide vom Volke aus, beide aus der allgemeinen Wahl hervor [...]. Woher kommt dann dieser enorme Unterschied? Ich sehe dafür nur eine Erklärung: die Repräsentantenkammer geht aus direkter, der Senat aus indirekter Wahl hervor. (Tocqueville, 1985, S. 117)

1.17.4 Tocqueville zum Kolonialismus

Weniger bekannt, aber doch auch unter heutigen Aspekten interessant sind Tocquevilles Reflexionen zum Kolonialismus. Diese sind kein Teil seiner politiktheoretischen Überlegungen, sie sind vielmehr im Rahmen seiner politischen Tätigkeit, die er über einige Jahre als Abgeordneter wahrnahm, zu sehen. In zwei schriftlichen Äußerungen zu Frankreichs Kolonien in Algerien legitimierte er den Kolonialismus als eine Möglichkeit des Abbaus von Konflikten aufgrund von Überbevölkerung. Er könne auch die Bedeutung von Staaten vergrößern, etwa in der Konkurrenz zwischen Frankreich und England. Diesen Kolonialismus befürwortete er, obwohl er erkannte, dass damit keinesfalls ein zivilisatorischer Beitrag für die Bevölkerung der Kolonien verbunden sei. Koloniale Verwaltung würde die dortigen Regierungen nicht verbessern. Dennoch widersetzte er sich nicht dem Kolonialismus, weil Imperialismus ein Gefühl des Patriotismus hervorriefe. Eine Berechtigung für Kolonien sah er im Kriegsrecht und in der Legitimation durch das Staatsinteresse. Moralische Erwägungen ordnet er dabei ausdrücklich politischen Zielen unter. Militärische Unterdrückung diene der Stabilität, wenn eine funktionierende Verwaltung die Interessen der kolonialistischen Siedler schützt (Kohn & Reddy, 2017; Burckhardt, 1985, S. 4).

1.17.5 Tocqueville: gesellschaftliche Konflikte in den USA

Zur sogenannten „Rassenproblematik" im Verständnis der damaligen Zeit und zum Umgang mit den indigenen Völkern in den USA analysiert Tocqueville 20 Jahre vor dem amerikanischen Sezessionskrieg: „Sobald man zulässt, dass die Weißen und die freigelassenen Neger auf dem gleichen Boden wie zwei fremde Völker nebeneinander leben, versteht man leicht, dass es für die Zukunft nur zwei Möglichkeiten gibt: entweder müssen die Neger und die Weißen sich völlig vermischen, oder sie müssen sich trennen" (Tocqueville, 1985, S. 198). „Anerkennt man einerseits (und die Tatsache lässt sich nicht bezweifeln), dass im äußersten Süden die Schwarzen beständig zunehmen, und dass ihre Zahl schneller wächst als die der Weißen; gibt man andererseits zu, dass man unmöglich den Zeitpunkt einer Vermischung von Schwarzen und Weißen und ihre gesellschaftliche Gleichstellung voraussehen kann, muss man daraus nicht folgern, dass in den Südstaaten schließlich früher oder später der Kampf zwischen den Schwarzen und den Weißen ausbrechen wird? Wie wird dieser Kampf ausgehen?" (Tocqueville, 1985, S. 201).

Ebenso wie er die Konflikte zwischen Schwarzen und Weißen erkannte, analysierte er auch das Verhältnis von Weißen und indigener Bevölkerung:

> Die Spanier hetzen ihre Hunde auf die Indianer wie auch wilde Tiere; sie plündern die Neue Welt wie eine erstürmte Stadt, wahllos und erbarmungslos [...]. Das Verhalten der Amerikaner der Vereinigten Staaten gegenüber den Eingeborenen ist im Gegenteil getragen von der lautersten Liebe [...] zur Gesetzlichkeit. Sofern die Indianer in ihrer Wildheit verharren, mischen sich die Amerikaner keineswegs in ihre Angelegenheiten und behandeln sie wie unabhängige Völker; sie gestatten sich nicht, deren Land ohne gehörigen vertragsmäßigen Erwerb zu besetzen; und kann ein Indianervolk zufällig auf seinem Gebiete nicht mehr leben, nehmen sie es brüderlich bei der Hand und geleiten es selbst zum Sterben außerhalb des Landes seiner Väter. [...] Man könnte die Menschen nicht mit mehr Ehrfurcht vor den Gesetzen der Menschlichkeit vernichten. (Tocqueville, 1976, S. 393; weiterführend dazu Aron, 2018, S. 215)

1.17.6 Zusammenfassung

Tocqueville verkörpert den Repräsentanten einer modernen liberalen Demokratie unter den Bedingungen des Kapitalismus. Seine Untersuchungen der amerikanischen Demokratie dienen vor allem dazu, für die politischen und sozialen Entwicklungen besonders in Europa politische Anregungen zu erhalten. Seine theoretischen Reflexionen sind nicht gänzlich systematischer Art und folgen auch nicht den strengen Regeln der Empirie. Gleichwohl stehen sie den theoretischen Überlegungen anderer Autoren seiner Zeit in nichts nach. Er setzt sich in einer gedanklich klaren Weise mit dem Problem von Gleichheit und Freiheit in der Demokratie auseinander und zeigt, dass Demokratien nur dann funktionieren, wenn sie zwischen diesen beiden Begriffen in der Lage sind, ein gewisses Gleichgewicht herzustellen. Dabei versteht er Gleichgewicht auch vor dem Hintergrund der sozialen und ökonomischen Rahmenbedingungen.

In bemerkenswerter Weise denkt Tocqueville bestimmte demokratiegefährdende Entwicklungen voraus. So beschreibt er vor allem die Gefährdungen, denen Demokratien stets ausgesetzt sind, wenn machtvolle Institutionen nicht hinreichend reguliert werden. Den Despotismus, den er voraussieht, könnte man zumindest aus der Rückschau als Zukunftsforschung betrachten. Er belässt es jedoch nicht beim Beklagen dieser Gefahren, sondern benennt Elemente, mit deren Einsatz und Stärkung Demokratien diese Gefahren mindern oder auch vermeiden können. Als solche Elemente weist er bis heute diskutierte Ansätze aus, z. B.: die Stärke kommunaler Politik; die Mäßigung zentraler Gewalten – sei es der Regierungsgewalt und besonders der Verwaltungsmacht in großen Staaten –; vor allem die für die Demokratie konstitutive Rolle eines Gerichtswesens, welches Verfassung, Gesetze und individuelle Rechte miteinander in Einklang bringt. Darüber hinaus ist bemerkenswert, mit welcher Klarheit Tocqueville erkennt, dass Demokratien auf dem Konsens von Bürgern beruhen müssen und dieser Konsens sich nicht von allein einstellt, sondern durch ein dauerhaftes Engagement. Nicht zuletzt arbeitet er heraus, welchen Wert eine freie Presse für ein Gemeinwesen, insbesondere für einzelne Bürger besitzt, aber auch, welche Gefahren in einer dominierenden öffentlichen Meinung liegen.

Der Analyse einer Mehrheitsdemokratie liberaler Art folgen nun die grundlegend anders konstruierten Ideen und Utopien Marx'.

1.18 Karl Marx

Karl Marx

Karl Marx (1818–1883) ist heute kaum ohne die kommunistischen Diktaturen des 20. Jahrhunderts zu denken, die sich auf ihn berufen, ebenso wenig wie ohne die von seinen Schriften ausgehenden wissenschaftlichen Debatten und politischen Konflikte in Europa und den USA in der zweiten Hälfte des 20. Jahrhunderts. Seine politisch-theoretischen Schriften stehen zu seiner Zeit im Kontext der Moral- und Geschichtsphilosophie. Er gilt auch als einer der maßgeblichen Begründer der Soziologie. Marx entwarf die Theorie, dass die von Klassenkampf geprägte Entwicklung des Kapitalismus im Kommunismus münden werde (Wolff, 2017). Seine Biografie ist insbesondere durch die Beobachtung des frühen Kapitalismus und seiner sozialen Folgen in England geprägt. Marx war aber auch selbst politisch tätig, insbesondere in seiner journalistischen Arbeit, die ihn politisch in Schwierigkeiten brachte und zu mehrfachen Wechseln seines Lebensmittelpunkts veranlasste (er lebte in Frankreich, Belgien und England). Zudem bemerkenswert ist die politische und freundschaftliche Verbindung zu dem Wuppertaler Unternehmer und Philosophen Friedrich Engels (1820–1895), mit dem er in intellektuellem Austausch stand, der ihn finanziell unterstützte und der Marx' Schriften nach seinem Tod zum Teil ergänzte und herausgab (Marx, MEW 1, 1956b, S. 344; Schwaabe, 2008, S. 196f.; Niedermaier, 2017, S. 227ff.).

Wie wird Karl Marx heute betrachtet? Ottmann weist darauf hin, dass Marx seit dem Zusammenbruch der sich auf ihn und Lenin berufenden sozialistischen Staaten Osteuropas mitunter zu einer Figur der Karikatur und des Spotts geworden sei („Proletarier aller Länder, entschuldigt mich!" Dalos, 1993). Marx ist heute nicht zu zitieren, ohne die politischen Katastrophen, welche in seinem Namen stattgefunden haben, mitzudenken. Zwar kann Marx nicht für Lenin, Stalin, Mao Tse-tung, Pol Pot etc. verantwortlich gemacht werden, doch sind manche der Elemente, die zu Katastrophen führten, bereits in seiner Theorie angelegt (Ottmann, 2008, S. 147). Eine Debatte um Marx wurde bspw. in der deutschen Öffentlichkeit im Mai 2019, ausgelöst durch ein Interview der mit dem damaligen Juso-Vorsitzenden Kevin Kühnert in der „Zeit", in dem es unter anderem um Enteignungen als Mittel der Politik ging, geführt (Bittner & Hildebrandt, 2019).

Im Folgenden werden Aspekte Marx'scher politischer Ideen, politischer Theorie und Gesellschaftsanalyse referiert, die in den gegenwärtigen Diskursen nach wie vor eine wichtige Referenz darstellen. Sich mit Karl Marx zu beschäftigen, heißt, sich mit dem Verhältnis von Ökonomie und Politik zu beschäftigen, und das wiederum bedeutet, sich mit dem Kapitalismus auseinanderzusetzen, der – wie Schwaabe, Max Weber zitierend, bemerkt –„schicksalsvollste[n] Macht unseres modernen Lebens" (Schwaabe, 2008, S. 196). Daher führen die theoretischen Linien in die politikwissenschaftlichen Diskurse bis heute z. B. über Max Weber, Karl Popper bis hin zur kritischen Theorie und Jürgen Habermas; sie sind ebenso anschlussfähig an die Debatten um das Verhältnis von Gerechtigkeit, Gleichheit und Ungleichheit, z. B. bei John Rawls (Rawls, 2006; Vorländer, 2011, S. 47).

1.18.1 Philosophie: Veränderung der Welt

> Die Philosophen haben die Welt nur verschieden interpretiert; es kommt darauf an, sie zu verändern. (Marx, 2016c, S. 31)

Dieses berühmt gewordene Zitat aus den *Thesen über Feuerbach* charakterisiert bereits vieles des Marx'schen Denkens: Er macht damit deutlich, dass die Philosophie keineswegs nur Beobachterin sein kann, sondern eine Aufgabe als handelnde Wissenschaft besitzt. Dieser Gedanke steht in Zusammenhang mit der Frage, was gesellschaftliches Leben sei. Marx begreift dies als praktisch und dementsprechend gründet alle Theorie im Begreifen dieser Praxis. Dazu gehört, dass in der von ihm so verstandenen materialistischen Lehre das Ändern von Umständen als menschliche Selbstveränderung nur als *revolutionäre* Praxis verstanden werden kann (Marx, 2016c, S. 29ff.). Philosophie und Proletariat gehen damit eine enge Verbindung ein:

> Wie die Philosophie im Proletariat ihrer *materiellen*, so findet das Proletariat in der Philosophie seine *geistigen* Waffen, und sobald der Blitz des Gedankens gründlich in diesen naiven Volksboden eingeschlagen ist, wird sich die Emanzipation der *Deutschen* zu *Menschen* vollziehen. […] Der Kopf dieser Emanzipation ist die Philosophie, ihr Herz ist das Proletariat. Die Philosophie kann sich nicht verwirklichen ohne die Aufhebung des Proletariats, das Proletariat kann sich nicht aufheben ohne die Verwirklichung der Philosophie. (Marx & Engels, 2016c, S. 28)

Die Veränderung der Welt begründen Marx und Engels in ihrer Theorie des „historischen Materialismus". Dieser beruht auf der Annahme, dass die Entwicklung des Menschen von der materialen, ökonomischen Welt ausgehe und sich in dialektischen Stufen vorwärtsbewegte: Nach materialistischer Betrachtungsweise wird Geschichte von Menschen gemacht, und zwar dadurch, dass sie ihr Leben und seine Grundlagen selbst produzieren. Diese anthropologische Grundtatsache, die Produktion der materiellen Bedingungen des Lebens, „ist das Primäre, aus dem alles Weitere folgt, was Menschen tun und was sich über den Menschen sagen lässt" (Schwaabe, 2008, S. 199). Die Ökonomie und die damit zusammenhängenden kulturellen Faktoren stellen also nicht den Rahmen für politische Ideen dar, vielmehr werden sie Grundlage und Ausgangspunkt für die politische Philosophie. Wie die Religion werden unter anderem Recht, Polizei, Erziehung und Wissenschaft als Überbau der Staatsmacht angesehen und als Mittel der Unterdrückung (Marx, 2016a, S. 634f.).

Ökonomie wird also nicht mehr nur als etwas verstanden, was der Erhaltung des Lebens und der Existenz der Individuen dient, sie macht vielmehr ihr Leben aus:

> Die Weise, in der die Menschen ihre Lebensmittel produzieren, hängt zunächst von der Beschaffenheit der vorgefundenen und zu reproduzierenden Lebensmittel selbst ab. Diese Weise der Produktion ist nicht bloß nach der Seite hin zu betrachten, dass sie die Reproduktion der physischen Existenz der Individuen ist. Sie ist vielmehr schon eine bestimmte Art der Tätigkeit dieser Individuen, eine bestimmte Art, ihr Leben zu äußern, eine bestimmte Lebensweise derselben. Wie die Individuen ihr Leben äußern, so sind sie. Was sie sind, fällt also zusammen mit ihrer Produktion, sowohl damit, was sie produzieren, als auch damit, wie sie produzieren. Was die Individuen also sind, das hängt ab von den materiellen Bedingungen ihrer Produktion. (Marx & Engels, 2016b, S. 36f.)

Die Arbeitsteilung führt zu einer Trennung von industrieller und kommerzieller Arbeit von der bäuerlichen Arbeit und damit zu einer Trennung von Stadt und Land. Damit sind Interessengegensätze verbunden. Und mit dieser Entwicklung der Arbeitsteilung ergeben sich jeweils verschiedene Formen des Eigentums, die wiederum die Verhältnisse der Individuen in Bezug auf das Material und die Produkte ihrer Arbeit bestimmen. Diesen Eigentumsverhältnissen entsprechen die sozialen Klassen und entsprechende Klassengegensätze (unter anderem Bürger, Sklaven, Fürsten, Geistlichkeit, Bauern, Leibeigene, Vasallen, Zunftbürger, Gesellen, Handwerker, Tagelöhner) ebenso wie die herrschenden politischen Strukturen (Marx & Engels, 2016b, S. 37ff.; Marx & Engels, 2016a, S. 130). Vorstellungen, Denken, der geistige Verkehr der Menschen werden verstanden als direkte Folge des materiellen Verhaltens. Für geistige Produkte, wie sie in der Sprache der Politik, der Gesetze, der Moral, der Religion, Metaphysik usw. eines Volks sich darstellen, gilt dasselbe. „Nicht das Bewusstsein bestimmt das Leben, sondern das Leben das Bewusstsein" (Marx & Engels, 2016b, S. 42).

Die aus dem Untergang der feudalen Gesellschaft hervorgegangene moderne bürgerliche Gesellschaft hat nach Marx die Klassengegensätze nicht aufgehoben, sondern neue Klassen mit neuen Bedingungen der Unterdrückung geschaffen. Die Epoche der Bourgeoisie zeichne sich dadurch aus, dass sie die Klassengegensätze vereinfache und die ganze Gesellschaft in zwei große feindliche, sich direkt gegenüberstehende Klassen spalte: die Bourgeoisie und das Proletariat (Marx & Engels, 2016a, S. 130). Sie bestehen aus einer winzigen Minderheit von Eigentümern von Kapital und einer überwältigenden Mehrheit, die lediglich über ihre Arbeitskraft verfügt (Deutschmann, 2019, S. 103). Damit wird die Entfremdung der Arbeit als das ausschlaggebende Grundphänomen gesehen und als Übel der kapitalistischen Gesellschaft kenntlich gemacht. Das Produkt der Arbeit tritt den Menschen „als ein fremdes Wesen, als eine von dem Produzenten unabhängige Macht gegenüber" (Marx, 1956d, S. 511). Diese Arbeit erscheint als Verlust, Knechtschaft und Entfremdung. Es geht Marx nicht in erster Linie darum, das Individuum vor Bedrohungen zu schützen, die aus Knechtschaft und Entfremdung entstehen; vielmehr ist sein Gedanke, „dass die Sache eines jeden zugleich die Sache aller ist, dass umgekehrt jeder einzelne nach seinen Kräften die Entfaltung aller anderen zu fördern sucht" (Zintl, 2021, S. 156). Erst in der höheren Phase des Kommunismus, so Marx in seiner *Kritik des Gothaer Programms*, sei es dann möglich, dass auf Grund der „allseitigen Entwicklung der Individuen […] alle Springquellen des genossenschaftlichen Reichtums voller fließen" und der bürgerliche Horizont verlassen werden könne; nunmehr gelte: „Jeder nach seinen Fähigkeiten, jedem nach seinen Bedürfnissen!" (Marx, 2016, S. 708f.)

Leidtragende des Übels ist im Kapitalismus somit jene Klasse, die nach Marx die Trägerin der Emanzipation sein wird, nämlich das Proletariat (Schwaabe, 2008, S. 201; Ottmann, 2008, S. 156ff.; Schwaabe, 2008, S. 201; Engels, 1956d). Da diese Entfremdung nach Marx in engem Zusammenhang mit dem Privateigentum steht, wird sie dementsprechend nur durch eine Aufhebung der kapitalistischen Eigentumsverhältnisse möglich. Diese geschieht im Kommunismus und führt zurück zu einem menschlichen Menschen:

> Der Kommunismus als positive Aufhebung des Privateigentums als menschlicher Selbstentfremdung und darum als wirkliche Aneignung des menschlichen Wesens durch und für den Menschen; darum als vollständige, bewusst und innerhalb des ganzen Reichtums der bisherigen Entwicklung gewordenen Rückkehr des Menschen für sich als eines gesellschaftlichen, d. h. menschlichen Menschen. (Marx, 1956d, S. 536)

Einen solchen Kommunismus sieht Marx als Auflösung des Widerstreits zwischen dem Menschen mit der Natur und dem Menschen, die wahre Auflösung des Streits zwischen Freiheit und Notwendigkeit, zwischen Individuum und Gattung (Marx, 1956d,

S. 536). Damit wird der Kommunismus als „Negation der Negation" das „für die nächste geschichtliche Entwicklung notwendige Moment der menschlichen Emanzipation" (Marx, 1956d, S. 540).

Hinweis: John Stuart Mill

Eine gänzlich andere Vorstellung vor utilitaristischem Hintergrund findet sich bei John Stuart Mill.

Mill (1806–1873) war ein empirischer Naturforscher und ist politiktheoretisch wichtig als Utilitarist und Liberaler. Er verband Aufklärung und Romantik (MacLeod, 2016). Seine Prinzipien lassen sich an Fragen der bildungspolitischen und sozialen Gleichstellung der Frau nachvollziehen, ebenso an seinem Plädoyer für freie Meinungsäußerung und Arbeitnehmerrechte, und zwar im Zusammenhang mit der repräsentativen Demokratie (Brink, 2018).

Mill vertrat wissenschaftlich einen positivistischen, empirischen Ansatz. Er war Verteidiger des Selbstbestimmungsrechts des einzelnen Bürgers und der Bürgerin gegen Einschränkungen durch staatliche Gesetze. Sie sollten nur dann Zwang ausüben, wenn eine Schädigung von Individuen verhindert werden musste. Aus diesem Gedanken heraus sah er den Staat in der Pflicht, Unmündige zu ihrer Freiheit zu befähigen, da er der Staat starke, selbstbewusste und innerlich freie Persönlichkeiten benötigte. In seiner ethischen Theorie geht er von der Annahme aus, dass sich Handlungen an ihren wahrscheinlichen Folgen bemessen (und nicht etwa an einer Ausführungsabsicht). Der Maßstab der Beurteilung von Handlungsfolgen ist ein utilitaristischer Ansatz, nämlich das Wohlergehen aller von einer Handlung betroffenen Personen (Grabner-Haider, 2012, S. 152ff.; Mill, 2006, S. 21ff.; Mill, 2013, S. 9ff.; Mill, 2010, S. 7ff.).

1.18.2 Staat und Revolution

„Ein Gespenst geht um in Europa – das Gespenst des Kommunismus" (Marx & Engels, 2016a, S. 129), dieser weltbekannte Slogan leitet *Das Manifest der Kommunistischen Partei* ein. Es handelte sich um eine Auftragsarbeit, mit der Marx und Engels durch den „Londoner Bund der Kommunisten" beauftragt wurden; es wurde jedoch von Karl Marx allein verfasst. Das *Manifest* verfolgte das Ziel, diese spezifische Form des wissenschaftlichen Sozialismus gegenüber anderen sozialistischen Strömungen durchzusetzen (Schwaabe, 2008, S. 203f.). Zunächst analysiert Marx die Rolle des Kapitalismus bzw. der Bourgeoisie in der Geschichte und führt vor allem die revolutionäre Rolle des Bürgertums in seiner Emanzipation von Feudalismus und Adelsherrschaft an.

Hinweis: Marx – die revolutionäre Rolle des Bürgertums

Mit der Entdeckung Amerikas und der Umschiffungen Afrikas schuf die aufkommende Bourgeoisie neue Räume. Der ostindische und chinesische Markt, die Kolonialisierung Amerikas, die Vermehrung der Tauschmittel und der Waren verschafften dem Handel, der Schifffahrt und der Industrie einen nie gekannten Aufschwung.

- Die bisherige Betriebsweise der Industrie reichte für diese Märkte nicht mehr aus, die Folge war eine weitere Teilung der Arbeit und eine Revolutionierung der industriellen Produktion.

- Mit dieser Ausweitung von Industrie und Handel vermehrte die Bourgeoisie ihr Kapital und verdrängte alle vom Mittelalter her überlieferten Klassen.

- Die Folge war politischer Fortschritt, die Herstellung der großen Industrie und des Weltmarktes führten zum modernen Repräsentativstaat und zur ausschließlichen politischen Herrschaft der Bourgeoisie – die moderne Staatsgewalt verwaltet die gemeinschaftlichen Geschäfte der Bourgeoisie.

- Somit spielt die Bourgeoisie eine höchst revolutionäre Rolle, in der alle feudalen, patriarchalischen und idyllischen Verhältnisse zerstört würden. Die persönliche Würde wurde aufgelöst, an die Stelle der erworbenen Freiheiten tritt eine gewissenlose Handelsfreiheit und eine direkte und offene Ausbeutung.

- Mit der Revolution der Bourgeoisie verändern sich auch Berufe (Ärzte, Juristen, Wissenschaftler werden zu Lohnarbeitern), Familien werden auf ein reines Geldverhältnis reduziert. (Marx & Engels, 2016, S. 130ff.)

Marx analysiert weiter, dass der Kapitalismus (im Unterschied zu früheren Klassengesellschaften, deren Existenzbedingung die Beibehaltung der alten Produktionsweise war) nicht existieren könne, ohne seine Produktionsinstrumente und sämtliche gesellschaftlichen Verhältnisse fortwährend zu revolutionieren. Damit verbunden ist eine fortwährende Umwälzung der Produktion, eine ununterbrochene Erschütterung gesellschaftlicher Zustände. Unsicherheit und Bewegung kennzeichnen die Epoche der Bourgeoisie (Marx & Engels, 2016a, S. 132f.). Mit einem bemerkenswert aktuellen Satz kennzeichnet Marx die Globalität des kosmopolitischen Kapitalismus: „Das Bedürfnis nach einem stets ausgedehnteren Absatz für ihre Produkte jagt die Bourgeoisie über die ganze Erdkugel. Überall muss sie sich einnisten, überall anbauen, überall Verbindungen herstellen" (Marx & Engels, 2016a, S. 133). In diesem Zusammenhang weist er auf Verdrängung alter durch neue Industrien hin, ebenso auf den Verbrauch von Rohstoffen im internationalen Zusammenhang, die Ersetzung heimischer durch weltweit erzeugte Produkte wie auch auf die durch den internationalen Handel allseitige Abhängigkeit der Nationen voneinander (Marx & Engels, 2016a, S. 133f.).

Mit dem Zwang, sich selbst ständig zu revolutionieren, treibt sich der Kapitalismus in seine eigene Aufhebung. Den Weg dazu beschreibt Marx in seiner ökonomischen Hauptschrift *Das Kapital* (Marx, 1956a; siehe auch Schwaabe, 2008, S. 205ff.; Aron, 2018, S. 143ff., Bachmann, 2020, S. 452ff.): „Die Zentralisation der Produktionsmittel und die Vergesellschaftung der Arbeit erreichen einen Punkt, wo sie unverträglich werden mit ihrer kapitalistischen Hülle. Sie wird gesprengt. Die Stunde des kapitalistischen Privateigentums schlägt. Die Expropriateurs werden expropriiert" (Marx, Das Kapital, 1956a, S. 791).

Diese Entwicklung sieht er als historisch gesetzmäßig an, und aus dieser Gesetzmäßigkeit entsteht seiner Ansicht nach notwendigerweise die Revolution (Aron, 2018, S. 135f.). Der Kapitalismus erzeuge fortwährend Krisen, z.B. Handelskrisen und Absatzkrisen, die die ganze bürgerliche Gesellschaft in Unordnung bringen und die Existenz des bürgerlichen Eigentums gefährden. Die Bourgeoisie reagiere darauf mit einer erzwungenen Vernichtung von Produktivkräften, der Eroberung neuer und einer weiteren Ausbeutung alter Märkte. Auf die Dauer würden gewaltige Krisen vorbereitet und verringerten sich die Möglichkeiten, Krisen vorzubeugen (Marx & Engels, 2016a, S. 136). Damit sei die Stunde der Revolution gekommen:

> Die Waffen, womit die Bourgeoisie den Feudalismus zu Boden geschlagen hat, richten sich jetzt gegen die Bourgeoisie selbst. Aber die Bourgeoisie hat nicht nur die Waffen geschmiedet, die ihr den Tod bringen; sie hat auch die Männer gezeugt, die diese Waffen führen werden – die modernen Arbeiter, die Proletarier. (Marx & Engels, 2016a, S. 136)

Allerdings sollte nicht auf diese Stunde gewartet werden, vielmehr sei es die Sache der Kommunisten zu handeln. Die Kommunisten seien dafür geeignet, weil sie nach Marx ein von der Nationalität unabhängiges Interesse des gesamten Proletariats zur Geltung bringen und das Interesse der Gesamtbewegung vertreten. Das politische Ziel der Kommunisten sei dasselbe wie das aller übrigen proletarischen Parteien, nämlich die Bildung des Proletariats zur Klasse, der Sturz der Bourgeoisie-Herrschaft und die Eroberung der politischen Macht durch das Proletariat.

Eine exakte Staatstheorie hat Marx nicht ausgearbeitet, sie wäre wohl auf die Analyse der Ökonomie in seinem Hauptwerk *Das Kapital* gefolgt. Es finden sich allerdings Ansätze zu einer Staatstheorie etwa in seiner *Kritik des Gothaer Programms*. Hier formuliert er für eine Übergangsgesellschaft Positionen unter anderem zum Gemeineigentum und zu Genossenschaften. Zudem erfordere die Befreiung der Arbeit eine Verwandlung der Arbeitsmittel in Gemeingut und die Gesamtarbeit müsse bei gerechter Verteilung des Arbeitsvertrags in einer genossenschaftlichen Regelung geleistet werden (Marx, 2016b, S. 704). Manche dieser Positionen korrespondieren mit den

Maßnahmen, die laut Marx nach Erkämpfen der Demokratie durch eine Erhebung des Proletariats zur herrschenden Klasse ergriffen werden sollen. Diese sind:

1. Expropriation des Grundeigentums und Verwendung der Grundrente zu Staatsausgaben.
2. Starke progressive Steuer.
3. Abschaffung des Erbrechts.
4. Konfiskation des Eigentums aller Immigranten und Rebellen.
5. Zentralisation des Kredits in den Händen des Staats durch eine Nationalbank mit Staatskapital und ausschließlichem Monopol.
6. Zentralisation des Transportwesens in den Händen des Staats.
7. Vermehrung der Nationalfabriken, Produktionsinstrumente, Urbarmachung und Verbesserung der Ländereien nach einem gemeinschaftlichen Plan.
8. Gleicher Arbeitszwang für alle, Errichtung industrieller Armeen, besonders für den Ackerbau.
9. Vereinigung des Betriebs von Ackerbau und Industrie, hinwirken auf die allmähliche Beseitigung des Unterschieds von Stadt und Land.
10. Öffentliche und unentgeltliche Erziehung aller Kinder. Beseitigung der Fabrikarbeit der Kinder […]. Vereinigung der Erziehung mit der materiellen Produktion usw. (Marx & Engels, 2016a, S. 152f.)

Nach und nach sieht Marx auf diese Weise alle Klassenunterschiede verschwinden, die Produktion konzentriert sich in den Händen aller assoziierten Individuen. Die öffentliche Gewalt verliert ihren politischen Charakter. Denn nach Marx ist die politische Gewalt die organisierte Gewalt einer Klasse zur Unterdrückung einer anderen. Wenn aber das Proletariat sich durch eine Revolution zur herrschenden Klasse macht und gewaltsam die alten Produktionsverhältnisse aufhebt, so heben sich seiner Voraussage nach die Klassen überhaupt auf und damit auch die Herrschaft des Proletariats (Marx & Engels, 2016a, S. 153; Aron, 2018, S. 138ff.).

Marx sieht ein neues historisches Stadium gekommen: „An die Stelle der alten bürgerlichen Gesellschaft mit ihren Klassen und Klassengegensätzen tritt eine Assoziation, worin die freie Entwicklung eines jeden die Bedingung für die freie Entwicklung aller ist" (Marx & Engels, 2016a, S. 153).

1.18.3 Zusammenfassung

Das Marx'sche Denken kann folgendermaßen charakterisiert werden: Ausgangspunkt ist die materialistische Grundlage der Geschichtsphilosophie. Die Ökonomie mit ihrer materiellen Produktion bestimmt den Geschichtsprozess. Dieser reduziert sich im Kapitalismus auf den Gegensatz von Bourgeoisie und Proletariat. Der Klassenkampf ist also ein notwendiges Element geschichtlicher Entwicklung. Das Ziel dieser Entwicklung ist eine klassenlose Gesellschaft, in der das Privateigentum an Produktionsmitteln aufgehoben wird. Da das Sein das Bewusstsein bestimmt, ist das Proletariat die Klasse der Zukunft (Pfetsch, 2019, S. 417). Die Diktatur des Proletariats unter der Führung der Kommunisten stellt den Übergang zu einer menschlichen Gesellschaft dar, welche die Entfremdung der Menschen von sich selbst aufhebt.

Die Marx'sche Philosophie und Geschichtsdeutung war, wie Deutschmann schreibt, von einer „Utopie des Kommunismus" motiviert, auch wenn er diese als wissenschaftlich vor dem Hintergrund seiner ökonomischen Analyse und seiner Klassentheorie ansieht. Von dieser Theorie der Zwangsläufigkeit der geschichtlichen Entwicklung ist heute nicht zuletzt aufgrund des tatsächlichen Verlaufs der Geschichte des Sozialismus/Kommunismus im 20. Jahrhundert wenig übriggeblieben. Und auch die Marx'sche Klassentheorie hatte in der soziologischen Diskussion keinen Bestand, wie Deutschmann betont (Deutschmann, 2019, S. 104). Dennoch sind bis heute Marx' Analysen der Sozialstruktur infolge der fortschreitenden Entwicklung des Kapitals von Bedeutung. Dies gilt beispielsweise für seine Orientierung am Ziel einer besseren und freieren Welt und die Frage, wie eine Welt beschaffen sein soll. Insofern liefert Marx analytische Kritikpunkte für den Liberalismus seiner Zeit, die bis heute wirken. Dies betrifft z. B. die Debatten darum, welche politischen Wirkungen es hat, wenn die Arbeit der Menschen als Ware betrachtet wird, ebenso wie um die soziale Verteilung von Eigentum, insbesondere wenn dies, wie Marx es tat, in globaler Perspektive betrachtet wird. Nicht zuletzt gibt Marx mit seinen Beobachtungen Anregungen zu der Frage, welche Auswirkungen es hat, wenn infolge der Ansammlung von Kapitel nicht mehr der Verkehr von Gütern die Wirtschaft antreibt, sondern die Flucht in das Kapital, wie es in den Finanzkrisen seit Beginn des 21. Jahrhunderts zu beobachten ist (Deutschmann, 2019, S. 106ff.; Schwaabe, 2008, S. 215).

1.19 Merkmale politischer Konzepte der Industrialisierung

Liberalisierung und die Entwicklung des frühen Kapitalismus bestimmten die Themen der politischen Denker und der entstehenden Soziologie. Die Argumente (und auch das politische Handeln) der Befürworter und Gegner dieser Entwicklungen kreuzen sich in den Debatten. Besonders deutlich wurden die Unterschiede der Ausgangpunkte und der Folgerungen bei Tocqueville und Marx. Einige Konturen dieser Debatten werden nachfolgend konturiert (Abb. 1.15).

Wertbezug:

Der Wertbezug bei Tocqueville kann kurz als der Vorrang der Freiheit vor der Gleichheit auf der Basis liberaler Rechte gekennzeichnet werden. Der Wert der Bürgertugenden, die diese Liberalität tragen, wird hervorgehoben. Bei Marx geht es darum, die Gleichheit der Menschen untereinander sozial, ökonomisch und politisch herzustellen. Jeder soll nach seinen Bedürfnissen über Güter verfügen können. Der Wert der Emanzipation von Entfremdung aufgrund von ökonomischen Verhältnissen ist entscheidend.

Politik-Umfeld-Analysen:

Tocqueville sieht den Frieden insbesondere auch durch den nationalen und internationalen Handel gewährleistet. Sein Vorbild ist sind die Vereinigten Staaten mit ihrer nivellierten Erwerbsgesellschaft ohne Klassen. Das politische Umfeld ist nicht zuletzt durch das Selbstverständnis der Bürger als „Amerikaner" in einem kulturellen Sinne abgestützt. Tocqueville befürwortet den Kapitalismus, den er nicht im Gegensatz zur Gleichheit sieht, da dieser keine politischen Hierarchien etabliert. Er nimmt allerdings auch die gesellschaftlichen Konflikte in den Vereinigten Staaten wahr, die er als Sprengstoff für einen Bürgerkrieg sieht.

Für Marx ist die Politik durch die Ökonomie und dadurch bedingte Ungleichheit herstellende Eigentumsverhältnisse dominiert. Das Verhältnis von Politik und Ökonomie ist dadurch bestimmt, dass politische Interessen die Gesellschaft entsprechend den Eigentumsverhältnissen teilen. Die Konzentration des Kapitals auf wenige Menschen führt zur Verelendung der meisten.

Politische Handlungslehre:

Die entstehende Massendemokratie in den Vereinigten Staaten von Amerika und die dort beobachtbare zivile Gesellschaft sind für Tocqueville Vorbild einer Demokratie, mit der Wohlstand und Frieden einhergehen. Dies wird durch ihren Aufbau von unten nach oben, gestützt durch Föderalismus, repräsentative Wahlen und die Einhaltung von Gesetzen erreicht. Die Institutionen der Gewaltenteilung grenzen die Macht voneinander ab und garantieren auf diese Weise Freiheit. Eine Problematik besteht in der Unbeständigkeit, die in der Mehrheitsregel bei kurzen Wahlperioden angelegt ist. Ein besonderes Merkmal der Eingrenzung von Macht liegt in der Unabhängigkeit der Rechtsprechung.

Marx sieht die Politik als Teil der Auseinandersetzung von Klassenkämpfen. Die Institutionen handeln nicht frei, sondern im Sinne des herrschenden Kapitals. Die Veränderung der Welt folgt einer historischen Gesetzmäßigkeit, welche auf die Aufhebung der Unterdrückung abzielt.

Regierungshandeln:

Regierungshandeln beruht auf dem Mehrheitskonzept. Dieses funktioniert dann, wenn bestimmte Kontrollmechanismen eingebaut sind. Daher wird nach Tocqueville die in Demokratien bestehende Tendenz zur Zentralisierung begrenzt durch Gewaltenteilung und durch die Beschränkung von Verwaltungsmacht. Unterstützt durch ein funktionierendes Rechtssystem gelingt die Akzeptanz und Durchsetzung von Gesetzen auf den dafür vorgesehenen Ebenen und auf der Basis geteilter Kompetenzbereiche.

Marx sieht Regierungshandeln als abhängige Verwaltung des Willens herrschender Klassen.

Wandel von Herrschaft:

Eine Gefahr für die Demokratie, Freiheit und Gleichheit sieht Tocqueville im Rückzug von Bürgern auf sich selbst bzw. ihre individuellen ökonomischen Interessen. Dadurch entsteht möglicherweise ein Widerwillen gegen staatliche Eingriffe, der zu einer geringeren Akzeptanz gesetzlicher Regelungen führt. Die Allmacht der Mehrheit birgt die Gefahr des Despotismus. Dieser kann nach seiner Auffassung bei Individualisierung und Bürokratisierung zu einer allmählichen Entmündigung von Bürgern führen. Zudem sieht er das Problem des Verhältnisses von Staaten in einem Bundesstaat zueinander. Dieser kann nur existieren, solange ihm die Mitgliedsstaaten angehören wollen.

Marx sieht den Wandel von Herrschaft als geschichtlichen Prozess. Die kapitalistische Produktionsweise führt von selbst zur Abschaffung des Kapitalismus, die Dichotomie von Bürgertum und Arbeiterklasse resultiert in einer Revolution, die das Ende des Kapitalismus herbeiführt.

Meinungs- und Willensbildungsprozesse:

Meinungs- und Willensbildungsprozesse sieht Tocqueville maßgeblich in die Regelung von Partizipation in einem kulturellen Selbstverständnis des bürgerlichen Engagements eingebettet. Willensbildung erfolgt von unten nach oben. Sie wird begleitet unter anderem durch Pressefreiheit, welche dem Individuum die Möglichkeit gibt, Ungerechtigkeit in die öffentliche Aufmerksamkeit zu bringen und damit möglicherweise zu verhindern.

Marx sieht die Meinungsbildung insbesondere im Rahmen der Befreiung von Unterdrückung gegeben durch den Zusammenschluss und durch Aktionen des Proletariats mit den Kommunisten an der Spitze.

Implementation von Entscheidungen:

Für Tocqueville ist eine dezentrale Verwaltung optimal, die auf der Trennung von Kompetenzen zwischen den unterschiedlichen Ebenen eines Staates beruht und die Durchführung von Gesetzen auf die lokale Ebene verlagert.

Marx sieht die Institutionen als ausführende Organe der herrschenden Klasse.

155

Policy:

Politische Inhalte ordnet Tocqueville den jeweiligen Zuständigkeiten der lokalen Ebene, den „Countys" als regionale Verwaltungseinheiten sowie den Staaten und dem Bund zu. Diese sind streng voneinander getrennt.

Marx nennt unter anderem für die Zeit einer Diktatur des Proletariats bis zur völligen Herstellung der Gleichheit verschiedene Aufgaben der Politik, unter anderem eine progressive Steuer, Enteignungen, Verstaatlichung von Banken und eine öffentliche Erziehung im Sinne der proletarischen Klasse.

Mit ihren sich in wesentlichen Beobachtungsmerkmalen diametral entgegenstehenden Positionen repräsentieren Tocqueville und Marx politische Konzepte und Theorien, die insbesondere im 20. Jahrhundert ihren Niederschlag in den politischen Systemen des „Westens" und des „Ostens" fanden und zu entsprechenden Weiterentwicklungen und Auseinandersetzungen politischer Konzepte führten.

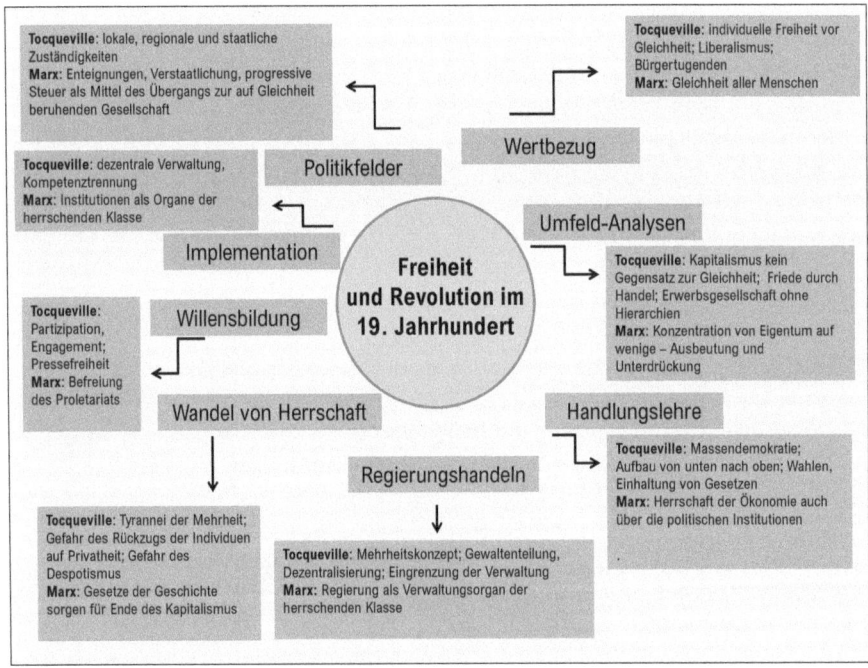

Abb. 1.15: Tocqueville und Marx – Freiheit und Revolution (eigene Darstellung)

1.20 Von Sokrates bis Marx

1.20.1 Ein knapper Rückblick

Die in diesem Kapitel behandelten klassischen Denker legten die Grundlage für das hellenistische Weltbild und die mittelalterlichen Vorstellungen über Religion, Kirche und Staat.

Sokrates argumentierte, dass das Wissen eine hinreichende Bedingung für das richtige Handeln sei, in dem derjenige, der das Gute erkennt, dieses auch tun wird. Unrecht zu tun ist dementsprechend falsch für denjenigen, der es als Unrecht erkannt hat, und es ist immer falsch, Menschen zu schädigen. Somit geht es darum, moralisch zu handeln, es ist möglich, wahr und falsch zu unterscheiden, jedenfalls für gebildete Philosophen (Grabner-Haider, 2012, S. 30ff.).

Für Platon ist eine zentrale Frage, welche Staatsverfassung die Gerechtigkeit garantiert. Als beste Lösung erscheint ihm die Politeia, in der der Staat hierarchisch in drei Klassen gegliedert ist. In diesem Staat sollen die Philosophen die Macht ausüben, da sie das Gute erkennen können und es dementsprechend auch tun werden. Idealerweise beruht das staatliche Handeln auf der Vernunft und dem Ideal der Mäßigung und Genügsamkeit. Politik versteht er als auf Gerechtigkeit gerichtetes Tun. Politik und Gerechtigkeit gehören zusammen, sie beruhen auf einer Gleichverteilung der Güter (Grabner-Haider, 2012, S. 38f.; Llanque, 2016, S. 11ff.).

Aristoteles entwickelt die Ideen Platons weiter. Von ihm stammt die Auffassung, dass Menschen politische Wesen sind, die Gemeinschaft brauchen und mit vernünftigen und bestmöglichen Gesetzen regiert werden sollen. Dabei geht es um die Schaffung von Bedingungen für ein glückliches Leben. Ziel ist es, mit einer guten Regierung einen gemeinsamen Nutzen zu schaffen, und zwar auf der Basis einer sittlich definierten Ordnung. Es geht um die Herrschaft unter Freien und Gleichen. Aristoteles zeigt, dass Ungerechtigkeit aus Ungleichheit hervorgeht (Llanque, 2016, S. 19ff.).

Augustinus gilt als Vordenker eines autoritären Christentums mit einem absoluten Wahrheitsanspruch. Sein Denken gründet darauf, dass alle Menschen durch die Ursünde böse und verdorben seien und die Kirche bzw. die Religion die absolute göttliche Wahrheit lehrten. Im Extremfall verliert derjenige, der von dieser absoluten Wahrheit abweicht, das Recht auf Leben. Menschen sind Bürger zweier Welten, der irdischen und der göttlichen. Der irdische Staat beruht auf der Selbstliebe, der göttliche auf der Gottesliebe. Daher bedarf es eines autoritären Staats, der von der Selbstliebe heilt und auf den Weg zum Gottesstaat führt (Grabner-Haider, 2012, S. 53ff.).

Marsilius kritisiert Jahrhunderte später die Entwicklung der Kirche zur weltlichen Macht und setzt sich von der theologischen Zielsetzung staatlichen Handelns ab. Ziel des Staates ist für ihn die Sicherung des weltlichen Friedens, es liegt nicht im spirituellen Bereich. In diesem Zusammenhang haben für ihn gewählte Regierungen den

Vorrang. Er argumentiert, dass Gesetzgebung heißt, dass von allen genehmigt werden müsse, was alle betrifft (Llanque, 2016, S. 31ff.).

Machiavelli trennt in seiner politischen Theorie die Ethik vollkommen vom politischen Handeln, das bei ihm auf die Stabilität des Staats gerichtet ist. Sie kann nur durch den potenziellen Einsatz aller machtpolitisch möglichen Mittel gewährleistet werden. Dabei geht es um einen Einheitsstaat, der durch den herrschenden Fürsten nach innen wie nach außen zu sichern und womöglich zu erweitern ist. Ethik und Religion sind Instrumente, die für Regelungen zwischen privaten Individuen wichtig sind, jedoch nicht für den Herrscher gelten. Dies gilt besonders in kriegerischen Auseinandersetzungen (Grabner-Haider, 2012, S. 70ff.; Llanque, 2016, S. 37ff.).

Die Argumentationslinien, die die Denker des griechischen Altertums und des Mittelalters gelegt haben, finden sich in der politischen Theorie der nachfolgenden Jahrhunderte bis heute wieder. Dies gilt für die Frage nach dem Guten ebenso wie für die Ideen, die in der Philosophie gewonnen werden und in die Politik hineinwirken. Gleichermaßen aktuell sind Fragen des Verhältnisses von Staat, Kirche und Religion. Grundsätzliche Überlegungen zu den Aufgaben und Zielsetzungen des Staats und den aus dem Eigentum resultierenden sozialen und politischen Verhältnissen sind Thema klassischer wie heutiger Diskurse. Dies gilt analog für die Frage des Aufbaus politischer Verfassungen vor dem Hintergrund von Gerechtigkeit und Ungleichheit. Wie politische Institutionen angelegt sein sollten, wurde insbesondere von den griechischen Theoretikern eingehend analysiert und im Mittelalter spezifisch beantwortet.

All diese Themenkomplexe finden sich in differenzierter neuer Form in den politischen Ideen der beginnenden Neuzeit bis heute wieder.

Die Beschäftigung mit den klassischen Denkern politischer Ideen und politischer Theorien bringt, wie Llanque es ausdrückt, ein „Arsenal" von Argumenten zutage, das für die Reflexion aktueller politischer Prozesse ebenso nützlich ist wie für die Analyse zahlreicher heutiger politischer Entwicklungen und Probleme (Llanque, 2016, S. 7).

In einem kurzen Rückblick auf dieses Kapitel werden die methodischen Ansätze zusammengefasst: Es wurden klassische Autoren untersucht und aus deren vielschichtigen Werken philosophischer, soziologischer, sozialhistorischer und politischer Art Aussagen ausgewählt und untersucht, die für Reflexionen und Anwendungen in der Praxis von Bedeutung sind. Diese wurden analysiert und in einer Struktur politikwissenschaftlicher Beobachtungsschwerpunkte schematisch dargestellt. Politikwissenschaft hat sich im letzten Jahrhundert zu einer empirisch-analytischen Sozialwissenschaft entwickelt, in der geisteswissenschaftliche und naturwissenschaftliche Paradigmen gelten. Bei den untersuchten Klassikern dominieren normative und ontologische Hintergründe. Wenn Empirie eine Rolle spielt, dann unterliegt sie nicht den heutigen theoretischen und methodischen Ansprüchen. Empirie wird hier als ein Vorstadium dieser Wissenschaftsentwicklung auf der Höhe der damaligen Zeit begriffen, die oftmals aus den persönlichen, durchaus systematisierten Erfahrungen dieser Autoren stammte.

Damit könnte sich zum Abschluss dieses Kapitels die Frage stellen, welche wissenschaftlichen Grundlagen die untersuchten Autoren mitbringen und wie deren Aussagen methodisch heute zu bewerten sind. Die Antwort auf diese Frage lautet, dass dies für die hier untersuchten Klassiker keine Rolle spielt hinsichtlich des Werts der Beschäftigung mit ihrem Denken. Warum? Die heutige Wissenschaft zieht weder Ursachen noch letzte Ziele politischen Geschehens heran, aber niemand wird bestreiten, dass die Untersuchung der aktuellen Phänomene des Politischen einer wissenschaftlichen Betrachtung bedarf, die beschreibt, erklärt und versteht. Um zu Ansätzen und Aussagen der Untersuchung von Phänomenen zu kommen, braucht es wissenschaftlich ausgebildete Menschen, die sich auch des Wissens der Vergangenheit für die Fragen von heute und morgen bedienen können. Die hier untersuchten Klassiker bieten dafür einen nahezu unerschöpflichen Vorrat an Theorien, Ideen, Kriterien und bis heute spannenden und signifikanten Aussagen und Thesen. Diese für die eigene Ideenwelt und für die kritische Betrachtung aktueller wissenschaftlicher und politischer Konstruktionen zu nutzen, macht die Klassiker wertvoll – und zwar ganz unabhängig von den ihnen zugrunde liegenden Methodologien!

1.20.2 Wirkungen

Die Wirkungen klassischer politischer Denker werden im Folgenden nur in Ansätzen betrachtet.

In heutigen Debatten sind Begriffe wie Staat, Gerechtigkeit, Wahrheit, Gleichheit und Glück nach wie vor umstritten. Sie spielten bereits bei den griechischen Philosophen eine zentrale Rolle. Es lohnt sich also, den Gedankengängen nachzugehen, die mit deren Reflexionen und Analysen und auch Wertbestimmungen verbunden sind. So bietet z. B. der Gerechtigkeitsbegriff bei Platon hinreichend Anlass zur Diskussion. Denn er wird insbesondere verstanden als eine Institution, welche die Stabilität des Staats aufrechterhält, während es heute vor allem um die Gleichberechtigung ohne Vorrechte geht (Pfetsch, 2019, S. 59; Reese-Schäfer, 2016, S. 25).

Aristoteles inspiriert heute noch Debatten um die Analyse von politischen Zusammenhängen und die Weiterentwicklung von Verfassungen. Mit seinem systematischen sozialwissenschaftlichen Blick regt er die Einbettung theoretischer Begriffe in soziale und ökonomische Kontexte an (Pfetsch, 2019, S. 78f.; Reese-Schäfer, 2016, S. 42).

Das Verhältnis von Religion, Kirche und Staat spielt aktuell in mannigfacher Weise eine Rolle, nicht zuletzt, wenn es um das Verhältnis von Staat, Christentum und Islam geht. Die Trennung von Kirche und Staat hat sich historisch aus den mittelalterlichen Kämpfen entwickelt. Ein freiheitlicher Staat, so zitiert Schwaabe den Verfassungsrechtler Böckenförde, kann nur bestehen, wenn sich die „Freiheit, die er seinen Bürgern gewährt, von innen her, aus der moralischen Substanz des Einzelnen und der Homogenität der Gesellschaft, reguliert" (Schwaabe, 2008, S. 84). Die moralische Substanz, die hier gefordert wird (und auch das Verständnis, dass Menschen mehr sind als ein „homo oeconomicus"), ergibt sich jedoch nicht zuletzt aus Konstruktionen, die aus religiösen Zusammenhängen stammen (Schwaabe, 2008, S. 84). Damit gelangt man sehr schnell wieder an die politisch zu analysierenden Vorstellungen z. B. von Augustinus. Graf warnt dabei vor voreiligen Schlüssen; es sei eine naive Vorstellung, dass es „das Judentum", „das Christentum", „den Islam", „den Buddhismus" oder „den Hinduismus" gäbe (Graf, 2017, S. 10). Religiöse Symbolsprachen, so Graf, zeichneten sich durch eine hohe Interpretationsoffenheit aus, „die sowohl Gutes und Wunderbares als auch Furchtbares, Grausames und Böses bewirken kann" (Graf, 2017, S. 13) und daher politikwissenschaftlich gesehen zwischen demokratischer Versuchung und liberaler, freiheitsdienlicher Entfaltung steht (Graf, 2017, S. 34 ff, 38ff.). Diese Spannbreite bietet bis heute viel Raum für politikwissenschaftliche Auseinandersetzung mit Religion.

Machiavelli wird als Machttheoretiker gesehen, der mit seinen Betrachtungen nicht zuletzt zur Analyse internationaler Auseinandersetzungen beiträgt. Ein besonderes Augenmerk wird hierbei auf die von ihm begründete Trennung der Politik von der Ethik gelegt. Aus dieser Trennung entsteht eine Handlungstheorie der Politik, die bis heute zur politikwissenschaftlichen Analyse genutzt wird. Zudem richtet Machiavelli den Blick auf die Realität der Politik, die als Staatsräson eine Maxime des Handelns darstellt (Pfetsch, 2019, S. 124ff.; Reese-Schäfer, 2016, S. 64).

Hobbes reflektiert die menschliche Anthropologie, er beschreibt das menschliche Handeln und setzt sich damit von der Vernunftorientierung und vom Glücksstreben bei Aristoteles oder dem Machtstreben bei Machiavelli ab. Der zentrale Wert bei Hobbes ist die Selbsterhaltung des Einzelnen. Daraus wird eine Theorie, die in erster Linie den Schutz des Einzelnen durch einen mächtigen Staat vorsieht (Pfetsch, 2019, S. 153f.; Reese-Schäfer, 2016, S. 95).

Die Wirkung Lockes liegt nicht zuletzt darin, dass er ein anthropologisches Gegenbild zu Hobbes vorlegt. Er inspirierte die amerikanische Verfassung und steht für die Formulierung der Konstitutionsbedingungen einer liberalen Gesellschaft. Der Maßstab ist der Schutz von Leben, Freiheit und Eigentum, garantiert durch eine Regierung, der dazu politische Rechte übertragen werden und die diese Zwecke auch erfüllt (Pfetsch, 2019, S. 178; Reese-Schäfer, 2016, S. 114).

Montesquieus Beitrag zu politischen Debatten liegt nicht nur darin, dass er von den Menschen aus denkt und von da aus zu Verfassungen gelangt, die auf dem Prinzip der Gewaltenteilung beruhen. Für ihn kommt es darauf an und ist es auch möglich, den Volkswillen zu repräsentieren. Den Gedanken des heute diskutierten Pluralismus einer Gesellschaft nimmt er vorweg, indem er das Zusammenspiel der Kräfte vorsieht, um ein Abgleiten in den Despotismus zu verhindern (Pfetsch, 2019, S. 264; Reese-Schäfer, 2016, S. 125; Marti, 2006, S. 35ff.). Im Gegensatz zu Montesquieu verfolgt Rousseau den Gedanken, dass der Wille des Volks auf direkte Weise Maßgabe der Politik sein sollte, da eine Regierung immer in der Gefahr stehe, von diesem abzuweichen. Rousseau lehnte daher eine repräsentative Demokratie ab (Pfetsch, 2019, S. 302; Reese-

Schäfer, 2016, S. 164; Marti, 2006, S. 39ff.). Dieser Gedanke findet sich bis heute in Diskussionen wieder, z. B., wenn es um Volksabstimmungen geht.

Tocqueville ist unter aktuellen Gesichtspunkten interessant, weil er auf den Zusammenhang zwischen der Rolle der politischen Kultur und der Struktur sowie der Realität der Verfassungen aufmerksam macht. Durch die Beschäftigung mit den Auswirkungen der Mehrheitsregel kommt er dazu, die politische Macht in einem System von Checks and Balances zu begrenzen. Dabei spielt der Föderalismus in großen Staaten eine besondere Rolle, ebenso wie die Unabhängigkeit der Justiz und die Pressefreiheit als kontrollierende Instanzen. Ein besonderes Augenmerk richtet Tocqueville auch auf das Engagement der Bürger für die Stärke der Demokratie, ein Aspekt, der bis heute Beachtung findet (Pfetsch, 2019, S. 311; Reese-Schäfer, 2016, S. 200).

Die Bedeutung Karl Marx' als soziologisch denkendem Analytiker, der die Auswirkungen eines zügellosen Kapitalismus auf die Sozialstruktur beschrieb, hält bis heute an. Seine Reflexionen zur Globalisierung des Kapitals im Zusammenhang mit der ökonomischen Entwicklung sind ebenso bis heute inspirierend. Sein Wirken kann aber nicht ohne die politische Geschichte des 20. Jahrhunderts gesehen werden. Seine sozialökonomischen Analysen sind ebenso wie die politischen Utopien in Anbetracht der Auflösung vieler sog. sozialistischer Staaten nicht mehr Gegenstand der Debatte, wenngleich es weiterhin Staaten gibt, die ihre Politik in seinem Namen gestalten. Bis heute werden hingegen bestimmte Diskurse etwa zu sozialen Fragen und zur Globalisierung vor dem Hintergrund der Marx'schen Theorien geführt (Marti, 2006, S. 221f.).

Wie sich zeigt, wurden viele politische Theorien und Ideen entwickelt, die in ihrer Zeit und teilweise weit darüber hinaus gewirkt haben. Schon aus diesem Grunde lohnt es sich, sich mit ihnen zu beschäftigen. Ganz wesentlich jedoch ist es, politische Theorien und Ideen für eine (Selbst-)Verständigung im offenen Dialog zu nutzen.

Aufgaben und Reflexionsfragen

Worin ist der Wert der Auseinandersetzung mit klassischen politischen Theorien zu sehen?

Hinweise:

Die Auseinandersetzung bietet unter anderem ein „Arsenal" von Argumenten für heutige Diskussionen; Reflexionshinweise für eigenes Denken und auch einen Wiedererkennungswert für grundlegende politische Orientierungen, etwa in Fragen von Verfassungen, Regierungsformen oder die Bestimmung von Werten.

Worin besteht der Wert, sich heute mit Machiavelli auseinanderzusetzen?

Hinweise:

Machiavelli steht für Machtpolitik. Wichtige Denkanstöße bietet er z. B. im Hinblick auf die ethischen Aspekte, auf das Verhältnis von Innen- und Außenpolitik oder auf Verhaltensweisen in kriegerischen Auseinandersetzungen, etwa in der Frage von Waffenlieferungen (Bindung an und Loslösung von Ethik).

Welche Unterschiede sehen Sie zwischen Montesquieu und Rousseau z. B. in Bezug auf Wertorientierungen?

Hinweise:

Bei Montesquieu wird Vernunft auf der Basis der individuellen Freiheit gesehen. Für Rousseau gilt der Primat der Vernunft mit dem Maßstab der Gleichheit.

Literaturverzeichnis Kapitel 1

Aristoteles (1989). *Politik*. Stuttgart: Reclam.

Aristoteles (2017). *Nikomachische Ethik*. Stuttgart: Reclam.

Aristoteles (1991). *Metaphysik*. Stuttgart: Reclam.

Aron, R. (2018). *Hauptströmungen des soziologischen Denkens, 1 Band*. Köln: Kiepenheuer & Witsch.

Augustinus (1955a). *Vom Gottesstaat*. Bd. I. Zürich: Artemis.

Augustinus (1955b). *Vom Gottesstaat*. Bd. II. Zürich: Artemis.

Bacon, F. (2017). *Große Erneuerung der Wissenschaften. Neues Organon*. Berlin: Holzinger.

Baker-Smith, D. (2014). Thomas More. *The Stanford Encyclopedia of Philosophy*. Verfügbar am 26.03.2022 unter https://plato.stanford.edu/entries/thomas-more

Ballauf, T. & Schaller, K. (1970). *Pädagogik, Band II: Vom 16. bis zum 19. Jahrhundert*. Freiburg: Karl Alber.

Becker, M. (2021). Sittlichkeit und Staat. In M. Becker, J. Schmidt, & R. Zintl (Hrsg.), *Politische Philosophie*. S. 77–128. 5. Auflage, Paderborn: Ferdinand Schöningh.

Bertram, C. (2017). Jean Jacques Rousseau. *The Stanford Encyclopedia of Philosophy*. Verfügbar am 26.03.2022 unter https://plato.stanford.edu/entries/rousseau

Bevc, T. (2007). *Politische Theorie*. Konstanz: UVK.

Bittner, J. & Hildebrandt, T. (2019). Kevin Kühnert: Was heißt Sozialismus für Sie, Kevin Kühnert? [Interview]. *ZEIT ONLINE*. Verfügbar am 26.03.2022 unter www.zeit.de/politik/deutschland/2019-05/kevin-kuehnert-spd-jugendorganisation-sozialismus

Bok, H. (2014). Baron de Montesquieu. *The Stanford Encyclopedia of Philosophy*. Verfügbar am 26.03.2022 unter https://plato.stanford.edu/entries/montesquieu

Bourdeau, M. (2018). Auguste Comte. *The Stanford Encyclopedia of Philosophy*. Verfügbar am 26.03.2022 unter https://plato.stanford.edu/entries/comte

Brink, D. (2018). Mill's Moral and Political Philosophy. *The Stanford Encyclopedia of Philosophy*. Verfügbar am 26.03.2022 unter https://plato.stanford.edu/entries/mill-moral-political

Brocker, M. (2020). John Locke, Zwei Abhandlungen über die Regierung (1690). In M. Brocker (Hrsg.), *Geschichte des politischen Denkens*. S. 258–272. 6. Auflage. Frankfurt a. M.: Suhrkamp.

Brown, C. R. & Morris, W. E. (2014). David Hume. *The Stanford Encyclopedia of Philosophy*. Verfügbar am 26.03.2022 unter https://plato.stanford.edu/entries/hume

Brown, E. (2017). Plato's Ethics and Politics in The Republic. *The Stanford Encyclopedia of Philosophy*. Verfügbar am 26.03.2022 unter https://plato.stanford.edu/entries/plato-ethics-politics

Burckhardt, C. J. (1985). Vorwort. In A. Tocqueville. *Über die Demokratie in Amerika*. S. 3–5. Stuttgart, Philipp Reclam jun.

Celikates, R. & Jaeggi, R. (2011). Ideologie. In M. Hartmann & C. Offe (Hrsg.), *Politische Theorie und politische Philosophie*. S. 222–224. München: Beck.

Chappell, S. G. (2013). Plato on Knowledge in the Theaetetus. *The Stanford Encyclopedia of Philosophy*. Verfügbar am 26.03.2022 unter https://plato.stanford.edu/entries/plato-theaetetus

Cicero, M. T. (2007). *De Oratore*. Düsseldorf: Artemis&Winkler.

Cicero, M. T. (2013). *De re publica – Vom Staat.* Ditzingen: Reclam.

Cicero, M. T. (o. D.). *Rede für Sextus Roscius.* Verfügbar am 17.03.2022 unter www.gottwein.de/Lat/CicRed/s.rosc.01.php

Cohen, R. (2018). Hume's Moral Philosophy. *The Stanford Encyclopedia of Philosophy.* Verfügbar am 26.03.2022 unter https://plato.stanford.edu/entries/hume-moral

Dalos, G. (1993). *Proletarier aller Länder, entschuldigt mich!* Bremen: Ed. Temmen.

Deutschmann, C. (2019). Die Marx'sche Klassentheorie – oft totgesagt, aktueller denn je. *Leviathan, 47* (1), 102–116.

Dicke, K. (2007). Immanuel Kant, Zum ewigen Frieden (1795). In M. Brocker (Hrsg.), *Geschichte des politischen Denkens.* S. 373–386. Frankfurt a. M.: Suhrkamp.

Duncan, S. (2014). Thomas Hobbes. *The Stanford Encyclopedia of Philosophy.* Verfügbar am 26.03.2022 unter https://plato.stanford.edu/entries/hobbes

Engels, F. (1956). Die Lage der arbeitenden Klasse in England. In K. Marx & F. Engels. *MEW.* S. 225–506. Berlin: Dietz.

Fleischhacker, S. (2017). Adam Smith's Moral and Political Philosophy. *The Stanford Encyclopedia of Philosophy.* Verfügbar am 26.03.2022 unter https://plato.stanford.edu/entries/smith-moral-political

Freely, J. (2012). *Platon in Bagdad.* 2. Auflage. übersetzt v. I. Pfizner. Stuttgart: Klett-Cotta.

Fuchs-Heinritz, W. (1998). *Auguste Comte.* Opladen & Wiesbaden: Westdeutscher Verlag.

Gallus, A. (2016). Politikwissenschaftliche Passagen zur Erkundung eines Faches. In A. Gallus (Hrsg.), *Politikwissenschaftliche Passagen.* S. 9–21. Baden-Baden: Nomos.

Grabner-Haider, A. (2012). *Die wichtigsten Philosophen.* Wiesbaden: marixverlag.

Graf, F. W. (2017). Einleitung. F. W. Graf & H. Meier (Hrsg.), *Politik und Religion.* S. 7–45. München: C. H. Beck.

Hamilton, A., Madison, J. & Jay, J. (2007). *Die Federalist Papers.* (Hrsg. v. B. Zehnpfennig). München: Beck.

Herb, K. (2020). Jean-Jacques Rousseau, Vom Gesellschaftsvertrag. In M. Brocker (Hrsg.), *Geschichte des politischen Denkens.* S. 303–317. 6. Auflage. Frankfurt: Suhrkamp.

Hereth, M. (2020). Montesquieu, Vom Geist der Gesetze (1748). In M. Brocker (Hrsg.), *Geschichte des politischen Denkens.* S. 273–287. 6. Auflage. Frankfurt a. M.: Suhrkamp.

Hobbes, T. (1970). *Leviathan.* (übersetzt v. J. Mayer). Stuttgart: Philipp Reclam jun.

Hoerster, N. (Hrsg.) (2001). *Klassiker des philosophischen Denkens.* München: dtv.

Horn, C. (2020). Augustinus, De Civitate Dei. In M. Brocker (Hrsg.), *Geschichte des politischen Denkens.* S. 62–77. 6. Auflage. Frankfurt a. M.: Suhrkamp.

Horster, D. (1994). *Das Sokratische Gespräch in Theorie und Praxis.* Opladen: Leske und Budrich.

Hume, D. (1967). *Eine Untersuchung über den menschlichen Verstand.* Ditzingen: Philipp Reclam jun.

Hume, D. (1996). *Eine Untersuchung über die Prinzipien der Moral.* Stuttgart: Philipp Reclam jun.

Jacobi, K. (2001). Aristoteles. In N. Hoerster (Hrsg.). *Klassiker des philosophischen Denkens.* S. 53–108. München.

Kant, I. (2013). *Kritik der praktischen Vernunft.* Ditzingen: Reclam.

Kant, I. (2016). *Zum ewigen Frieden.* Berlin: Michael Holzinger.

Kersting, W. (2020). Thomas Hobbes, Leviathan. In M. Brocker (Hrsg.), *Geschichte des politischen Denkens*. S. 212–226. 6. Auflage. Frankfurt a. M.: Suhrkamp.

Kielmansegg, P. Graf v. (2007). Der Federalist (1788). In M. Brocker (Hrsg.), *Geschichte des politischen Denkens*. S. 349–363. Frankfurt a. M.: Suhrkamp.

Kielmansegg, P. Graf v. (2016). Politikwissenschaft und Politikberatung. In A. Gallus (Hrsg.), *Politikwissenschaftliche Passagen*. S. 65–80. Baden-Baden: Nomos.

Kohn, M. & Reddy, K. (2017). Colonialism [online]. *The Stanford Encyclopedia of Philosophy*. Verfügbar am 26.03.2022 unter https://plato.stanford.edu/entries/colonialism

Kraut, R. (2017). Plato. *The Stanford Encyclopedia of Philosophy*. Verfügbar am 26.03.2022 unter https://plato.stanford.edu/entries/plato

Llanque, M. (2016). *Geschichte der politischen Ideen*. 2. Auflage. München: Beck.

Locke, J. (1974). *Über die Regierung*. Stuttgart: Philipp Reclam jun.

Locke, J. (1996). *Brief über Toleranz*. Hamburg: Meiner.

Lüddecke, D. (2020). Marsilius von Padua. Der Verteidiger des Friedens. In M. Brocker (Hrsg.), *Geschichte des politischen Denkens*. S. 93–107. 6. Auflage. Frankfurt a. M.: Suhrkamp.

Lutz-Bachmann, M. (2020). Karl Marx, Das Kapital (1867/1885/1894). In M. Brocker (Hrsg.), *Geschichte des politischen Denkes* (S. 435–464). 6. Auflage. Frankfurt a. M.: Suhrkamp.

Machiavelli, N. (2011). *Gesammelte Werke*. Hrsg. v. A. Ulfig. Eggolsheim: Dörfler.

MacLeod, C. (2016). John Stuart Mill. *The Stanford Encyclopedia of Philosophy*. Verfügbar am 26.03.2022 unter https://plato.stanford.edu/entries/mill

Mantzavinos, C. (2006). *Naturalistische Hermeneutik*. Tübingen: Mohr Siebeck.

Marsilius von Padua (1958). *Der Verteidiger des Friedens*. Darmstadt: Wissenschaftliche Buchgesellschaft.

Marti, U. (2006). *Demokratie, das uneingelöste Versprechen*. Zürich: Rotpunktverlag.

Marx, K. (1956a). *Das Kapital*. Berlin: Dietz.

Marx, K. (1956b). *MEW 1*. (Hrsg. v. F. Engels.) Berlin: Dietz.

Marx, K. (1956c). *MEW 3*. (Hrsg. v. F. Engels) Berlin: Dietz.

Marx, K. (1956d). Ökonomisch-philosophische Manuskripte. In K. Marx, & F. Engels. *MEW 40*. S. 510–540. Berlin: Dietz.

Marx, K. (1956e). Vorwort zur Kritik der politischen Ökonomie. In K. Marx & F. Engels. *MEW 13*. S. 7–11. Berlin: Dietz.

Marx, K. (2016a). Der Bürgerkrieg in Frankreich. In K. Marx & F. Engels. *Gesammelte Werke*. S. 609–668. Köln: Anaconda.

Marx, K. (2016b). Kritik des Gothaer Programms. In K. Marx, F. Engels & K. Llothzky (Hrsg.), *Gesammelte Werke*. S. 697–722. Köln: Anaconda.

Marx, K. (2016c). Thesen über Feuerbach. In K. Marx, F. Engels & K. Lhotzky (Hrsg.), *Gesammelte Werke*. S. 29–31. Köln: Anaconda.

Marx, K. & Engels, F. (2016a). Das Manifest der Kommunistischen Partei (1848). In K. Marx, F. Engels & K. Lhotzky (Hrsg.), *Gesammelte Werke*. S. 129–166. Köln: Anaconda.

Marx, K. & Engels, F. (2016b). Die deutsche Ideologie. In K. Marx, F. Engels & K. Lhotzky (Hrsg.), *Gesammelte Werke*. S. 32–105. Köln: Anaconda.

Marx, K. & Engels, F. (2016c). Zur Kritik der Hegelschen Rechtsphilosophie. Einleitung. In K. Marx, F. Engels & K. Lhotzky (Hrsg.), *Gesammelte Werke*. S. 12–31. Köln: Anaconda.

Mayer, J. P. (1985). Tocqueville und sein Werk. In A. Tocqueville, *Über die Demokratie in Amerika.* S. 7–13. Stuttgart: Philipp Reclam jun.

Mendelson, M. (2018). Augustine. *The Stanford Encyclopedia of Philosophy.* Verfügbar am 26.03.2022 unter https://plato.stanford.edu/entries/augustine

Mill, J. (2006). *Der Utilitarismus.* Stuttgart: Philipp Reclam jun.

Mill, J. (2010). *Über die Freiheit.* Ditzingen: Philipp Reclam jun.

Mill, J. (2013). *Betrachtungen über die Repräsentativregierung.* Frankfurt a. M.: Suhrkamp.

Miller, F. (2017). Aristotle's Political Theory. *The Stanford Encyclopedia of Philosophy.* Verfügbar am 26.03.2022 unter https://plato.stanford.edu/entries/aristotle-politics

Montesquieu (1965). *Vom Geist der Gesetze.* Stuttgart: Philipp Reclam jun.

Montesquieu (1991). *Persische Briefe.* Stuttgart: Reclam.

Morus, T. (1986). *Utopia.* Ditzingen: Reclam.

Münkler, H. (2020). Nicolo Machiavelli. In M. Brocker (Hrsg.), *Geschichte des politischen Denkens.* S. 108–121. 6. Auflage. Frankfurt a. M.: Suhrkamp.

Nails, D. (2018). Sokrates. *The Stanford Encyclopedia of Philosophy.* Verfügbar am 26.03.2022 unter https://plato.stanford.edu/entries/socrates

Nederman, C. (2014). Niccolò Machiavelli. *The Stanford Encyclopedia of Philosophy.* Verfügbar am 26.03.2022 unter https://plato.stanford.edu/entries/machiavelli

Niedermaier, H. (2017). *Wozu Demokratie?* Konstanz & München: UVK/Lucius.

Ottmann, H. (2001). *Geschichte des politischen Denkens, Band 1.2. Die Griechen: Von Platon bis zum Hellenismus.* Stuttgart & Weimar: Metzler.

Ottmann, H. (2002). *Geschichte des politischen Denkens – Die Römer, Band 2.1.,* Stuttgart: J.B. Metzler.

Ottmann, H. (2004). *Geschichte des politischen Denkens, Band 2.2. Das Mittelalter.* Stuttgart: Metzler.

Ottmann, H. (2008). *Geschichte des politischen Denkens, Band 3.3. Die Neuzeit: Die politischen Strömungen im 19. Jahrhundert.* Stuttgart: Metzler.

Patzig, G. (2001). Platon. In N. Hoerster (Hrsg.), *Klassiker des philosophischen Denkens.* München: dtv.

Pfetsch, F. R. (2019). *Theoretiker der Politik: Von Platon bis Habermas.* 3. Auflage. Baden-Baden: Nomos.

Platon (2005a). *Politeia (Dialogorum de Republica). Der Staat.* Verfügbar am 26.03.2022 unter www.opera-platonis.de/Platon_Werke.pdf

Platon (2005b). *Politikos (De regno). Der Staatsmann.* Verfügbar am 26.03.2022 unter www.opera-platonis.de/Politikos.pdf

Platon (2005c). *Nomoi (De legibus). Die Gesetze.* Verfügbar am 26.03.2022 unter www.opera-platonis.de/Nomoi.pdf

Popper, K. R. (2003). *Die offene Gesellschaft und ihre Feinde, Bd. I: Der Zauber Platons.* 8. Auflage. Tübingen: Mohr Siebeck.

Rauscher, F. (2016). Kant's Social and Political Philosophy. *The Stanford Encyclopedia of Philosophy.* Verfügbar am 26.03.2022 unter https://plato.stanford.edu/entries/kant-social-political

Rawls, J. (2006). *Gerechtigkeit als Fairness.* Frankfurt a. M.: Suhrkamp.

Reese-Schäfer, W. (2016). *Klassiker der politischen Ideengeschichte.* 3. Auflage. Berlin & Boston: De Gruyter Oldenbourg.

Rohlf, M. (2016). Immanuel Kant. *The Stanford Encyclopedia of Philosophy*. Verfügbar am 26.03.2022 unter https://plato.stanford.edu/entries/kant

Rötzer, A. (2003). *Die Einteilung der Wissenschaften*. Universität Passau (Dissertation).

Rousseau, J.-J. (1995). *Emil oder Über die Erziehung*. 12. Auflage. Paderborn, München, Wien & Zürich: Schöningh.

Rousseau, J.-J. (1998). *Abhandlung über den Ursprung und die Grundlagen der Ungleichheit unter den Menschen*. Ditzingen: Reclam.

Rousseau, J.-J. (2011). *Vom Gesellschaftsvertrag*. Ditzingen: Reclam.

Rousseau, J.-J. (2012). *Abhandlung über die Wissenschaften und Künste*. Ditzingen: Reclam.

Schwaabe, C. (2008). *Politische Theorie*. 4. Auflage. Paderborn: Wilhelm Fink.

Schmidt, J. (2017). Gerechtigkeit. In M. Becker, J. Schmidt, & R. Zintl (Hrsg.), *Politische Philosophie*. S. 168–188. 5. Auflage. Paderborn: Ferdinand Schöningh.

Schmidt, J., & Zintl, R. (2021). Gesellschaftsvertrag und Staat. In M. Becker, J. Schmidt, & R. Zintl (Hrsg.), *Politische Philosophie*. S. 29-76. 6. Auflage. Paderborn: Ferdinand Schöningh.

Shields, C. (2015). Aristotle. *The Stanford Ecyclopedia of Philosophy*. Verfügbar am 26.03.2022 unter https://plato.stanford.edu/entries/aristotle

Smith, A. (2009). *Wohlstand der Nationen*. Köln: Anaconda.

Stanford University (n. d.). *Stanford Encyclopedia of Philosophy*. Verfügbar am 26.03.2022 unter https://plato.stanford.edu

Thomas von Aquin (1985). Die Summe der Theologie, Bd. 2. Die sittliche Weltordnung. Stuttgart: Kröner.

Thomas von Aquin (1994). Über die Herrschaft der Fürsten. Stuttgart: Philipp Reclam jun.

Thümmler, E. (2018). Probleme einer reflexiven Geschichte der Geschichte. Zur Diskussion um Ideengeschichte und Intellectual History. In G. Raulet, & M. Llanque (Hrsg.), *Geschichte der politischen Ideengeschichte* (S. 23 – 42). Baden-Baden: Nomos.

Tocqueville, A. de (1976). *Über die Demokratie in Amerika*. V. T. Eschenburg, J. P. Mayer & H. Zbinden (Hrsg.), übersetzt v. H. Zbinden. München: dtv.

Tocqueville, A. de (1985). *Über die Demokratie in Amerika*. Stuttgart: Philipp Reclam jun.

Tocqueville, A. de (ca. 1840). *Seite aus Arbeitsmanuskript „Über die Demokratie in Amerika"*. Verfügbar am 26.03.2022 unter https://upload.wikimedia.org/wikipedia/commons/b/bf/Page_from_original_working_manuscript_of_Democracy_in_America_by_Alexis_de_Tocqueville.jpg

Uzgalis, W. (2018). John Locke. *The Stanford Encyclopedia of Philosophy*. Verfügbar am 26.03.2022 unter https://plato.stanford.edu/entries/locke

Vorländer, H. (2007). Alexis de Tocqueville. In M. Brocker (Hrsg.), *Geschichte des politischen Denkens*. S. 419–434. Frankfurt a. M.: Suhrkamp.

Vorländer, H. (2011). Marxismus. In M. Hartmann & C. Offe (Hrsg.), *Politische Theorie und Politische Philosophie. Ein Handbuch*. S. 44–48. München: C. H. Beck.

Weber, R., & Beckstein, M. (2014). *Politische Ideengeschichte*. Göttingen: Vandenhoeck & Ruprecht.

Weber-Fas, R. (2003). *Staatsdenker der Moderne*. Tübingen: J. C. B. Mohr.

Weber-Faß, R. (2005). *Staatsdenker der Vormoderne*. Tübingen: J. C. B. Mohr.

Wehling, E. (2016). *Politisches Framing*. Köln: Herbert von Halem Verlag.

Wolff, J. (2017). Karl Marx. *The Stanford Encyclopedia of Philosophy.* Verfügbar am 26.03.2022 unter https://plato.stanford.edu/entries/marx

Zehnpfennig, B. (2016). Denken im luftleeren Raum? In A. Gallus (Hrsg.), *Politikwissenschaftliche Passagen.* S. 45–63. Baden-Baden: Nomos.

Zehnpfennig, B. (2020). Paton, Politeia. In M. Brocker (Hrsg.), *Geschichte des politischen Denkens.* S. 14–30. 6. Auflage. Frankfurt a. M.: Suhrkamp.

Zintl, R. (2021). Marx. In M. Becker, J. Schmidt, & R. Zintl (Hrsg.), *Politische Philosophie.* S. 155–163. 6. Auflage. Paderborn: Ferdinand Schöningh.

2 Politische Ideen: Denker und Denkerinnen vom 20. Jahrhundert bis zur Gegenwart

Ulrich von Alemann, Sabrina Kovacs

Einleitung

Stellt man sich die junge Politikwissenschaft, wie sie in Deutschland vor 60 Jahren begann, als eine Torte vor, so ließe sie sich in drei Stücke teilen: die Innenpolitik, die Außenpolitik und die politische Theorie. Längst hat sich diese Übersichtlichkeit ausdifferenziert. Die Innen- und Außenpolitik haben sich in Segmente differenziert – Politikfeldanalyse, Vergleichende Politik, Methodik, Internationale Beziehungen, Friedensforschung usw. – und so auch die politische Theorie.

Ein wahrhaft weites Feld, in dem man mindestens fünf Theorieformen unterscheiden kann: *Mikrotheorien* über das Verhalten von Individuen; *Mesotheorien* über die Strukturen von Gruppen und Organisationen; *Makrotheorien* über Staaten und andere Systeme; *Megatheorien* über Weltanschauungen und Ideologien wie Liberalismus, Konservativismus, Sozialismus; und schließlich *Metatheorien*, die sich auf einer den vorliegenden Theorien übergeordneten Ebene (griech. meta=nach) mit dem Zustandekommen und den Grundlagen der Theoriebildung überhaupt beschäftigen.

Über alle diese vielen Straßen der politischen Theoriebildung sind viele Bücher und Lehrbücher geschrieben worden. Hier wollen wir einen anderen Weg vorschlagen: Menschen aus Fleisch und Blut, die in den letzten 100 Jahren über Politik nachdachten und dies aufgeschrieben haben, werden wir Ihnen in acht Porträts näherbringen. Wir sind davon überzeugt, dass man anhand dieser Beispiele besser – weil farbiger und lebensnäher – lernen kann, wie über Politik reflektiert wurde.

Das ist auch nicht originell; es gibt mindestens zwei Fachbücher der letzten Jahre, die ganz ähnlich vorgehen und sich auf die Porträts der Personen in der politischen Theorie stützen: Gisela Riescher (2004) in ihrer *Politischen Theorie der Gegenwart* skizziert auf ca. 500 Seiten 134 (!) Einzeldarstellungen von Denkerinnen und Denkern; Manfred Brocker (2018) in seiner *Geschichte des politischen Denkens* versammelt immerhin noch 62 Theoretiker und Theoretikerinnen, für die allerdings jeweils nur ein Hauptwerk dargestellt und erläutert wird.

Damit kann man in dieser Form allerdings nicht wirklich *lernen*. Diese Bücher sollte man eher wie ein Lexikon nutzen, dazu sind sie auch sehr zu empfehlen. Für das Lernen gilt die Beschränkung als Devise, um im Format eines Buches den angemessenen Stoff zu bemessen und zu vermitteln.

Dann steht natürlich die Qual der Auswahl an. Welche Denkerinnen und Denker sind die wichtigsten, größten, einflussreichsten? Ein schwieriges Dilemma. Soll man einfach die nehmen, die am meisten zitiert werden? Also Google entscheiden lassen? Oder diejenigen, die in den meisten Anthologien – wie in den beiden oben genannten sowie weiteren – als würdig erachtet werden? Muss man nicht auch die großen weltanschaulichen Strömungen – Liberalismus, Konservativismus, Sozialismus – berücksichtigen? Soll man sich allein auf deutsche Autoren und Autorinnen beschränken? Sind auch genug Frauen berücksichtigt? Sind die sich überlappenden Disziplinen – neben der jungen Politikwissenschaft auch die etwas ältere Soziologie oder die ehrwürdige politische Philosophie und die Staats- und Verfassungslehre – berücksichtigt?

Alle diese Gesichtspunkte haben wir irgendwie und irgendwo abgewogen, und es ist der Mix entstanden, den wir Ihnen nun präsentieren:

– *Max Weber*, der liberale Gründervater der Soziologie, der sich mit Macht und Herrschaft, Legitimation und Demokratie beschäftigte;
– *Rosa Luxemburg*, die revolutionäre Sozialistin, die auch ein Werk über die Theorie der kapitalistischen Ökonomie geschrieben hat und sich gegen Lenin für eine demokratische Revolution einsetzte;
– *Carl Schmitt*, der katholisch-konservative Staatsrechtslehrer, der den Weimarer Parlamentarismus scharf kritisierte, Hitlers Machtantritt begrüßte und unterstützte, in Ungnade fiel und noch lange in der Bundesrepublik wirkte;
– *Karl Popper*, der in Wien geboren wurde und dort noch jung seine Wissenschaftstheorie verfasste, der im Exil im fernen Neuseeland seine Abrechnung mit den geistigen Vätern von Nationalsozialismus und Stalinismus schrieb (offene Gesellschaft);
– *Hannah Arendt*, die polnisch-jüdische Philosophin, die über Paris nach New York vor den Nazis floh und ebenfalls ein großes Buch über Totalitarismus schrieb, aber sich auch als streitbare Linksliberale engagierte;
– *John Rawls*, der sozial-liberale amerikanische Philosoph, der ein bahnbrechendes Buch zur Theorie der Gerechtigkeit schrieb;
– *Jürgen Habermas*, der deutsche Philosoph und Sozialwissenschaftler, der weltweiten Ruhm genießt für seine theoretischen Werke (Theorie des kommunikativen Handelns), aber auch als politisch-moralischer Warner geachtet wird; und schließlich
– *Chantal Mouffe*, die mit ihrem Ehemann Ernesto Laclau den in den letzten Jahrzehnten stark beachteten „Poststrukturalismus" vertritt, sich mit Habermas auseinandersetzte und die als eine Linke erstaunlicherweise an Carl Schmitts Freund-Feind-Denken anknüpft.

Das sind die acht Koryphäen, für die wir uns entschieden haben. Das mag man kritisieren, aber wir stehen dazu. Denn es waren auch viele Verweise und Anknüpfungen zwischen ihnen möglich, sicher noch viel mehr, wenn der Raum zur Verfügung gestanden hätte.

Für jede Darstellung haben wir ein gemeinsames Raster gewählt, das aus drei Schritten – Leben, Werk, Wirken – besteht. Die Kurzbiografie steht am Anfang. Im mittleren Teil zum Werk werden die wichtigsten Beiträge skizziert, den Schluss bilden die Nachwirkungen.

Wir sind überzeugt, Sie erhalten mit dieser Mischung eine gute Kostprobe des politischen Denkens im 20. Jahrhundert. Es ist beileibe kein Einheitsbrei, den wir Ihnen servieren, eher ein „Pot-au-feu", also ein Feuertopf. Wohl bekomm's!

2.1 Max Weber: „Macht ist jede Chance, innerhalb einer sozialen Beziehung den eigenen Willen auch gegen das Widerstreben anderer durchzusetzen"

2.1.1 Leben: behütete Kindheit, lange Krankheit, zu früh gestorben, als sein politischer Rat ganz wichtig wurde

Max Weber

Max Weber war einer der größten Denker des späten 19. und des beginnenden 20. Jahrhunderts. Karl Emil Maximilian Weber wurde im wilhelminischen Zeitalter am 21. April 1864 in Erfurt als erstes von acht Kindern geboren. Er wuchs in einer großbürgerlichen Familie auf. Sein Vater, Dr. jur. Max Weber senior, war Jurist und später Abgeordneter der Nationalliberalen Partei im Preußischen Abgeordnetenhaus und anschließend im Deutschen Reichstag. Weber erkrankte früh an Meningitis und galt als Sorgenkind der Familie. Das hatte zur Folge, dass er von seiner Mutter, Helene Weber, die aus einer vermögenden Heidelberger Familie stammte, überprotektiv erzogen wurde (Kaube, 2014, S. 42).

Im Jahr 1882 schloss er das Königliche Kaiserin-Augusta-Gymnasium in (Berlin-) Charlottenburg mit dem Abitur ab, um im Anschluss das Studium der Jurisprudenz, Geschichte, Philosophie, Theologie und Nationalökonomie zu beginnen. 1886 beendete er sein Studium mit einem juristischen Staatsexamen (Müller & Sigmund, 2014, S. 2).

Im Jahr seiner Promotion 1889 trat die junge Marianne Schnitger in sein Leben und wurde später zu seiner intellektuellen Weggefährtin. Mit der Hochzeit wurde diese Beziehung am 20. September 1893 besiegelt, die Ehe blieb kinderlos. Nach der Heirat mit Marianne begann die Karriere von Weber konkretere Konturen anzunehmen. Sie unterstützte ihn intellektuell sein Leben lang und kümmerte sich nach seinem frühen Tod um seinen Nachlass.

Mit 29 Jahren wurde er außerordentlicher Professor für Handels- und deutsches Recht an der Berliner Universität. Im darauffolgenden Jahr erhielt er einen Ruf als Ordinarius für Nationalökonomie nach Freiburg. Der Ruf auf den renommierten Lehrstuhl von Karl Knies in Heidelberg im Jahr 1896 rundete seine früh erfolgreiche bildungsbürgerliche Laufbahn ab (ebd., S. 4).

1897 kommt es mit dem Besuch der Eltern von Weber in Heidelberg zu einer signifikanten Wende in seinem persönlichen und beruflichen Umfeld. Zum ersten Mal widerspricht Weber den Ansichten seines Vaters. Grund ist dessen autoritär-patriarchalisches und despotisches Verhalten, insbesondere auch wegen der damit verbundenen Einschränkungen der Freiheiten seiner Mutter. Der Streit eskaliert so, dass Weber seinen Vater hinauswirft und dieser allein nach Berlin zurückkehrt. Zu einer Aussöhnung beider Parteien kommt es durch den plötzlichen Tod des Vaters nicht mehr, sodass Weber in eine tiefe emotional-psychische und gesundheitlich-physische Krise fällt. Er zieht sich für viele Jahre aus der Universität zurück und wird Privatgelehrter, was er sich durch das Vermögen seiner Familie leisten kann. In dieser Zeit schreibt er viele seiner bekannten Werke. Die Webers führen ein großes Haus mit zahlreichen Gästen aus dem intellektuellen Umfeld (Kaube, 2014, S. 225ff.).

Das Jahr 1904 markiert seine aktive Rückkehr vom häuslichen Schreibtisch in die Organisationskultur der Wissenschaft, wenn auch noch nicht der Universität. Er übernimmt gemeinsam mit Edgar Jaffe und Werner Sombart die Zeitschrift *Archiv für Sozialwissenschaften und Sozialpolitik*. Dort publiziert er auch seinen populären *Objektivitätsaufsatz*, dessen methodologische Grundlagen das Fach bis heute beschäftigen. Die Soziologie wird von ihm als eine verstehende Wirklichkeitswissenschaft der Gesellschaft verstanden. Im gleichen Jahr erscheint zudem seine berühmte Schrift *Die protestantische Ethik und der ‚Geist' des Kapitalismus*. Das Verhältnis zwischen Kapitalismus und Protestantismus – damit zwischen Wirtschaft, Geist und Gesellschaft – soll noch lange Zeit die Debatten dominieren.

Im Jahr 1909 wird er jüngstes Gründungsmitglied – neben Ferdinand Tönnies, Georg Simmel und Werner Sombart – der „Deutschen Gesellschaft für Soziologie" und bezeichnet sich ab diesem Zeitpunkt endgültig als Soziologe (Müller & Sigmund, 2014, S. 4).

Mit dem Beginn des Ersten Weltkrieges, den er begeistert begrüßt, wird er als Reserveoffizier eingezogen, kommt aber nicht an die Front, was er lebhaft bedauert, denn „die Gemeinschaft des im Felde stehenden Heeres (fühle sich) als eine Gemeinschaft bis zum Tode; die größte ihrer Art" (zitiert nach Kaube, 2014, S. 360f.). Seine wissenschaftliche Arbeit muss er unterbrechen. Am Ende des Krieges ist die Begeisterung verflogen; er versucht, mit zahlreichen Texten vergeblich auf einen Friedensschluss hinzuwirken. Immerhin arbeitet Max Weber als Mitglied der deutschen Friedensdelegation an den Verhandlungen zum Versailler Vertrag mit (Müller & Sigmund, 2014, S. 5).

Er entdeckt für sich eine aktive Rolle in der Politik als Mitglied der Deutschen Demokratischen Partei, wirkt an der Weimarer Reichsverfassung mit und befürwortet die

Parlamentarisierung in Deutschland unter Führung eines vom Volk gewählten starken Reichspräsidenten.

Max Weber bleibt aber doch immer Gelehrter. Im September 1917 kehrt er an die Universität zurück, zunächst an die Universität Wien, was ihn überfordert, sodass er sich wieder nach Heidelberg zurückzieht. Ein Jahr später wechselt er als Nachfolger von Lujo Brentano nach München, wo er schließlich zwei Jahre später, am 14. Juni 1920, aufgrund einer zu spät behandelten Lungenentzündung im Alter von nur 56 Jahren verstirbt (Kaube, 2014, S. 426).

2.1.2 Werk: Handlungstheorie, Wissenschaftstheorie und Herrschaftssoziologie

Theorie des Handelns

Durch seinen frühen Tod konnte Max Weber seine Werke nicht mehr zusammenfügen und überarbeiten, sodass es sich heute bei seinen Publikationen um viele Fragmente handelt. Das Fragmentarische der Arbeiten und die fehlende Verknüpfung der Teilstücke führten zu unterschiedlichen Rezeptionen und Interpretationen, die ein weites wissenschaftliches und politisches Diskussionsspektrum beflügelten. Die – auf 61 Bände angelegte und noch nicht vollständige – Max-Weber-Gesamtausgabe (MWG) umfasst die folgenden sechs Abschnitte (Müller & Sigmund, 2014, S. 8):

1. Studien zur Wirtschafts- und Sozialgeschichte von Antike und Mittelalter
2. Studien zur Sozial-, Politik- und Wirtschaftsverfassung Deutschlands und Europas
3. Wissenschaftslehre
4. Religionssoziologische Werke
5. Wirtschaft und Gesellschaft
6. Weitere Schriften (die Musiksoziologie und die Briefe)

Für Weber ist die Soziologie eine „Wissenschaft, welche soziales Handeln deutend verstehen und dadurch in seinem Ablauf und seinen Wirkungen ursächlich erklären will". (Weber, 1960, S. 5, zitiert nach Henecka, 2015, S. 61)

Max Weber will das „Verstehen" der Wirklichkeits- und Kulturwissenschaften und das „Erklären" der Natur- und Gesetzeswissenschaften vereinen und als sich gegenseitig ergänzende Methoden bestimmen (Schroer, 2017, S. 53). Den Grundstein seiner handlungstheoretischen Soziologie bilden die individuellen Handlungen. Die Handlungstheorie ist deshalb der Dreh- und Angelpunkt von Max Webers Soziologie.

> Handlungstheorien untersuchen die Handlungen individueller Akteure mit dem Ziel, anhand der Logik und Aggregation des Handelns sowie ihres Zusammenwirkens gesellschaftliche Institutionen und Strukturen zu analysieren. (Rosa, Strecker & Kottmann, 2018, S. 19)

Für die ursächliche Erklärung eines konkreten Handelns muss nach Weber ein sinnhaft verständlicher Zusammenhang zwischen dem äußeren Ablauf und dem inneren Motiv hergestellt werden (Henecka, 2015, S. 60). Das soziale Handeln prägt auch Webers *methodologischen Individualismus* (Müller & Sigmund, 2014, S. 34). Dieser postuliert, dass alle sozialen Phänomene auf das individuelle Handeln einzelner Akteure zurückgeführt werden können (Rosa et al., 2018, S. 19).

Weber entwickelt die folgende Typologie sozialen Handelns (Schroer, 2017, S. 56f.):

- **Zweckrationales Handeln**: Basiert auf einer Kosten-Nutzen-Analyse des Handelnden im Blick auf seinen Zweck, die Mittel und die zu erwartenden Nebenfolgen seiner Handlung.
- **Wertrationales Handeln**: Der Handelnde orientiert sich allein an einem bestimmten Wert, dessen Verwirklichung absolute Priorität erhält, unabhängig von der Berücksichtigung des Erfolgs oder der Konsequenzen, die durch seine Handlung entstehen.
- **Traditionales Handeln**: Handlungen basieren auf Gewohnheiten, die den Alltag des Handelnden strukturieren.
- **Affektuelles Handeln**: Der Handelnde macht sich wenig Gedanken über die Folgen seiner Handlung, sondern agiert auf der Basis plötzlicher Stimmungslagen.

Soziales Handeln wird also dadurch bestimmt, dass es am subjektiven Sinn der Handlung und faktisch am Verhalten anderer orientiert ist. Die genannten Handlungstypen können der empirischen Forschung als Hypothesen und als Kontrastfolien für die Beschreibung des tatsächlichen Verhaltens dienen.

Werturteilsfreiheit und Idealtypus

Die Methodologie Max Webers beruht auf zwei Grundpositionen, die auch heute noch die empirische Sozialforschung beeinflussen: das Prinzip der Werturteilsfreiheit und das Konstrukt von Idealtypen.

Der Streit um die Werturteilsfreiheit: Das erste Prinzip unterscheidet Werturteile, d. h. Sollensurteile, die Gut und Böse trennen, von Sachbeurteilungen, die richtig von falsch scheiden. Sollensurteile werden in der Politik, der Theologie oder der Ethik gefällt; sie formulieren Ziele, für die es sich lohnt zu leben und nach ihnen zu streben. Diese Ziele – oder eben Werte – beruhen auf politischen und weltanschaulichen Positionen, die nicht in wissenschaftlichen Untersuchungen begründet sind, sondern vielmehr Sollensurteile darstellen. Ziel und Aufgabe der akademischen Forschung sei nach Weber allein die wissenschaftliche Tatsachenfeststellung.

Die Grundidee von Max Webers Forderung nach Wertfreiheit hat Eduard Baumgarten (1964, S. XIX) gut herausgearbeitet; sie besteht in:

– „[d]er bewussten Scheidung der Tatsachenforschung von heimlich implizierten Werturteilen;
– der deutlichen Explikation der eine Forschung leitenden Wertgesichtspunkte;
– der präzise artikulierten Wertdiskussion zwischen den verschiedenen je möglichen, bzw. tatsächlich wirksamen Voraussetzungen und Auswahlprinzipien verschiedener Forscher im gleichen Gegenstandsfeld."

Diese Position Webers war damals strittig, denn die zeitgenössische Nationalökonomie lehnte dies ab und meinte, auch in der Wissenschaft Werturteile fällen zu müssen und zu können. Und sie ist es bis heute in den Sozialwissenschaften. Einige pochen darauf, Werturteile zu fällen, andere bestehen darauf, dass die Wissenschaft komplett wertfrei zu sein habe. Weber widerspricht jedoch dieser sogenannten „positivistischen" Position. Werte seien eben offenzulegen. Durch die Dynamik der Betrachtungsweise bestimmter Zusammenhänge zu unterschiedlichen Zeitpunkten und in unterschiedlichen Räumen gewinne die Soziologie ihre Urteilskraft. Schon die Wahl der zu untersuchenden Gegenstände der Forschung sei eine Wertung (Rosa et al., 2018, S. 57).

Idealtypen: Die zweite methodische Grundposition bezieht sich auf die Konstruktion von Idealtypen. Der Gegensatz dazu ist der Realtypus, so ist der Bundestag ein Realtypus einer idealtypischen Volksvertretung oder eines Parlamentes. Der Idealtypus ist die bewusste Überzeichnung der Wirklichkeit mit typischen, geradezu idealen Maßstäben, die so in der Realwelt nicht unbedingt vorkommen. Ziel sind trennscharfe Begriffe, die das Wesentliche „auf den Punkt bringen"; in den Worten Max Webers geschieht dies:

[d]urch einseitige Steigerung eines oder einiger Gesichtspunkte und durch Zusammenschluss einer Fülle von […] Einzelerscheinungen, die sich jenen herausgehobenen Gesichtspunkten fügen, zu einem in sich einheitlichen Gedankenbilde. (Weber, 1968, S. 200)

Ein solcher Idealtypus sei aber auch immer eine „Utopie" (ebd.). Durch das Fehlen von eindeutigen Ursache-Wirkungs-Zusammenhängen innerhalb der Soziologie sowie zur klaren Erfassung ihrer Gegenstände glaubte Weber, die Gültigkeit des Verstehens und Erklärens durch die Konstruktion von „Idealtypen" auf eine höhere Stufe heben zu können (Henecka, 2015, S. 60).

Nehmen wir als Beispiel für einen solchen Idealtypus den Begriff „soziale Beziehung". Er ist einer der Kernbegriffe in der „soziologischen Kategorienlehre" von Max Weber (Müller & Sigmund, 2014, S. 34).

> Soziale Beziehung soll ein seinem Sinngehalt nach aufeinander gegenseitig eingestelltes und dadurch orientiertes Sichverhalten mehrerer heißen. Die soziale Beziehung besteht also durchaus und ganz ausschließlich in der Chance, dass in einer (sinnhaft) angebbaren Art gehandelt wird, einerlei zunächst: worauf diese Chance beruht. (Müller & Sigmund, 2014, S. 34)

Ob diese recht komplizierte Formulierung allerdings der Forschung wirklich weiterhilft, kann man mit Fug und Recht infrage stellen. So ist die Methodik der „Idealtypen" weitgehend eine Spezialität Max Webers geblieben und hat kaum weiter in die Sozialwissenschaften ausgestrahlt.

Macht, Herrschaft und Legitimation

Für die Politikwissenschaft sind viele Bereiche der Max Weber'schen Soziologie eher peripher wie z. B. die für ihn so wichtige Religions- oder Wirtschaftssoziologie. Aber ganz zentral für die Politikwissenschaft ist seine Herrschafts-, Verwaltungs- und Machtsoziologie.

> Die Begriffe Herrschaft und Macht beschreiben bestimmte Arten von sozialen Beziehungen, die durch Asymmetrie und Disziplin gekennzeichnet sind. Diese Beziehungen wirken [...] als konzeptionelles Bindeglied zwischen sozialem Handeln und legitimer Ordnung. Solche Beziehungen bilden soziale Gebilde, wie zum Beispiel der Staat oder die Kirche. (Müller & Sigmund, 2014)

Der zentrale Begriff, um die Trennschärfe der Asymmetrie zwischen zwei Individuen aufzuzeigen, wird durch Weber mit dem Begriff der „Macht" ausgedrückt (Schroer, 2017, S. 66). Weber definiert den Begriff *Macht* als Grundmoment des Sozialen wie folgt:

> **Definition**
>
> Macht ist „jede Chance, innerhalb einer sozialen Beziehung den eigenen Willen auch gegen Widerstreben durchzusetzen, gleichviel worauf diese Chance beruht", bzw. die „Möglichkeit, den eigenen Willen dem Verhalten anderer aufzuzwingen". (Weber, 1969, S. 28)

Aufbauend auf dieser Definition stellt Weber den Kampf als eine soziale Beziehung dar, die auf der „Absicht der Durchsetzung des eigenen Willens gegen Widerstand" aufbaut (Weber, 1969, S. 20; zitiert nach Müller & Sigmund, 2014, S. 90).

Trotz der klaren Definition – fast wie ein Idealtypus – kennzeichnet Weber den Begriff „Macht" als „soziologisch amorph". Dies bedeutet, dass Macht auf verschiedenen Ressourcen aufbauen kann und deshalb verschiedene Konstellationen von Macht existieren. Die Machtverhältnisse variieren mit dem Grad ihrer Legitimität und Stabilität. So ist Macht nicht präzise bestimmbar. Dies treibt die Politikwissenschaft bis heute um. Was ist Macht? Ganze Schulen in den Internationalen Beziehungen – die realistische und die neorealistische – haben die Weber'sche Machttheorie immer wieder weiter durchdekliniert (Faber, Ilting & Meier, 1982, Bd. 3, S. 817–935).

Max Webers Begriff *Herrschaft* auf der anderen Seite ist für die Politikwissenschaft stabiler und greifbarer als der Machtbegriff. Für ihn rückt in den konkreten historischen Bedingungen der Begriff der Herrschaft in den Vordergrund. Macht wird als Wirkungsvermögen in sozialen Beziehungen verstanden, die sich im Kontext von Herrschaftsverhältnissen entwickeln. Für Weber stellt sich so die zentrale Frage, welcher Dynamik die Entwicklung der Herrschaft über die Jahrhunderte unterliegt, um schließlich seine charakteristischen Merkmale von Herrschaft herauszufiltern.

> **Definition**
>
> Weber definiert Herrschaft als „die Chance, für einen Befehl bestimmten Inhalts bei angebbaren Personen Gehorsam zu finden". (zitiert nach Schroer, 2017, S. 66)

Herrschaft wird nach Max Weber durch zwei Seiten charakterisiert: die Organisation und Verwaltung auf der einen Seite und die Legitimität auf der anderen Seite. Es gibt also den Alltag der Herrschaft in der Administration und die Theorie der Herrschaft in der Legitimation.

Max Webers Herrschaftsbegriff fußt auf dem Typus „Herrschaft kraft Autorität". Weber unterscheidet zwischen drei reinen Typen legitimer Herrschaft:

- traditionale Herrschaft
- rationale Herrschaft
- charismatische Herrschaft

Tabelle 2.1: Max Webers Herrschaftsformen (Schroer, 2017, S. 67, vgl. auch Müller, 2007, Kaesler, 2003, Breuer, 1991)

	Rationale Herrschaft	Traditionale Herrschaft	Charismatische Herrschaft
Legitimation	Qua Satzung (z. B. Gesetze)	Qua Glaube an die Heiligkeit gegebener Ordnung	Qua Glaube an die Außergewöhnlichkeit einer bestimmten Person
Herrscher	Vorgesetzter	Herr	Führer
Beherrschter	Verbandsmitglied, Bürger	Untertan/Knecht	Jünger
Grund der Gehorsamspflicht	Hierarchie der Ämter	Geburtsgegebene Stellung des Herrschenden	Verehrung des Führers
Verwaltungsstab	Fachpersonal, Beamte	Diener	Gefolgschaft
Handlungstypus	Rational	Traditional	Affektuell, z. T. wertrational
Beziehungstypus	Unpersönliche, professionelle Beziehung	Treue, Loyalität	Affektive Hingabe, Fantum

Herrschaftsbeziehungen unterliegen vielen Problemen, unter anderem: dem Zusammenspiel konkurrierender Mächte, der Effektivität von Machttechniken und der Legitimation von Eroberung. Max Weber koppelt eine dauerhafte Reproduktion von Herrschaftsverhältnissen an den Legitimitätsglauben der Beherrschten. Der Legitimitätsgedanke spiegelt eine signifikante Herausforderung für die Herrschaft wider.

Übung

Versuchen Sie, den Machtbegriff Max Webers von seinem Herrschaftsbegriff und seinen Herrschaftsformen zu unterscheiden.

Seine Konzeption von Legitimität findet man vor allem in der späten Herrschaftssoziologie, speziell in § 5, in dem der Begriff der „legitimen Ordnung" eingeführt und der „Legitimitäts-Glaube" als Ansicht nach „Prestige der Vorbildlichkeit oder Verbindlichkeit der Ordnung" bezeichnet wird (Müller & Sigmund, 2014, S. 88).

Das „Legitimitäts-Einverständnis" unterliegt der Annahme, „dass die Gehorchenden aus dem Grund gehorchen, weil sie die Herrschaftsbeziehung als für sich verbindlich und subjektiv ansehen". (ebd., S. 88)

Webers Legitimationsbegriff unterliegt einer Dynamik, die in dem entsprechenden Herrschaftstypus begründet ist. Gesetze und festgelegte Regeln entsprechen der Legitimation in rationalen Herrschaftssystemen. In traditionalen Herrschaftssystemen beruht die Legitimation auf dem Glauben an die Heiligkeit gegebener Ordnung. Die charismatische Herrschaft gewinnt an Legitimation durch den Glauben an die Außergewöhnlichkeit einer bestimmten Person, die das Volk anführt (Schroer, 2017, S. 67). Max Weber hatte einige Sympathien für diesen Typus der charismatischen Führung auch in einer Demokratie. Diese Illusion wurde wenige Jahre später durch die plebiszitäre Führerdemokratie der Nationalsozialisten drastisch bloßgestellt.

2.1.3 Wirken: der Gründervater der deutschen Soziologie

Die Nachwirkung Max Webers bis heute ist immens. Er ist der Gründer der deutschen Soziologie mit den anderen Großen: Ferdinand Tönnies, Georg Simmel und Werner Sombart. Hier bewahrheitet sich die Metapher: Wir sind Zwerge auf den Schultern von Riesen. Er ist der Klassiker der Kultur- und Sozialwissenschaften, und auch für die Politikwissenschaft ist er ein zentraler Stichwortgeber. Es gibt immer neue Perspektiven und Pointen, die er bereichert. Allerdings ist er für die Politikwissenschaft nicht so zentral wie für die Soziologie. Denn seine Vorstellungen von einer charismatischen Führerdemokratie sind heute doch nicht so leicht vermittelbar.

Seine Bedeutung schlummerte zunächst durch die Weimarer Republik hindurch, die sich mit dringlicheren Problemen konfrontiert sah, und natürlich während des Nationalsozialismus, der feindlich gesonnen war. Erst in den 1960er-Jahren erfuhr er eine neue Entdeckung in der deutschen Soziologie, insbesondere auf dem Heidelberger Soziologentag von 1964, seiner wichtigsten universitären und gesellschaftlichen Wirkungsstätte, zu seinem 100. Geburtstag.

Talcott Parsons, Herbert Marcuse, Reinhard Bendix, Raymond Aron und viele andere mehr führten der noch jungen – mit ihrem Aufbau beschäftigten – deutschen Soziologie vor, was für einen Klassiker sie besaß.

Max Weber ist der meistzitierte deutsche Soziologe: Von den Klassikern steht Max Weber dauerhaft ganz oben auf der Liste (Feldmann, 2001, S. 53). Max Weber hat die Wirtschaftssoziologie und die Religionssoziologie, die Kultursoziologie und die politische Soziologie, die verstehende Soziologie und die soziologische Methodologie nachhaltig geprägt. Seine Wirkung ist noch lange nicht zu Ende.

Die Werke von Max Weber hatten und haben eine nachhaltige Wirkung auf die Forschung der Sozialwissenschaften. Die Konstruktion seiner Idealtypen, seine methodische Herangehensweise, die Schaffung einer Komplementarität zwischen Verstehen und Erklären und viele weitere Bemühungen Webers zeigen sich als äußerst anschlussfähig und ebnen den Weg für nachfolgende Generationen der Sozialwissenschaften (Schroer, 2017, S. 74).

Durch seinen frühen Tod und den damit verbundenen Abbruch seines Werkes lassen sich jedoch weniger direkte Anschlüsse und Umsetzungen zu seiner Soziologie erkennen, vielmehr dominierte zunächst die Sekundärliteratur zu seinen Werken.

Nur wenige weitere Beispiele seiner Weiterwirkung seien herausgegriffen: Das Werk *Der sinnhafte Aufbau der sozialen Welt* vom Begründer der soziologischen Phänomenologie, Alfred Schütz (2004 [1932]), der mit einer ausführlichen Auseinandersetzung zu Weber als Begründer der „verstehenden Soziologie" beginnt, zeigt einen starken Einfluss auf die gesamten sogenannten interpretativen Ansätze.

Stefan Breuer schließt an die Weber'sche Soziologie, insbesondere seine Herrschaftssoziologie und seine politische Soziologie, an und erweitert den Argumentationsstrang Webers hinsichtlich der Modifikationen und Aktualisierungen dieses Ansatzes (Breuer, 1991, 1994; Schroer, 2017, S. 74).

Auch in der *Theorie des kommunikativen Handelns* von Jürgen Habermas (vgl. Kapitel 2.7) zeigt sich der Einfluss Webers. Rekurse zu seinem Werk finden sich bei Pierre Bourdieu und Michel Foucault, bei René König und Niklas Luhmann. Man müsste eher fragen: bei wem nicht?

Max Weber über alles? Natürlich nicht. Er hatte große Stärken, aber ebenso große Schwächen. Nicht zuletzt in der politischen Theorie und Demokratietheorie. Er war eben ein Kind des Großbürgertums des 19. Jahrhunderts. Das konnte er nie ablegen. Trotzdem wird er uns als ein Titan der Geistesgeschichte erhalten bleiben, von dem wir immer wieder neu lernen können.

2.1.4 Zusammenfassung

Max Weber gehört zu den Gründervätern der Soziologie und auch der Sozialwissenschaften und damit der Politikwissenschaft. Er hat zwar seine Hauptwerke – insbesondere Wirtschaft und Gesellschaft – zu historisch-ökonomisch-soziologischen Themen geschrieben. Aber er gab auch wesentliche Impulse für die Politik und die Politikwissenschaft.

Seine Definition von Macht als jede Chance innerhalb einer sozialen Beziehung, den eigenen Willen auch gegen Widerstreben durchzusetzen, gleichviel, worauf diese Chance beruht, ist legendär.

Seine drei reinen Typen legitimer Herrschaft sind es nicht minder: traditionale, charismatische und rationale Herrschaft.

Bis heute wirkt auch seine Wissenschaftstheorie nach, insbesondere durch den in den Sozialwissenschaften immer wieder einmal neu aufflammenden Streit über die Werturteilsfreiheit.

Schließlich bleibt auch seine Handlungstheorie bedeutsam, mit der Typologie des traditionalen, affektuellen, wertrationalen und zweckrationalen Handelns. Sein Wirken ist bis heute spürbar, auch durch die vielen Werke und Biografien, die über ihn geschrieben wurden.

2.2 Rosa Luxemburg: „Freiheit ist immer Freiheit der Andersdenkenden"

2.2.1 Leben: aus gebildeter Familie, schwere Krankheit, große Agitatorin, eines zu frühen gewaltsamen Todes gestorben

Rosa Luxemburg

Nach Max Weber werden wir Ihnen Rosa Luxemburg vorstellen. Ist ein größerer Gegensatz denkbar? Der großbürgerliche Weltdenker und Gesellschaftstheoretiker, eine beeindruckende vollbärtige Gestalt, und die als jüdische Polin geborene, zierliche, durch ihre Gehbehinderung fast zerbrechliche kommunistische Agitatorin und Revolutionärin, die als Rednerin Massen begeistern und auch aufstacheln konnte. Am Beginn des 20. Jahrhunderts repräsentierten sie zwei Welten, die sich feind und fremd waren. Und doch gibt es Parallelen: Beide entstammten fast der gleichen Generation, Max Weber war nur sieben Jahre älter. Beide litten ihr Leben lang an Krankheiten, die sie beide nicht daran hinderten, ein riesiges Lebenswerk, das uns heute noch beschäftigt, zu schaffen. Beide wurden nicht alt, sondern binnen eines Jahres, 1919 und 1920, aus dem Leben gerissen, Rosa Luxemburg durch Gewalt und Mord, Max Weber durch sein langjähriges Leiden.

So fragt man sich bei beiden, wie hätten sie wohl weitergewirkt, wenn sie die Weimarer Republik durchlebt und mitgeprägt hätten?

Das Geburtsdatum Rosa Luxemburgs ist nicht gesichert, auch wegen ihres lebenslangen Kampfes mit Behörden. Aber heute sind die Biografien recht sicher, dass sie am 5. März 1871 in der wohlhabenden Stadt Zamość geboren ist. Die Stadt gehörte damals zu Polen, d. h. zum sogenannten Kongresspolen, das eine Art Provinz des russischen Zarenreiches war (Piper, 2018, S. 22ff.).

Ihr Name war ursprünglich Rozalia Luxemburg, den Vornamen kürzte sie auf Rosa; der Nachname wurde später von den Behörden in „Luxemburg" falsch übertragen, und sie behielt diese Schreibweise bei.

Die Eltern Edward Luxemburg und Lina geborene Löwenstein hatten vier weitere viel ältere Kinder. Der Vater führte einen erfolgreichen Holzhandel. Die Familie war jüdisch, aber nicht ausgesprochen religiös und gut gebildet. Zu Hause wurden Polnisch und Deutsch gesprochen, fast ein Drittel der Stadt war jüdisch. Die Familie zog 1873 nach Warschau. Die Kindheit von Rosa war eher unglücklich, denn sie entwickelte ein Jahr nach dem Umzug ein Hüftleiden, das fälschlich als Tuberkulose behandelt wurde und ihr ein Jahr Bettruhe einbrachte. Durch die falsche Behandlung behielt sie eine Beinverkürzung, die sie ihr Leben lang behinderte. Sie war eine hervorragende Schülerin, lernte viele Sprachen, interessierte sich für Literatur, Musik, Kunst, Botanik, sie zeichnete und dichtete.

Schon auf dem Frauen-Gymnasium engagierte sie sich in marxistischen Gruppen, machte das beste Abitur, musste sich aber schon kurz danach vor der Polizei verstecken und floh zum Studium 1889 in die Schweiz. In Zürich konnte sie als Frau studieren, belegte zahlreiche Fächer und wurde schließlich 1897 mit einer Arbeit über Polens industrielle Entwicklung in Nationalökonomie (heute Volkswirtschaftslehre) promoviert.

Als Studentin intensivierte sie ihr politisches Engagement. Sie gründete mit Freunden und Freundinnen linke Zeitschriften und Grüppchen, schließlich 1893 die Partei Sozialdemokratie des Königreichs Polen. Sie ging eine engere Beziehung zu dem wenig älteren Mitstreiter Leo Jogiches ein, die ihr Leben lang Bestand hatte – mal näher, mal ferner, ohne dass sie je heirateten.

Die Schweiz wurde ihr zu eng. So zog sie 1897 nach Berlin. Um die deutsche Staatsbürgerschaft zu erwerben, ging sie eine Scheinehe mit Gustav Lübeck ein. Sofort begann sie in der SPD – der damals führenden sozialistischen Partei Europas – ihre politische Arbeit fortzusetzen.

Sie engagierte sich auf dem linken Flügel der Partei und kämpfte seitdem gegen den „Revisionismus". Rosa Luxemburg lehnte diesen „Attentismus" (Groh, 1973) kategorisch ab (zu diesen Begriffen später mehr). Sie war rastlos tätig, schrieb politische Artikel, reiste zu den internationalen sozialistischen Kongressen und vernetzte sich in der Arbeiterbewegung. Dabei wurde sie mehrfach festgenommen und kürzere Zeit inhaftiert

Ihre Mutter war 1897 und ihr Vater 1900 gestorben. Sie löste ihre formale Ehe auf und lebte eine Zeit lang mit ihrem alten Freund Jogiches zusammen, was aber nicht auf Dauer funktionierte. Eine Zeitlang lebte sie mit Kostja Zetkin, dem Sohn ihrer Freundin Clara Zetkin, der international bekannten Friedens- und Frauenaktivistin, zusammen.

Kurz vor Kriegsausbruch erschien 1913 ihr theoretisches Hauptwerk *Die Akkumulation des Kapitals*. Politisch leitete dann die Zustimmung der SPD-Führung zu den Kriegskrediten 1914 den endgültigen Bruch der Linken mit der Partei ein. Zunächst war Rosa Luxemburg im Frühjahr in einem aufsehenerregenden Prozess zu 14 Monaten Haft verurteilt worden: wegen „Aufforderung zum Ungehorsam gegen das Gesetz (§ 110 StGB)" (Piper, 2018, S. 433). Den ganzen Krieg über wurde sie mehrfach als Agitatorin verurteilt und war immer nur kurze Zeit auf freiem Fuß.

Sie gründete mit anderen Kriegsgegnern in der SPD am 5. August 1914 die „Gruppe Internationale", aus der 1916 die „Spartakusgruppe" hervorging. Nach der Revolution vom 9. November 1918 spitzte sich die Lage chaotisch zu. In den wenigen Monaten, die sie noch zu leben hatte, überschlugen sich die Ereignisse. Rosa Luxemburg und ihre linken Genossen kämpften an vielen Fronten: gegen die Reste der wilheminischen Obrigkeit und die Militärführung, gegen die SPD-Führung, die sich teilweise mit rechtsradikalen Freikorps verbündete, um das revolutionäre Chaos zu unterbinden und Ruhe und Ordnung herzustellen, aber auch gegen Lenins Konzept einer Revolution durch zentralistische Parteikader von oben, wie er es in Russland praktiziert hatte.

In Berlin gewannen die Freikorps im Januar 1919 die Oberhand, teilweise gedeckt durch den SPD-Minister Noske. Am 15. Januar 1919 überwältigte ein Trupp Rosa Luxemburg und auch Karl Liebknecht und ermordete beide, da man in ihnen die Führer der Revolution sah. Die Mörder wurden nie zur Rechenschaft gezogen.

2.2.2 Werk: Antirevisionismus, Antikriegspolitik und Akkumulation des Kapitals

Das Werk von Rosa Luxemburg ist kaum von ihrem Wirken zu trennen. Zwar hat sie auch ein großes theoretisches Hauptwerk geschrieben – *Die Akkumulation des Kapitals* – mit gut 400 Seiten. Aber es ist die Frage, ob dieses Werk ihren Haupteinfluss und ihr Weiterwirken erklärt. Eher nicht.

Ihre kleineren politischen Schriften im Meinungskampf innerhalb der sozialistischen Bewegung, die sind das Salz in der Suppe. Es ist übrigens ein Charakteristikum der politischen Theorie von Rosa Luxemburg, dass sie vehement und kontrovers innerhalb der marxistischen, kommunistischen und sozialistischen Bewegung diskutiert wurde, aber wenig außerhalb. Das verwirklichte sich höchstens an zwei Debattensträngen, an denen sie mitarbeitete, nämlich an der Frauenfrage und der Demokratietheorie. Dabei kann man sich im Nachhinein fragen, ob diese beiden ihr wirklich so nah am Herzen lagen oder ihr eher zugesprochen wurden.

Aber der Reihe nach. Man kann vier Debattenkreise benennen, in denen sie sich bewegt hat und in denen sie teilweise noch heute die Gemüter (eher auf der linken Seite des politischen Spektrums) bewegt:

1. Antirevisionismus und Massenstreikdebatte
2. Antikriegsdebatte und Anti-Leninismus
3. Demokratiedebatte und Frauenemanzipation
4. Kapitalismus-Theorie

Antirevisionismus und Massenstreikdebatte

Eine der wirkmächtigsten Kontroversen, in die sich Rosa Luxemburg vehement stürzte, war der Streit um den Revisionismus in der damaligen Sozialdemokratie. Der „Chefideologe" der damaligen SPD, Eduard Bernstein, propagierte, dass die revolutionäre Umwälzung im Sinne des Kommunistischen Manifests von Marx und Engels von 1848 einer allmählichen Eroberung der Mehrheit durch die Arbeiterbewegung und durch die SPD weichen müsse. Durch soziale Reformen und Beteiligung sei demokratischer Sozialismus zu verwirklichen, die Utopie einer revolutionären Machteroberung rückte in weite Ferne, wurde „revidiert", deshalb „Revisionismus". Rosa Luxemburg kämpfte dagegen an und gegen den gesamten Sozialreformismus. Und so prägte sie den Streit im Sozialismus bis heute: Revolution oder Reform? Sozialdemokraten und Sozialisten debattieren um den richtigen Weg.

Sie glaubte an die Macht der Massen, nicht an die Strategie und Taktik der Parteiführungen, sei es der SPD oder seien es auch später die Lenin'schen Bolschewiken in der russischen Oktoberrevolution.

Zu Beginn des 20. Jahrhunderts war in der Arbeiterbewegung – d. h. in Partei, Gewerkschaften und Genossenschaftsbewegung – ein großer Konflikt über die Führung im Klassenkampf entbrannt. Sollten es die Gewerkschaften sein, die immerhin in den Betrieben den unmittelbaren Kontakt zu den Arbeitern pflegten und sie vertraten? Radikal nannte man das den „Syndikalismus" da die „Syndikate", d. h. die Gewerkschaften, die Führung auch im politischen Kampf übernehmen sollten. Das wandte sich unmittelbar gegen die Politik der sozialistischen Parteien, die ihrerseits die Führung beanspruchten.

Rosa Luxemburg meinte, dass weder Partei noch Gewerkschaftsführung das Sagen haben sollten, sondern die Arbeiter(-massen) müssten das selbst in die Hand nehmen. Die Spontanität der Massen – das war ihre Botschaft, und dafür wurde sie später von den Parteisozialisten bekämpft. Weder die politische Revolution (der SPD) noch der Massenstreik (der Gewerkschaften) könnten von oben diktiert werden, sondern müssten von unten wachsen.

Diese Position trieb sie in einen unversöhnlichen Gegensatz zur Gewerkschaftsführung genauso wie zur SPD-Leitung, aber auch Lenin, der seine russische Revolution von oben mit geschulten Berufsrevolutionären der Partei in einem unterentwickelten Agrarland, Russland, durchpaukte, stand natürlicherweise gegen sie.

Antikriegspolitik und Anti-Leninismus

Rosa Luxemburg war eine erbitterte Gegnerin des Krieges. Sie war nicht wirklich eine Pazifistin: Gewalt im Klassenkampf und in der Revolution erschien ihr durchaus legitim und sogar unvermeidlich. Ein Höhepunkt ihres rhetorischen Kampfes gegen den Krieg war eine Broschüre *Die Krise der Sozialdemokratie*, die 1916 unter dem Pseudonym Junius nur konspirativ in der Schweiz erscheinen konnte.

Der Weltkrieg sei eine letzte Kraftprobe des Imperialismus. So liege eine Hauptschuld für den Kriegsausbruch bei Deutschland: „Dieser junge, kraftstrotzende, von keinerlei Hemmungen beschwerte Imperialismus, der auf die Weltbühne mit ungeheuren Appetiten trat, als die Welt bereits so gut wie verteilt war, [musste] sehr rasch zum unberechenbaren Faktor der allgemeinen Beunruhigung werden" (Luxemburg, 1970, Bd. 4, S. 78).

Aber auch die Kolonialmächte England und Frankreich trügen Mitschuld, denn „was sie ‚verteidigen', ist […] ihr alter imperialistischer Besitzstand". Sie malte ein Menetekel an die Wand: Sozialismus oder Barbarei. Ein Sieg des Imperialismus bedeute „den Untergang jeglicher Kultur, wie im alten Rom". Der Krieg führe nicht nur zum wirtschaftlichen Ruin aller Länder, sondern sei besonders „ein Aderlass, an dem die europäische Arbeiterbewegung zu verbluten droht". Mit jedem Kriegstoten „sinkt ein

Kämpfer der Zukunft, ein Soldat der Revolution, ein Retter der Menschheit vom Joch des Kapitalismus ins Grab" (ebd.).

Und sie sah bereits einen zweiten Krieg voraus: „Noch ein solcher Weltkrieg, und die Aussichten des Sozialismus sind unter den von der imperialistischen Barbarei aufgetürmten Trümmern begraben" (ebd.). Bei allem Pathos ging es ihr aber offensichtlich nicht um das Heil und das Überleben der Menschheit, sondern um das des Proletariats und des Sozialismus.

Übung

Warum hat Rosa Luxemburg die SPD nach 1914 verlassen?

Rosa Luxemburg glaubte an die Kraft und Spontanität der proletarischen Massen, das war ihre große Vision und ihre ebenso große Illusion. Dies stellte sie in krassen Gegensatz zu Lenin und seiner Strategie einer Revolution gegen das zaristische, agrarisch geprägte Russland, das über kein nennenswertes Proletariat verfügte. Deshalb mussten die Massen durch geschulte Kader gelenkt und zentralistisch geführt werden, wie es dann die Bolschewiki in der russischen Oktoberrevolution 1917 praktizierten.

Schon 1904 hatte sich Rosa Luxemburg in ihrer Schrift *Organisationsfragen der russischen Sozialdemokratie* mit Lenins Werk *Ein Schritt vorwärts, zwei Schritte zurück* auseinandergesetzt und ihr Leben lang an ihrer Kritik festgehalten:

Lenins irriger Standpunkt sei, so meinte Luxemburg, „daß zum Beispiel das Zentralkomitee [...] die Befugnis hat, alle Teilkomitees der Partei zu organisieren, als auch die persönliche Zusammensetzung jeder einzelnen russischen Lokalorganisation von Genf und Lüttich bis Tomsk und Irkutsk zu bestimmen" (Luxemburg, 1970, Bd. 1, S. 425).

Ihre Kritik ist aber keine wirklich moralische oder ethische Kritik am Fehlen innerparteilicher Demokratie, sondern eine strategische und taktische. Sie ist davon überzeugt, dass ein solcher Zentralismus einfach nicht funktioniert, wenn nicht die Arbeitermassen selbstmotiviert dahinterstehen und die Revolution tatsächlich selbst machen (Dath, 2010, S. 26f.).

Demokratiedebatte und Frauenemanzipation

War Rosa Luxemburg eine echte Demokratin? Darüber geht ein großer Streit in der Geschichte um das Wirken und die Würdigung der Revolutionärin. Die orthodoxen Marxisten seit Lenin und Stalin bis hinein in die SED der DDR warfen ihr quasi naiven, gleichwohl in ihrem Sinne gefährlichen Spontaneismus, also eine Art Basisdemokratismus, vor. Eher Konservative sahen in ihr die fanatische Revolutionärin, die die Diktatur des Proletariats propagierte und sich rein taktisch zur Demokratie bekannte.

Andere bewundern sie als die wahre demokratische Sozialistin wie die heutige Partei Die Linke, die ihre Parteistiftung Rosa-Luxemburg-Stiftung nannte. Von deren sächsischen Landesorganisation werden die Rosa-Luxemburg-Forschungsberichte herausgegeben, wo beispielsweise das Buch *Rosa Luxemburgs Demokratiekonzept. Ihre Kritik an Lenin und ihr politisches Wirken 1913–1919* von Ottokar Luban (2008) erschien.

Am berühmtesten ist ihr Zitat aus einer internen Schrift gegen die Leninisten, die erst nach ihrem Tod publiziert wurde. Dort stellt sie kategorisch fest,

> [...] dass ohne freie ungehemmte Presse, ohne ungehindertes Vereins- und Versammlungsleben gerade die Herrschaft breiter Volksmassen völlig undenkbar ist. [...] Freiheit nur für die Anhänger der Regierung, nur für Mitglieder einer Partei – mögen sie noch so zahlreich sein –, ist keine Freiheit. Freiheit ist immer Freiheit der Andersdenkenden. (Luxemburg, 1970, Bd. 4, S. 363)

Folgerichtig lehnte sie auch die so reichliche Anwendung des Terrors durch die Regierung, wie sie die Bolschewisten in der frühen Sowjetunion praktizierten, kategorisch ab.

Die Würdigung von Rosa Luxemburg ist sicherlich schwierig. Ihre Haltung zur Demokratie ist ambivalent. Denn wie sie die Diktatur des Proletariats, die sie propagierte, mit der Demokratie in der politischen Praxis verbinden wollte, das ließ sie weitgehend offen. Die Probe aufs Exempel konnte leider nicht erfolgen, weil sie noch in den Wirren der deutschen Revolution von 1918/19 ermordet wurde.

Rosa Luxemburg war wie andere Vorkämpferinnen unter den Linkssozialistinnen, z. B. Clara Zetkin, keine Freundin der bürgerlichen Frauenemanzipation. Sie schüttete Kübel von Hohn und Spott über sie aus. Sie nannte den bürgerlichen Frauenkampf „possenhaft", weil die bürgerliche Frau „die fertigen Früchte der Klassenherrschaft genießt". Die Forderung nach weiblicher Gleichberechtigung „ist, wo sie sich bei bürgerlichen Frauen regt, reine Ideologie einzelner schwacher Gruppen, ohne materielle Wurzeln, ein Phantom des Gegensatzes zwischen Weib und Mann, eine Schrulle". Dagegen solidarisierte sich Rosa Luxemburg verständlicherweise mit den Arbeiterinnen, wenn diese Emanzipation forderten. Sie rief ihnen zu: „Proletarierin, Ärmste der Armen, Rechtloses der Rechtlosen, eile zum Kampfe um die Befreiung des Frauengeschlechts und des Menschengeschlechts von den Schrecken der Kapitalherrschaft" (Luxemburg, 1970, Bd. 4, S. 411–413; zu Luxemburg und die Frauenbewegung s. a. Müller, 2011).

An der linken Frauen- und Friedensbewegung während des Ersten Weltkrieges konnte sie wegen Gefängnisaufenthalten sowieso meist nicht teilnehmen. So auch nicht an der Internationalen sozialistischen Frauenkonferenz in Bern vom 26. bis 28. März 1915, die Clara Zetkin organisiert hatte.

Akkumulation des Kapitals

Damit sind wir bereits bei ihrem theoretischen Hauptwerk, der *Akkumulation des Kapitals*, angelangt. Natürlich bleibt sie auf dem Boden des Gründungsvaters des theoretischen Sozialismus, Karl Marx, stehen und wagt nur gewisse Ergänzungen. Rosa Luxemburg war der Ansicht, dass die Kapitalismustheorie von Marx durch die Imperialismustheorie ergänzt werden müsse:

Die kapitalistische Akkumulation hat somit als Ganzes, als konkreter geschichtlicher Prozess, zwei verschiedene Seiten. Die eine vollzieht sich in der Produktionsstätte des Mehrwerts – in der Fabrik, im Bergwerk, auf dem landwirtschaftlichen Gut – und auf dem Warenmarkt. Die Akkumulation ist, von dieser Seite allein betrachtet, ein rein ökonomischer Prozess, dessen wichtigste Phase zwischen dem Kapitalisten und dem Lohnarbeiter sich abspielt [...]. Die andere Seite der Kapitalakkumulation vollzieht sich zwischen dem Kapital und nichtkapitalistischen Produktionsformen. Ihr Schauplatz ist die Weltbühne. Hier herrschen als Methoden Kolonialpolitik, internationales Anleihesystem, Politik der Interessensphären, Kriege. Hier treten ganz unverhüllt und offen Gewalt, Betrug, Bedrückung, Plünderung zu Tage, und es kostet Mühe, unter diesem Wust der politischen Gewaltakte und Kraftproben die strengen Gesetze der ökonomischen Prozesse aufzufinden. (Luxemburg, 1970, Bd. 5, S. 397)

Rosa Luxemburg wirkt bis heute nach. Allerdings weniger mit ihrem theoretischen Hauptwerk, sondern mit ihren politischen Schriften und ihrem Handeln. Dazu mehr im nächsten, abschließenden Abschnitt.

2.2.3 Wirken: Stalinistischer Anti-Luxemburgismus, Luxemburgs Rolle in der Neuen Linken

Noch am Vorabend ihrer Ermordung schrieb Rosa Luxemburg:

Die Führung hat versagt. Aber die Führung kann und muss von den Massen und aus den Massen heraus neu geschaffen werden. Die Massen sind das Entscheidende, sie sind der Fels, auf dem der Endsieg der Revolution errichtet wird. Die Massen waren auf der Höhe, sie haben diese „Niederlage" zu einem Glied jener historischen Niederlagen gestaltet, die der Stolz und die Kraft des internationalen Sozialismus sind. Und darum wird aus dieser „Niederlage" der künftige Sieg erblühen. „Ordnung herrscht in Berlin!" Ihr stumpfen Schergen! Eure „Ordnung" ist auf Sand gebaut. Die Revolution wird sich morgen schon „rasselnd wieder in die Höhe richten" und zu eurem Schrecken mit

> Posaunenklang verkünden: Ich war, ich bin, ich werde sein! (Luxemburg, 1970, Bd. 4, S. 536)

Noch einmal beschwor sie pathetisch ihren Glauben an die revolutionären Massen, noch einmal den unausweichlichen Sieg der Revolution und schloss mit einer viel zitierten Zeile des Revolutionsdichters Ferdinand Freiligrath von 1848.

Sie sollte Unrecht behalten. Die Massen erhoben sich nicht, die Revolution siegte nur in Russland, nirgends sonst in Europa, mit verheerenden Folgen für Jahrzehnte im Stalinismus. Stattdessen kam der Faschismus in Italien, dann in Deutschland, Spanien und Portugal an die Macht und provozierte noch ein entsetzlicheres Leiden und Sterben mit dem Zweiten Weltkrieg und dem Holocaust.

Zum Ende des 20. Jahrhunderts zerbrach auch der Kommunismus als Staatsideologie des Ostblocks und überlebte nur im Staatskapitalismus Chinas oder Vietnams und im Steinzeitkommunismus von Nordkorea. Der globale Kapitalismus siegte also auf der ganzen Linie? Rosa Luxemburg: in Theorie und Praxis widerlegt?

Kampf gegen den Luxemburgismus

Für Lenin war Luxemburg eine in der rhetorischen Schärfe und Brillanz ebenbürtige Gegnerin. Nach ihrem Tod wurde ihr Kampfgefährte Paul Levi Vorsitzender der im Januar 1919 nur kurz vor ihrem Tod gegründeten KPD. 1922 veröffentlichte Levi den Text von Luxemburgs Beitrag zur russischen Oktoberrevolution, der den berühmten Satz enthält „Freiheit ist immer Freiheit der Andersdenkenden".

Daraufhin wurden Levi und sein Anhang aus der KPD ausgeschlossen, die Partei geriet in das Fahrwasser der moskautreuen Kommunistischen Internationalen (KI). Die KI veröffentlichte 1925 einen Text *Gegen den Luxemburgismus*, der ihr Linksradikalismus vorwarf. Stalin machte sich die Kritik am „Luxemburgismus" zu eigen und erhob sie für Jahrzehnte zur Parteidoktrin.

Diese Verurteilung des Luxemburgismus prägte auch die ersten Jahrzehnte der jungen DDR nach dem Zweiten Weltkrieg. Der Chefideologe Fred Oelßner schrieb in einer offiziösen Luxemburg-Biografie:

> Denn so groß Luxemburgs Verdienste um die deutsche Arbeiterbewegung waren, so sehr wir uns in Ehrfurcht vor ihrem kämpferischen Leben verneigen, so sehr wir Rosa Luxemburg wegen ihres schonungslosen Kampfes für die Sache der Arbeiter lieben, so dürfen wir nicht vergessen: Groß waren auch ihre Irrtümer und Fehler, die die deutsche Arbeiterklasse auf falsche Bahnen lenkten. (Oelßner, 1951, S. 211)

Der Zwiespalt tritt klar hervor: Die Revolutionärin Rosa Luxemburg wurde gewürdigt, ihre Theorien und Thesen aber abgelehnt. Erst 1970 wurde eine erste Ausgabe ihrer Gesammelten Werke in der DDR publiziert, ihre politisch brisanten Thesen wurden möglichst heruntergespielt oder verschwiegen.

Luxemburg und die Neue Linke

In ihren letzten Jahren machte die DDR schließlich ihren Frieden mit der großen Revolutionärin. Nun hatten aber die Dissidenten gegen die SED sie entdeckt:

> Die Erneuerung der Partei, die heute unausweichlich auf der Tagesordnung steht, kann und muss sich in vielen entscheidenden Punkten gerade auf Liebknecht und ganz besonders auf Rosa Luxemburg gründen, deren Schriften seit Jahrzehnten von den Stalinisten unterdrückt worden sind. Sie wurden unterdrückt, weil Rosa Luxemburg mit prophetischer Klarheit bereits die ersten gefährlichen Schritte zur Beseitigung der innerparteilichen Demokratie, die später zum Stalinismus führten, erkannte und schärfstens kritisiert hatte. (Havemann, 1965, zitiert nach Dath, 2010, S. 134)

Die linke Studentenbewegung im Westen Deutschlands entdeckte ebenfalls Rosa Luxemburg und verehrte sie. Kölner Studenten versuchten im Frühjahr 1968 demonstrativ, die Hochschule in „Rosa Luxemburg Universität" umzubenennen.

Das neomarxistische Philosophenehepaar Ernesto Laclau und Chantal Mouffe beziehen sich in ihrem Hauptwerk *Hegemonie und radikale Demokratie. Dekonstruktion des Marxismus* 1986 stark auf Rosa Luxemburg. Wir werden auf Chantal Mouffe in einem späteren Kapitel noch näher eingehen (vgl. Kapitel 2.8).

Aber nicht nur die Neue Linke interessierte sich für Luxemburg. Auch die Philosophin Hannah Arendt benutzte in ihrem Werk *Elemente und Ursprünge totaler Herrschaft* die Imperialismustheorie von Luxemburg und verehrte sie darüber hinaus als Mensch:

> Für Rosa Luxemburg war die Welt von sehr großer Wichtigkeit, und sie interessierte sich überhaupt nicht für sich selbst [...] sie konnte sich mit der Ungerechtigkeit in der Welt nicht abfinden. (Arendt, zitiert nach Ludz & Arendt, 2005, S. 82)

Auch auf Hannah Arendt werden wir in einem späteren Kapitel noch zurückkommen (vgl. Kapitel 2.5). Verehrung wurde ihr auch in Film und Literatur zuteil, so in dem Film von Margarethe von Trotta *Rosa Luxemburg* von 1986, der den Bundesfilmpreis und den Darstellerpreis von Cannes erhielt.

Jährliche Gedenkfeiern zu ihrem Todestag würdigen sie, auch die Frauen- und die Friedensbewegung, die Globalisierungskritiker und demokratische Sozialisten in aller Welt sehen in ihr ein Vorbild, was nicht unbedingt durch ihre Schriften voll umfänglich gedeckt ist.

Rosa Luxemburg ist heute noch allgegenwärtig. So widmete der SPIEGEL ihr einen großen siebenseitigen Essay von Elke Schmitter (2019). Damit bewahrheitet sich ihr Spruch kurz vor ihrem Tode:

> Ich war, ich bin, ich werde sein.

2.2.4 Zusammenfassung

In diesem zweiten Kapitel haben Sie den Lebensweg von Rosa Luxemburg kennengelernt, einer Denkerin, die in keinem größeren Gegensatz zu Max Weber stehen könnte: hier eine sozialistische Revolutionärin, dort der liberale Intellektuelle. Trotzdem haben Sie Parallelen erfahren: Krankheit, gebildete Jugend, zu früher Tod.

Das Werk Rosa Luxemburgs könnte sich kaum mehr von dem Max Webers unterscheiden: Sie war eine Agitatorin, die in den Flügelkämpfen der Arbeiterbewegung seit dem Beginn des 20. Jahrhunderts Partei ergriff, zunächst in der SPD. Rosa Luxemburg hat sich aber weder der pragmatischen und reformerischen SPD-Führung noch der revolutionären, aber zentralistischen Linie Lenins angeschlossen. Sie war getrieben durch ihre Antikriegspolitik vor und im Ersten Weltkrieg. Was auch den Bruch mit der SPD erklärte.

Aber sie hat nicht das andere Extrem – nämlich Lenins Revolutionskonzept – unterstützt, da sie auf die Spontanität der Arbeitermassen setzte. Dies hängt mit ihrem Demokratiebegriff zusammen. Allerdings zeigt sich hier auch der Widerspruch, da sie die Diktatur des Proletariats propagierte, aber immer gleichzeitig die Freiheit der Andersdenkenden verteidigt hat.

Bei dem Wirken von Rosa Luxemburg bis in die Gegenwart bleibt es eine Konstante, dass die Stalinisten sie immer verteufelt haben wegen ihrer Kritik an dem Säulenheiligen Lenin; die Konservativen haben sie als sozialistische Revolutionärin ebenso verabscheut. Die demokratischen Sozialisten und Sozialdemokraten aber haben sie in ihr Herz geschlossen. Erkennen Sie die Widersprüche!

2.3 Carl Schmitt: „Souverän ist, wer über den Ausnahmezustand entscheidet"

2.3.1 Leben: Jugend und Alter in Plettenberg, Aufstieg und Fall im Nationalsozialismus, einflussreicher Privatgelehrter

Reinhard Mehring hat sich in jüngerer Zeit am ausführlichsten mit Leben, Werk und Wirken von Carl Schmitt beschäftigt: Sowohl in zahlreichen Einzelbeiträgen und in einer umfangreichen Biografie (Mehring, 2009) als auch in einer wenig später erschienenen Taschenbuchausgabe. Ihre Einführung beginnt mit den folgenden ersten Satz:

> Carl Schmitts Schriften entstanden zumeist als Antworten auf Herausforderungen durch konkrete praktische Probleme, die sie derart grundsätzlich und intensiv durchleuchteten, dass der Leser den Eindruck einer konsequenten Theorieanstrengung gewinnt. (Mehring, 2011, S. 7)

Carl Schmitt

Gerade der erste Teil des Satzes könnte auch in einer Rosa-Luxemburg-Biografie stehen: Schriften als „Antworten auf Herausforderungen durch konkrete praktische Probleme". Aber das ist auch schon fast alles, was die beiden eint, ansonsten trennen sie Welten. Hier die Welt der Revolutionärin aus gebildetem, wohlhabendem jüdischem Hause, dort der „Kronjurist des Dritten Reiches", aus katholisch-kleinbürgerlichen Verhältnissen im Sauerland, der immer stärker zum zynischen Antisemitismus tendierte und der sich auch noch in den langen Jahrzehnten seines Lebens in der Bundesrepublik weder davon noch von seiner aktiven politischen Rolle in den ersten Jahren des Nationalsozialismus distanzierte.

Carl Schmitt wurde am 11. Juli 1888 in Plettenberg, im heute nordrhein-westfälischen Sauerland, geboren und ist dort am 7. April 1985 gestorben – fast 100 Jahre alt. Er ging hier in die Volksschule und dann in ein Gymnasium in Attendorn, wo er sein Abitur machte. Er entschied sich, Jura zu studieren, und begann 1907 in Berlin, wechselte ein Jahr später nach München und wurde 1910 an der deutschen Universität Straßburg in Strafrecht promoviert. Im Frühjahr 1915 absolvierte er das Assessorexamen (heute Zweites Staatsexamen) und trat sofort als Kriegsfreiwilliger in die Reichswehr ein, wurde aber nicht an der Front, sondern bei einem Stab in München eingesetzt (Mehring, 2011, S. 14ff.).

Im selben Jahr heiratete Schmitt eine angeblich kroatische Adelige, von der er sich 1921 – nach Prozessen – wieder trennte, da sie eine Hochstaplerin war, und nach einigen Affären heiratete er die Serbin Dusca Todorovic, mit der er bis zu ihrem frühen Tod 1950 zusammenblieb. Sie hatten eine Tochter (Mehring, 2009, S. 195).

Carl Schmitt hatte sich 1916 an der Reichsuniversität Straßburg habilitiert und wechselte nach dem Kriegsende recht unstet zwischen Hochschulen in München, Greifswald, Bonn, Berlin und Köln, um dann ab Herbst 1933 für zwölf Jahre bis zum Kriegsende der Friedrich-Wilhelms-Universität in Berlin (heute Humboldt-Universität) verpflichtet zu bleiben.

Von 1933 bis 1936 avancierte er zu einem der einflussreichsten Juristen der Nationalsozialisten und erhielt den Ehrentitel „Staatsrat", fiel aber 1936 aufgrund interner Nazi-Intrigen in Ungnade, ohne dass er sich in irgendeiner Weise mit dem Widerstand verband.

Nach dem Kriegsende wurde er zeitweise inhaftiert und nie mehr auf eine Professur der bundesrepublikanischen Universitäten berufen. Er lebte noch bis 1985 in seinem kleinen Geburtsort Plettenberg im Sauerland als eine Art Privatgelehrter oder sogar juristischer Guru, mit großem Respekt und Wirkung bei konservativen Juristen und Publizisten, später sogar auch vereinzelten Linksintellektuellen.

2.3.2 Werk: Liberalismuskritik, Souveränitätslehre, Verfassungstheorie

Carl Schmitts erste Stelle als Hochschullehrer führte ihn 1919 an die Münchner Handelshochschule. Hier hörte er noch letzte Vorträge von Max Weber und hatte auch 1920 – in dessen Todesjahr – eine persönliche Begegnung mit ihm (Mehring, 2009, S. 118). Im weitesten Sinne könnte man Schmitt sogar als Max-Weber-Schüler betrachten (vgl. Kapitel 2.1 zu Max Weber). Sie einte der weite welthistorische Blickwinkel und die Freude an definitorischer Schärfe. Auch Max Weber befürwortete politisch einen starken Präsidenten, einen „Führer" in einer eher charismatischen Demokratie, aber doch eingebunden in die parlamentarische Demokratie, die Schmitt wiederum vehement ablehnte und sogar verachtete.

Parlamentarismus- und Liberalismuskritik: schöpferische Kraft der Massen

Im Krisenjahr 1923 – Ruhrgebietsbesetzung durch französische Truppen, Hyperinflation, Hitlers Münchner Putschversuch etc. – erscheint Schmitts Broschüre *Die geistesgeschichtliche Lage des heutigen Parlamentarismus* (später mehrfach überarbeitet). Hinter diesem eigentlich recht harmlosen Titel verbirgt sich eine schneidende Parlamentarismuskritik. Der klassische liberale Parlamentarismus im 19. Jahrhundert habe vom Gegensatz zwischen Monarchie und Volk gelebt. Der Monarch verkörperte im Konstitutionalismus die Souveränität, das Volk stand ihm im Parlament als Vertretung gegenüber und übte Gesetzgebungskompetenz, Kontroll- und Budgetrechte aus, regierte aber nicht.

Die gut 100-jährige Periode von 1815 bis 1918 kann man erklären als die Entwicklung eines Legitimitätsbegriffs: von der „dynastischen zur demokratischen Legitimität" (zitiert nach Mehring, 2009, S. 159). Aber dies sieht Schmitt keineswegs positiv: „Es scheint also das Schicksal der Demokratie zu sein, sich im Prozess der Willensbildung selbst aufzuheben" (ebd.). Demokratie ist für Schmitt die Identifikation der Regierten mit den Regierenden. Dazu greift er auf Ideen von Jean-Jacques Rousseau und seine *volonté général* (aufs Gemeinwohl gerichteter Wille) zurück.

Die Realität des Weimarer Parlamentarismus sei aber von einer solchen Identität weit entfernt. Denn ein in sich zerrissenes Parteiensystem habe sich des Reichstages bemächtigt. Die Parteien kommen bei Schmitt grundsätzlich schlecht weg. Er lässt schon damals eher Sympathien für den italienischen „Duce" Benito Mussolini erkennen, der als Diktator behauptete, er repräsentiere direkt und insgesamt das Volk.

> Nicht die Diktatur der Intellektuellen, sondern die „schöpferische Gewalt" der unmittelbaren Aktion begeistere die Massen zur „Entscheidungsschlacht". Erst als der Marxismus sich in Moskau mit dem russischen Nationalismus und dem „Hass" auf die westliche Zivilisation verband, wurde er militant und siegreich. Überall sei der Nationalismus eigentlich stärker als der Marxismus, meint Schmitt; das habe Mussolini verstanden und ausgesprochen. (Mehring, 2009, S. 167)

Diese Vorliebe für die „schöpferische Gewalt der Massen" erinnert mit umgekehrtem Vorzeichen an Rosa Luxemburg, die auch darin ihre große Hoffnung sah, von der ihn sonst allerdings Welten trennten.

Mehring schließt sein Kapitel über „Die geisteswissenschaftliche Lage des heutigen Parlamentarismus" von Carl Schmitt mit den Worten: „Das dialektische Feuerwerk seiner Schrift ist ungeheuer anregend, gedankenreich und auch anstößig" (Mehring, 2018, S. 173). Und so ist es mit den meisten seiner Werke in den folgenden Jahren.

Der Begriff des Politischen: Freund oder Feind

War die Parlamentarismus-Broschüre noch in der kritischen Frühphase der Weimarer Republik erschienen, so publizierte Carl Schmitt rastlos zahlreiche weitere Schriften. Unter ihnen ragt in der nicht weniger prekären beginnenden Endphase *Der Begriff des Politischen* heraus. Die Schrift beginnt mit einem Paukenschlag:

> Der Begriff des Staates setzt den Begriff des Politischen voraus. (Carl Schmitt, 1926; hier zitiert nach Lenk & Franke, 1987, S. 236)

Und Carl Schmitt fährt fort:

> Staat ist der politische Status eines Volkes. Damit ist nur eine erste Umschreibung, keine Begriffsbestimmung des Staates gegeben. Eine solche ist hier, wo es sich um das Wesen des Politischen handelt, auch nicht erforderlich. Wir dürfen es dahingestellt lassen, was der Staat seinem Wesen nach ist, eine Maschine oder ein Organismus, eine Person oder eine Einrichtung, eine Gesellschaft oder eine Gemeinschaft, ein Betrieb oder ein Bienenstock, oder vielleicht gar eine „Verfahrensgrundreihe". Alle diese Definitionen und Bilder nehmen zu viel an Deutung, Sinngebung, Illustrierung und Konstruktion vorweg und können daher keinen geeigneten Ausgangspunkt für eine einfache und elementare Darlegung bilden. Staat ist seinem Wortsinn und seiner Erscheinung nach ein besonders gearteter Status eines Volkes. Mehr lässt sich zunächst nicht sagen. Alle Merkmale dieser Vorstellung – Status und Volk – erhalten ihren Sinn durch das weitere Merkmal des Politischen und werden unverständlich, wenn das Wesen des Politischen missverstanden wird. (Lenk & Franke, 1987, S. 236)

Manches scheint einfach und in klaren Sätzen formuliert. Aber überlegt man tiefer, so stellt sich die Frage: Was meint er denn wirklich? Dies gilt auch für die „rätselvolle Eingangsformel" (Mehring, 2011, S. 43): „Der Begriff des Staates setzt den Begriff des Politischen voraus." Ein einfacher Satz, der es in sich hat. Er postuliert, dass die Politik und das Politische etwas Unterschiedliches sind. Schwer zu verstehen, aber diese Unterscheidung wird eine Lieblingsformel auch noch späterer Theoretikerinnen wie Hannah Arendt (vgl. Kapitel 2.5) und Chantal Mouffe (vgl. Kapitel 2.8), die aber wiederum keineswegs dasselbe damit meinen.

Der Text von Carl Schmitt umfasst noch ein paar Seiten davon, was er alles nicht meint, und kommt dann zum Punkt: Die „Politik" ist für ihn der offene Meinungskampf in Parlament, Regierung und Öffentlichkeit, und es sind die Institutionen der Politik in Parlament, Regierung und Verwaltung. Das „Politische" dagegen ist das zugrunde liegende Struktur- und Funktionsprinzip, ist das Wesen oder die Essenz der Politik.

Aber nicht diese komplizierte Unterscheidung macht die Wirkung der Schrift aus. Sondern die Unterscheidung von Freund und Feind, die zu den prägnantesten und auch umstrittensten Thesen Carl Schmitts gehört. Er fährt fort:

> Die Unterscheidung von Freund und Feind hat den Sinn, den äußersten Intensitätsgrad einer Verbindung oder Trennung, einer Assoziation oder Dissoziation zu bezeichnen; sie kann theoretisch und praktisch bestehen, ohne dass gleichzeitig alle jene moralischen, ästhetischen und ökonomischen oder anderen Unterscheidungen zur Anwendung kommen müssten. Der politische Feind braucht nicht moralisch böse, er braucht nicht äs-

thetisch hässlich zu sein; er muss nicht als wirtschaftlicher Konkurrent auftreten, und es kann vielleicht sogar vorteilhaft scheinen, mit ihm Geschäfte zu machen. Er ist eben der andere, der Fremde, und es genügt zu seinem Wesen, dass er in einem besonders intensiven Sinne existenziell etwas anderes und Fremdes ist, so dass im extremen Fall Konflikte mit ihm möglich sind, die die Negation der eigenen Art Existenz, die seins-mäßige Negierung eines anderen Seins bedeuten, wogegen es um die seinsmäßige Behauptung der eigenen Existenzform geht. (Zitiert nach Mehring, 2011, S. 43)

Das Politische ist für Carl Schmitt also Freund oder Feind, schwarz oder weiß, dazwischen gibt es nichts. Das ist typisch für sein polarisiertes Weltbild, das keinen Kompromiss, keinen Konsens oder keine Pluralität akzeptieren will. Deswegen lehnt er auch den Parlamentarismus und noch mehr den Liberalismus mit ihrer Suche nach Kompromissen und ihrer Parteienpluralität strikt ab. Obwohl Carl Schmitt in der Weimarer Republik noch kein Verfechter des Nationalsozialismus war, sondern eher ein Deutschnationaler und Konservativer, der in den letzten Zügen der Republik für einen starken Reichspräsidenten mit fast diktatorischen Kompetenzen plädierte, so ahnt man schon, worauf diese strikte Scheidung von Freund oder Feind hinauslaufen kann. Es ist ein verhängnisvolles Schwarz-Weiß-Denken, das das eigene Volk vom Fremden trennen möchte. Es ist damit eine Unterscheidung, die uns noch heute gerade beim Populismus entgegentritt.

Übung

Das Politische ist für Carl Schmitt die Unterscheidung von Freund und Feind. Begründen Sie, was daran problematisch ist.

Dezisionismus: Souverän ist, wer über den Ausnahmezustand verfügt

Eine weitere berühmte begriffliche Fanfare steht in der Eingangsformel seiner Schrift *Politische Theologie*. Auch dieser Titel ist eher eine Provokation als ein Programm. Der Katholik Schmitt, der wegen seiner Scheidung und Wiederheirat von der Kirche exkommuniziert wurde, schreibt natürlich keine Theologie, sondern weiterhin politische Theorie. Die Formel lautet:

Souverän ist, wer über den Ausnahmezustand entscheidet. (Zitiert nach Mehring, 2011, S. 27)

Dies ist wahrscheinlich das populärste Carl-Schmitt-Zitat. Er meint damit, dass der Staat sich nicht im Alltag seiner Verwaltung und der möglicherweise demokratischen Mitwirkung über Parlamente personifiziere, sondern in der Herrschaft über Macht und Recht: nach innen über das noch heute bestehende „Gewaltmonopol" des Staates, personifiziert durch die Polizei, und nach außen durch dasselbe Gewaltmonopol, personifiziert durch die Armee. Der Staat steht insofern, weil er über den Ausnahmezustand entscheidet, noch über dem Recht.

Carl Schmitt entblößt sich hier als ein klarer Etatist, ein Rechtstheoretiker, der den Staat über alles stellt. Das Wesen der staatlichen Souveränität zeige sich deshalb nicht, wie Max Weber meinte, als Zwangs- oder Herrschaftsmonopol, sondern als Entscheidungsmonopol (Mehring, 2009, S. 125). Der Kern seitens des Staates sei insofern immer die Exekutive. Seine Normen müssten als fundamentale Grundentscheidungen aufgefasst werden. Die Norm brauche ein homogenes Medium, um die Ordnung herzustellen. Erst damit habe die Rechtsordnung einen Sinn und ein Ziel. Damit ist ein zweiter Kern der Carl Schmitt'schen Theorie angesprochen, neben dem Etatismus ist es der Dezisionismus. Die Entscheidung ist für ihn entscheidend. Wer Entscheidungen treffen kann – und zwar über das Letztendliche, also über den Ausnahmezustand, über Krieg und Frieden –, nur der ist wirklich souverän, und das hat in diesem Fall allein der Staat zu sein.

Carl Schmitt stellt damit seinen Souveränitätsbegriff gegen die Hauptvertreter der Weimarer Staatsrechtslehre: den Positivismus und den Normativismus. Der einflussreiche Rechtstheoretiker Hans Kelsen beharrte darauf, dass das positive Recht das Entscheidende sei, das rechtmäßig zustande gekommen ist und in Verfassung und Gesetzen niedergelegt wurde, sowie der Normativismus, der von Georg Anschütz verkörpert wurde, einem führenden Kommentator der Weimarer Reichsverfassung, und der das Recht an Werte des Naturrechts bindet, z. B. die allgemeinen Menschenrechte.

Rechtfertiger des Nationalsozialismus

Carl Schmitt trat ab 1930 für eine autoritäre Präsidialdiktatur ein, aber unterstützte nicht Hitler, sondern den letzten Reichskanzler Kurt von Schleicher. Aber sofort nach dem Ermächtigungsgesetz Hitlers und der NSDAP vom 24. März 1933 wurde er ein überzeugter Anhänger Hitlers und seines Regimes und trat der Partei bei. Im Herbst 1933 wurde er an die Berliner Universität berufen und wurde so zum Chefideologen der nationalsozialistischen Staatstheorie.

In der Folge hat Carl Schmitt sich immer offener zu seinem Antisemitismus bekannt und jüdische Juristenkollegen denunziert.

Das ist aus heutiger Sicht schwer zu verkraften. Wir haben Carl Schmitt hier trotzdem aufgenommen, weil er eine nicht untypische deutsche Karriere durchlaufen hat: vom Konservativen in der Weimarer Republik zum offenen Unterstützer des Nationalsozialismus und wieder zurück zum Konservativen in der Bundesrepublik, vergleichbar dem Philosophen Martin Heidegger, dem Lehrer von Hannah Arendt. Carl Schmitt ist einflussreich geblieben, auch noch lange nach dem Zweiten Weltkrieg – nicht nur bei Konservativen, auch bei Linken. Später dazu mehr.

In einem kürzlich erschienenen Aufsatz urteilt Juan Carlos Velasco über dieses Wirken und Nachwirken von Carl Schmitt:

Carl Schmitt, der wie wenige Denker des 20. Jahrhunderts schon zu Lebzeiten polarisierte, hat auch nach seinem Tod in den Leitlinien der zeitgenössischen Geopolitik seine Spuren hinterlassen. Seine begrifflichen Koordinaten durchziehen beharrlich die akademischen Debatten über die Machtausübung in Zeiten verschärfter Konflikte, in, wie er sagen würde, politischen Zeiten. Unhinterfragt nimmt man Anleihen bei Schlüsselkategorien von Schmitt, um im Wettstreit um die politische Hegemonie den Sieg davonzutragen. Seine legendäre Überzeugungskraft entfaltet ihre Wirkung heute nicht nur weit über die Grenzen seines eigenen Landes und Europas hinaus. Sein Einfluss erstreckt sich auf die theoretischen Grundlagen der Neuen Rechten ebenso wie auf die in Reaktion auf den 11. September 2001 implementierten Prinzipien der nordamerikanischen Außenpolitik. (Velasco, 2019, S. 86)

2.3.3 Wirken: Ziehvater konservativer Verfassungslehre und Lehrmeister linker politischer Theorie

Obwohl Carl Schmitt 1936 öffentlich in Ungnade gefallen war, behielt er seine Professur in Berlin und lebte dort oder in Plettenberg ein ruhiges Leben, wenn er auch viel reiste und weiterhin Vorträge hielt. Vom Nationalsozialismus als Theorie oder Ideologie trennte er sich aber keineswegs und schloss sich schon gar nicht dem Widerstand an, obwohl er manche persönlichen Verbindungen gehabt hätte.

Am 8. Mai 1945 war das Naziregime Geschichte, und seine Unterstützer wurden zur Rechenschaft gezogen. Könnte man meinen. Aber die Verhältnisse, die waren nicht so. Ganz im Gegensatz zum nächsten Regimewechsel in Deutschland, 1989, als die DDR auf- und abgelöst wurde.

Aber 1945 war dies ganz anders. Die akademischen Eliten wurden weitgehend übernommen, ob in Medizin oder Geisteswissenschaft, Naturwissenschaft oder gerade auch in den Rechtswissenschaften und in der Justiz. Dies galt auch für die Verwaltungen und die späteren Ministerien der Bundesrepublik und sogar im Geheimdienst. Nur besonders belastete Personen blieben draußen oder wurden in Nürnberg vor das alliierte Gericht gestellt. Dazu gehörte zunächst auch Carl Schmitt. Er wurde nach 1945 mehrfach von den Sowjets und den US-Amerikanern inhaftiert, aber letztlich doch als minder belastet außer Verfolgung gelassen.

Nur seine Professur hat er nicht wiedererlangt, aber immerhin ab 1952 eine Pension. Auch andere öffentliche Ämter blieben ihm verschlossen. Er hat noch volle vier Jahrzehnte gelebt. Und er blieb nicht untätig, sondern schrieb und publizierte weiter rastlos und sich rechtfertigend.

Er hatte unter den Staats- und Verfassungsrechtsprofessoren viele Schüler und Anhänger wie Ernst Rudolf Huber, Ernst Forsthoff, Werner Weber, Roman Schnur, Ernst Friesenhahn und Ernst-Wolfgang Böckenförde. Jeweils zu seinem 70. und 80. Geburtstag widmeten sie ihm eine Festschrift, wo sich die eher konservative Staatsrechtslehre der Bundesrepublik Deutschland ein Stelldichein gab.

Aber auch in der politischen Publizistik hatte er manche Anhänger, so Johannes Gross oder Rüdiger Altmann. Lange Zeit hielt auch die konservative Frankfurter Allgemeine Zeitung (FAZ) zu ihm und ursprünglich auch die konservativ-liberale ZEIT.

Vermeintlich eher linke Denker haben Carl Schmitt ebenfalls rezipiert. Die Kritische Theorie der sogenannten Frankfurter (Philosophie-)Schule um Max Horkheimer, Theodor W. Adorno und später Jürgen Habermas habe die Parlamentarismuskritik von Schmitt durchaus verwendet, so analysierte Ellen Kennedy (1986, S. 380ff.). Auf Jürgen Habermas kommen wir in einem späteren Kapitel zurück (Kapitel 2.7).

Auch Hannah Arendt (Kapitel 2.5) hat die Zwiespältigkeit von Carl Schmitt durchschaut. Sie meinte, es habe in Deutschland nur eine kleine Zahl „wirklicher Künstler und Gelehrter" gegeben, die sich „in Nazideutschland nicht nur gleichgeschaltet hatten, sondern überzeugte Nazis waren [...]. Zur Illustration sei an die Karriere Carl Schmitts erinnert, der zweifellos der bedeutendste Mann in Deutschland auf dem Gebiet des Verfassungs- und Völkerrechts war und sich die allergrößte Mühe gegeben hat, es den Nazis recht zu machen. Es ist ihm nie gelungen" (Arendt, 1986, S. 724). Auch hat Hannah Arendt wie Schmitt „Über das Politische" räsoniert.

So auch Chantal Mouffe (vgl. Kapitel 2.8). Sie bekennt sich noch heute in aller Offenheit zu Carl Schmitt. Sie gilt als eine führende „Linksschmittianierin", die auch eine Schrift mit dem gleichen Schmitt-Titel publizierte: *Über das Politische* (Mouffe, 2007).

Wer war also Carl Schmitt?

- Wir haben gerade gesehen, dass er anschlussfähig nach rechts und nach links war, war er also ein politisches Chamäleon?

- Ein Antidemokrat, der kräftig an der Demontage der Weimar Republik und ihrer parlamentarischen liberalen Verfassung mitwirkte?

- Ein Chefideologe der nationalsozialistischen Staatstheorie, der den totalen Staat und die Führerdiktatur rechtfertigte?

- Ein brillanter Jurist, manchmal mehr Künstler und Bohemien, der ein glänzender Rhetoriker war und bleibende Begriffe prägte?

- Ein politischer Opportunist, der in Weimar so, im Nationalsozialismus anders und in der Bundesrepublik wieder anders argumentierte?
- Ein Gescheiterter, der seine große Zeit zu lange überlebte?
- Ein Katholik, der in der Exkommunikation leben musste, weil sein Privatleben nicht katholisch war?
- Ein Erzkonservativer, der den Liberalismus hasste und als Etatist den starken Staat propagierte?
- Ein scharfer Denker, der auch bei der Linken durch klare Kante (Freund oder Feind) und seine Parlamentarismus- und Liberalismus-Kritik anschlussfähig war?

Carl Schmitt war dieses alles und wohl noch viel mehr. Man kann ihn nicht festnageln. Und deshalb und weil noch nicht alle seine teilweise peinlichen und entlarvenden Tagebücher veröffentlicht sind, wird noch viel Papier über ihn gedruckt werden.

2.3.4 Zusammenfassung

Carl Schmitt war ein einflussreicher konservativer Kritiker der Weimarer Reichsverfassung, der Liberalismus, Parlamentarismus und Pluralismus ablehnte.

Als Hitler 1933 die Macht ergriffen hatte, wandte er sich ihm zu und wurde zu einem Chefideologen der nationalsozialistischen Staatstheorie, weil er der Staatsmacht ein verfassungspolitisches Mäntelchen verschaffte. Dennoch fiel Carl Schmitt 1936 aus nie ganz geklärten Gründen in Ungnade, behielt aber seine Berliner Professur und zog sich mehr und mehr in sein Heimatdorf Plettenberg im Sauerland zurück.

Nach dem Krieg haben ihn die Alliierten zwar verhört, aber als nicht wirklich belastet eingestuft. Er bekam zwar keine Professur in der Bundesrepublik, blieb aber hochgeehrt als Privatgelehrter in seinem Dorf und beeinflusste weiterhin über eine große Schar von Schülern auf den Lehrstühlen für Verfassungsrecht die Staats- und Völkerrechtsdebatte im Nachkriegsdeutschland.

2.4 Karl Popper: „Theorien sind nicht verifizierbar, aber sie können sich bewähren"

2.4.1 Leben: großbürgerliche Kindheit in Wien, Exil in Neuseeland, hochgeehrter Professor in England

Karl Popper

Karl Raimund Popper wurde im Jahr 1902 in eine wohlhabende Wiener Bürgerfamilie hereingeboren, die ihre jüdische Herkunft abgelegt hatte und zum Protestantismus übergetreten war.

Nach Abschluss einer reformpädagogischen Privatschule kam er an ein traditionelles Gymnasium, wo er oft mit Lehrern in Auseinandersetzungen geriet, sodass er die Schule ohne Abitur beendete. Als externer Student bereitete er sich an der Universität Wien auf das Abitur vor (zu seinem Leben: Engler & Iven, 2013, S. 125). Rebellisch, wie er war und sein Leben lang blieb, bekannte sich der junge Popper kurzzeitig zum Kommunismus. Die damaligen Revolutionswirren schreckten ihn aber schnell ab. Auch nach dieser Abwendung blieb ein sozialreformerisches Engagement immer erhalten, ohne dass er sich je wieder einer Partei (oder einer Religion) anschloss. Seine großbürgerliche Herkunft ähnelt der von Max Weber und auch die rebellische Haltung gegen die Welt ihrer Väter. Aber seine Gesellschafts- und Wissenschaftstheorie und auch sein durch den Nationalsozialismus gebrochener Lebenslauf unterscheiden sich doch sehr von Webers.

Popper war zunächst unentschlossen, was er werden wollte, begann Musik zu studieren, machte dann eine Tischlerlehre. Ab 1922 studierte er Lehramt und wurde in Psychologie promoviert, aber seine Neigung zu Philosophie und Mathematik brach doch immer stärker durch. Dennoch schlug er sich bis 1935 als Lehrer durch und betrieb seine vielfältigen Studien und Interessen nebenbei.

In den 1920er-Jahren hatte sich der „Wiener Kreis" gebildet, der aus Intellektuellen und Professoren der Naturwissenschaft, der Philosophie und der Sozialwissenschaften bestand. Der Kreis war vielstimmig, aber sich einig darin, dass sich alle Wissenschaften dem Ideal des „logischen Empirismus" (später auch Positivismus oder Neopositivismus) unterwerfen sollten.

Jegliche Metaphysik wurde als Spekulation abgelehnt, nur was sich direkt (positiv) beobachten lasse, könne man zu Theorien generalisieren, die mithilfe formaler Logik zu formulieren seien. Moritz Schlick, der auch an der Doktorprüfung von Popper teilnahm und sich prompt mit ihm stritt, moderierte den Kreis, dessen bekannteste Mitglieder Herbert Feigl, Kurt Gödel, Rudolf Carnap und Otto Neurath waren. Die Auseinandersetzungen mit dem Wiener Kreis formte das philosophische Profil Poppers, der aber selbst, genauso wie der Philosoph Ludwig Wittgenstein, nie an den teilweise wöchentlichen Sitzungen teilnahm.

Immerhin befürwortete Moritz Schlick Poppers frühes Werk *Die Logik der Forschung* (Popper, 1934) und ermöglichte dessen Publikation. Dieses Werk gilt auch heute noch als Klassiker der Wissenschaftsphilosophie (Engler & Iven, 2013, S. 126). Der in Österreich aufkeimende „Austrofaschismus" beeinträchtigte das Leben und Arbeiten Poppers – wegen seines jüdischen und linksintellektuellen Hintergrunds – immer mehr. Zwischen 1935 und 1936 hatte er einen Gastaufenthalt in Großbritannien. Mit dem „Anschluss" Österreichs an Nazi-Deutschland wurde die Lage immer unerträglicher, und er nahm eine Dozentur in Neuseeland an der University of Canterbury in Christchurch an. Es war eine schwere Zeit des Hungerns, der Krankheit und völliger Überarbeitung, die er dort mit seiner Frau erlebte. Trotzdem verfasste er sein zweites Hauptwerk *Die offene Gesellschaft und ihre Feinde* (Popper, 1945) in zwei Bänden und um die 1000 Seiten stark. Er schrieb damals einem Freund:

> Ich habe in Upton Sinclairs Biographie gelesen, daß jedes Buch, das er geschrieben hat, ihn einen Zahn kostete, weil sich wegen Überarbeitung ein Abzeß entwickelte. Dieses Buch hat mich neun Zähne und neun Abzesse gekostet; alle während der letzten Monate. (Zitiert nach Jesse, 2018, S. 264)

Nach dem Krieg wurde Popper durch den Ökonomen Friedrich von Hayek im Jahr 1946 an die London School of Economics geholt. Dort lehrte Popper bis zu seiner Emeritierung im Jahr 1969. Die Not hatte ein Ende, im Gegenteil, er wurde mit zahlreichen Ehrungen, Ehrendoktortiteln und Gastprofessuren überhäuft und mit dem Titel Sir geadelt. Im September 1994 verstarb Popper in der Nähe von London mit 92 Jahren (Waschkuhn, 1999, S. 1).

2.4.2 Werk: Wissenschaftstheorie und Ideologiekritik

Kritischer Rationalismus

Popper gilt als Begründer und auch Hauptvertreter des „Kritischen Rationalismus" (Waschkuhn, 1999, S. 129). Der Kritische Rationalismus ist eine Wissenschaftstheorie, also eine Methodologie, die begründet und vorschlägt, wie Wissenschaft betrieben wird. Popper geht durchaus vom logischen Empirismus des Wiener Kreises aus, dem er nahesteht. Denn auch er fordert, dass Wissenschaft logisch-rational vorgehen soll, sich auf die erfassbare Wirklichkeit konzentriert statt auf metaphysische Spekulationen oder ganzheitliche („holistische") und ethisch-moralische Betrachtungen sowie „verstehende" geisteswissenschaftliche Hermeneutik.

Aber Popper stellte den logischen Empirismus vom Kopf auf die Füße. Er verwirft das Prinzip der Verifikation durch Induktion, also dass durch einzelne empirische Beobachtungen „von unten" allgemeine (generalisierbare, theoriefähige) Aussagen getroffen werden können (Ruffing, 2006, S. 226). Ein berühmtes empirisches Beispiel kann seinen Gedankengang nachvollziehbar machen:

Wenn man bisher immer nur weiße Schwäne beobachtet hat, dann darf dies nicht automatisch zu der allgemeinen Schlussfolgerung (ver-)führen, dass alle Schwäne weiß sind (ebd., S. 227). Die Verifikation auf Grundlage empirischer Beobachtungen ist nach Popper also nicht möglich. Eine klare Falsifikation ist jedoch durch die Beobachtung eines einzigen schwarzen Schwans sofort möglich. Nach Popper lassen sich also Hypothesen nicht beweisen, d.h. verifizieren, sondern ausschließlich – und das immer nur vorläufig – falsifizieren.

> Theorien sind nicht verifizierbar, aber sie können sich bewähren. (Popper, 1934, S. 198)

Diese Falsifikation und die damit einhergehende Korrektur der ursprünglichen Annahme führt zu einer neuen Erkenntnis. Falsifikation kann demnach als Mittel des Fortschritts in der Wissenschaft angesehen werden. Das Wechselspiel zwischen der Aufstellung von Hypothesen und deren empirischer Überprüfung begründet nach Popper den Prozess der Wahrheitssuche (Ruffing, 2006, S. 227).

Dieser besagt, dass Vernunft stets irrtumsanfällig sein kann, sodass keine absolut gesicherten Erkenntnisse erlangt werden können (Waschkuhn, 1999, S. 1). Popper beschreibt die Bereitschaft der Wahrheitsfindung so:

> Ich kann mich irren und du kannst recht haben. Aber wenn wir uns bemühen, dann können wir gemeinsam der Wahrheit vielleicht etwas näher kommen. (Popper, 2003, S. 263)

Der Kritische Rationalismus zeichnet sich also durch die Bereitschaft aus, durch Argumente und Erfahrungen zu lernen, Fehler zu korrigieren und schließlich einen Konsens mit anderen zu erreichen. Dieses schrittweise Vorgehen – immer mit Versuch und Irrtum verknüpft – charakterisiert auch die politischen Überzeugungen von Popper, wie wir gleich erfahren werden.

Die offene Gesellschaft und ihre Feinde

Nachdem Popper nach Neuseeland emigriert war, schrieb er dort in der Zeit zwischen 1938 bis 1942 sein großes zweibändiges Werk *Die offene Gesellschaft und ihre Feinde* (Waschkuhn, 1999, S. 131–133; Jesse, 2018). Auch wenn er in Neuseeland kaum weiter weg vom Unheil des Zweiten Weltkriegs leben konnte, so war sein Weltbild geprägt vom mörderischen Kampf der Ideologien Nationalsozialismus/Faschismus gegen Kommunismus/Marxismus. Seine Werke spiegeln das Gedenken an die Opfer nationalistischer und kommunistischer Heilslehren, die er für historisch tief verankerte Irrlehren hält, wider. Auch wenn Hitler und Stalin namentlich nicht erwähnt werden, greift Popper beide in ihrer Machtpolitik massiv an.

Popper positioniert sich deutlich gegen den „Historizismus", wie er es nennt. Damit meint er Weltanschauungen und Wissenschaftssysteme, die davon ausgehen, dass die Geschichte vorbestimmt sei und einen teleologischen (zielgerichteten) Verlauf nehme, meist von einem Goldenen Zeitalter bis zum Zerfall oder umgekehrt aus vielen Kämpfen zu einer glücklichen Utopie des Kommunismus.

Utopismus, Totalitarismus und Holismus (Glaube an ein Ganzes) seien alle gleich verhängnisvoll. Sie sind die Feinde der offenen Gesellschaft.

Die Gefahr sieht Popper vor allem in geschlossenen Weltbildern und Gesellschaften, die nicht lernfähig, nicht reformfähig und nicht wandlungsfähig und damit demokratieunfähig seien.

Popper stellt sich gegen alle Lehren von Geschichtsgesetzen. Die Idee einer utopischen Planung großen Stils ist für ihn ein Irrlicht. Vielmehr sei das Lernen aus vergangenen Fehlern nach seinem Grundprinzip des Kritischen Rationalismus entscheidend. Parallel zu der kontinuierlichen Falsifikation von Hypothesen führe auch in der Gesellschaft das Erkennen von Fehlern aus der Vergangenheit zu neuen Erkenntnissen.

Unkontrollierte Machtanhäufung sei nach Popper gefährlich, da hier kleine Fehler unbemerkt blieben und sich weiter entfalten könnten. Eine Fehlerkorrektur wird durch das Anwachsen des Problems erschwert, und unvorhersehbare Nebenwirkungen münden in die Verdrängung potenzieller Fehlerquellen.

Popper spricht sich demokratietheoretisch für eine Reform der kleinen Schritte aus. Der Fokus soll auf Einzelproblemen liegen, die Schritt für Schritt angenommen und gelöst werden sollen.

Übung

Popper kritisiert geschlossene Weltbilder und setzt dagegen sein eigenes Bild von Gesellschaft. Diskutieren Sie,

- welche Weltbilder er meint,
- was er daran kritisiert und
- wie sein Bild einer Gesellschaft heißt.

Der Zauber Platons

Der erste Band seines Werkes *Die offene Gesellschaft und ihre Feinde* trägt den Titel *Der Zauber Platons*" (zum Folgenden: Waschkuhn, 1999, S. 134–135). Die Ambivalenz, die mit diesem Titel einhergeht, soll auf den falschen Zauber hinweisen, denn die Ideenlehre Platons hält Popper für verhängnisvoll.

Platon sei einer der frühesten und wirkmächtigsten Träger eines geschlossenen Gesellschaftsbildes, die er in der Utopie seiner *Politeia* zu verwirklichen gedächte. In der *Politeia* strebt er das Ziel eines idealen Staates an. Seine Staatsphilosophie wird durch die Lehre von der Philosophenherrschaft – also der Herrschaft der Besten und Weisesten – getragen. Veränderungen werden als schlecht angesehen und sollen möglichst ausgeschlossen werden. Platon plädiert demnach für eine geschlossene und statische Gesellschaft.

Für Popper ist die Theorie Platons illiberal, weil das Gute bereits vorgegeben und nicht mehr frei wählbar sei. Den Philosophen als Träger der Vernunft wird das Regieren übertragen. Daneben gibt es noch die mindere Kaste der Soldaten und zuunterst die der Bürger und Bauern. Abweichende Meinungen werden als unerwünscht, weil unvernünftig dargestellt. Die antiindividualistische Haltung Platons, einzelne Meinungen nicht zu berücksichtigen und das Kollektiv in den Vordergrund zu stellen, wird von Popper ebenfalls kritisiert. Popper brandmarkt die Vorstellungen Platons als potenziell totalitär und appelliert an sein eigenes offenes Gesellschaftsverständnis, was dem Gegenteil der Lehre der *Politeia* entspricht.

Falsche Propheten: Hegel, Marx und die Folgen

Der zweite Band trägt den Titel *Falsche Propheten. Hegel, Marx und die Folgen*. Der preußische Philosoph Georg Wilhelm Friedrich Hegel (1770–1831) kommt von allen historischen Denkern bei Popper am schlechtesten weg. Popper kritisiert das „aufgeblasen-orakelnde Denkgebäude von Hegel". Für Popper „gilt Hegels Lehre mit ihrer Dialektik als Bindeglied zwischen den Ideen Platons und modernen Formen des Totalitarismus" (Jesse, 2018, S. 270).

Popper bezeichnet sich selbst als demokratischen Sozialisten (damit kann man an Rosa Luxemburg anknüpfen) und Anti-Marxisten (dies knüpft an Max Weber und Carl Schmitt an). Er kritisiert in diesem Werk den historischen Materialismus, der durch Marx/Engels begründet wurde (Waschkuhn, 1999, S. 135–136). Dieser gibt eine bestimmte historische Pfadabhängigkeit vor, also einen notwendigen Ablauf, der nach den Klassenkämpfen zwischen der antagonistisch geteilten Gesellschaft des Kapitalismus in Arbeit und Kapital schließlich in eine klassenlose Gesellschaft des zukünftigen Kommunismus mündet. Menschliches Handeln wird durch den historischen Antagonismus zwischen Arbeit und Kapital bestimmt und kontrolliert, sodass menschliche Akteure lediglich Marionetten des Systems sind.

Popper sieht in diesem Verständnis eine völlig überspitzte Zuschreibung von Machtressourcen an wirtschaftliche und politische Akteure. Nach Popper übersehen die Marxisten die grundlegende Rolle der formalen Freiheit menschlicher Akteure, sodass ökonomische und politische Rahmenbedingungen den historischen Verlauf nicht determinieren können. Poppers Positionierung wird vor allem in folgendem Zitat deutlich:

> Es gibt kein Fortschrittsgesetz, und alles wird von uns selbst abhängen. (Popper, zitiert nach Waschkuhn, 1999, S. 133)

Sein Kernanliegen in seinen beiden Bänden liegt darin, sein Demokratieverständnis und seine Konstruktion einer offenen Gesellschaft zu entfalten. Dagegen verwirft er historizistische Gedankenstränge, die er von Platon über Hegel bis zu Marx für verhängnisvoll hält.

So ist es nicht verwunderlich, dass für Popper kein Geschichtsdeterminismus existiert. Eine historische Entwicklung kann nicht rational prognostiziert werden. Vielmehr entscheidet eine engagiert-kritische Einstellung über den Verlauf des Lebens. Den utopischen Weltverbesserern mangelt es nach Popper an einer kontinuierlichen Selbstreflexion und Fehlerkorrektur. Diese engagiert-kritische Einstellung wird insbesondere von liberalen und pluralistischen Gesellschaften getragen. Die westlich-liberalen Systeme sieht Popper als positives Beispiel für sein offenes Gesellschaftsverständnis.

2.4.3 Wirken: Poppers „offene Gesellschaft" als westliches Wertefundament

Ein so polemischer Denker wie Popper musste Streit heraufbeschwören. Im Fach Philosophie ist seine Kritik an den großen Philosophen Platon und Hegel vehement, geradezu als Nestbeschmutzung zurückgewiesen worden. Die Marxisten haben selbstverständlich seiner Marx-Interpretation widersprochen. Er hat sich wenig mit seinen Kritikern auseinandergesetzt. Für die Rezeption war sein gesamtes wissenschaftliches Werk – außer den beiden Hauptwerken, *Logik der Forschung* und *Die offene Gesellschaft* – schwer zu überschauen und unübersichtlich, weil er es immer wieder in Aufsätzen, Überarbeitungen oder neuen Vor- und Nachworten weiterentwickelte.

An seiner Wissenschaftstheorie des Kritischen Rationalismus mit seiner Falsifikationsforderung wurde ebenfalls viel Kritik geübt. Aber im Grunde bleibt der Kritische Rationalismus doch bis heute ein Orientierungsrahmen – zumindest in den empirischen Sozialwissenschaften und den entsprechenden Lehrbüchern (Tausendpfund, 2018).

Die Rezeption Poppers in der Wissenschaft ist also zwiespältig und oft kritisch. In der Politik dagegen wurde seine Konzeption einer offenen Gesellschaft sehr begrüßt und geradezu ein Gemeinplatz in fast jedem politischen Grundsatzprogramm und prä-sidialen Grundsatzreden der liberaldemokratischen Kräfte und Parteien.

Wie es manchmal geschieht, verselbstständigt sich ein Begriff wie der der „offenen Gesellschaft" als ein politischer Gemeinplatz. So geschah es auch mit der „Verantwor-tungsethik" bei Max Weber oder seinem Wort, dass „Politik das Bohren dicker Bretter" sei. Oder auch mit Rosa Luxemburgs Ausspruch „Freiheit ist immer die Freiheit der Andersdenkenden". Viele denken sich nichts mehr dabei und erinnern erst recht nicht an den Kontext ihrer Urheber.

Aber auch Poppers Plädoyer für schrittweise Reformen („Stückwerk-Technologie") statt Revolutionen wurde in den 1970er- und 1980er-Jahren von deutschen Bundes-kanzlern – ob Helmut Schmidt oder Helmut Kohl – immer wieder gerne beschworen (Jesse, 2018, S. 276).

Es bleibt von Karl Popper die positive Utopie (ja, auch er konnte Utopien haben!) von einer Gesellschaft, die offen, lernfähig und reformfähig ist. Die Pluralität der Machtzentren in diesen Systemen ermöglicht es Individuen, ihre eigenen Freiheiten zu entfalten. Auch die Integrationsfähigkeit, ohne den Verlust der eigenen Identität oder der kompletten Assimilation von Minderheiten, kennzeichnen die Basis der Toleranz offener Gesellschaften.

2.4.4 Zusammenfassung

Nach dem konservativ-liberalen Großsoziologen Max Weber, der demokratisch-so-zialistischen Revolutionärin Rosa Luxemburg und dem konservativ-reaktionären Carl Schmitt haben Sie nun mit Karl Popper einen Wissenschaftstheoretiker kennengelernt, der sich nicht in den wissenschaftlichen Elfenbeinturm zurückzog, sondern der an-gesichts der Bedrohung der Demokratie durch Nationalsozialismus und Stalinismus seine offene Gesellschaft propagierte. Geschlossene philosophische Weltbilder wie die von Platon oder Hegel lehnte er vehement ab und warf ihnen Historizismus vor, also eine Lehre, die den geschichtlichen Verlauf determiniert sieht, ob vom goldenen Zeit-alter zu Verfall und Untergang oder umgekehrt vom Klassenkampf zum utopischen Kommunismus.

Poppers Kritischer Rationalismus geht ebenfalls davon aus, dass es keine ewigen Wahrheiten gibt, sodass man Hypothesen aufstellen muss und diese kritisch und ra-tional an der Wirklichkeit erprobt. Sie bewähren sich nur so lange als Theorien, bis sie widerlegt, also falsifiziert werden können.

Popper ist bis heute in der Politik und in der Politikwissenschaft mit seiner Idee einer offenen Gesellschaft und mit seinem Kritischen Rationalismus präsent geblieben.

2.5 Hannah Arendt: „Was tun wir eigentlich, wenn wir tätig sind?"

2.5.1 Leben: aus gebildeter jüdischer Familie, Emigration in die USA, Philosophin, engagierte Essayistin

Hannah Arendt war eine jüdisch-deutsch-amerikanische „politische Schriftstellerin, Essayistin, Philosophin, Hochschullehrerin. Dabei hat sie zu Fragen ihrer Zeit wie zu den Grundfragen des menschlichen Seins in der Welt Stellung genommen. Arendt hat keine geschlossene Lehre und kein theoretisches System hinterlassen. Im Gegenteil [...]" – sie hat alle Ideologien infrage gestellt (Grunenberg, 2005, S. 219).

Sie wurde als Tochter jüdischer Eltern am 14. Oktober 1906 in Hannover geboren, wuchs aber in Königsberg in ihrer gebildeten Familie auf. Hier gibt es Parallelen zu Rosa Luxemburg, die aus ähnlichen Verhältnissen stammte. Ihr widmete Arendt später einen Aufsatz, und mit ihr sympathisierte sie

Hannah Arendt

bei Gedanken über Revolution und direkte Demokratie. 1924 begann sie ihr Studium der Philosophie in Marburg bei Martin Heidegger. 1928 wurde sie von Karl Jaspers in Heidelberg promoviert (Heuer, Heiter & Rosenmüller, 2011, S. 3).

Die kurzzeitige Inhaftierung durch die Gestapo 1933 stärkte ihren Handlungsdrang zur Flucht aus Deutschland. Im selben Jahr emigrierte Hannah Arendt nach Paris. Dort war sie in verschiedenen jüdischen Hilfsorganisationen beschäftigt, bis sie nach Kriegsbeginn in Südfrankreich interniert wurde, von wo ihr die Flucht nach Lissabon gelang (Harders, 2014).

Nach ihrer gescheiterten ersten Ehe aus dem Jahr 1929 heiratete sie 1940 den Philosophiedozenten Heinrich Blücher. Mit ihm emigrierte sie im folgenden Jahr nach New York, wo sie als Lektorin und Publizistin die Familie ernährte (Heuer et al., 2011, S. 3).

Die Veröffentlichung ihrer Studie *Elemente und Ursprünge totaler Herrschaft* (Arendt, 1986, engl. 1951, dt. 1955) brachte ihr breite Anerkennung und öffnete Türen für ihren zukünftigen akademischen Lebensweg. Im selben Jahr erhielt sie die amerikanische Staatsbürgerschaft nach langen Jahren der Staatenlosigkeit. 1953 wurde sie auf eine Professur in New York berufen.

Mit ihrem Werk *Vita activa oder vom tätigen Leben* begründete sie eine neue Theorie politischen Handelns (Arendt, 2007). Dieses Werk wurde in der inner- und außerakademischen Welt schnell wahrgenommen und zählte schon bald als Arendts philosophisches Hauptwerk (Heuer et al., 2011).

Hannah Arendt veröffentlichte zahlreiche Reportagen und Aufsätze über das aktuelle Zeitgeschehen. Im Zentrum standen vor allem ethische und moralische, aber auch viele politische Fragen, insbesondere des Antisemitismus und der Entwicklung des Staates Israel. Sie wurde zu einer typischen „Public Intellectual", zuerst in den USA, erst später in Deutschland und Europa.

Ihre Berichterstattung über den Eichmann-Prozess brachten ihr viel Aufmerksamkeit, aber auch harsche Kritik ein (Arendt, 1964). Sie gehört zu ihren bekanntesten Publikationen. Ihre Kritik an den Judenräten und die Darstellung Adolf Eichmanns (SS-Obersturmbannführer und Organisator der Judenvernichtung, für Arendt verkörpert er „Die Banalität des Bösen"), der vom israelischen Geheimdienst aufgespürt, nach Israel verschleppt und schließlich zum Tode verurteilt wurde, wurden kontrovers diskutiert. Ihre These war, Eichmann sei kein faschistisches Monster, sondern eher eine Art Apparatschik, ein Funktionär der mörderischen Machtmaschine der Nazis. Keineswegs wollte sie damit seine Schuld verkleinern oder entschuldigen, sondern sie wollte die Gefahr aufzeigen, wie leicht banale Bürokratie in furchtbare Bosheit umschlagen kann. In Israel ist sie bis heute deshalb und wegen kritischer Schriften zum Zionismus sehr umstritten.

1963 übernimmt sie eine Professur an der University of Chicago und wird vier Jahre später an die New School for Social Research in New York berufen. Dort stirbt sie im Alter von 69 Jahren am 4. Dezember 1975 (Heuer et al., 2011, S. 9).

2.5.2 Werk: Begründerin der Totalitarismustheorie, Handlungstheoretikerin, Moralistin (die Banalität des Bösen)

Elemente und Ursprünge totaler Herrschaft

Hannah Arendt verfolgte in ihrem großen Werk *Elemente und Ursprünge totaler Herrschaft* das Ziel, Nationalsozialismus und Stalinismus als zwei Varianten eines Phänomens zu erklären. Damit folgt sie Karl Popper, der in seiner *offenen Gesellschaft* für Vergleichbares warb (vgl. Kapitel 2.4), allerdings auf anderen Wegen. Und natürlich stellt sie sich gegen Carl Schmitt, der den „totalen Führerstaat" sogar positiv propagiert hatte (vgl. Kapitel 2.3).

Die Gleichsetzung von linksextremen (Stalinismus) und rechtsextremen (Nationalsozialismus) Regimen in der Totalitarismustheorie bleibt bis heute umstritten, weil die Methoden sich gleichen, aber die Ziele differieren. Aber Hannah Arendts Argumente, warum beide Arten als neue Formen politischer Herrschaft verstanden werden sollten, waren doch sehr bedenkenswert. Denn anders als bei klassischen Herrschaftsformen zeichnet sich die totalitäre Herrschaft dadurch aus, dass sie die Individualität abschafft, anstatt diese zu beherrschen (Schaal & Heidenreich, 2009, S. 189).

> Die totale Herrschaft hat die Begriffe von Verbrechen und Auszeichnung, von Schuld und Unschuld nicht, wie die uns bekannten Diktaturen oder Despotien, nach ihr genehmen Richtlinien „revolutioniert" – sie hat sie einfach abgeschafft und an ihre Stelle den in seiner ganzen Fruchtbarkeit noch kaum geahnten neuen Begriff der „Unerwünschten" und „Lebensuntauglichen" gesetzt. (Arendt, 1986, S. 669)

Arendt zeigt hier auf, dass diese Form der Herrschaft auf den ganzen Menschen abzielt und keine Grenzen des privaten Raumes mehr anerkennt, die das Individuum schützen. Man ist demnach dem System vollständig („total") ausgesetzt.

Die Hierarchisierung von oben nach unten in totalitären Systemen ist nach Arendt nur ein trügerischer Schein oder Mythos. Vielmehr zeichnet sich diese Herrschaftsform durch Unkontrollierbarkeit, Unberechenbarkeit, permanente Konkurrenzkämpfe der Unterführer und damit durch die Auflösung klarer staatlicher Strukturen aus. Die Forschung zum Nationalsozialismus hat diese frühe Erkenntnis von Arendt bestätigt.

Wie aber erklärt sich der Erfolg dieser Regime? Arendt greift auf den Begriff der Entfremdung zurück, die sie aber „Weltlosigkeit" nennt. Für Arendt umfasst der Begriff der „Welt" die Wertungen und Bedeutungen, die aus dem Zusammenleben der Menschen miteinander entstehen. Sie stellt uns die Welt als einen Tisch vor, der die Menschen, die daran sitzen, sowohl trennt als auch verbindet (Schaal & Heidenreich, 2009, S. 191).

Diese Welt wird durch moderne Technik – die Atomisierung der Gesellschaft in der Massendemokratie – gefährdet. Das Ergebnis sei eine Entfremdung von der Welt selbst, also von den Mitmenschen, die das Zusammenleben formen. Der Mensch befinde sich heimatlos in einer Wirklichkeit, die keine „Welt" mehr für ihn ist. Dieses Ergebnis erklärt für sie, warum Bürger moderner Massendemokratien anfällig für totalitäre Herrschaftsformen sind, die nach Ideologien streben, um eine neue, aber eben künstliche Welt zu schaffen.

Der heutige Populismus ist sicher kein Totalitarismus, weil sich die Geschichte nie eins zu eins wiederholt. Aber die Überlegungen von Hannah Arendt für die Entfremdung in modernen Massendemokratien können wohl auch manches an den populistischen Erscheinungen der jüngeren Jahre erklären helfen.

Vita activa: Das Arbeiten, das Herstellen und das Handeln

Der Mensch benötigt also „Welt", um sich zu entfalten und ein gemeinsames Miteinanderleben zu generieren. Wie aber wird diese „Welt" hervorgebracht? Diese Frage führt zu ihrem Werk *Vita activa* (Arendt, 2007), in dem sie zeigen will, warum Politik als jener Raum zu verstehen ist, in dem Menschen gemeinsam Handeln und dadurch ihre „Welt" herstellen.

Das Werk *Vita activa* baut auf mehreren zentralen Begriffen auf, um Arendts Handlungstheorie zu entfalten. Ihre wichtigste Frage, die sie zu diesem Werk führte, ist: „Was tun wir eigentlich, wenn wir tätig sind?" Arendts Antwort gliedert sich in drei menschliche Grundtätigkeiten: Arbeiten, Herstellen und Handeln (Arendt, 2007, S. 16f.):

– **Das Arbeiten**

> Die Tätigkeit der Arbeit entspricht dem biologischen Prozeß des menschlichen Körpers, der in seinem spontanen Wachstum, Stoffwechsel und Verfall sich von Naturdingen nährt, welche die Arbeit erzeugt und zubereitet, um sie als die Lebensnotwendigkeiten dem lebendigen Organismus zuzuführen.

Grundbedingung des Arbeitens ist somit das biologische Leben selbst.

– **Das Herstellen**

> Im Herstellen manifestiert sich das Widernatürliche eines von der Natur abhängigen Wesens, das sich der immerwährenden Wiederkehr des Gattungslebens nicht fügen kann und für seine individuelle Vergänglichkeit keinen Ausgleich findet in der potentiellen Unvergänglichkeit des Geschlechts.

Grundbedingung ist demnach die Weltlichkeit, die das Beziehungsgefüge, in der die Menschen in ihrer Gemeinschaft eingebettet sind, bestimmt.

– **Das Handeln**

> Das Handeln ist die einzige Tätigkeit der Vita activa, die sich ohne die Vermittlung von Materie, Material und Dingen direkt zwischen Menschen abspielt.

Grundbedingung hier ist die Pluralität, aus der Macht resultiert, diese ist immer an eine Gruppe, also ein Kollektiv gekoppelt. Auf den Machtbegriff wird gleich noch näher eingegangen.

Diese Grundbedingungen korrespondieren jeweils mit einer der zentralen menschlichen Grundtätigkeiten und bilden zusammen die „Vita activa" (Schaal & Heidenreich, 2009, S. 192; Bevc, 2012, S. 82).

Hannah Arendts Machtbegriff

Hannah Arendt war davon überzeugt, dass alle Definitionen aus einer klaren Differenz zu etwas anderem resultieren (Bevc, 2012, S. 80). In Abgrenzung zu Gewalt und Stärke versuchte sie, sich dem Machtbegriff zu nähern und ihn zu definieren. Das muss uns neugierig machen, denn wir wurden schon bei Max Weber und bei Carl Schmitt mit deren Machtbegriff konfrontiert. Bei Max Weber wurde gewissermaßen von oben nach unten formuliert: „Die Möglichkeit, den eigenen Willen dem Verhalten anderer aufzuzwingen" (Kapitel 2.1). Bei Carl Schmitt ist der Machtbegriff in die staatliche Souveränität eingebettet: „Souverän ist, wer über den Ausnahmezustand entscheidet" (Kapitel 2.3).

Bei Hannah Arendt gründet sich Macht – im Gegensatz zu Gewalt und Stärke – immer auf ein Kollektiv. Dabei bedarf es der Legitimation. Diese Legitimation trägt den Zusammenschluss von Menschen zu einer Gemeinschaft. Demnach lässt sich der Ursprung der Legitimität in wechselseitigen Handlungen der Gemeinschaft ausmachen.

Hannah Arendt versteht unter Macht „eine Organisation der Gleichen im Rahmen der Gesetze [...] Macht gehört in der Tat zum Wesen aller staatlichen Gemeinwesen, [...] Gewalt jedoch nicht" (Arendt, 2003, S. 42f.).

Für Arendt ist Macht ein Zweck an sich, während Gewalt eher ein Mittel zum Zweck ist. Hier wird auch die zeitliche Komponente bedeutend. Während Macht meist auf einer in der Vergangenheit befindlichen Legitimation der Gesellschaft beruht, ist Gewalt oft mit Zwecken legitimiert, die sich auf die Zukunft beziehen.

Stärke und Gewalt stellen Gehorsamsverhältnisse dar. Macht hingegen ist ein Kollektivphänomen, das auf der Fähigkeit des gemeinsamen Handelns der Menschen basiert. Der Machtbegriff lässt sich in seiner breiten Fülle als kollektives Phänomen darstellen. Gemeinsames Handeln ist Grundvoraussetzung für die Entfaltung und Entstehung von Macht. Die weiteren drei Aspekte, die den Machtbegriff begründen, sind: Pluralität, Öffentlichkeit und Versprechen.

Pluralität und Öffentlichkeit bilden die Grundkonstanten des menschlichen Miteinanders und ermöglichen, das gemeinsame Handeln zu gestalten. Die dafür nötige Verbindlichkeit, die diesem gemeinsamen Handeln unterliegt, wird durch das Versprechen, miteinander zu kooperieren, hergestellt. Die tatsächliche Macht zeigt sich schließlich erst im gemeinsamen Handeln in der Öffentlichkeit. Macht ist also an die öffentliche Sphäre gekoppelt.

Macht ist einerseits das Ergebnis mehrerer Handelnder und andererseits die Bedingung der Möglichkeit des Handelns. Es entsteht durch eine kollektive Handlung in der Öffentlichkeit und macht diese gleichzeitig aber auch erst möglich. Das Versprechen der gegenseitigen Kooperation hat bei Arendt nur einen provisorischen Charakter und kann dementsprechend den Umständen flexibel angepasst werden. Legitime Macht existiert aber erst, wenn diese Kooperation zwischen den Handelnden vorhanden ist (insgesamt dazu: Bevc, 2012, S. 83).

Übung

Grenzen Sie den Machtbegriff von Hannah Arendt gegenüber dem von Max Weber und Carl Schmitt ab und schildern Sie, worauf Hannah Arendt ihren Machtbegriff gründet.

2.5.3 Wirken: Neues Konzept politischer Freiheit im Pluralismus, des Urteilens und des Handelns

Hannah Arendts Denken wirkte in viele Richtungen. Dadurch, dass sie das Zentrum der Politik in der Öffentlichkeit sieht, lässt sie sich als eine Vorläuferin der deliberativen Demokratietheorie verstehen. Genauso in der Debatte um die Zivilgesellschaft gilt Arendt als wesentlicher theoretischer Bezugspunkt (Schaal & Heidenreich, 2009, S. 194). Beide sind später von Jürgen Habermas voll entfaltet worden (vgl. Kapitel 2.7).

Ihre Totalitarismustheorie entfaltete weitreichende Wirkkräfte. Hier hätte sie an Karl Poppers Theorie der offenen Gesellschaft und insbesondere ihrer Feinde anknüpfen können, was aber kaum geschah. Denn sie sah als Fachphilosophin die Herleitung ganz anders als Popper und hätte nie Platon oder auch Hegel so negativ gezeichnet, um die Wurzeln totalitärer Herrschaft fassbar zu machen. An Carl Schmitt anzuknüpfen verbot sich ihr von selbst, denn dieser hatte den totalen Staat ja positiv gesehen. Ihr Buch kann als Gründungstext einer ganzen Disziplin – der Totalitarismusforschung – angesehen werden, die allerdings in den 1960er- und 1970er-Jahren auch sehr umstritten war, weil diesem Forschungszweig eine Kalte-Kriegs-Mentalität unterstellt wurde (Wippermann, 1997).

Ihre Wirkung auf diesem Gebiet zeigt sich auch durch die Gründung eines Instituts für Totalitarismusforschung, für das Hannah Arendt als Namenspatronin ausgewählt wurde. Das „Hannah-Arendt-Institut" der Universität Dresden wurde 1993 etabliert und widmet sich der Untersuchung des Nationalsozialismus und des Kommunismus. Sie selbst hat stets den Unterschied zwischen autoritären Systemen und totaler Herrschaft betont. Nur für letztere Form sei charakteristisch, dass „deren Existenz mit der Existenz der Konzentrations- und Vernichtungslager steht und fällt" (Arendt, 1986, S. 677).

Kommunikative Praxis bedeutet für Hannah Arendt, die authentische Äußerung des Politischen von der sozialen Frage zu isolieren und weniger – wie bei Habermas – ein Grundbegriff der soziologischen Theoriebildung. Während Arendt öffentliches Handeln mit politischer Macht verbindet, bezieht Habermas den Begriff auf sprachliches Handeln und hebt deren deliberative Funktion hervor, d. h. die Möglichkeit des gemeinsamen kritischen Erörterns (vgl. Kapitel 7; Auernheimer, 2007, S. 699; Raimondi, 2014, S. 175).

Jürgen Habermas gründet seine Öffentlichkeitskonzeption auf das Rationalitätsstreben. Diese Auffassung hatte Hannah Arendt kritisiert, da dadurch die transformatorische Dimension der Öffentlichkeit verloren gehen könnte. Denn die Öffentlichkeit basiere nicht einfach nur auf Meinungsverschiedenheiten, die im Diskurs gegeneinander abgewogen werden. Vielmehr stünden unterschiedliche Vorstellungen zur politischen Partizipation und der politischen Verwirklichung von Freiheit und Gleichheit im Vordergrund (Raimondi, 2014, S. 177).

Obwohl Arendt dem Marxismus kritisch gegenüberstand, verband sie eine intime Solidarität mit der Sozialistin und späteren Kommunistin Rosa Luxemburg. Sie setzte sich mit Rosa Luxemburg in ihrem Werk *Über die Revolution* auseinander. Sie plädiert für eine politische Revolution, die sich gegen die totalitären Tendenzen stellt. Damit konnte sie an Luxemburgs Anti-Leninismus anknüpfen. Im Übrigen sympathisierte Arendt mit rätedemokratischer Basisdemokratie, was sie auch mit Luxemburg verband (Auernheimer, 2007).

Die neuen Linken, die sich in den 1960er-Jahren zusammenfanden, machten Luxemburg zu einer Kronzeugin des „Dritten Weges" zwischen Kapitalismus und stalinistischem Sozialismus. Sie galt als Kämpferin eines emanzipatorischen Sozialismus. Während sie eine Alternative *im* Sozialismus symbolisiert, steht Arendt vielmehr für eine Alternative *zum* Sozialismus (Auernheimer, 2007, S. 700).

Auch mit ihrem Demokratieverständnis steuert sie wichtige Forschungsbeiträge bei. So korrigiert und kritisiert sie die Vorstellungen demokratischer Regierung von Carl Schmitt. Sie versucht, der Frage nach dem Verhältnis von demokratischer Freiheit und Souveränität nachzugehen, die durch den Begriff der Volkssouveränität als zwei zentrale politische Momente hervorgehoben werden. Schmitt gelang es nicht, diese beiden Momente zu kombinieren, denn für ihn kann das Volk nicht gleichzeitig als Subjekt souveränen Entscheidens, was er als Nation bezeichnet, und einer unbedingten Freiheit, eine „formlos formende" Instanz, verstanden werden. Hannah Arendt konzipiert eine andere Form politischer Freiheit. Anstatt der politischen Souveränität gestaltet sie eine Freiheit des Urteilens und Handelns, die mit Pluralität einhergeht (s. Kapitel 2.3 zu Schmitt; zu Arendt: Raimondi, 2014, S. 53).

So bleibt uns Hannah Arendt erhalten: nicht als Schöpferin der großen politischen Philosophie des 20. Jahrhunderts, weil sie geschlossene Systeme ablehnte. Aber als größte Anregerin der alten und immer wieder jungen Gedanken von Freiheit und Selbstbestimmung, von Freiheitsgefährdung und Fremdbestimmung, von Menschenwürde und Menschenverachtung in totalitären Systemen.

2.5.4 Zusammenfassung

Hannah Arendt ist eine hoch respektierte politische Philosophin, die allerdings keine abgeschlossene Lehre und kein theoretisches System hinterlassen hat, wie beispielsweise Karl Popper mit dem Kritischen Rationalismus und der offenen Gesellschaft.

Sie ist wie viele ihrer Generation vom Nationalsozialismus schwer beeinträchtigt worden, musste nach New York emigrieren und hat dann erst spät mit einer Professur an renommierten Universitäten akademisch Fuß gefasst.

Ihr erstes Hauptwerk *Elemente und Ursprünge totaler Herrschaft* hat schnell Furore gemacht, da es ähnlich, aber ganz anders als Karl Popper, die Gemeinsamkeiten von Faschismus und Stalinismus herausarbeitete. Eben nicht in der Philosophie und Ideengeschichte wie Popper, sondern in den Strukturen und Mechanismen der totalen Herrschaft sah sie das ganz Besondere.

Ihr zweites großes Werk *Vita activa oder vom tätigen Leben* entwickelt die Handlungstheorie von Hannah Arendt. Ihre Unterscheidung von Arbeiten, Herstellen und Handeln kann an Max Weber anknüpfen, weist aber über ihn hinaus, weil die stärker anthropologischen Grundlagen des Handelns („Was tun wir eigentlich, wenn wir tätig sind?") thematisiert werden.

Ihr Thema bleiben die Freiheit und die aktive politische Beteiligung. Das bindet sie an Jürgen Habermas, der dies ausbuchstabieren wird, aber auch an eine Vorgängerin wie Rosa Luxemburg. Mit ihren kommunistischen Ideen kann Hannah Arendt zwar nicht viel anfangen, aber ihr Freiheitsdrang und ihr Vertrauen in die demokratische Kraft der Basis verbindet beide.

2.6 John Rawls: „Was ist Gerechtigkeit?"

2.6.1 Leben: traumatische Kriegserlebnisse, ein Buch als Hauptwerk, einer der wichtigsten politischen Philosophen

John Rawls

John Rawls wurde am 21. Februar 1921 als zweites von fünf Kindern in Baltimore im US-Bundesstaat Maryland geboren. Sein Vater war Rechtsanwalt. Bereits in seiner Kindheit erlebte er schwere Schicksalsschläge. Zwei seiner Brüder starben an einer Hirnhautentzündung. Im Jahre 1939 begann er ein Studium der Philosophie am College der Princeton University. Nach seinem Abschluss im Jahr 1943 ging er zur Armee und diente im Zweiten Weltkrieg als Infanterist. Die Erfahrungen aus den verschiedenen Einsätzen in Neuguinea, den Philippinen und Japan – nicht zuletzt in Hiroshima nach der Atombombe – bestärkten ihn darin, die angebotene Offizierskarriere abzulehnen, die Armee zu verlassen und einen akademischen Lebensweg einzuschlagen. So wurde Rawls im Jahr 1950 in Princeton im Fach Philosophie promoviert und begann dort für zwei Jahre zu lehren. Ein Jahr zuvor hatte er Margaret Warfield Fox geheiratet, mit der er vier Kinder bekam.

1952 erhielt er ein Stipendium für einen einjährigen Forschungsaufenthalt am Christchurch College der britischen Oxford University. In dieser Zeit widmete er sich immer stärker liberalen politischen und philosophischen Theorien. Nach seiner Rückkehr in die USA hatte er mehrere Professuren inne, die längste an der berühmtesten amerikanischen Universität, der Harvard University. Dreißig Jahre lehrte er dort als hochgeehrter Professor.

Sein Hauptwerk publizierte er 1971: *A Theory of Justice*. Es gilt als eines der einflussreichsten Werke der politischen Philosophie des 20. Jahrhunderts und begründete Rawls' internationale Anerkennung als politischer Philosoph und Staatstheoretiker. Sein Ziel war es, allgemeine Grundsätze für eine gerechte Gesellschaftsordnung zu formulieren.

1993 antwortete Rawls mit der Veröffentlichung seines zweiten großen Buches *Political Liberalism* auf die Kritik an seiner Theorie der Gerechtigkeit. Inwieweit er seine Theorie damit stützen und Akzeptanz finden konnte, werden wir in diesem Kapitel näher beleuchten. 1995 erlitt er den ersten von mehreren Schlaganfällen. Dies schränkte ihn stark bei seinen Arbeiten ein. *The Law of Peoples* wurde sein letztes Werk, bevor er am 24. November 2002 an Herzversagen in seinem Haus in Lexington in Massachusetts im Alter von 81 Jahren und starb (zu seinem Leben: Thumfart, 2004; Pogge, 1994).

2.6.2 Werk: Gerechtigkeit als Fairness, Schleier des Nichtwissens, sozialer Liberalismus

Theorie der Gerechtigkeit

Die Gerechtigkeit gehört zu den fundamentalen Grundfragen des politischen Philosophierens – von Aristoteles angefangen bis zu Kant und in die Gegenwart hinein. Erstaunlicherweise stand sie aber bei unseren Denkern und Denkerinnen, die wir bisher behandelt haben, nicht im Mittelpunkt. Das wird nun mit Rawls umso nachdrücklicher nachgeholt. Er gilt als der wichtigste Vertreter einer sozialen und liberalen, man könnte tatsächlich sagen einer sozialliberalen Gerechtigkeitstheorie.

Wie sind politische Gesellschaften und die darin enthaltenen Interaktionen von Individuen strukturiert? Und wie lässt sich diese Interaktion auf die Fähigkeiten sozialer Institutionen zurückführen? Rawls versucht mit seiner Theorie der Gerechtigkeit, diesen Fragen nachzugehen und die Rolle, die Institutionen – wie Verfassungen und Gesetze – dabei spielen, zu beurteilen (Becv, 2012, S. 33).

Soziale Institutionen bestimmen die Gerechtigkeitsverhältnisse der Individuen. Wie lässt sich aber objektiv ein Gerechtigkeitssinn unter Individuen finden? Rawls verweist auf den „Urzustand" der Menschheit.

Schleier des Nichtwissens

Rawls greift zu einem Gedankenexperiment, um eine universelle Definition der Gerechtigkeit zu finden. Er bittet seine Leser, sich vorzustellen, dass sich alle Menschen in einem Urzustand befinden. Die Menschen wissen demnach nicht, wie ihre spätere Lebenssituation – ob reich oder arm, gebildet oder ungebildet – aussehen wird. Rawls nennt diese Unwissenheit auch „Schleier des Nichtwissens" (*veil of ignorance*).

Wie könnten die Menschen unter einem solchen „Schleier des Nichtwissens" handeln? Rawls' Lösung lautet: wie ein Homo oeconomicus. Dieser handelt immer nach seinem eigenen wirtschaftlichen Nutzen. Er ist durch rationales Handeln in Abwägung einer Kosten-Nutzen-Rechnung geprägt. Das Problem ist: Wie handelt man unter Unwissenheit? Rational wäre es in einer solchen Situation, vorsichtig zu handeln und Risiken zu meiden, weil man ja das Ergebnis nicht kennt.

Wie würden also die Menschen im Urzustand darauf antworten, wie eine Gesellschaft auszusehen habe? Da die Menschen in ihrem „Schleier des Nichtwissens" gefangen sind, müssen sie davon ausgehen, potenziell in jede gesellschaftliche Klasse hineingeboren werden zu können. Dementsprechend stehen ihnen je nach Klasse unterschiedlich viele Güter – unter anderem Einkommen, Chancen oder Freiheit – zur Verfügung.

Maximinregel

Als zweite Komponente des Gedankenexperimentes wurde der Begriff der Rationalität aufgegriffen. Es stellt sich demnach die Frage, was aus rationaler Sicht der Menschen die richtige Entscheidung sein könnte (Bevc, 2012, S. 28). Auf Grundlage der Rationalität würden die Entscheidungsträger die „Maximinregel" heranziehen. Diese besagt, dass man in Situationen, die mehrere Optionen aufzeigen, diejenige Option wählen solle, die den „besten Schlimmstfall" enthält.

Ein Beispiel soll helfen, diese Regel besser nachzuvollziehen. Stellen Sie sich vor, Sie legen 100 Euro an. Es besteht die Möglichkeit, dass Sie damit 10 %, 20 % oder sogar auch 30 % Gewinn machen. Im gleichen Verhältnis steigt jedoch auch das Risiko, Verluste einzufahren. Das heißt, je höher Ihr Gewinn ist, desto höher ist auch Ihr Risiko. Nach der Maximinregel würden Sie sich für den „besten Schlimmstfall" entscheiden, und demnach das geringste Risiko, also 10 %, wählen. So ist es auch im Gedankenexperiment von Rawls. Die Menschen entscheiden auf Grundlage der schlimmst-besten Option, die sie treffen könnte (ebd., S. 29).

Gesellschaftliche Institutionen

Gesellschaftliche Institutionen bestimmen die Rechte und Pflichten der Menschen und sind deshalb von großer Bedeutung für die im Urzustand entwickelte Gesellschaft. Auch das politische System und die wirtschaftlichen und sozialen Verhältnisse spielen eine bedeutende Rolle bei der Lebensführung der Menschen. Die Ausprägung dieser Institutionen und Verhältnisse, in die man hereingeboren wird, prägen die Lebenschancen und den Grad der Ungleichheit. Diese Faktoren berücksichtigt Rawls insofern, als er seinen Ausgangspunkt auf den „Urzustand" verschiebt. Bedingungen für Gerechtigkeit sind nicht ausschließlich auf der Makroebene zu finden, auch gerechtes Handeln jedes Einzelnen sowie das Einhalten von Grundsätzen und Pflichten sind entscheidend bei seiner Konzeption von Gerechtigkeit, also auf der Mikroebene (Bevc, 2012, S. 30).

Um den Grad der Gerechtigkeit so hoch wie möglich zu halten, nennt Rawls zwei Gerechtigkeitsgrundsätze:

First: each person is to have an equal right to the most extensive scheme of equal basic liberties compatible with a similar scheme of liberties to others.

Second: social and economic inequalities are to be arranged so that they are both

a) Reasonably expected to be to everyone's advantage, and

b) Attached to positions and offices open to all. (Rawls, 1971, S. 53)

Der erste Grundsatz, dem Rawls Priorität einräumt, bezieht sich auf bürgerliche und politische Rechte, während der zweite Grundsatz materielle und nicht materielle Interessen anspricht (Höffe, 2013, S. 9). Der erste Grundsatz und der zweite Teil des zweiten Grundsatzes sind bereits fest in der Verfassung demokratischer Staaten verankert. Freiheiten in Form von Grundrechten und das Streben nach Transparenz und Chancengleichheit sind Bestandteil aller Demokratien. Den ersten Teil des zweiten Grundsatzes nennt Rawls Unterschiedsprinzip. Ungerechtigkeit wird erst wirksam, wenn eine Situation, die für einige vorteilhaft ist, für andere wiederum zum Nachteil wird.

Entscheidend ist die Verbesserung der schlechtesten Option, also des „besten Schlimmstfall[s]" (Bevc, 2012, S. 31). Die Menschen, bei denen die höchste Notwendigkeit besteht, sollen auch von einer Umverteilung am meisten profitieren. Da diese Verteilung nicht für jeden gleich hoch ist, spricht Rawls hier von zulässiger Ungleichheit. Er begründet die Mehrforderung für bestimmte Gruppen mit dem Ausgleichsprinzip. Um Ungleichheiten auszugleichen, bedarf es keiner gleichen Umverteilung, sondern einer gewichteten. Die Gewichtung sollte zugunsten der jeweils am schlechtesten gestellten Menschen erfolgen (Höffe, 2013, S. 10). Wir haben oben im Abschnitt zu seiner „Maximinregel" ein Beispiel genannt.

Zusammen bilden die beiden Grundsätze die Säulen für einen freiheitlichen und sozialen Rechtsstaat, in der eine Wettbewerbswirtschaft Platz findet und die für künftige Generationen Gerechtigkeit schaffen möchte (ebd., S. 9). Rawls schlussfolgert, dass Institutionen gerecht sind, wenn sie mit den aufgestellten Prinzipien übereinstimmen, die Individuen im Urzustand geschaffen haben. Er geht davon aus, dass diese Menschen Prinzipien wählen, die allen Grundrechte und Grundfreiheiten einräumen sowie Ressourcen zuteilen, um ihre Fähigkeiten, diese Rechte und Freiheiten auch wahrzunehmen, zu nutzen (Besch, 1998, S. 9).

Übung

Erklären Sie, warum John Rawls in seinem Gedankenexperiment zur Gerechtigkeit die Voraussetzung eines „Schleiers des Nichtwissens" einführt.

Politischer Liberalismus

Rawls hat eigentlich nur ein einziges großes Werk geschaffen, die *Theory of Justice*, alle weiteren Arbeiten waren Ergänzungen, Erweiterungen und Repliken auf Kritiker. So ergänzte er in seinem zweiten größeren Werk *Political Liberalism*, was er vorher vernachlässigt hatte, nämlich, dass die politische Kultur von Demokratien von einem dauerhaften Pluralismus konfligierender Perspektiven geprägt sei. Der Pluralismus verhindere, dass Vorstellungen über Gerechtigkeit in einen allgemeinen Konsens münden (Besch, 1998, S. 16; Niesen, 2001, S. 24).

Rawls beginnt sein Werk *Political Liberalism* (2005, S. 4) mit dieser Frage:

How is it possible for there to exist over time a just and stable society of free and equal citizens, who remain profoundly divided by reasonable religious, philosophical, and moral doctrines?

Während seine „Theorie der Gerechtigkeit" ermittelt, ob der Urzustand als Gedankenexperiment in Gerechtigkeitsprinzipien mündet, verfolgt der „politische Liberalismus" ein anderes Ziel. Die Frage nach der Bedeutung des Urzustandes für die Bürger einer pluralistischen demokratischen Gesellschaft steht im Vordergrund seiner Überlegungen (Niesen, 2001, S. 31).

Rawls versucht, einen Standpunkt zur Beurteilung der politischen Gerechtigkeit einzunehmen, der unter allen Bürgern dauerhafte Anerkennung finden könnte. Diese Konzeption muss strittige Standpunkte vermeiden und einen Konsens anstreben. Bürger demokratischer und moderner Gesellschaften *sollen* sich gemeinsam zu einer Gerechtigkeitskonzeption bekennen, um ihre Institutionen zu beurteilen und sich darin einzurichten (Besch, 1998, S. 16; Niesen, 2001, S. 26). So kommt Rawls zum Toleranzprinzip:

> The aim of justice as fairness, then, is practical: it presents itself as a conception of justice that may be shared by citizens as a basis of a reasoned, informed and willing political agreement. It expresses their shared and public political reasons. But to attain such a shared reason, the conception of justice should be, as far as possible, independent of the opposing and conflicting philosophical and religious doctrines that citizens affirm. In formulating such a conception, political liberalism applies the principle of toleration to philosophy itself. [...]
>
> Thus, political liberalism looks for a political conception of justice that we hope can gain the support of an overlapping consensus of reasonable religious, philosophical, and moral doctrines in a society regulated by it. (Rawls, 2005, S. 9f.)

Rawls besteht darauf, dass seine Konzeption des politischen Liberalismus eng mit der Konzeption Gerechtigkeit als Fairness verbunden ist. Dabei zeigt er auf, dass sich seine Konzeption ausschließlich auf das Politische bezieht und sich demnach auf die politische Grundordnung von Demokratien konzentriert (Koller, 2015, S. 48). Er antwortet auf die Frage nach den Grundprinzipien, die er bereits in seiner Theorie der Gerechtigkeit aufgestellt hatte, nun jedoch etwas modifiziert (ebd., S. 49):

> a) Each person has an equal claim to a fully adequate scheme of equal basic rights and liberties, which scheme is compatible with the same scheme for all; and in this scheme the equal political liberties, and only those liberties, are to be guaranteed their fair value.
>
> b) Social and economic inequalities are to satisfy two conditions: first, they are to be attached to positions and offices and second, they are to be to the greatest benefit of the least advantaged members of society. (Rawls, 2005, S. 5 f.)

Der erste Gerechtigkeitsgrundsatz bezieht sich auf die Forderung, dass politische Freiheiten gegenüber den Grundfreiheiten einem besonderen Schutz unterliegen sollten, damit sie nicht nur an sich formal gleich sind, sondern in ihrer Ausübung eine gleiche Wirksamkeit entfalten. Der zweite Grundsatz zu sozialen und ökonomischen Ungleichheiten unterliegt zwei Bedingungen, zum einen der fairen Chancengleichheit und zum anderen dem nachgeordneten Differenzprinzip, dass die Verteilung von Ressourcen an den Nutzen für die Unterprivilegierten koppelt (Niesen, 2001, S. 30).

2.6.3 Wirken: Impulse für die rationale Begründung von Gerechtigkeit und sozialem Liberalismus

Die Ergänzung seiner Theorie der Gerechtigkeit durch den politischen Liberalismus führte zu einer weitreichenden Debatte. Viele Theoretiker vertreten den Standpunkt, dass diese Entwicklung negativ war. Die begrenzte Perspektive auf die liberale politische Kultur verkürzt auch die Reichweite seiner Erklärungskraft, denn seine Gerechtigkeitskonzeption für Gesellschaften ohne liberale und demokratische Werte kann keinerlei Geltung beanspruchen (Besch, 1998; Koller, 2015, S. 60).

Aufgrund der sachlichen Verengung und des reinen Fokus auf das Politische hat auch die politische Relevanz gelitten. In seiner Theorie der Gerechtigkeit lag sein Hauptaugenmerk auf der Erörterung des Differenzprinzips. Denn dieses war als einzige seiner Bedingungen in modernen demokratischen Gesellschaften nicht gegeben. In seinem Werk zum politischen Liberalismus blickt er vor allem auf das Freiheitsprinzip, das in demokratischen Staaten ohnehin Anerkennung findet und verfassungsrechtlich eingebettet ist (Koller, 2015, S. 61).

Ein weiterer Kritikpunkt wird von Chantal Mouffe artikuliert, mit der wir uns in Kapitel 2.8 beschäftigen werden. Von ihrer Perspektive auf das Politische ausgehend, wirft sie Rawls vor, mit seiner unparteilichen Gerechtigkeitskonzeption den Pluralismus zu überschätzen. In einer vorgeblich pluralistischen Gesellschaft könne nicht von einer substanziellen Einigkeit der Bürger ausgegangen werden (Westphal, 2013, S. 10). Er argumentiere im Grunde unpolitisch und idealistisch, weil Toleranz und Fairness nun einmal nicht die Politik regierten, sondern Streit und Konflikt.

Sowohl Rosa Luxemburg als auch Carl Schmitt hätten das wohl so ähnlich gesehen, wenn sie es denn noch hätten lesen können. Jürgen Habermas stellt einige Bezüge zu Rawls her, obwohl sich die Theorie der Gerechtigkeit durchaus angeboten hätte, mit der Theorie des kommunikativen Handelns verbunden zu werden. Dasselbe gilt für Karl Popper, der bei Rawls kaum vorkommt. Wahrscheinlich hat er ihn nicht als Philosophen anerkannt. Auch hat sich die Theorie der Gerechtigkeit nie so in der politischen Debatte niedergeschlagen wie Poppers offene Gesellschaft und sein Kritischer Rationalismus, obwohl es Gründe genug dafür gäbe.

Trotz aller Kritik bleibt die Theorie von John Rawls ein Fels in der Brandung immer wieder neuer Wellen der Staats- und Demokratietheorie. Seine Schülerin Susan Neiman, Direktorin des Einstein Forums in Potsdam, hat Rawls so gewürdigt:

> Denn solange wir aus guten Gründen glauben, dass eine sich selbst erhaltende und annehmbar gerechte politische und soziale Ordnung sowohl im Innern als auch im Äußeren möglich ist, können wir begründetermaßen hoffen, dass wir oder andere sie eines Tages irgendwo verwirklichen werden; und dann können wir irgendwas zu dieser Verwirklichung beitragen. Dies allein schon genügt, unabhängig vom Erfolg oder

Scheitern, die Gefahren der Resignation und des Zynismus zu bannen. (Neiman, 2004, S. 456)

2.6.4 Zusammenfassung

John Rawls ist einer der bedeutendsten Rechtsphilosophen und Staatstheoretiker der zweiten Hälfte des 20. Jahrhunderts, obwohl der Amerikaner nur ein großes Hauptwerk, *Eine Theorie der Gerechtigkeit* (*A Theory of Justice*), geschrieben hat.

In seinen vielen weiteren Schriften hat er sein Werk immer weiter präzisiert, aber in wenigen Aspekten auch korrigiert und es schließlich in seinem Buch *Politischer Liberalismus* klarer für die politische Anwendung konkretisiert.

Mit Gerechtigkeit hat sich die politische Philosophie von Anfang an (seit Aristoteles) und ständig weiter beschäftigt. Rawls' neuer Denkansatz entsteht aus einem Gedankenexperiment, wie man sich eine gerechte Verteilung der Güter klarmachen könnte.

In einem Urzustand sollte die Menschheit über Verteilungsprinzipien verhandeln, obwohl sie nicht weiß, wie sie selbst von einer Verteilung in Zukunft betroffen sein würde, ob sie beispielsweise arm oder reich wären.

Unter diesem Schleier des Nichtwissens würden die Menschen wohl das Risiko, in Armut zu verfallen, minimieren wollen, auch wenn sie dann nicht zu den Reichsten zählen würden. Also würde sich wohl eine Verteilung nach dem „besten Schlimmstfall" durchsetzen, der dann auch die gesellschaftlichen Institutionen prägen würde, um allen Grundrechte und Grundfreiheiten einzuräumen sowie Ressourcen zuzuteilen, um ihre Rechte und Freiheiten auch zu nutzen.

Dies führt zu seinen Überlegungen zum politischen Liberalismus, der genau eine solche politische und soziale Gerechtigkeit ermöglichen sollte, um die Grundprinzipien der Fairness, der Toleranz und des Konsenses zu verwirklichen.

2.7 Jürgen Habermas: „Demokratie herrscht dann, wenn mündige Bürger unter den Bedingungen einer politisch fungierenden Öffentlichkeit, durch einsichtige Delegation ihres Willens und durch wirksame Kontrolle ihrer Ausführung die Einrichtung ihres gesellschaftlichen Lebens selbst in die Hand nehmen"

2.7.1 Leben: akademisch sozialisiert in der neomarxistischen „Kritischen Theorie" der Frankfurter Schule, davon emanzipiert als weltweit hochgelobter „Public Intellectual"

Jürgen Habermas

Jürgen Habermas wurde am 18. Juni 1929 in Düsseldorf geboren. Er wuchs in Gummersbach im Bergischen Land in einer bürgerlichen Mittelstandsfamilie auf und nahm im Jahr 1949 das Studium der Philosophie, Geschichte, Psychologie und Deutschen Literatur in Göttingen, Zürich und Bonn auf. Seine Promotion folgte fünf Jahre später im Fach Philosophie an der Bonner Universität. Nach zwei Jahren Journalismus bekam er 1956 eine Assistentenstelle bei Theodor W. Adorno am berühmten Institut für Sozialforschung der Universität Frankfurt a.M. Dort konnte er jedoch nicht habilitieren (Schroer, 2017, S. 250), weil Max Horkheimer – neben Adorno zweiter Direktor des Instituts und Mitbegründer der „Kritischen Theorie" der Frankfurter Schule – sein Veto einlegte. Habermas schien ihm zu „links". Daraufhin ging Habermas nach Marburg zu Wolfgang Abendroth, dem Nestor des Neomarxismus, und habilitierte sich 1961 in Politikwissenschaft mit der Arbeit über den *Strukturwandel der Öffentlichkeit*: eine Arbeit, die sofort Furore machte. Noch vor Abschluss des Verfahrens wurde er als Professor für Philosophie nach Heidelberg berufen (Rosa et al., 2018, S. 136).

Drei Jahre später wechselte er auf eine Professur für Philosophie und Soziologie nach Frankfurt zurück. Ab 1971 war er für zehn Jahre Direktor des Max-Planck-Instituts zur Erforschung der Lebensbedingungen der technisch-wissenschaftlichen Welt in Starnberg – zusammen mit dem Philosophen und Physiker Carl Friedrich von Weizsäcker. Von 1983 bis zu seiner Emeritierung 1994 kehrte er zurück nach Frankfurt auf einen Lehrstuhl für Philosophie.

2.7.2 Werk: Strukturwandel der Öffentlichkeit, Diskursethik, das Projekt der Moderne und vieles mehr

Jürgen Habermas gilt als einer der renommiertesten Philosophen und Soziologen der Gegenwart – nicht nur in Deutschland und Europa, sondern in der gesamten westlichen Welt. Er veröffentlichte eine kaum überschaubare Anzahl philosophischer und soziologischer Werke (Schroer, 2017), sowohl in teilweise dickleibiger Buchform als auch in zahllosen Aufsätzen, Reden und Vorträgen. Auch die Literatur über ihn füllt bereits viele Regalmeter. Er ist der meistzitierte deutsche Philosoph und Soziologe.

Habermas publiziert in seinem hohen Alter bis heute akademische Texte und übernimmt weiterhin eine aktive Rolle in öffentlichen Debatten (Rosa et al., 2018, S. 136). Er ist ein „Public Intellectual", der auch keine Kontroverse scheut, ob den Positivismusstreit oder den Historikerstreit, den er angezettelt hatte, oder den Streit um Bioethik oder die deutsche Wiedervereinigung und schließlich auch um Europa, was ihn noch jüngst umtreibt.

Er zählt zu den bekanntesten „Söhnen" der Kritischen Theorie, manche engeren Nachlassverwalter bestreiten allerdings seine spätere Familienzugehörigkeit. Habermas errichtete Denkgebäude, die weit über den Ansatz der Kritischen Theorie in der klassischen Frankfurter Schule hinausweisen. Ursprünglich Mitarbeiter von Max Horkheimer und Theodor W. Adorno hat Habermas sie in ihrer Bedeutung weit hinter sich gelassen.

Dieses kurze Kapitel wird seinem großen Werk genauso wenig gerecht werden wie die bisherigen Kapitel den anderen Autorinnen und Autoren. Alle, deren Interesse geweckt ist, können sich gerne in seine Texte und die weitergehende Literatur einlesen (Habermas, 1979, 1961, 1962, 1981a, b, 2008; Wiggershaus, 2004). Es lohnt sich! Wir werden Akzente setzen und versuchen, die Essenz herauszuarbeiten.

Kritik an der Moderne

Habermas verfolgt – wie die ursprüngliche Kritische Theorie – das Ziel, gesellschaftliche Fehlentwicklungen zu identifizieren und zu analysieren. Während Adorno die Moderne als eine geradlinige Abfolge versteht, die von Beginn an pathologisch sei und zwangsläufig in einer Katastrophe münde, weicht Habermas mit seiner kritischen Gesellschaftstheorie von dieser eindimensionalen pessimistischen Denkweise ab.

Vielmehr betont er, dass die Gesellschaft einer kontinuierlichen Rationalisierung unterliege. Seine grundlegende Idee besteht darin, dass Modernisierung kein geradliniger Entwicklungsprozess ist, sondern parallel auf mehreren Wegen verläuft. Sobald Modernisierung einseitig werde, komme es zum Bruch ihrer eigenen Autonomie. Die parallelen Bahnen, auf denen die Moderne verläuft, bergen Gefahren, aber auch Chancen und müssen nicht zwangsläufig unheilvoll sein (Rosa et al., 2018, S. 137). Was ist überhaupt mit „der Moderne" gemeint?

> Was wir Moderne nennen – also die Zeit zwischen der europäischen Aufklärung und dem Ersten Weltkrieg [...]. (Bolz, 1997)

Das Verständnis der Modernisierung ist einerseits einem politischen Druck durch die Linke ausgesetzt, die in ihr ausschließlich eine Bedrohung sieht. Durch die Reduzierung des Modernisierungsbegriffs auf das reine Wirtschaftswachstum opponieren Linke gegen die Moderne. Die Positionen der kapitalismusgläubigen und wachstumskritischen Personen andererseits resultieren aus einem Verständnis, den Modernisierungsprozess als Naturbeherrschung zu verstehen. Habermas betont jedoch, dass ein unverstellter Zugang zur Moderne nur existiert, wenn dieser als Rationalisierungsprozess erfasst wird, also keiner einseitigen Dynamik unterliegt (ebd.), der Risiken, aber auch Chancen verspricht.

Der Vernunftbegriff

Habermas strebt mit seiner Methode an, den Vernunftbegriff zu identifizieren, um aufzuzeigen, dass die Gesellschaft an einer einseitigen Rationalisierung leidet. Er möchte Rationalitätsstrukturen, die in allen Gesellschaften vorhanden sind und auf die Handelnden wirken, aufdecken. Die Vernunft ist nach Habermas kein rein philosophischer Sachverhalt, da diese schon immer sozial wirksam war (ebd., S. 139).

Seine Gesellschaftstheorie zielt darauf ab, soziale Verhältnisse zu identifizieren, die der Entwicklung der Moderne entgegenstehen. Das setzt voraus, dass die Moderne nicht nur das Projekt eines Philosophen darstellt, sondern in einer kritischen Gesellschaft Gehör findet, um Legitimation zu erleben.

Lässt sich die Modernisierung nun als Rationalisierung erkennen, dann muss dieses Vernunftmoment in der Grundstruktur der Gesellschaft existent sein. Die Grundsteine der Gesellschaft der frühen kritischen Theorie nach Marx bilden die Produktionsverhältnisse. Habermas weicht von dieser Position ab. Für ihn bilden die gesellschaftlichen Machtbeziehungen die Grundpfeiler einer Gesellschaft. Das veränderte Verständnis lässt sich auf die historische Entwicklung der Gesellschaft zurückführen. Während der Markt in der frühen Moderne durch Konkurrenzbeziehungen zwischen wirtschaftlichen Akteuren geprägt war, kam in der späten Moderne mit dem Aufbau einer sozialen Marktwirtschaft die staatliche Regulierung hinzu (ebd., S. 140).

Macht ist ein zentraler Bestandteil der politischen Theorie. Dieser Begriff wird jedoch von vielen Theoretikern unterschiedlich definiert. So versteht Max Weber darunter, die Chance den eigenen Willen dem Verhalten anderer aufzuzwingen, wie wir oben gesehen haben. Habermas hingegen versteht unter Macht die Durchsetzung gemeinsamer Ziele, die Entscheidungsmacht von bestimmten Personen und auch die Legitimation (Fuchs & Kurz, 2018, S. 136). Habermas betont, dass die Legitimation der Machtverhältnisse sich auf den Rechtfertigungsmustern und der gesellschaftlich geltenden Verfassung begründet. Diese werden nach Habermas durch Kommunikations- und Verständigungsverhältnisse geschaffen.

Wahrheit, Richtigkeit und Wahrhaftigkeit sowie Lebenswelt und System

Modernisierung kennzeichnet den Rationalisierungsprozess gesellschaftlicher Verständigungsverhältnisse. Die kommunikative Verständigung basiert nach Habermas auf den folgenden drei Geltungsansprüchen: der Wahrheit, der Richtigkeit und der Wahrhaftigkeit. Diese gewährleisten, dass die Sprecher Ansprüche darauf erheben, dass ihr Gesagtes der Wahrheit entspricht, dass sie zu ihrer Aussage berechtigt sind und dass sie nicht das Ziel verfolgen, den Kommunikationspartner zu täuschen, sie also wahrhaftig sind (Rosa et al., 2018, S. 141). Der Verständigungsprozess nach den Geltungsansprüchen begründet sich auf kommunikativer Vernunft, das heißt auf beiderseitigem Einverständnis.

Für Habermas sind bestimmte Systeme, unter anderem die Wirtschaft und der Staat und die Lebenswelt, zentrale Bestandteile einer modernen Gesellschaft. Die Lebenswelt differenziert Habermas in Kultur und Zivilgesellschaft. In diesen eignen sich Personen verschiedene soziale Rollen an, zum Beispiel die des Konsumenten, die des Staatsbürgers oder die des Aktivisten im soziopolitischen Raum (Fuchs & Kurz, 2018, S. 84). Die Lebenswelt lässt sich ausschließlich durch Kommunikations- und Verständigungsprozesse reproduzieren, also durch kommunikatives Handeln. Dieser Begriff wird im nächsten Abschnitt näher erläutert.

Die Reproduktion der *Lebenswelt* findet sowohl im Privaten als auch in der Öffentlichkeit statt (Rosa et al., S. 147). Das *System* auf der anderen Seite spiegelt die Zweckrationalität des Handelns wider und ist auf Prozesse zur materiellen Bestandssicherung der Gesellschaft gerichtet. Mit der Konzeption aus *System* und *Lebenswelt* versucht Habermas, die an Max Weber anschließende Handlungstheorie und die mit Niklas Luhmann verknüpfte Systemtheorie zu verbinden.

Kommunikatives versus strategisches Handeln

Soziale Handlungen können zwei Kategorien zugeordnet werden, zum einen dem kommunikativen und zum anderen dem strategischen Handeln. Der Mechanismus der Handlungskoordination begründet den Unterschied beider Handlungskategorien.

> Interaktionen, die aufgrund exogener Einflussfaktoren koordiniert werden und asymmetrischen Machtverhältnissen unterliegen, werden als *strategisches Handeln*, Interaktionen, die aneinander anschließen und auf beiderseitigem Einverständnis für das Handlungsziel aufbauen, werden als *kommunikatives Handeln* bezeichnet. (Rosa et al., 2018, S. 142)

Dieser Handlungstyp ist nicht zweckfrei, sondern stets am Handlungsziel orientiert. Kommunikatives Handeln darf nicht mit Diskussionen oder Interaktionen, die einen Austausch der gesprochenen Sprache erfordern, verwechselt werden. Das „Sprechen" bildet keine Voraussetzung für kommunikatives Handelns. Es kann auch ohne Worte erfolgen. Erst durch Unklarheiten oder Konflikte ist ein Einverständnis zur Prüfung der Geltungsansprüche notwendig.

Wie bereits erörtert, basiert Gesellschaft auf Geltungsansprüchen, die wir mit unseren kommunikativen Äußerungen erheben (Habermas, 2008, S. 79). Die Entwicklung der Kommunikation der letzten Jahre weist auf eine starke Wandlung – insbesondere durch den Einbezug des Internets und der damit verbundenen egalitären Nutzung des Web 2.0 – hin. Wie wirkt sich dieser Entwicklungsprozess auf die Öffentlichkeit aus?

Die Kommunikation hat sich von Buchdruck und Presse auf das Fernsehen und Internet ausgeweitet und stark verdichtet. Das breite Spektrum an öffentlicher medialer Vernetzung fördert die Kommunikationszusammenhänge und kennzeichnet die Gesellschaft. Der gewonnene Egalitarismus der Medienlandschaft bewirkt auf der anderen Seite aber auch eine starke Dezentralisierung unredigierter Beiträge. Das Resultat äußert sich in der Reduktion der intellektuellen Kraft von Beiträgen: als Fokus zur Informationsbeschaffung und Meinungsbildung (Habermas, 2008, S. 82).

Habermas und das Politische

Habermas ist durch und durch Philosoph. Seine großen Werke sind oft harte Bretter. Er hat die zeitgenössische Philosophie tief durchdrungen und geprägt, national und insbesondere auch international. Daneben ist er Soziologe und hatte mehrfach einschlägige Lehrstühle inne, die beide Disziplinen – in Lehre und Forschung – von ihm forderten. Reicht das nicht für ein Lebenswerk? Was hat er dann mit der Politikwissenschaft zu schaffen? Er hat nie einen Beitrag „Über das Politische" geschrieben wie Carl Schmitt oder Hannah Ahrendt. Vielleicht ist er dennoch politischer als viele andere, die wir bisher porträtiert haben.

Schon seine Habilitationsschrift *Strukturwandel der Öffentlichkeit* (1961) war eminent politisch. Denn er beklagte darin, dass die politische Kultur der bürgerlichen Clubs und Salons im 19. Jahrhundert niedergegangen sei durch die Massenmedien des 20. Jahrhunderts. Damals hätte es noch den freien, liberalen, „herrschaftsfreien Diskurs" – wie er dies später nannte – gegeben, der doch die Essenz der Demokratie sei.

Im Alter von 92 Jahren setzt er sich mit Blick auf die neuen Medien nochmals kritisch mit seiner Theorie der politischen Öffentlichkeit auseinander. Sein Fazit: Die Förderung von Kommunikation durch neue Medien beflügelt weniger die Demokratie, sondern schaffe vielmehr eine anarchische Halböffentlichkeit (El Ouassil, 2021).

Habermas hat in seiner kurzen frühen Schrift *Über den Begriff des politischen Beteiligung* von 1960 zur Studie *Student und Politik* (Habermas, 1960) bereits seine

Konzeption von Demokratie formuliert, an der er immer festgehalten hat: Demokratie bedeutet nicht nur formale, verfasste Grundrechte und demokratische Institutionen, das auch, also auch „Verfassungspatriotismus", den er selbst mitpropagiert hat, aber insbesondere Partizipation, unmittelbare Beteiligung und Mitwirkung der Bürgerinnen und Bürger auf allen Ebenen des Staates. Habermas blieb dem Idealbild der Demokratie verpflichtet, wie es Jean-Jacques Rousseau noch vor der Französischen Revolution gefordert hatte, nämlich der Identität von Regierenden und Regierten.

Hier findet sich auch seine programmatische Formulierung seines Demokratiebegriffs (Habermas, 1960, S. 16):

> Demokratie herrscht dann, wenn mündige Bürger unter den Bedingungen einer politisch fungierenden Öffentlichkeit, durch einsichtige Delegation ihres Willens und durch wirksame Kontrolle ihrer Ausführung die Einrichtung ihres gesellschaftlichen Lebens selbst in die Hand nehmen.

Dies bot reichlich Stoff für die Jahre später beginnende Studentenbewegung um 1967, wo er sich auch aktiv engagierte, allerdings nicht kritiklos. Die direkte Aktion, erst recht die spätere gewalttätige Aktion, lehnte er vehement ab und bezeichnete sie sogar als Linksfaschismus. In der aufgeregten Zeit der Studentenbewegung von 1967 bis 1977 war er zugleich Mentor für die immer mehr Demokratie fordernden Studenten als auch Warner vor Aktionismus und Revolutionsmythologie. Habermas hat sich aber auch immer wieder gegen das verhängnisvolle Nachwirken der antidemokratischen Positionen von Carl Schmitt gewandt (Velasco, 2019).

Seine Rolle als führender „Public Intellectual" der alten Bundesrepublik nahm er nie so eindrucksvoll wahr wie 1979, als er zwei Bände zum 100. Jubiläum der Edition Suhrkamp herausgab unter dem Titel *Stichworte zur „Geistigen Situation der Zeit"* (Habermas, 1979). Diese 33 Beiträge von allen, die Rang und Namen unter den Linksintellektuellen hatten, versammelten ein eindrucksvolles Kompendium aus Wissenschaft, Kultur und zum Teil auch aus der Politik der Zeit.

Er hat sich immer eingemischt, ob im Streit um das wahre Erbe der Frankfurter Schule oder im Positivismus-Streit, wo er gegen Poppers vermeintlichen Positivismus kämpfte, der eigentlich keiner war (wie wir oben in Kapitel 2.4 gesehen haben). Den Historikerstreit hat er in den 1980er-Jahren mitausgelöst, in dem es um die mögliche Relativierung der verhängnisvollen deutschen Vergangenheit ging. Auch am jüngsten Streit um Europa beteiligt er sich. Mit diesem „Projekt" der europäischen Verfassung und Einigung hat er sich in den letzten Jahren mehr und mehr identifiziert (Habermas, 2008).

Übung

Auch Habermas setzt sich mit dem Machtbegriff auseinander wie viele der hier porträtierten Denkerinnen und Denker. Erklären Sie, was seinen Machtbegriff von der frühen politischen Theorie der Frankfurter Schule unterscheidet und inwiefern Macht einen zentralen Bestandteil seiner politischen Theorie darstellt.

2.7.3 Wirken: weltweit meistrezipierter Philosoph der Gegenwart, aktiver Mitgestalter öffentlicher Debatten

Die Wirkung von Jürgen Habermas auf Philosophie und Soziologie, aber auch auf die Wissenschaftstheorie allgemein sowie auf die öffentliche Meinung und die Politik ist herausragend. Er ist in den USA breit diskutiert worden, denn er hatte dort oft Gastaufenthalte. Er hat zudem die amerikanische Philosophie intensiv in seinen Schriften rezipiert, und zahlreiche seiner Werke wurden ins Englische – aber auch in praktisch alle anderen Weltsprachen – übersetzt.

So war es eine Wechselwirkung. Er wirkte in die USA und ins übrige Ausland, und die amerikanischen Autoren und viele andere wirkten auf ihn zurück. Gerade seine rechtsphilosophischen Debatten mit John Rawls (vgl. Kapitel 2.6) haben in den USA viel Aufmerksamkeit erregt.

In Deutschland hat er zahlreiche Schüler, die seine Gedanken fortentwickelten. Aber es bildete sich keine engere „Habermas-Schule" heraus. Er ist aus der Frankfurter Schule, der kritischen Theorie, hervorgegangen – mit viel gegenseitiger Kritik –, aber er hat sie nicht einfach fortgesetzt, sondern auf höherem und breiterem Niveau fortentwickelt.

Er erhielt zahlreiche Preise und Auszeichnungen für sein wissenschaftliches Werk in aller Welt und auch für sein gesellschaftspolitisches Engagement. Seine gesellschaftliche Wirkung auf die bundesdeutschen Debatten ist immens. Er hat sich kritisch-sympathisierend mit der Studentenbewegung („1968") beschäftigt. Er hat den Historikerstreit mitgeführt. Er hat sich mit den ethischen Debatten der Genetik intensiv befasst, und er hat sich auch mit der französischen Philosophie auseinandergesetzt (Wiggershaus, 2004, S. 138).

Er hat viele Rollen in seinem langen Leben gespielt: in der Wissenschaft und in der Öffentlichkeit, auf verschiedenen Lehrstühlen und wissenschaftlichen Instituten und auch bei Gastprofessuren weltweit, sowohl in den Medien als auch bei wissenschaftlichen Symposien. Er hat sich zu seinen Rollen einmal selbstkritisch folgendermaßen geäußert, und damit wollen wir dieses Kapitel beschließen:

Ich komme in dem, was ich beabsichtige – man weiß ja nie, was man wirklich tut – Max Weber auf halbem Weg entgegen, indem ich verschiedene Sphären auseinanderzuhalten versuche: diese politisch-publizistischen Dinge, dann „richtiges" Philosophieren (was ich, paradox gesagt, nur noch gebrochen fortsetzen kann, obwohl meine Intentionen darin am ungebrochensten zum Zuge kommen). Ferner die im engeren Sinne wissenschaftliche Arbeit, schließlich die Lehrpraxis und, wenn die Zeiten danach sind, die politische Praxis, die übers Publizistische hinausgeht.

Ich halte diese verschiedenen Arbeitsformen auseinander, aber ich sage nicht, dass dies eine Arbeitsteilung ist, wo eins mit dem anderen nichts zu tun hätte oder wo es sich um eine Kombination verschiedener Rollen handelte. Ich möchte vielmehr jede dieser Rollen so spielen, dass die jeweils anderen gleichzeitig sichtbar bleiben.

Was mich entsetzlich ärgert, was mich trifft, sind die Aggressionen von Leuten, die bei mir diese Rollendifferenzierung nicht sehen, geschweige denn respektieren, und alles durcheinander rühren. [...] Ich möchte eine gewisse Differenzierung aufrecht erhalten und zwar, wenn das nicht zu hoch gegriffen ist, aus moralischen Gründen, oder vielleicht doch auch aus Angst? Es gibt eben in der heutigen Gesellschaft bestimmte Maßstäbe, an denen sich verantwortliche und unverantwortliche Geister scheiden. (Zitiert nach Wiggershaus, 2004, S. 120)

2.7.4 Zusammenfassung

Jürgen Habermas, 1929 in Düsseldorf geboren, hat international und interdisziplinär studiert und wurde früh auf Professuren berufen. Er stammte aus dem wissenschaftlichen Umfeld der kritischen Theorie der Frankfurter Schule um Theodor W. Adorno und Max Horkheimer, überwarf sich aber teilweise mit ihnen und hat deshalb in Marburg bei Wolfgang Abendroth habilitiert.

Für zehn Jahre verließ er die Universität, um mit Carl Friedrich von Weizsäcker das Max-Planck-Institut in Starnberg zu leiten, aber es zog ihn später an die Frankfurter Universität zurück.

Sein Lebenswerk reicht von seinen Frühwerken, insbesondere der Habilitation zum Strukturwandel der Öffentlichkeit oder den Legitimationsproblemen im Spätkapitalismus, bis zur Theorie des kommunikativen Handelns als Hauptwerk, hin zu zahlreichen wichtigen weiteren Büchern und noch viel mehr politischen Beiträgen zur Berliner Republik, zu Europa oder zu Moral und Ethik.

Er hat eine Reihe von Begriffen geprägt, wie die Kolonialisierung der Lebenswelt, Diskursethik, das unvollendete Projekt der Moderne oder die deliberative Demokratie. Er ist weltweit für sein Lebenswerk mit höchsten Auszeichnungen geehrt worden.

2.8 Chantal Mouffe: „Das Politische zeigt die Unmöglichkeit, das Soziale als objektive Ordnung zu errichten"

2.8.1 Leben: Belgierin, die an der University of Westminster lehrt, verheiratet mit Ernesto Laclau, mit dem sie ihr Hauptwerk geschrieben hat

Chantal Mouffe

Chantal Mouffe wurde am 17. Juni 1943 in Charleroi in Belgien geboren. Sie studierte an den Universitäten von Louvain, Paris und Essex. In Paris erlebte sie die Hochkonjunktur des Neomarxismus in der Zeit nach 1968. Anfang der 1990er-Jahre war sie Programmdirektorin des Collège International de Philosophie in Paris. Mouffe ist Politikwissenschaftlerin und Professorin für Politische Theorie an der University of Westminster in London. In zahlreichen Werken, die sie unter anderem mit ihrem Ehemann Ernesto Laclau geschrieben hat, geht es um demokratietheoretische Fragen (Stäheli, 2001, S. 197).

Mit Chantal Mouffe als letzte hier vorgestellte Geistesgröße kann man an viele Denker dieses Kapitels anknüpfen. Mit Max Weber verbindet sie die große sozialwissenschaftliche Perspektive, aber sonst eigentlich nicht viel. An Rosa Luxemburg erinnert ihr Postmarxismus und ihre Abneigung gegen den bürgerlichen und pluralistischen Liberalismus.

Besonders eng sind ihre Beziehungen zum konservativen Carl Schmitt. Obwohl sie sich als Linke versteht, vertritt sie doch eine Art „Linksschmittianismus", weil auch für sie die Freund-Feind-Kategorie prägend ist. Mit dem Rationalismus von Karl Popper oder John Rawls kann sie kaum etwas anfangen. Aber zu Hannah Arendt gibt es Bezüge, da sie sich auch mit dem Unterschied von Politik und dem Politischen befasst, wie auch schon Carl Schmitt es tat. An Jürgen Habermas arbeitet sie sich ab, weil sie dessen Vorstellung einer deliberativen Demokratie im Grunde als naiv, im besten Fall als idealistisch ablehnt.

Mouffe wendet sich in ihrem Werk *Über das Politische* gegen konsensuelle Formen von Demokratie jenseits politischer Oppositionen. Vielmehr plädiert sie für eine pluralistische Gesellschaft, die sich auf Antagonismen statt auf Konsens stützt. Damit zeigt sie auch bereits die Herausforderungen der Demokratie auf und verweist auf die Aufgabe der Politik, profilierte Programme (eben: Freund und Feind) zu bieten, damit der politische Kampf nicht durch den Konsens ersetzt und verwischt wird (Mouffe, 2007).

Insbesondere gegen rechtspopulistische Strömungen appellierte sie in ihrem Werk *Für einen linken Populismus* an den notwendigen Handlungsbedarf linker Parteien. Ein engagierter linker Populismus sei unverzichtbar, da Politik ausschließlich auf konfrontativer Wir-Sie-Unterscheidung basiere. Klare politische Alternativen und progressive Allianzen seien notwendig, um Demokratie zu beflügeln (Binswanger, 2018). Auch die gemeinsamen Arbeiten mit ihrem Mann Ernesto Laclau betonten den Antagonismus im Politischen. Im Werk *Hegemonie und radikale Demokratie: Zur Dekonstruktion des Marxismus* verabschieden sie sich von marxistischen Klassenkämpfen und lenken den Blick auf die ideologische Herrschaft über den Diskurs (Laclau & Mouffe, 1991; Binswanger, 2018).

2.8.2 Werk: *Über das Politische* neu nachgedacht, Antagonismus, Agonismus und Hegemonie

Diskurse, Politik und das Politische

Laclau und Mouffe versuchen, den Begriff des Politischen – nach Carl Schmitt und Hannah Arendt – noch einmal neu zu erfassen. Sie grenzen sich von Ansätzen ab, die das Politische rein auf Verfahrensweisen des politischen Systems reduzieren. Sie denken das Politische auch außerhalb des Sozialen. Weder der Staat noch politische Subjekte, zum Beispiel soziale Bewegungen, bilden das Politische (Stäheli, 2001, S. 194):

> Das Politische ist nicht ein internes Moment des Sozialen, sondern zeigt ganz im Gegenteil die Unmöglichkeit, das Soziale als objektive Ordnung zu errichten.

Mouffe und Laclau wollen so neue Konfliktlinien der modernen Gesellschaft untersuchen. Antagonismen moderner Gesellschaften lassen sich für sie nicht auf reine Klassenkämpfe zurückführen – sie lehnen also die klassische marxistische Sichtweise eines Kampfes zwischen Arbeit und Kapital ab. Wie entstehen aber dann politische Identitäten, die sich in einem Machtkampf gegenüberstehen und neue Konfliktlinien aufwachsen lassen?

Dieser Frage versucht die Hegemonietheorie von Mouffe und Laclau nachzugehen. Dabei konzentrieren sie sich auf den Diskursbegriff. Diskurse stellen Differenzsysteme dar. Das heißt, dass die einzelnen Elemente erst durch ihre Beziehungen zueinander innerhalb eines Diskurses zu etwas Sinnhaftem werden. Einzelne Elemente haben keine Bedeutung. So ist es auch mit ihrem Identitätskonzept (Stäheli, 2001, S. 199).

Identität ist zum einen ein Produkt diskursiver Artikulationsprozesse und zum anderen relational. Ersteres verweist bereits auf die Dynamik des Begriffs, während Letzteres aufzeigt, dass die Existenz einer Identität nur in Abgrenzung zu anderen Identitäten erfolgen kann. So erhält jede Identität ihre Bedeutung erst durch die Beziehung zu anderen Identitäten innerhalb eines Diskurses. Diskurse als Differenzsysteme seien für die Sinneserzeugung notwendig. Laclau und Mouffe unterscheiden zwei Formen des Diskursbegriffs:

1. Differenzen *innerhalb* eines Diskurses, z. B. verschiedene Ideologien,
2. eine konstitutive Differenz, die den Diskurs *nach außen* abgrenzt, z. B. zwischen Demokraten und Nichtdemokraten (Stäheli, 2001, S. 197).

Genauso wie der Diskursbegriff nicht mit bestimmten Inhalten versehen ist, so ist auch das Politische durch unterschiedliche Formen der hegemonialen und antagonistischen Artikulation von Diskursen geprägt. Mouffe definiert in ihrem Werk *Über das Politische* das Politische in Abgrenzung zur Politik. Der Begriff „Politik" umfasst die Gesamtheit der Verfahrensweisen und Institutionen, die die Gesellschaft, also das Soziale, ordnen. „Das Politische" dagegen spiegelt die Art und Weise wider, wie eine Gesellschaft gestaltet ist. Im Gegensatz zu Hannah Arendt, die das Politische als einen Ort der Freiheit und öffentlichen Diskussion angesehen hat, basiert das Politische nach Mouffe auf Machtverhältnissen, Hegemonie und Kontingenz. Auf diese Begriffe wird später genauer eingegangen (Mouffe, 2007, S. 15).

Die Wir-Sie-Unterscheidung besitzt bei Mouffe eine bestimmte Form. Sie nennt diese „Antagonismus". Wie aber sehen antagonistische Beziehungen aus und wie lassen sich daraus Identitäten konstruieren?

Der Antagonismus erklärt die Beziehung von Identitäten zu ihrem „Außen" (Stäheli, 2001, S. 203). Unter Antagonismus versteht Mouffe eine Feindschaft zwischen zwei Akteuren. Diese Feindschaft basiert auf dem Willen der Akteure, mit allen Mitteln – sowohl legitimen als auch illegitimen – ihren Weg durchzusetzen. Eine allgemeingültige Austragungsform des Konfliktes ist nicht vorhanden. Es wird mit allen Mitteln gekämpft (Mouffe, 2007).

Beide Konfliktparteien, das „Wir" und das „Sie", stehen sich in einem Abhängigkeitsverhältnis gegenüber. Keine der beiden Identitäten existiert unabhängig von der anderen, sondern wird erst durch die jeweils gegensätzliche Identität bestimmt (Stäheli, 2001, S. 203). Dieser ambivalente Charakter bedeutet Mouffe viel. Der Antagonist bedroht also einerseits die Identität und blockiert deren vollständige Erfüllung, andererseits ist eine Existenz der Identität ohne Antagonismen unvorstellbar, da diese zur Definition der eigenen Identität notwendig ist. Das Soziale ist durch politische Machtkämpfe zwischen zwei Positionen gekennzeichnet. Ständige Neuverhandlungen, um das eigene hegemoniale Projekt zu verwirklichen, und die stetige Kontingenz des Antagonismus kennzeichnen also das Politische.

Kritik am Liberalismus: Carl Schmitt gegen Habermas

Mouffe möchte in ihrem Werk *Über das Politische* die heutige Unfähigkeit aufzeigen, Probleme moderner Gesellschaften auf politische Art und Weise zu bestimmen. Diese Unfähigkeit, das Politische zu erfassen, bündelt sich vor allem in ihrer Kritik gegenüber dem Liberalismus.

> Beim „Liberalismus", so wie ich ihn in diesem Kontext verstehe, handelt es sich um einen philosophischen Diskurs mit vielen Varianten, der sich nicht durch eine gemeinsame Grundlage auszeichnet, sondern durch eine „Familienähnlichkeit" im Sinne Wittgensteins. (Mouffe, 2007, S. 17)

Liberales Denken unterliegt einem rationalistischen und individualistischen Ansatz. Kollektive Identitäten werden nicht anerkannt. Eine solche Denkweise kann die Konflikte der pluralistischen Natur nicht begreifen, da es dafür nie eine rationale Lösung geben kann. Aber auf genau dieser rationalen Grundlage basiert liberales Denken (Mouffe, 2007, S. 17). Das zeigt sich beim Umgang mit politischen Parteien. Man geht gemeinhin davon aus, dass die individuellen politischen Präferenzen der Parteimitglieder vereinheitlicht werden müssen, um Schlagkraft nach außen zu gewinnen, rationales Handeln zu ermöglichen.

> Folglich muß diese Form von Liberalismus die antagonistische Dimension des Politischen negieren. (Mouffe, 2007, S. 18)

Carl Schmitt haben wir als einen der radikalsten Bekämpfer des Liberalismus kennengelernt. In *Der Begriff des Politischen* erklärt Schmitt, dass der liberale Ansatz nicht in der Lage sei, eine spezifische politische Konzeption aus sich hervorbringen. Mouffe unterstützt ihn darin.

> In einer überaus systematischen Weise umgeht oder ignoriert das liberale Denken den Staat und die Politik und bewegt sich stattdessen in einer typischen, immer wiederkehrenden Polarität von zwei entgegengesetzten Sphären, nämlich von Ethik und Wirtschaft, Geist und Geschäft, Bildung und Besitz. Das kritische Mißtrauen gegen Staat und Politik erklärt sich leicht aus dem Grundgedanken eines Systems, das immer nur den Einzelnen als Anfang und Ende seines Denkens im Auge hat. (Schmitt, 1933, S. 51, zitiert nach Mouffe, 2007, S. 18)

Der dem Liberalismus zugrunde liegende Individualismus schließe kollektive Identitäten aus. Diese begründen aber nach Mouffe und Schmitt das Politische. Dieser Kollektivismus basiert nach Schmitt wie bei Mouffe ebenfalls auf einer Freund-Feind-Unterscheidung und ist eingebettet im Antagonismus, der stets präsent im Politischen sei. Der Antagonismus stelle eine Gefahr für die Demokratie dar. Meinungsverschiedenheiten unter antagonistischen Bedingungen würden zwangsläufig zum Krieg führen und damit selbstzerstörerisch wirken. Deshalb folgerte Schmitt, dass in einer Demokratie kein Platz für eine pluralistische Gesellschaft sei.

Soweit liberales Denken am Individualismus und Rationalismus hängt, ist eine Blindheit für das Politische in seiner antagonistischen Dimension daher keine bloße kontingente, sondern eine konstitutive Leerstelle. (Mouffe, 2007, S. 19) Heute lassen sich zwei Paradigmen liberalen Denkens ausmachen:

1. Das *aggregative Paradigma*. Das Modell unterliegt einer instrumentellen Rationalität und versteht unter Politik die Herstellung von Kompromissen zwischen widerstreitenden Kräften.
2. Das *deliberative* Paradigma. Das Modell basiert auf einer kommunikativen Rationalität und zielt auf die Herstellung einer Verbindung von Moral und Politik ab.

Ein Hauptverfechter des deliberativen Modells ist Jürgen Habermas, der Schmitt entgegenhält, dass die Annahme einer kontingenten Uneinigkeit in der Politik die Möglichkeit von Demokratie nicht erfassen kann (Mouffe, 2007, S. 2; kritisch gegenüber ihrer Kritik an Habermas und an ihrer Anlehnung an Carl Schmitt neuerdings: Velasco, 2019).

> Wenn Gerechtigkeitsfragen das ethische Selbstverständnis konkurrierender Lebensformen nicht transzendieren können und existentiell relevante Wertkonflikte, also Gegnerschaften, durch alle strittigen politischen Fragen hindurchgreifen, enden wir [...] in letzter Konsequenz bei einem Carl Schmitt'schen Verständnis von Politik. (Habermas, 1996, S. 325, zitiert nach Mouffe, 2007, S. 21)

Mouffe widerspricht den liberalen Denkern. Die zentrale Frage sei nicht, wie ein Kompromiss zwischen konfligierenden Parteien nach liberalem Denkmuster entsteht. Denn nicht die Überwindung eines Wir-Sie-Gegensatzes soll zentraler Bestandteil der Politik sein, sondern die Art und Weise der Etablierung einer Wir-Sie-Beziehung. So beginnt sie die Vorstellung ihrer Theorie mit den folgenden Worten:

> Ich schlage daher vor, mit Schmitt gegen Schmitt zu denken. (Mouffe, 2007, S. 22)

Dies mag auf den ersten Blick verwirren, doch es zeigt, dass Mouffe das Schmitt'sche Konzept nicht komplett verwerfen möchte, sondern mit dem Ziel aufgreift, es weiterzuentwickeln und die Vereinbarkeit von Pluralismus und Demokratie zu gewährleisten. Wie aber kann das funktionieren? Ihre Antwort lautet: „Agonismus".

Vom Antagonismus über den Agonismus zur Hegemonie

Die konträren Positionen, die Mouffe in Bezug auf den Antagonismus aufgreift, basieren auf ihrer Wir-Sie-Unterscheidung. Das „Wir" konstruiere sich durch das „konstitutive Außerhalb", also der Entstehung eines „Sie". Wie bereits gezeigt wurde, ist das Identitätskonzept relational und dynamisch, denn das „Wir" kann verschiedene Größen annehmen und orientiert sich ständig am „Sie" (Mouffe, 2007).

Eine Hauptaufgabe der Politik sei es, den Antagonismus zu entschärfen. Was aber müsste die Form eines „gezähmten" Antagonismus beinhalten? Damit ein Konflikt als legitim anerkannt wird, bedarf er einer Form, die die politische Gemeinschaft nicht zerstört. Es muss also ein allgemein anerkannter Grundkonsens zwischen den in Konflikt liegenden Parteien existieren (Mouffe, 2007, S. 29). Auch sollten die konkurrierenden Interessen nicht einfach durch Deliberation zum Ausgleich gebracht werden, denn dann würde das antagonistische Element eliminiert werden. Dieses ist aber für die Aufrechterhaltung der Demokratie essenziell.

Mouffe distanziert sich vom *Antagonismus*, einer Freund-Feind-Unterscheidung, und wendet sich dem *Agonismus*, einer Freund-Gegner-Beziehung, zu. Aus einer Feindschaft wird eine Gegnerschaft, die einen Grundkonsens beinhaltet, aber weiterhin eine reale Konfrontation konstruiert. Agonismus stellt eine Wir-Sie-Beziehung dar, bei der die im Konflikt stehenden Akteure die Legitimität ihrer Opponenten anerkennen, auch wenn sie einsehen, dass keine rationale Lösung für den Konflikt existiert. Trotz des Konflikts erkennen sich beide Parteien als der gleichen politischen Gemeinschaft zugehörig. Darüber hinaus teilen sie sich einen gemeinsamen symbolischen Raum, in dem der Konflikt ausgetragen wird (Mouffe, 2007, S. 30).

Natürlich kann diese Anerkennung nicht einfach ohne jegliche Kontrollmechanismen eintreten. Formelle Rechtgrundlagen und Institutionen, das heißt die Politik, ist für die Gestaltung des Agonismus im Politischen verantwortlich. Die stetige Gefahr und Kontingenz des Antagonismus ist immer vorhanden und kann den Agonismus verdrängen, insbesondere, wenn sich das „Wir" bedroht fühlt. Dies zeigt sich am Beispiel der Weimarer Republik: Der Fall demokratischer Institutionen zerstörte den Agonismus, und der stetig präsente Antagonismus kam zum Vorschein. Aus einer Gegnerschaft wurde eine Feindschaft. Diese definierte sich nicht zuletzt durch einen aggressiven Antisemitismus (Mouffe, 2007, S. 33).

Die zentrale Herausforderung demokratischer Politik sei es, die Entstehung von Antagonismen unter Kontrolle zu halten. Dabei sei die Konstruktion einer Wir-Sie-Unterscheidung essenziell und begründe die Form der Auseinandersetzung im Politischen.

Neben dem Antagonismus und Agonismus ist die *Hegemonie* ein weiterer zentraler Baustein für die Untersuchung des Politischen. Die Anerkennung eines hegemonialen Charakters für jede Form von gesellschaftlicher Ordnung ist grundlegend. Anarchie bedeutet bekanntlich die Abwesenheit jeglicher Herrschaft. Und das ist utopisch. Hegemonie bedeutet Vorherrschaft, und die ist in jeder komplexen Gesellschaft vorhanden. Die Grundfrage jeder Gesellschaft lautet dann, wer kontrolliert die Hegemonie?

> Die zwei zentralen Merkmale hegemonialer Intervention sind [...] der kontingente Charakter der hegemonialen Artikulation und ihr konstitutiver Charakter, insofern sie soziale Verhältnisse in einem primären Sinn institutionieren, unabhängig von irgendeiner apriorischen sozialen Identität. (Laclau, 2002, S. 132f., zitiert nach Mouffe, 2007, S. 25f.)

Jede Ordnung unterliege einer Dynamik, die durch temporäre und widerrufliche Artikulation kontingenter Verfahrensweisen entfaltet wird (Mouffe, 2007, S. 26). Neuverhandlungen und die Durchsetzung eigener hegemonialer Projekte bestimmen das Bild gesellschaftlich Handelnder.

> **Übung**
>
> Erklären Sie den Unterschied von Antagonismus und Agonismus bei Chantal Mouffe.

2.8.3 Wirken: Poststrukturalismus, Kritik am Neoliberalismus, „Linksschmittianismus"

Insgesamt hat sich die Hegemonie- und Diskurstheorie von Laclau und Mouffe zu einer wichtigen politischen Theorie im Rahmen des Poststrukturalismus entwickelt und einige Nachfolgearbeiten inspiriert.

Die Quelle des Poststrukturalismus lag im Frankreich am Ende der 1960er Jahre. Unterschiedliche geistes- und sozialwissenschaftliche Strömungen flossen zusammen, mischten sich, aber stießen sich auch teilweise gegenseitig ab. Sie verbinden Sprachtheorie (Jacques Derrida), Psychoanalyse (Jacques Lacan und Giorgio Agamben) mit Diskursanalyse (Michel Foucault). Ernesto Laclau und insbesondere Chantal Mouffe verkörpern in dieser Runde von Denkern die wohl am stärksten politischen und auch politikwissenschaftlichen Protagonisten (zum Poststrukturalismus: Münker & Roesler, 2000).

Chantal Mouffe bietet eine ganze Reihe von Anknüpfungspunkten in der politischen Theorie des 20. Jahrhunderts, die wir anhand von acht herausragenden Persönlichkeiten porträtiert haben. Das gilt besonders für Carl Schmitt, aber auch für Rosa Luxemburg und für Hannah Arendt. Jürgen Habermas ist sie in inniger Gegnerschaft verbunden. Die Rationalität von Karl Popper und John Rawls sind ihr völlig fremd.

Die Theorie der „Postdemokratie" von Colin Crouch, die in Deutschland im ersten Jahrzehnt dieses Jahrhunderts intensiv diskutiert wurde, verdankt sicher auch manches Chantal Mouffe, auch wenn Crouch selbst sicher nicht zu den Poststrukturalisten zählt. Aber die alles übergreifende Kritik am Neoliberalismus ist auch bei Mouffe allgegenwärtig (von Alemann, 2017).

Beide eint die Kritik an der Tendenz der politischen Parteien in Europa, zur „Mitte" zu wandern. Genau das kritisiert auch Mouffe: Alternativlosigkeit, Konsensorientierung und fehlende politische Debatten schädigen in ihren Augen den Prozess der Demokratisierung. Die Entstehung rechtspopulistischer Strömungen zeigen die Konsequenzen einer solchen Politik. Was kann man aber dagegen tun? Wie nicht anders zu erwarten, appelliert Mouffe an einen linken Populismus, um ihren Ansatz der radikalen Politik im Kontext einer realen Konfrontation zu ermöglichen. Ziel der Politik ist die Konstruktion politischer Identitäten, und diese sollen klar abgrenzbar sein. Nur ein solcher linker Populismus sei in der Lage, sich gegen die neoliberale Hegemonie zu stellen (Binswanger, 2018, Mouffe, 2007).

2.8.4 Zusammenfassung

Chantal Mouffe ist mit ihrem Ehemann Ernesto Laclau eine prominente Vertreterin des besonders in Frankreich verbreiteten Poststrukturalismus in den Geisteswissenschaften, in der Philosophie und in den Sozialwissenschaften. Dort sollen Sprachtheorie, Psychoanalyse und politische Philosophie miteinander verknüpft werden.

Laclau und Mouffe haben in ihrem Hauptwerk *Hegemonie und radikale Demokratie. Zur Dekonstruktion des Marxismus* gefordert, den Marx'schen Antagonismus zwischen Kapital und Arbeit aufzugeben. Sie sehen sich aber weiterhin in seiner Tradition der radikalen Gesellschaftskritik.

Sie greifen trotzdem auf den konservativen Carl Schmitt zurück, mit dem sie nicht nur in der Kritik am Liberalismus und Pluralismus einig sind, sondern dessen Unterscheidung von Freund und Feind als grundlegend für das Politische sie übernehmen.

Der politische Antagonismus zwischen den mächtigen Herrschenden einerseits und den Benachteiligten auf der anderen Seite soll in einen Agonismus überführt werden. Dabei stehen sich die beiden nicht mehr als in einem Feindverhältnis gegenüber, aber weiterhin in grundsätzlicher Gegnerschaft. Deshalb bleibe die Abgrenzung von Wir und Sie entscheidend, statt eines naiven konsentischen, liberalen Pluralismus, den sie ablehnen.

2.9 Schlussbetrachtung

Sie sind nun glücklich (hoffentlich!) ans Ende des zweiten Kapitels gelangt und haben mit diesem Kapitel gut 100 Jahre politischen Denkens in Deutschland – aber auch mit einigen Seitenblicken über den Tellerrand hinaus – bewältigt.

Acht Denker und Denkerinnen des Politischen haben Sie in diesem Kapitel kennengelernt. Einige von ihnen haben wirklich „das Politische" von „der Politik" zu unterscheiden gesucht.

Wir haben Ihnen einen bunten Strauß präsentiert:

– Einen liberalen Großdenker und Gründervater der Soziologie, **Max Weber**.
– Eine sozialistische Revolutionärin, die trotzdem die Freiheit der Andersdenkenden verteidigte, **Rosa Luxemburg**.
– Einen katholisch-konservativen Chefideologen der nationalsozialistischen Staatstheorie, der auch noch in der Bundesrepublik einflussreich blieb, **Carl Schmitt**.
– Den österreichisch-britischen **Sir Karl Popper,** der eine wichtige Wissenschaftstheorie entwickelte und während des Zweiten Weltkriegs im neuseeländischen Exil in seiner *offenen Gesellschaft und ihre Feinde* mit den totalitären Ideologien und ihren philosophischen Wurzeln abrechnete.
– Eine deutsch-jüdisch-amerikanische **Hannah Arendt**, die ebenfalls eine Totalitarismustheorie publizierte und sich mit ihrem Eichmann-Buch (*Die Banalität des Bösen*) viel Feindschaft schaffte.
– Den amerikanischen Rechtsphilosophen **John Rawls**, der mit seinem Werk *Theorie der Gerechtigkeit* versuchte, sozial-liberale Grundwerte philosophisch rational abzuleiten.
– Den deutschen Großdenker **Jürgen Habermas**, der als wohl renommiertester lebender Philosoph, Sozialwissenschaftler und politischer Intellektueller gilt.
– Und schließlich **Chantal Mouffe**, die mit ihrem Mann Ernesto Laclau die politikwissenschaftliche Sparte im französisch geprägten Poststrukturalismus vertritt und sich als „Linksschmittianerin" versteht.

Sie alle haben einen charakteristischen Beitrag in die politische Theorie eingebracht, aber auch viele Bezüge mit- und untereinander, die wir Ihnen nähergebracht haben.

Wir sind davon überzeugt, dass Sie nun besser gerüstet das politische Denken des 20. Jahrhunderts nachvollziehen und verstehen können.

Wichtig ist uns, dass Sie diese politischen Theorien kritisch hinterfragen und auf aktuelle politische Fragestellungen beziehen. Überlegen Sie einmal selbst, welche dieser Ideen für Ihr eigenes Wertesystem relevant sein könnten, welche Haltungen sich für politisches Handeln daraus ableiten lassen und welche Theorien Sie aus welchen Gründen kritisieren.

Wir werden nun in einem dritten Kapitel abschließend einige neuere Diskurse der politischen Theorie vorstellen, die nicht wie im bisherigen Text an Personen gebunden sind. Wir beschäftigen uns erstens mit dem Demokratiebegriff, zweitens der Identitätspolitik, drittens der Freiheit, Gerechtigkeit und Gleichheit sowie viertens der Toleranz, Pluralität und Streitkultur. Alle vier Diskurse können an vielfältige Verästelungen im großen Baum der politischen Denkgeschichte von der Antike bis heute anknüpfen, und alle vier werden heutzutage kontrovers debattiert. Und das nicht nur im wissenschaftlichen und intellektuellen Diskurs der Hochschulen und der Feuilletons, sondern auch „auf der Straße", in den digitalen Social Media oder in den Talkshows des Fernsehens.

Aufgaben und Reflexionsfragen

Zur wissenschaftlichen Methode: Was verstehen Karl Popper und Max Weber unter der Wissenschaft?

Hinweise:

Kritischen Rationalismus, Werturteilsfreiheit

Diskutieren Sie, was Rosa Luxemburg mit den Worten „Freiheit ist immer die Freiheit der Andersdenkenden" meint.

Hinweise:

Demokratie, Meinungsfreiheit, Revolution

Das Politische – was genau meinen Carl Schmitt und Chantal Mouffe mit diesem Begriff?

Hinweise:

Unterscheidung Freund-Feind, Hegemonietheorie

Literaturverzeichnis Kapitel 2

Alemann, U. von (2017). Kritik der Parteienkritik. Eine kurze Geschichte einer langen Entfremdung. In C. Koschmieder (Hrsg.), *Parteien, Parteiensysteme und politische Orientierungen* (S. 53–69). Wiesbaden: Springer VS.

Arendt, H. (1955). *Elemente und Ursprünge totaler Herrschaft.* Frankfurt a. M.: Europäische Verlags-Anstalt.

Arendt, H. (1964). *Eichmann in Jerusalem: ein Bericht von der Banalität des Bösen.* München: Piper.

Arendt, H. (1986). *Elemente und Ursprünge totaler Herrschaft.* München: Piper.

Arendt, H. (2003). *Macht und Gewalt.* München, Zürich: Piper.

Arendt, H. (2007). *Vita activa oder Vom tätigen Leben* (5. Auflage). München: Piper.

Auernheimer, G. (2007). Revolution und Räte bei Hannah Arendt und Rosa Luxemburg. *Utopie kreativ: Diskussion sozialistischer Alternativen, 201/202,* 698–707.

Baumgarten, E. (1964). Einleitung. In M. Weber (Hrsg.), *Soziologie, Weltgeschichtliche Analysen, Politik.* Stuttgart: Kröner Verlag.

Bevc, T. (2012). *Politische Theorie.* Konstanz: UVK.

Besch, T. M. (1998). Über John Rawls' politischen Liberalismus. In K. Seelmann & S. S. Steinvorth (Hrsg.), *Rechtsphilosophische Schriften,* Band 6. Frankfurt a. M.: Peter Lang.

Binswanger, D. (2018). Wir brauchen einen Populismus von links. *Republik.* Verfügbar am 10.03.2019 unter www.republik.ch/2018/09/08/wir-brauchen-einen-populismus-von-links

Bolz, N. (1997). Theorie der Müdigkeit – Theoriemüdigkeit. *Telepolis.* Verfügbar am 13.05.2019 unter www.heise.de/tp/features/Theorie-der-Muedigkeit-Theoriemuedigkeit-3445987.html

Breuer, S. (1991). Max Webers Herrschaftssoziologie. In S. Breuer (Hrsg.), *Theorie und Gesellschaft* (Band 18) (S. 237–254). Frankfurt a. M.: Campus.

Breuer, S. (1994). *Bürokratie und Charisma: zur politischen Soziologie Max Webers.* Darmstadt: Wissenschaftliche Buchgesellschaft.

Brocker, M. (2018). *Geschichte des politischen Denkens. Das 20. Jahrhundert.* Frankfurt a. M.: Suhrkamp.

Dath, D. (2010). *Rosa Luxemburg. Suhrkamp-BasisBiographie: Leben, Werk, Wirkung,* Band 35. Berlin: Suhrkamp.

El Ouassil, Samira (2021). Habermas und die Demokratie 2.0. Zit. in: Spiegel Kultur, verfügbar am 23.01.2022 unter www.spiegel.de/kultur/juergen-habermas-strukturwandel-der-oeffentlichkeit-in-der-2-0-version-a-2e683f52-3ccd-4985-a750-5e1a1823ad08

Engler, F. O. & Iven, M. (2013). *Große Denker.* Leipzig: Leipziger Universitätsverlag.

Faber, K. G., Ilting, K. H. & Meier, C. (1982). Macht, Gewalt. In O. Brunner (Hrsg.), *Geschichtliche Grundbegriffe* (Band 3) (S. 817–935). Stuttgart: Klett-Cotta Verlag.

Feldmann, K. (2001). *Soziologie kompakt. Eine Einführung* (2. Auflage). Opladen: Westdeutscher Verlag.

Fuchs, C. & Kurz, F. (2018). *Soziale Medien und Kritische Theorie: Eine Einführung.* München: UVK.

Groh, D. (1973). *Negative Integration und revolutionärer Attentismus. Die deutsche Sozialdemokratie am Vorabend des Ersten Weltkrieges.* Frankfurt a. M.: Ullstein.

Grunenberg, A. (2005). Hannah Arendt (1906–1975). In W. Bleek & H. J. Lietzmann (Hrsg.), *Klassiker der Politikwissenschaft* (S. 209–214). München: C. H. Beck.

Habermas, J. (1961). Über den Begriff der politischen Beteiligung. In J. Habermas et al. (Hrsg.), *Student und Politik* (S. 13–55). Neuwied, Berlin: Luchterhand.

Habermas, J. (1962). *Strukturwandel der Öffentlichkeit: Untersuchungen zu einer Kategorie der bürgerlichen Gesellschaft.* Frankfurt a. M.: Suhrkamp.

Habermas, J. (1979). *Stichworte zur „Geistigen Situation der Zeit"* (1–2 Bände). Frankfurt a. M.: Suhrkamp.

Habermas, J. (1981a, b). *Theorie des kommunikativen Handelns* (1–2 Bände). Frankfurt a. M.: Suhrkamp.

Habermas, J. (2008). *Ach, Europa* (Kleine politische Schriften, Band XI). Frankfurt a. M.: Suhrkamp.

Harders, L. (2014). *Hannah Arendt.* LEMO – Lebendiges Museum Online. Verfügbar am 12.03.2019 unter www.dhm.de/lemo/biografie/hannah-arendt

Havemann, R. (1965). Die Partei ist kein Gespenst: Plädoyer für eine neue KPD. Zit. in: *Der Spiegel,* 52. Verfügbar am 25.07.2019 unter www.spiegel.de/spiegel/print/d-46275469.html

Henecka, H. P. (2015). *Grundkurs Soziologie* (10. Auflage). Konstanz: UVK.

Heuer, W., Heiter, B. & Rosenmüller, S. (2011). *Arendt Handbuch. Leben –Werk –Wirkung.* Stuttgart: Metzler.

Höffe, O. (2013). *John Rawls. Eine Theorie der Gerechtigkeit* (Klassiker auslegen, Band 15). Berlin: Akademie Verlag.

Jesse, E. (2018). Karl R. Popper. Die offene Gesellschaft und ihre Feinde. In M. Brocker (Hrsg.), *Geschichte des politischen Denkens. Das 20. Jahrhundert* (S. 264–277). Frankfurt a. M.: Suhrkamp.

Kaesler, D. (2003). *Max Weber. Eine Einführung in Leben, Werk und Wirkung.* Frankfurt a. M.: Campus.

Kaube, J. (2014). *Max Weber. Ein Leben zwischen den Epochen.* Berlin: Rowohlt Verlag.

Kennedy, E. (1986). Carl Schmitt und die Frankfurter Schule. *Geschichte und Gesellschaft, 12*(3), 380–419.

Koller, P. (2015). Grundlegende Ideen des Politischen Liberalismus (Vorlesung I). In O. Höffe (Hrsg.), *Politischer Liberalismus* (S. 47–62). Berlin: De Gruyter.

Laclau, E. & Mouffe, C. (1991). *Hegemonie und radikale Demokratie. Zur Dekonstruktion des Marxismus.* Wien: Passagen Verlag.

Lenk, K. & Franke, B. (1987). *Theorie der Politik: Eine Einführung.* Frankfurt a. M.: Campus.

Luban, O. (2008). *Rosa Luxemburgs Demokratiekonzept. Ihre Kritik an Lenin und ihr politisches Wirken 1913–1919.* Leipzig: GNN Verlag.

Ludz, U. & Arendt, H. (2005). *Ich will verstehen: Selbstauskünfte zu Leben und Werk* (4. Auflage). München: Piper Verlag.

Luxemburg, R. (1970). *Gesammelte Werke* (Band 1, 2, 4, 5). Berlin: Dietz Verlag.

Mehring, R. (2009). *Carl Schmitt: Aufstieg und Fall.* München: C. H. Beck.

Mehring, R. (2011). *Carl Schmitt zur Einführung.* Hamburg: Junius.

Mehring, R. (2018). *Vom Umgang mit Carl Schmitt.* Baden-Baden: Nomos.

Mouffe, C. (2007). *Über das Politische: wider die kosmopolitische Illusion.* Frankfurt a. M.: Suhrkamp.

Müller, H. P. (2007). *Max Weber. Eine Einführung in sein Werk*. Wien, Köln: Böhlau.

Müller, H. P. & Sigmund, S. (2014). *Max Weber Handbuch: Leben – Werk – Wirkung*. Stuttgart: Metzler.

Müller, U. G. T. (2011). *Rosa Luxemburg und der Feminismus. Rede anläßlich des 140. Geburtstags Rosa Luxemburgs*. Verfügbar am 07.08.2019 unter https://sh.rosalux.de/fileadmin/ls_sh/bilder/revolution/B_RosaLuxemburgs_140_Geburtstag.pdf

Münker, S. & Roesler, A. (2000). *Poststrukturalismus*. Stuttgart: Metzler.

Neiman, S. (2004). *Das Böse denken. Eine andere Geschichte der Philosophie*. Frankfurt a. M.: Suhrkamp.

Niesen, P. (2001). Die politische Theorie des politischen Liberalismus: John Rawls. In A. Brodocz & G. S. Schaal (Hrsg.), *Politische Theorien der Gegenwart II* (Band 2, S. 17–41). Wiesbaden: Springer Verlag.

Oelßner, F. (1951). *Rosa Luxemburg*. Berlin: Dietz Verlag.

Piper, E. (2018). *Rosa Luxemburg. Ein Leben*. München: Karl Blessing Verlag.

Pogge, T. W. M. (1994). *John Rawls*. München: C. H. Beck.

Popper, K. (1934). *Logik der Forschung*. Wien: Springer Verlag.

Popper, K. (2003). *Die offene Gesellschaft und ihre Feinde. Falsche Propheten: Hegel, Marx und die Folgen* (Bd. 2, 8. Auflage). Tübingen: J. C. B. Mohr.

Raimondi, F. (2014). *Die Zeit der Demokratie. Politische Freiheit nach Carl Schmitt und Hannah Arendt*. Konstanz: University Press Konstanz.

Rawls, J. (1971). *A Theory of Justice*. Cambridge M.A.: Harvard University Press.

Rawls, J. (2005). *Political Liberalism*. New York: Columbia University Press.

Riescher, G. (2004). *Politische Theorie der Gegenwart. In Einzeldarstellungen von Adorno bis Young*. Stuttgart: Kröner Verlag.

Rosa, H. , Strecker, D. & Kottmann, A. (2018). *Soziologische Theorien* (3. Auflage). Konstanz: UVK.

Ruffing, R. (2006). *Philosophie*. Paderborn: Fink.

Schaal, G. S. & Heidenreich, F. (2009). *Einführung in die Politischen Theorien der Moderne* (2. Auflage). Opladen: Verlag Barbara Budrich.

Schmitter, E. (2019). Auch eine Kassandra. *Der Spiegel*, (2), S. 102–107.

Schroer, M. (2017). *Soziologische Theorien – Von den Klassikern bis zur Gegenwart*. Paderborn: Wilhelm Fink.

Stäheli, U. (2001). Die Politische Theorie der Hegemonie: Ernesto Laclau und Chantal Mouffe. In A. Brodocz & G. S. Schaal (Hrsg.), *Politische Theorien der Gegenwart II* (Band 2) (S. 143–166). Opladen: Leske + Budrich.

Tausendpfund, M. (2018). *Quantitative Methoden der Politikwissenschaft: Eine Einführung*. Wiesbaden: Springer Verlag.

Thumfahrt, A. (2004). John Bordley (Borden) Rawls. In G. Riescher (Hrsg.), *Politische Theorie der Gegenwart in Einzeldarstellungen. Von Adorno bis Young*. Stuttgart: Kröner Verlag.

Velasco, J. C. (2019). Der lange Schatten von Carl Schmitt. Der „Kronjurist des Dritten Reiches", gelesen von Jürgen Habermas. *Leviathan 47*(1), 86–101.

Waschkuhn, A. (1999). *Kritischer Rationalismus*. München: Oldenbourg Verlag.

Weber, M. (1968). *Gesammelte Aufsätze zur Wissenschaftslehre*. Tübingen: Mohr.

Weber, M. (1969). *Wirtschaft und Gesellschaft*. Westport: Greenwood Press.

Westphal, M. (2013). Pluralismus und A(nta)gonismus: Chantal Mouffes agonale Demokratietheorie. *Preprints and Working Papers of the Centre of Advanced Study in Bioethics.* Münster 2013, (56). Verfügbar am 18.03.2019 unter www.uni-muenster.de/imperia/md/content/kfg-normenbegruendung/intern/publikationen/56_westphal_-_pluralismus_und_a_nta_gonismus.pdf

Wiggershaus, R. (2004). *Jürgen Habermas.* Reinbek: Rowohlt.

Wippermann, W. (1997). *Totalitarismustheorien: Die Entwicklung der Diskussion von den Anfängen bis heute.* Darmstadt: Primus-Verlag.

3 Aktuelle Diskurse und Perspektiven: Demokratietheorie heute

Ulrich von Alemann

3.1 Demokratie ist überall, ist überall auch Demokratie?

Alle Politik erscheint uns heute als Demokratie. Schon die ersten Denker in diesem Band, die griechischen Philosophen der Antike, besonders Platon und Aristoteles, setzten sich mit der Demokratie auseinander. Schließlich haben die Griechen den Begriff Demokratie erfunden (von *demos*, Volk, und *kratein*, herrschen). Aber sie entwickelten nicht nur die ersten Theorien dazu, sondern setzten sie auch in die Praxis um. In der direkten Demokratie auf dem Athener Marktplatz (*agora*) konnten alle Vollbürger ihre Stimme abgeben. Tatsächlich war die Partizipation auf eine kleine Schicht der männlichen vermögenden Vollbürger begrenzt und alle Frauen, Sklaven, Ausländer und Abhängigen wurden ausgegrenzt. Trotz dieser drastischen Einschränkungen: Geliebt haben die griechischen Philosophen die Demokratie nicht, eher befürchteten sie wohl, dass das einfache Volk – der Plebs, der Pöbel – durch Demagogen aufgewiegelt würde, denn die Tugenden der Klugheit, Weisheit und strategischen Weitsicht seien vom Volk nicht zu erwarten.

Dann wurde es fast 1000 Jahre still um die Demokratie – in Theorie und Praxis. Höchstens noch über die Republik (lateinisch *res publica*, die öffentliche Sache) stritt man sich, die der Monarchie gegenübergestellt wurde: ob im alten Rom oder in den italienischen Stadtstaaten der Renaissance. Fast ein Jahrtausend, nachdem die Griechen Demokratie versucht hatten, befasste man sich im Spätmittelalter erneut mit Volksherrschaft. Bei Marsilius von Padua tauchte indirekt Demokratie wieder im politischen Diskurs auf, nämlich durch den Ruf nach Volkssouveränität. Dieser Ruf schwoll über die nächsten Jahrhunderte an und brach sich Bahn zunächst in der amerikanischen und französischen Revolution Ende des 18. Jahrhunderts. Es brauchte noch weitere fast anderthalb Jahrhunderte, bis der Ruf nach Demokratie auch in Deutschland gehört und umgesetzt wurde, nämlich mit der Weimarer Reichsverfassung von 1918.

Im vergangenen 20. Jahrhundert erlebten wir – wie sich auch in den Texten dieses Buches widerspiegelt – eine Vielfalt von politischen Denkern und Denkerinnen, die Politik nicht mehr von Demokratie trennen können. Der Demokratiegedanke hat einen ungeahnten Siegeszug angetreten. Selbst autoritäre, faschistische oder totalitäre Regime reklamieren für sich in der Regel, eine „echte" Volksdemokratie zu repräsentieren, die den wahren Volkswillen durch ihre Herrscher verwirklicht. Demokratie ist überall, aber nicht überall ist Demokratie, wo sie draufsteht.

So ist einer der ältesten politischen Diskurse auch eine der jüngsten: Wie hältst du es mit der Demokratie? Unsere Denker und Denkerinnen haben sich in diesem Buch vielfältig dazu geäußert – von Aristoteles bis Chantal Mouffe. In diesem abschließenden Kapitel wollen wir neue Diskurse diskutieren, die so noch nicht angesprochen wurden. Das ist im Fall der Demokratie allerdings eine unendliche Geschichte. Schlagen wir etwa unter Google Scholar „Demokratie" nach, so erhalten wir nur von 2010 bis heute sage und schreibe 160.000 Fundstellen!

3.1.1 Neue Diskurse

Neben der Geschichte der Demokratie und der Demokratietheorie, die wir gerade im Sauseschritt rekapituliert haben, gibt es viele weitere Perspektiven auf die Demokratie: repräsentative und direkte Demokratie, parlamentarische und präsidentielle, Konkurrenz- und Konsensdemokratie und viele Formen mehr (ein kompakter Überblick bei Schmidt, 2006, ausführlich Schmidt, 2019). Diese können wir hier nur kurz erwähnen, aber natürlich keineswegs ausführlich erörtern (kompakt: Marschall, 2014 und Vorländer, 2003). Entscheiden wir uns also für zwei Diskussionsstränge. Erstens: Wie misst man Demokratie? Zweitens: Ist die Demokratie bedroht?

3.1.1.1 Wie misst man Demokratie?

Kann man Demokratie überhaupt messen? Das war in der Vergangenheit keine Frage: Demokratie hat man oder man hat sie eben nicht. Eine demokratische Verfassung, Volkssouveränität, Rechtsstaatlichkeit, Gewaltenteilung, Grund- und Menschenrechte sind die Voraussetzung und schon hat man eine Demokratie. So lautete die allgemeine Überzeugung in der Nachkriegszeit bis in die 1960er-Jahre im Kalten Krieg. Die Studenten- und die Bürgerbewegungen der 1968er-Jahre störten diesen Konsens. Demokratisierung war nun die Devise. Konservative Kräfte bekämpften das: Eine Demokratie könne man nicht demokratisieren. Progressive dagegen wollten die Gesellschaft überall demokratisch gestalten: Schulen, Hochschulen, Betriebe, Theater, sogar Justizvollzugsanstalten (vgl. von Alemann, 1978). Das ging zu weit. Aber auch der neue Bundeskanzler Willy Brandt propagierte 1969: „Wir wollen mehr Demokratie wagen." Konkret wurde allerdings nur das Wahlalter von 21 auf 18 Jahre herabgesetzt. Aber an der Entscheidungskompetenz von Parlament und Regierung wurde nicht gerüttelt.

Trotzdem blieb die Frage offen, nicht, ob der Staat demokratisch sei, sondern wie demokratisch er ist. Erst recht gilt dies seit den Demokratisierungsbewegungen der 1970er- bis 1990er-Jahre: von Spanien und Portugal bis zum gesamten Ostblock seit 1989. Seitdem entstanden immer neue Initiativen in der Wissenschaft, um Demokratie zu messen. Die einfachste Art Demokratie zu messen ist die Typologie, z.B. die Unterscheidung in parlamentarische und präsidentielle Demokratien (Steffani, 1979). Einige Typologien, die oft nur Dichotomien sind, wurden oben schon genannt. Dies ist recht grob, aber meist unmittelbar einleuchtend.

Wenn man eine Skala, die den Demokratiegehalt tatsächlich misst, erstellen will, muss man empirische, quantifizierbare Indikatoren einführen. Ein Pionier auf diesem Gebiet war der Amerikaner Robert A. Dahl. Er entwickelte sieben Merkmale von Demokratie: (1) die Wahl der Amtsinhaber, (2) freie, faire und regelmäßig stattfindende Wahlen, (3) ein inklusives Wahlrecht in dem Sinne, dass alle oder fast alle Erwachsenen bei der Auswahl politischer Ämter nahezu gleichberechtigt sind, (4) passives Wahlrecht für alle oder nahezu alle Erwachsenen, (5) Meinungsfreiheit, (6) Informationsfreiheit und (7) Organisations- und Koalitionsfreiheit sowie insbesondere die Freiheit zur Bildung unabhängiger Parteien und Interessengruppen (Dahl, 1989).

Wenn man nun jedem dieser Items Punkte für einen bestimmten Staat zuordnet – von voll gegeben (10) bis nicht vorhanden (0) –, dann kann man einen Index konstruieren, der ein Demokratie-Ranking der Staaten ergibt. Das ist durchaus ein Erkenntnisgewinn. Viele Autoren haben die Messung verfeinert und mal mehr institutionelle Faktoren, mal mehr gesellschaftliche Faktoren hinzugefügt. Aber das Grundprinzip blieb immer dasselbe: Indikatoren für Demokratie werden entwickelt und dann an der Wirklichkeit gemessen (Lauth, 2004). Zu den ältesten und wichtigsten Demokratie-Messungen gehören der Freedom-House-Index, der Vanhanen-Index und der Bertelsmann-Transformations-Index (vgl. Marschall, 2014, S. 69–78). Zu ihnen findet man reichhaltige Literatur im Internet.

Ergibt das aber eine „objektive" Messung von Demokratie, so, wie wir Blutdruck oder Wahlbeteiligung messen? Nein, denn die Gewichtungen bleiben immer etwas subjektiv. Ob man der Meinungsfreiheit oder dem Koalitionsrecht, der Sozialstaatlichkeit oder der Rechtsstaatlichkeit (beide bei Dahl nicht vorhanden) mehr Raum gibt, bleibt offen. Deshalb kommen alle Indices auch zu leicht unterschiedlichen Rankings der gemessenen Länder. Insofern ist die Messung von Demokratie zwar wichtig, gerade für junge Demokratien, aber auch für ganz alte wie die USA. Aber es wäre eine Illusion, sich davon harte statistische Fakten und „Wahrheiten" zu erwarten.

3.1.1.2 Wie bedroht ist die Demokratie?

Die moderne Geschichte der Demokratie entwickelt sich in Schwüngen. Samuel Huntington (1991) unterscheidet drei Wellen:

Die erste Demokratisierungswelle von 1828 bis 1926 etablierte den Kern der westlichen, liberalen, repräsentativen Demokratie in Europa, Nordamerika und Australien. Der Faschismus und der Nationalsozialismus in den 30er- und 40er-Jahren des vorigen Jahrhunderts warf die Demokratien zurück.

Die zweite Demokratiewelle ab 1943 bis 1960 überwand den Rückfall in Autoritarismus und Nationalismus und dehnte die Demokratie auf entkolonialisierte Länder in Afrika und Asien aus.

Die dritte Demokratisierungswelle seit den 1970er-Jahren begann in Portugal und Spanien, griff auf Südamerika über und breitete sich auf den europäischen Osten aus – nach dem Zusammenbruch des Kommunismus ab 1989. Nie zuvor in der Geschichte seien „so viele Länder unterschiedlicher Kultur und Entwicklungsstände" von den Demokratieschüben erfasst worden (von Beyme & Nohlen, 1995, S. 636; vgl. Marschall, 2014, S. 80).

Konsolidierte Demokratien, die eine stabile Verfassung und beständige demokratische politische Kultur aufweisen, bestehen aus fünf miteinander verschränkten Teilregimen: erstens dem Wahlregime, zweitens den politischen Teilhaberechten, drittens den bürgerlichen Freiheitsrechten, viertens der Gewaltenkontrolle und fünftens der effektiven Regierungsgewalt (Marschall, 2014, S. 84). Wenn mehrere Kriterien nicht mehr gegeben oder garantiert sind, spricht man von „defekten Demokratien" (Merkel, 2003). Leider haben in den letzten gut 15 Jahren Demokratiedefizite überall auf der Welt zugenommen: in Europa (Polen und Ungarn), in den USA (unter Trump), aber auch in Russland und Belarus, China oder auf den Philippinen.

Schäfer und Zürn haben jüngst ein Buch veröffentlicht mit dem programmatischen und pessimistischen Titel „Die demokratische Regression" (Schäfer & Zürn, 2021). Sie sprechen von einer doppelten Entfremdung: „Die abstrakte Entfremdung der Praxis vom demokratischen Ideal und die konkrete Entfremdung der Bürgerinnen von den demokratischen Institutionen [...]. Im Ergebnis führt die doppelte Entfremdung dazu, dass die Demokratie an Strahlkraft verliert" (Schäfer & Zürn, 2021, S. 11). Und dies gelte auch für die Kernbereiche der liberalen demokratischen Wohlfahrtsstaaten mitten in Europa: Soziale Ungleichheit und Armut nähmen zu, Rechtspopulismus gewinne in Frankreich und Italien an Bedeutung, in den Benelux-Ländern und der Schweiz, in Skandinavien und eben auch in Deutschland. Erstmals seit 1949 ist hierzulande eine rechtspopulistische Partei im Bundestag und seit 2017 in allen Landtagen vertreten.

Erklärungen für diese Entfremdungen werden in sozioökonomischen Gründen gesucht, in wachsender Ungleichheit und Armut, aber auch in soziokulturellen Faktoren: Die Liberalisierung und Globalisierung der Gesellschaft (Migration) würden von vielen als Bedrohung wahrgenommen. Schäfer und Zürn sind diese beiden Erklärungen zu vordergründig. Auch politisch-selektive Tendenzen müssten ins Auge gefasst werden: sinkende Integrationsfähigkeit der Volksparteien, Kartellierung der Parteien (Große Koalitionen), Abwanderung der Kompetenzen von Parlamenten in nationale und supranationale Exekutiven und so weiter (Schäfer & Zürn, 2021, S. 17ff.).

Ziehen wir ein Resümee mit Schäfer und Zürn: „Der gegenwärtige Rückzug der Demokratie scheint mehr als nur eine vorübergehende Delle. Die optimistische Erzählung, wonach sich die Demokratie in Wellen ausbreitet, zwischen denen lediglich kurze Perioden partieller Rückschritte liegen, deckt sich kaum mit der tatsächlichen Entwicklung. Vielmehr hat sich im Nachhinein vor allem die Zeit von 1945 bis zum Ende des 20. Jahrhunderts als eine Phase der weltweiten Demokratisierung erwiesen. Dieses halbe Jahrhundert war allerdings durch positive Rahmenbedingungen gekennzeichnet, die heute nicht in derselben Weise bestehen. Die demokratische Progression war weniger das Resultat einer unausweichlichen Fortschrittslogik, sondern vielmehr einer spezifischen historischen Konstellation geschuldet. Die Veränderung dieser historischen Konstellation, [...] ermöglicht nun die demokratische Regression. Gesellschaften gleiten nicht auf einer vorgezeichneten Trasse auf das Ziel der liberalen Demokratie zu, sondern entwickeln sich durch politische Konflikte und Kämpfe um die Ausweitung sozialer und demokratischer Rechte – und diese Konflikte können die Fahrt nicht nur verlangsamen, sondern auch zu einem Wechsel des Zielbahnhofs führen" (Schäfer & Zürn, 2021, S. 12).

3.1.2 Ausblick

Das klingt sehr pessimistisch. Immerhin haben die Autoren an den Schluss ihres Buches einige Reformvorschläge gestellt, die zeigen, dass sie nicht einfach Schwarzseher sind. Am Ende dieses Kapitels soll ein positiver Ausklang stehen. Deutlich optimistischer sind die Schlusssätze des Buches von Hedwig Richter *Demokratie. Eine deutsche Affäre. Vom 18. Jahrhundert bis zur Gegenwart* (2020), die als Historikerin 200 Jahre der deutschen Demokratieentwicklung Revue passieren lässt: „Demokratie hat eine wunderbare und wunderliche Geschichte. Sie ist eine Affäre voller Krisen, aber auch voller Glück und Neuanfang, gerade für die Deutschen. Die Affäre geht weiter. Die Zukunft ist offen, und vermutlich ist sie hell" (Richter, 2020, S. 326).

Die Wahrheit liegt wahrscheinlich in der Mitte. Demokratien wie die deutsche sind nicht so leicht zu erschüttern. Aber die Gefahr, dass sogar in einem Kernland Europas rechtspopulistische Kräfte eine Mehrheit erringen, ist nicht von der Hand zu weisen. Deshalb müssen Defizite der Repräsentation aktiv mit Reformagenden angepackt werden. Demokratie ist nie etwas Selbstverständliches, sondern ein labiles Gut.

Nun noch einige Hinweise für Interessierte, die weiterlesen möchten. Einen guten historischen Überblick über Demokratietheorien bieten Massing und Breit (2002). Der systematische Klassiker ist Sartori (2006) und der einflussreiche Dahl (1956) immer noch aktuell. Den besten umfassenden Einblick gibt Schmidt (2019), sehr tiefschürfend Raschke (2020). Zwei kurze Schnellinformationen kann man sich bei Vorländer (2003) und Marschall (2014) holen.

Reflexionsaufgabe/-frage

1. Welche sieben Merkmale legt Robert A. Dahl einer Messung von Demokratie zugrunde?
2. Welche dieser Kriterien sehen Sie in Deutschland als bedroht an?

Hinweise:

1. Wahl der Amtsinhaber, freie, faire und regelmäßige Wahlen, inklusives Wahlrecht, passives Wahlrecht für alle Erwachsenen, Meinungs- und Informationsfreiheit, Organisationsfreiheit.
2. Wahlrecht ist kompliziert und führt zu immer größerem Bundestag, Informationsfreiheit ist durch internationale Datenkonzerne bedroht (nur als Beispiele; hier ist die eigene Meinung gefragt!).

Literaturverzeichnis

Alemann, U. v. (Hrsg.) (1978). *Partizipation, Demokratisierung, Mitbestimmung: Problemstand und Literatur in Politik, Wirtschaft, Bildung und Wissenschaft* (2. Auflage). Opladen: Westdeutscher Verlag.

Beyme, K. v. & Nohlen, D. (1995). Systemwechsel. In D. Nohlen & R. O. Schultze (Hrsg.), *Lexikon der Politik. Band 1* (S. 636–649). München: C. H. Beck.

Dahl, R. A. (1956). *A Preface to Democratic* Theory. Chicago: University of Chicago Press.

Dahl, R. A. (1989). *Democracy and its Critics.* New Haven: Yale University Press.

Huntington, S. (1991): The Third Wave: Democratization in the Late Twentieth Century, Oklahoma: University Press.

Lauth, H. J. (2004). *Demokratie und Demokratiemessung: Eine konzeptionelle Grundlegung für den interkulturellen Vergleich.* Wiesbaden: Springer.

Marschall, S. (2014). *Demokratie.* Opladen: Verlag Barbara Budrich.

Massing, P. & Breit, G. (Hrsg.) (2002). *Demokratietheorien: Von der Antike bis zur Gegenwart.* Schwalbach: Wochenschau Verlag.

Merkel, W., Puhle, H. J., Croissant, A., Eicher, C. & Thiery, P. (2003). *Defekte Demokratien. Band 1. Theorien und Probleme.* Wiesbaden: VS Verlag.

Raschke, J. (2020). *Die Erfindung der Demokratie: Innovationen, Irrwege, Konsequenzen.* Wiesbaden: Springer.

Richter, H. (2020). *Demokratie. Eine deutsche Affäre: Vom 18. Jahrhundert bis zur Gegenwart.* München: C. H. Beck.

Sartori, G. (2006). *Demokratietheorie.* Darmstadt: Wissenschaftliche Buchgesellschaft.

Schäfer, A. & Zürn, M. (2021). *Die demokratische Regression: Die politischen Ursachen des autoritären Populismus.* Frankfurt a. M.: Suhrkamp.

Schmidt, M. G. (2006). Demokratie. In W. Heun (Hrsg.), *Evangelisches Staatslexikon*, Neuausgabe (S. 325–336). Stuttgart: Kohlhammer.

Schmidt, M. G. (2019). *Demokratietheorien* (6. Auflage). Wiesbaden: Springer.

Steffani, W. (1979). *Parlamentarische und präsidentielle Demokratie: Strukturelle Aspekte westlicher Demokratien.* Stuttgart: Kohlhammer.

Vorländer, H. (2003). *Demokratie: Geschichte – Formen – Theorien.* München: C. H. Beck.

3.2 Identitätspolitik

Sabrina Kovacs

In der heutigen Gesellschaft werden zahlreiche Gruppenidentitäten gebildet, die sich immer stärker ausdifferenzieren. Dabei geht es um Themen, um nur einige zu nennen, wie Umwelt, Migration, Feminismus sowie Lesben-, Schwulen-, Bisexuellen- und Transgenderrechte (LGBT-Rechte). Immer mehr Identitäten stellen Ansprüche auf Anerkennung und wollen sich gleichzeitig nicht mehr zu einem Ganzen bekennen, sondern betrachten sich nun selbst als Ganzes (Strauß, 2019, S .6). Das Resultat ist eine zunehmende Fragmentierung der Gesellschaft (Reckwitz, 2017).

Identitätspolitik bezeichnet eine grundlegende Debatte, in der es darum geht, die Ursachen gesellschaftlicher Spaltung zu erklären: Sind es Fragen der Kultur und Zuschreibungen oder Fragen der sozialen Ungleichheit (Ayyash, 2019)? Auch die Frage, was Gesellschaften eigentlich zusammenhält, ist Kern der Debatte. Im Folgenden werden die Entwicklung sowie wichtige Ansätze der Identitätspolitik skizziert und wesentliche Kritiken aus verschiedenen Lagern vorgestellt. Auch viele Theoretiker und Theoretikerinnen in diesem Buch haben sich mit dem Identitätsbegriff auseinandergesetzt; ihre Ideen werden ebenfalls aufgegriffen.

3.2.1 Identität – ein soziales Konstrukt

Historisch ist der Begriff Identität aus dem lateinischen Wort „identitas" erwachsen, das im 12. Jahrhundert als Bezeichnung für diejenigen Merkmale genutzt wurde, die verschiedene Elemente einer Gruppe gemeinsam haben (Strauß, 2019, S. 4). Nach Jürgen Habermas ist Identität ein fragmentiertes Bewusstsein, das sich in mehreren Stufen entwickelt (Abels & König, 2010, S. 23).

Auch der Psychoanalytiker Erik H. Erikson spricht von einer Entwicklung der Identität. Seine Identitätstheorie gründet auf folgender Annahme: Die Identität eines Menschen sei nicht von Geburt an festgelegt und könne nicht durch ein Individuum allein erklärt werden, sondern entwickele sich vielmehr über einzelne Lebensphasen, geformt durch die soziale und kulturelle Umwelt (Abels & König, 2010, S. 137).

Für den amerikanischen Sozialpsychologen George Herbert Mead ist Identität auf die Kommunikation, einem Prozess der gegenseitigen Wahrnehmung von Individuen, zurückzuführen. In dem Buch *Sozialisation* von Heinz Abels und Alexandra König wird der Prozess wie folgt dargestellt: Indem sich das Individuum in die Rolle seines Gegenübers hineinversetze, um sich dessen Reaktion vorzustellen, betrachte sich das Individuum automatisch aus den Augen des anderen. Durch diesen Perspektivwechsel auf das eigene Ich werde man sich seiner selbst bewusst. Identität habe demnach etwas mit den „Anderen" zu tun (Abels & König, 2010, S. 21).

Was also ist Identität? Der Versuch, die Vielfalt der oben genannten Definitionen zusammenzufassen, könnte wie folgt aussehen: Identität ist ein soziales Konstrukt, das sich ständig weiterentwickelt und sowohl auf Eigen- als auch auf Fremdzuschreibung beruht. Was früher die Konfession war, später die Ideologie, ist heute die Identität, mit der Zugehörigkeiten signalisiert wird (Strauß, 2019, S. 4).

3.2.2 Identitätspolitik zwischen Eigen- und Fremdzuschreibung

Bei Identität geht es nach Jürgen Martschukat nicht nur um das Binnen-I, den Unterstrich oder Unisex-Toiletten, sondern auch um Bildungschancen oder Arbeitsmöglichkeiten. Gesellschaftsordnung und Identität seien eng verflochten und Identitätspolitik sei das Werkzeug, um dieses Verhältnis zu gestalten (Martschukat, 2018, S. 14).

Astrid Séville deklariert Identitätspolitik als Reizwort im politischen Diskurs. Identitätspolitik bezeichne einen Konflikt, in dem marginalisierte Gruppen um den Status von Gleichheit, Freiheit und Teilhabe kämpften. Dieser Kampf gehe mit der Forderung an die Mehrheitsgesellschaft einher, von dieser toleriert und akzeptiert zu werden (Séville, 2021, S. 97).

Die Spannung zwischen Ablehnung und Affirmation von Identitäten zeichnet Identitätspolitik nach Jens Kastner und Lea Susemichel aus. Zuschreibungen seien ambivalent. Kollektive Identitäten würden erzeugt von Personen mit gleichen Erfahrungen, Interessen oder von Personen, denen bestimmte gemeinsame Merkmale zugeschrieben werden (Kastner & Susemichel, 2019, S. 11).

Ein zentrales Dilemma der Identitätspolitik sei, so Susemichel, die Ambivalenz zwischen der Ablehnung und der Akzeptanz zugeschriebener Merkmale. Hier könne es nämlich zur Essenzialisierung kommen, also dazu, dass man einer bestimmten Gruppe notwendige Wesensmerkmale zuschreibe. Das führe im Umkehrschluss zu einer zunehmenden Zersplitterung der Gruppe, denn alle, die diese notwendigen Wesensmerkmale nicht besäßen, würden ausgeschlossen und es würden Wesensunterschiede manifestiert, wo eigentlich keine seien. Diese Splittergruppen bildeten dann neue Kollektividentitäten, weil sie sich nicht mehr mit dem Ursprungskollektiv identifizierten (Susemichel, 2021, S. 152). Ein Beispiel dafür seien trans Frauen, die aufgrund biologischer Gegebenheiten nicht als Frauen angesehen würden und sich nicht mit der Frauenbewegung identifizieren könnten.

Die Rede der Sklavin Sojourner Truth im Jahr 1851 veranschaulicht die Diskrepanz. Auf einer Frauenrechtskonvention in Ohio beklagte sie in ihrer Rede „And ain't I a woman?!", dass die US-Frauenbewegung mit ihren Emanzipationsforderungen schwarze und versklavte Frauen nicht miteinschloss – und dies, obwohl die US-Frauenbewegung vom Kampf gegen die Sklaverei inspiriert wurde (Truth, 1851 (2019); zitiert nach Susemichel, 2021, S. 152).

Die Brisanz zeigt sich gerade auch an einem aktuellen Beispiel, der Frauenquote. Eine Quote, die einem Kollektiv mit bestimmten Wesensmerkmalen Privilegien einräumt. Transgenderfrauen, die von dieser Quote profitieren, werden nun von einzelnen feministischen Bewegungen aufgrund fehlender Wesensmerkmale diskreditiert (Focus Online, 2022).

An diesen Beispielen zeigt sich die Problematik von Identitätspolitiken. Die Frage lautet: Für wen kämpfen marginalisierte Gruppen und wer wird jeweils ausgeschlossen? Der Ausschluss Einzelner beflügelt stetig neue Partikularinteressen. Der Soziologe Andreas Reckwitz formuliert diese Fragmentierung treffend mit den Worten „Gesellschaft der Singularitäten" (Reckwitz, 2017).

3.2.3 Identitätspolitik im rechten und linken politischen Spektrum

Nach Martschukat wurde die Strategie gegen die Ungleichheit in Politik und Gesellschaft zuerst in den USA zum Inhalt einer Identitätspolitik. Die Menschen kämpften für das Gleichheitsversprechen der Unabhängigkeitserklärung von 1776. Identität wurde zum politischen Werkzeug und Motor der Mobilisierung verschiedener Bewegungen (Martschukat, 2018, S. 13).

Für die Mobilisierung von Gruppenidentitäten wird eine Abgrenzung zwischen dem „Wir" und „den Anderen" vorausgesetzt. Diese Abgrenzung wird von Chantal Mouffe und Carl Schmitt aufgegriffen. Das Freund/Feind-Denken übernimmt Mouffe von Schmitt, ohne seinen Ansatz zu teilen, dass diese Abgrenzung eine plurale Demokratie nicht zulässt (Rabhansl, 2018). Vielmehr formt sie diesen so, dass er sich in das demokratische Gefüge einbettet.

Linke Identitätspolitik ist nach Susemichel und Kastner eine Reaktion auf Diskriminierung (2019, S. 11; Susemichel, 2021, S. 150). Diskriminierung sei die Zuschreibung von Eigenschaften und Merkmalen, die eine Gruppe von Menschen zu einem Kollektiv zusammenfasst. Die Zuschreibung könne durch eine Person selbst oder durch eine andere Person erfolgen. Menschen können also einem Kollektiv zugeordnet werden, ohne selbst darüber die Entscheidung getroffen zu haben. Die Akzeptanz der fremden Zuordnung zum Kollektiv bilde die Voraussetzung dafür, sich dagegen zu behaupten. Durch einen Prozess der Eigen- und Neudefinition von Kollektividentitäten wird die Sichtweise auf ein Kollektiv verschoben. Frauen, denen Schwäche zugeordnet wurde, werden nun als stark angesehen oder Schwarz werde durch „Black is beautiful" ersetzt (Kastner & Susemichel, 2019, S. 11).

Die politische Rechte beruft sich nach Strauß mit ihrer „Identitären Bewegung" ebenfalls auf den Begriff der Identität. Die Anhänger dieser Bewegung sehen sich in der Pflicht, die lokale kollektive Identität gegenüber der Globalisierung zu verteidigen. Denn alles das, was die Homogenität des Kollektivs zu zerstören versucht, ist in den

Augen der rechten Populisten eine Gefährdung ihrer gemeinsamen Identität (Strauß, 2019, S. 5).

Jan-Werner Müller zeigt in seinem Essay auf, dass viele Rechtspopulisten in Europa nationalistisch sind. Dennoch seien Populismus und Nationalismus verschiedene Begriffe. Die starke Betonung der Identitätsfrage sei aber für beide zentral. Nationalistische Rechtspopulisten sehen sich als legitime Vertreter eines homogenen nationalen Volkes. Nationalisten hingegen stellen die Nation in den Vordergrund, ohne aber den Pluralismus aktiv verdrängen zu wollen. Die Priorisierung der eigenen Nation werde z. B. an dem US-Slogan „America First" deutlich (Müller, 2019, S. 18).

Das Streben nach Homogenität komme bei Populisten insbesondere darin zum Ausdruck, dass sie keine Partikularinteressen akzeptierten. Müller greift das Beispiel der Abstimmung des britischen Volkes für den Verbleib in der EU auf. Nigel Farage, der ehemalige Vorsitzende der UK Independence Party, erklärte noch in der Nacht des Brexit-Referendums, das Resultat sei ein Sieg „for real people". Diese Aussage trifft vor allem die 16 Millionen Britinnen und Briten (48 Prozent), die für den Verbleib in der EU gestimmt haben und nun als nicht wirkliche Briten bezeichnet wurden (Müller, 2019, S. 18).

Dieses Statement zeigt den Kern rechter Politik. Der rechte Populismus definiert das „Wir" insbesondere durch die gemeinsame Nationalität oder Ethnie, während das „Sie" meist Immigranten zugeschrieben wird (Möller, 2018).

Im linken Populismus hingegen werden laut Mouffe unter dem „Wir" alle diejenigen verstanden, die für die Demokratie stehen, während mit dem „Sie" die Befürworter der neoliberalen Globalisierung gemeint sind. Das Verhältnis zur Nation ist für viele Individuen etwas Verbindendes. Laut Mouffe ist diese Verbindung vor allem affektueller Natur. Die linke Politik kennzeichnet Mouffe hingegen als zu rationalistisch. Sie appelliert in ihrem Buch *Für einen linken Populismus* an einen linken Patriotismus. Damit will sie verhindern, dass sich die nationale Bindung auf der rechten fremdenfeindlichen Achse gründet (Möller, 2018).

3.2.4 Identitätspolitik in der Kritik

Die linken Bewegungen basieren auf einer Vielzahl von herausgebildeten Identitätskonstruktionen (Kastner und Susemichel, 2019, S. 12). Genauso zahlreich wie Identitätskonstruktionen sind die Kritiken, von denen nun einige wesentliche aufgegriffen werden:

Aus der liberal-demokratietheoretischen Ecke wird folgende Kritik formuliert: Liberalismus lässt keine kollektiven Identitäten zu, denn es zählen nur die Individualrechte. Das heißt, es wird immer der Einzelne in den Fokus gestellt, weshalb es keine Kollektive geben kann (Séville, 2021, S. 101). Wie Habermas treffend formuliert: „Liberalismus kennt keinen kulturellen Artenschutz" (Habermas 1996, S. 259; zitiert nach Séville, 2021, S. 101).

Die epistemologisch-demokratietheoretische Kritik lautet wie folgt: Durch die Zuschreibung von Gruppenidentitäten auf Basis von verschiedenen Merkmalen wie Herkunft, Geschlecht oder Religion schafft man eine Fragmentierung innerhalb der Gesellschaft und diese Gruppenidentitäten werden dann als „Anderes", als marginalisierter Teil der Gesellschaft inszeniert (Séville, 2021, S. 102).

Aus der politisch-sozialdemokratischen Perspektive wurde kritisiert, dass die Linke ihren Fokus auf Partikularinteressen und Rechte von Minderheiten setze und dadurch sozialpolitische Reformen wie eine gerechte Umverteilung oder das Streben nach einer gerechten Solidargemeinschaft in den Hintergrund treten (Séville, 2021, S. 100).

Mark Lilla und Francis Fukuyama kritisieren, dass die Linke sich zu zahlreichen Differenzen innerhalb einer Gemeinschaft bekennt, aber wenig Versuche unternimmt, die Gesellschaft als Ganzes und ihre Gemeinsamkeiten anzusprechen (Séville, 2021, S. 100). Dieser Fokus auf Partikularinteressen habe unter anderem, so der US-amerikanische Politikwissenschaftler Mark Lilla, den Aufstieg der Rechten begünstigt. Lilla fordert in einem Artikel für die *New York Times* im November 2016 ein Ende der Differenzenaufzählung und eine Rückbesinnung auf den Kern demokratischer Politik (Strauß, 2019, S. 6). Der strategische Fehler von Hillary Clinton im US-Wahlkampf im Jahr 2016 sei gewesen, dass sie sich in ihren Kampagnen auf afroamerikanische, lateinamerikanische, LGBT und weibliche Wählerinnen und Wähler fixierte (Lilla, 2016). Diesen Fokus auf bestimmte Minderheiten wertet Lilla als einen bedeutenden Nachteil: „If you are going to mention groups in America, you had better mention all of them. If you don't, those left out will notice and feel excluded" (Lilla, 2016).

Identitäten auch in der Sprache anzuerkennen ist laut Strauß wichtig, denn dadurch erführen sie Berechtigung, sodass Stereotypisierungen vermieden würden (Strauß, 2019, S. 6). Am Beispiel der Geschlechter betont Strauß die Grenzen der Sprache, indem er appelliert, dass Gleichberechtigung nicht durch die Sprache durchgesetzt werden kann. Denn wenn von einer Gleichberechtigung ausgegangen wird, könne das Wort „man" gar nicht wie „Mann" falsch verstanden werden. Strauß betont, der Sinn der Vokabel stecke darin, „dass [sie] allumfassend beziehungsweise generisch alle Mitglieder einer nicht näher bestimmten Gruppe umfasst" (Strauß, 2019, S. 6).

Nils Heisterhagen bezeichnet die Identitätskämpfe, die die Unterschiede zwischen den Menschen hervorzuheben versuchten und damit Ausgrenzungen und Andersartigkeit beflügelten, als sinnlose Grabenkämpfe (Heisterhagen, 2021, S. 142). Vielmehr sollte die Bedeutung auf dem Verbindenden liegen.

Nur wenn sich die Linke wieder den Fragen der Klasse, Wirtschaft und Solidarität zuwende und sich von ihrem aktuellen moralischen Kurs verabschiede, habe sie laut Strauß eine Chance gegen den Populismus (Strauß, 2019, S. 6f.). Denn die zunehmende Zersplitterung in immer neue Gruppenidentitäten schwäche gesellschaftliche Solidarität – und damit die Basis für jenes politische Projekt, über das sich die Linke primär definiere (Manow, 2019, S. 37).

3.2.5 Klassenpolitik versus Identitätspolitik

An dieser Stelle greift die nächste Kritik, die Susemichel (2021, S. 145) wie folgt darstellt: Mit Identitätspolitik strebe man nach Anerkennung und schaffe Akzeptanz für kulturelle Differenzen, aber man schaffe keine soziale Gleichheit. Identitätspolitik vernachlässige soziale Ungleichheiten durch ihren Fokus auf kulturelle Differenz. Diese Kritik impliziere, dass kulturelle Differenz und soziale Ungleichheit zwei unterschiedliche Paar Schuhe seien. Susemichel weist darauf hin, dass es eine Verknüpfung zwischen kultureller Differenz und sozialer Ungleichheit gebe. Die Aktivisten und politischen Theoretiker Sando Mezzadra und Mario Neumann sprechen sich ebenfalls gegen eine Abgrenzung beider Politiken aus (Susemichel, 2021, S. 146). In ihrem Buch *Jenseits von Interesse und Identität* betonen sie: „Die Neue Linke, die Frauenbewegung und die Kämpfe der Migrant*innen sind keineswegs das Gegenteil von Klassenkämpfen, sondern stehen historisch in deren Zentrum und somit auch für eine Herausforderung der objektiven Grenzen des traditionellen Marxismus und seines Klassenbegriffs" (Mezzadra & Neumann, 2017, S. 12, zitiert nach Susemichel, 2021, S. 146).

Klassenpolitik ist folglich gleichzusetzen mit Identitätspolitik (Kastner & Susemichel, 2019, S. 12). Dies zeichne sie vor allem in ihrer Geschichte der emanzipatorischen Identitätspolitiken aus, da diese mit den Arbeiterbewegungen beginne (Kastner & Susemichel, 2019, S. 12; Susemichel, 2021, S. 147).

Als während der Industrialisierung zahlreiche ehemalige Bauern und Handwerker in die Fabriken strömten, führten ihre identischen Arbeitsverhältnisse nicht automatisch dazu, dass sie sich als Arbeiter aufgrund ihrer identischen Produktionsbedingungen als Kollektiv ansahen. Die Identifizierung als Arbeiter wurde erst durch Identitätspolitik hergestellt (Susemichel, 2021, S. 147).

Der sozialistische Theoretiker Friedrich Engels appelliert in seinem Brief an Oppenheim an die hergestellte Identifizierung der Arbeiterklasse: „Aber, das ist meine Ansicht, wirklich befreiende Schritte werden erst dann möglich, wenn die ökonomische Umwälzung die große Masse der Arbeiter zum Bewusstsein ihrer Lage gebracht und ihnen damit den Weg zur politischen Herrschaft gebahnt hat" (Engels, 1891, S. 64f.).

Das Bewusstsein unter den Arbeitern zu schaffen, sich als Klasse zu identifizieren, hat Marx mit dem Wandel einer „Klasse an sich" zu einer „Klasse für sich" dargestellt. In seiner Klassentheorie beschreibt er die Spannung zwischen Arbeitern und Kapitalisten und den Kampf der Arbeiter (Kastner & Susemichel, 2019, S. 12; Susmichel, 2021, S. 147). Der Kampf findet nach Marx nicht nur auf gewerkschaftlicher Ebene statt, sondern muss sich auf das große Ganze beziehen, also auf die politischen Verhältnisse insgesamt ausrichten (Kastner & Susemichel, 2019, S. 12).

Die dargestellte Debatte gibt einen Einblick in das Spannungsverhältnis: Zum einen zeigt sich, dass mittels Identitätspolitik eine zunehmend fragmentierte Gesellschaft entsteht, welche die Antriebskraft von solidarischem Handeln gefährden kann. Auf der anderen Seite ist Identitätspolitik ein entscheidendes Werkzeug zur Schaffung von Gruppenidentitäten und damit zur Mobilisierung von Kollektiven. Eine Pluralisierung und Abgrenzung zwischen einem „Sie" und „den Anderen" ist und bleibt für die Demokratie eine notwendige Bedingung.

Reflexionsaufgabe/-frage

1. Nennen Sie die wesentlichen Kritiken der Identitätspolitik.
2. Was meinen Sie, führt Identitätspolitik zu einer verstärkten Fragmentierung der Gesellschaft und damit einem zunehmenden Fokus auf Unterschiede statt auf das Gemeinsame?

Hinweise:

1. Kritik aus der liberal-demokratietheoretischen, epistemologisch-demokratietheoretischen und politisch-sozialdemokratischen Perspektive, Essentialisierung, kulturelle Differenzen versus soziale Ungleichheit.

Literaturverzeichnis

Abels, H. & König, A. (2010). *Sozialisation.* Wiesbaden: VS Verlag für Sozialwissenschaften.

Ayyash, L. A. (2019). Editorial, 2019. *Aus Politik und Zeitgeschichte: Identitätspolitik, 69* (9–11/2019), 3.

Engels, F. (1891). Brief an M. Oppenheim. In *Marx-Engels-Werke (MEW), Band 38.* Berlin: Dietz Verlag.

Feministinnen werfen Trans-Politikerin vor „Frauenquotenplatz" zu blockieren (2022). *Focus Online.* Verfügbar am 22.01.2022 unter www.focus.de/politik/deutschland/twitter-welt-empoert-streit-zwischen-frauen-magazin-emma-und-trans-politikerin-tessa-ganserer_id_42021940.html

Fukuyama, F. (2018). *Identität: Wie der Verlust der Würde unsere Demokratie gefährdet.* Hamburg: Hoffmann und Campe.

Heisterhagen, N. (2021). Sinnlose Grabenkämpfe. In J. Kersten, S. Rixen & B. Vogel (Hrsg.), *Ambivalenzen der Gleichheit* (S. 137–142). Bielefeld: transcript.

Kastner, J. & Susemichel, L. (2019). Zur Geschichte linker Identitätspolitik. *Aus Politik und Zeitgeschichte: Identitätspolitik, 69* (9–11/2019), 11–17.

Lilla, M. (2016). The End of Identity Liberalism. *The New York Times.* Verfügbar am 22.02.2022 unter https://marklilla.com/wp-content/uploads/2017/07/NYT-identity-liberalism.pdf

Manow, P. (2019). Politischer Populismus als Ausdruck von Identitätspolitik über einen ökonomischen Ursachenkomplex. *Aus Politik und Zeitgeschichte: Identitätspolitik, 69* (9–11/2019), 33–40.

Martschukat, J. (2018). Hegemoniale Identitätspolitik in den USA. *Aus Politik und Zeitgeschichte: Identitätspolitik, 68* (38–39/2018), 12–17.

Mezzadra, S. & Neuman, M. (2017). *Jenseits von Interesse & Identität, Klasse, Linkspopulismus und das Erbe von 1986*. Hamburg: Laika.

Möller, C. (2018). *Es braucht einen linken Populismus*. Deutschlandfunk. Verfügbar am 28.01.2022 unter www.deutschlandfunkkultur.de/philosophin-chantal-mouffe-es-braucht-einen-linken-100.html

Müller, J.W. (2019). „Das wahre Volk" gegen alle Anderen: Rechtspopulismus als Identitätspolitik. *Aus Politik und Zeitgeschichte: Identitätspolitik, 69*(9–11/2019), 4–9.

Rabhansl, C. (2018). *Für mehr Affekt und Leidenschaft in der Politik*. Deutschlandfunk. Verfügbar am 28.01.2022 unter www.deutschlandfunkkultur.de/chantal-mouffe-fuer-einen-linken-populismus-fuer-mehr-100.html

Reckwitz, A. (2017). *Die Gesellschaft der Singularitäten der Moderne*. Berlin: Suhrkamp.

Séville, A. (2021). Identitätspolitik als Strategie der Entprivilegierung. In J. Kersten, S. Rixen & B. Vogel (Hrsg.), *Ambivalenzen der Gleichheit* (S. 97–114). Bielefeld: transcript.

Strauß, S. (2019). Bürgerliche Bekenntniskultur statt Identitätspolitik. *Aus Politik und Zeitgeschichte: Identitätspolitik, 69* (9–11/2019), 4–9.

Susemichel, L. (2021). Identitätspolitik und Emanzipation. In J. Kersten, S. Rixen & B. Vogel (Hrsg.), *Ambivalenzen der Gleichheit* (S. 143–162). Bielefeld: transcript.

Truth, S. (1851 [2019]). „Bin ich etwa keine Frau*". In N. A. Kelly (Hrsg.), *Schwarzer Feminismus: Grundlagentexte*. Münster: Unrast.

3.3 Freiheit, Gerechtigkeit und Gleichheit – ein Blick auf aktuelle Diskurse und alte Ideen

Gernot Graeßner

Dieser Beitrag will am Beispiel aktueller Diskurse zeigen, wie Freiheit, Gleichheit und Gerechtigkeit miteinander verwoben sind, wie neuere Debatten erkennbar auf klassische Ideen zurückgreifen und wie klassische Ideen als „Arsenal von Argumenten" genutzt werden (können), um heutige Herausforderungen mit Distanz und Vernunft zu diskutieren. Dies zu tun ist umso notwendiger, je mehr die Diskussionen um Freiheit, Gleichheit und Gerechtigkeit emotional aufgeladen und politisch umstritten sind, gerade auch in Zeiten, in denen „Fake News", Verschwörungstheorien, politische List und Lüge Hochkonjunktur zu haben scheinen.

Die Corona-Pandemie und hier insbesondere eine Impfpflicht sowie die Klimapolitik im Zusammenhang mit der aktuellen Transformation der Gesellschaft infolge technischer Revolution (Polany Levitt, 2020) berühren im Kern unsere Vorstellungen von Freiheit, Gerechtigkeit und Gleichheit. Daher werden sie exemplarisch herangezogen, um an wenigen Stellen einen Blick auf aktuelle Diskurse und alte Ideen zu richten.

Die Deutung, Einordnung und persönliche Auseinandersetzung mit den hier angesprochenen Themen wird allerdings nie abgeschlossen sein, sondern ist ein das (politische) Leben begleitender Prozess, der Erkenntnisgewinn im Diskurs verspricht. Der Ort der Diskurse mag dabei sehr unterschiedlich sein, abhängig davon, wo man sich befindet: im privaten Raum, in den Medien, der wissenschaftlichen Erörterung, dem Studium, der Politik oder im rechtlichen Raum (Wodak, 2020, S. 885f.).

Wir hören oft den Ruf: „Die Freiheit ist bedroht", „dies ist ungerecht", „jenes ist ein Zeichen der Ungleichheit". Doch mitunter fehlt die Erläuterung, wovon die Rede ist. Wenn dies hier auch nicht umfassend oder gar systematisch analysierend geklärt werden kann und soll, so werden doch einige aktuelle Aspekte hervorgehoben.

3.3.1 Freiheit

Wenn wir uns fragen, was Freiheit ausmacht, so finden sich bei Jürgen Ritsert vier Kriterien: Es geht erstens um die Möglichkeit spontan und freiwillig zu handeln; zweitens um die Wahl- und Entscheidungsfreiheit, aus einer Reihe von Optionen auszuwählen; drittens darum, Freiheitsspielräume in Anspruch zu nehmen (etwa durch eine bestehende Toleranz) oder gegen Widerstände zu erkämpfen (etwa in Kooperation mit anderen mit dem Ziel der Emanzipation) und viertens um die Autonomie, selbstbestimmt und auf vernünftige Weise zu handeln (Ritsert, 2012, S. 63ff.). Diese Kriterien, so zeigt sich unmittelbar, sind berührt, wenn es z. B. um die Einführung einer Impfpflicht geht, sei es allgemein oder auch für bestimmte Berufsgruppen. Doch wie kann mit dieser Problematik im Diskurs umgegangen werden?

Ritsert betont, dass die Vernunft seit der Aufklärung die politischen Diskurse bestimme. Dass es keine Freiheit ohne Vernunft gibt, zeige, wie er andeutet, u. a. Hegels Philosophie. Anschaulich und präzise vorgetragen, behandelt dies ein Podcast des Hegel-Biografen Klaus Vieweg im Deutschlandfunk. Dieser sagt im Kern: Freiheit beruht immer auf der Auswahl des Vernünftigen (Vieweg, 2020b sowie Vieweg, 2020a). Die Diskussion einer Impfpflicht, die in der Tat wesentliche Freiheits- und Persönlichkeitsrechte berührt, bedarf also der Vernunft. Damit (Vieweg, 2020b) einher geht die Hoffnung auf Bildung, die die Grundlage vernünftigen Handelns auch bereits bei Hegel darstellt (Ritsert, 2012, S. 66f.) – eine durchaus trügerische Hoffnung allerdings.

Auf die Frage, was wir von Hegel lernen können angesichts von Corona, antwortet Vieweg, dass nachgedacht werden muss über Notzustände oder Ausnahmesituationen, also außergewöhnliche Situationen, in denen eben bestimmte garantierte Rechte unter dem Blickwinkel höherer Rechte durchaus eingeschränkt werden müssen: „Nehmen wir das Wählen unseres Aufenthaltsortes, da legen wir viel Wert drauf – Bewegungsfreiheit, Freizügigkeit. Immer schon ist dieses Recht unter Vorbehalt und mit Ausnahmen verbunden. Sie dürfen auch in normalen Situationen Quarantänestationen von Kliniken nicht betreten – jetzt wird der Raum der Quarantäne eben erweitert, das ist natürlich eine Einschränkung, aber es ist keine Einschränkung von Freiheit" (Vieweg, 2020b; siehe auch Vieweg, 2020a, S. 124ff., 215ff., 516ff. sowie Möllers, 2021, S. 270ff.).

Man kann also sehen, dass es vernünftig ist, die Einschränkung der Freiheit unter den von Ritsert genannten Kriterien zu akzeptieren, allerdings lediglich in zeitlicher Begrenzung. Es wird darauf ankommen, in den Diskursen um diese Einschränkungen mit zu bedenken, ob die aktuelle Situation es vernünftig erscheinen lässt, Begrenzungen fortzusetzen oder wieder aufzuheben und damit den Status quo ante wiederherzustellen. Die Anfang 2022 dazu in Familien, den Medien, den Landesregierungen, in den sozialen Netzwerken und im Deutschen Bundestag (Deutscher Bundestag, 2022) geführte Diskussion zeigen deutlich, wie konkret sich diese Thematik zu einem Zeitpunkt stellt, in dem die Corona-Inzidenz bis dahin Höchststände erreicht.

Während es bei den Corona-Regularien um temporäre Begrenzungen von Freiheit und Freiheitsspielräumen geht, zeigt das zweite Beispiel eine gänzlich andere zeitliche Dimension: die Klimaproblematik und ihre langfristigen Folgen.

In einem aufsehenerregenden Urteil des Bundesverfassungsgerichts wurde einer Beschwerde gegen das Klimaschutzgesetz vom 12. Dezember 2019 stattgegeben. In den Leitsätzen zu seinem Beschluss beschäftigt sich das Gericht mit der Verhältnismäßigkeit der Verteilung von Freiheitschancen über Generationen hinweg.

Es argumentiert, dass die grundrechtsgeschützte Freiheit die Notwendigkeit einschließt, „mit den natürlichen Lebensgrundlagen so sorgsam umzugehen und sie der Nachwelt in solchem Zustand zu hinterlassen, dass nachfolgende Generationen diese nicht nur um den Preis radikaler eigener Enthaltsamkeit weiter bewahren könnten" (Bundesverfassungsgericht, 2021). Mit diesem Gedanken wird über die individuelle

Freiheit hinaus die kollektive Freiheit in Betracht genommen, in diesem Fall die Freiheit von Generationen. Das Urteil ist ein Beispiel dafür, wie sich das Verständnis kollektiver Freiheit historisch wandelt (Richter, 2019, S. 65ff.).

Was das Urteil besagt, lässt sich folgendermaßen zusammenfassen: Nachfolgenden Generationen dürfen durch gegenwärtigen Ressourcenverbrauch keine solchen Lasten aufgebürdet werden, dass sie umfassende Freiheitseinbußen in ihrem Leben zur Folge hätten. Der dahinterstehende Diskurs betrachtet nicht das Jetzt wie im Pandemie-Beispiel, sondern die Zukunft. Er schaut auf das Generationenverhältnis und damit auf den die Freiheit berührenden Generationenvertrag. Dies ist keineswegs eine abstrakte Betrachtung, sondern macht deutlich: Die Freiheit der jetzigen Generation geht nicht so weit, dass sie durch ihr Verhalten (man könnte auch sagen: ihre gegenwärtige Macht) die Freiheit nachfolgender Generationen so beschneiden dürfte, dass diese in ihren Lebensstilen, also ihren Optionen, wegen hoher Folgekosten für den Klimawandel eingeschränkt wird.

Mit den Kriterien der Spontanität, der Wahl- und Entscheidungsfreiheit, der Freiheitsspielräume und der Autonomie stellt sich unmittelbar die Frage nach den Grenzen, die der Wahrnehmung dieser Freiheiten gesetzt sind. Der Utilitarist John Stuart Mill etwa machte sich Gedanken darüber, wo die Grenzen der Macht liegen, die „die Gesellschaft rechtmäßig auf das Individuum ausübt" (Mill, 2010, S. 7). Der einzige Grund, so Mill bereits 1859, sich in die Handlungsfreiheit des Einzelnen einzumischen, liegt darin, sich selbst zu schützen, nämlich: „Dass der einzige Zweck, um dessentwillen man Zwang gegen den Willen eines Mitglieds einer zivilisierten Gemeinschaft rechtmäßig ausüben darf, der ist: die Schädigung anderer zu verhüten. Das eigene Wohl, sei es das physische oder das moralische, ist keine genügende Rechtfertigung" (Mill, 2010, S. 19).

Diese Position, so scheint mir, ist hochaktuell und passt auf beide angeführten Beispiele. Sie zeigt sich, recht nahe an der Mill'schen Formulierung, wenn der Deutsche Ethikrat dem „Recht des Einzelnen, sich für oder gegen eine Impfung zu entscheiden [...] das Wohl der gesamten Gesellschaft als unverzichtbare Basis der individuellen Freiheit aller gegenübergestellt" (Deutscher Ethikrat, 2021, S. 15). Ich habe den Eindruck, diese Aussage hat auch Bestand, wenn „Impfung" durch „übermäßigen Ressourcenverbrauch" ersetzt würde.

3.3.2 Gerechtigkeit

Die Frage ist, ob Freiheit in dem bisher skizzierten Sinne nur zu denken ist, wenn sie mit Gerechtigkeit korrespondiert. Freiheit ohne Gerechtigkeit und Gerechtigkeit ohne Freiheit scheint es nicht zu geben. Ähnlich wie bei der Freiheit sind die Debatten um Gerechtigkeit jedoch ausgesprochen unterschiedlich. Wenn man auf die Klassiker zurückgreift, so findet man einen Ansatz, der bis heute für Diskurse interessant ist, bereits bei Aristoteles. In der Nikomachischen Ethik ordnet er den mehrdeutigen Begriff der

Gerechtigkeit als Tugend ein und bezeichnet Menschen als gerecht, welche die Gesetze und auch die bürgerliche Gleichheit achten (Aristoteles, 1991, S. 118ff.). Damit ist bereits das Verhältnis von Freiheit, Gerechtigkeit und Gleichheit grundlegend bestimmt.

Für das Konstrukt der Gerechtigkeit nennt Ritsert zwei elementare Typen, nämlich die Regelgerechtigkeit sowie die Verteilungsgerechtigkeit und ergänzt als dritten Typ seit Karl Marx die Aneignungsgerechtigkeit (Ritsert, 2012, S. 11). Auf diese Differenzierung möchte ich kurz eingehen.

Ritsert versteht unter der Regelgerechtigkeit bei Aristoteles die Gesetzestreue, welche sich darin ausdrückt, dass sich jemand in lobenswerter Weise an die allgemeinen Regeln und Gesetzesbestimmungen hält. Ritsert weist allerdings darauf hin, dass diese Definition ein Problem enthält, welches bereits Aristoteles zu lösen versuchte: „Jemand kann regelgerecht handeln und dennoch Unrecht begehen" (Ritsert, 2012, S. 11). Dies ist der Fall, wenn die Normen und Werte, welche hinter diesen Regeln stehen, ihrerseits ungerecht sind und die Gerechtigkeit dadurch verletzt wird. Ein Beispiel dafür mag die Diskussion sein, welche mit der Erinnerung an die Wannseekonferenz durch Filme und Debatten in Medien geführt wird. In der Wannseekonferenz wurde auf der Basis bestehender Gesetze der Genozid an den Juden organisiert.

Um Verteilungsgerechtigkeit geht es, wenn die Art und Weise der Verteilung von Gütern und Leistungen, ebenso aber von Rechten und Pflichten thematisiert wird. Gerecht wäre es dann, wenn alle gleichen Anteil an „der Torte" hätten. In der Debatte um die Impfpflicht spielt dieser Aspekt auch eine Rolle. Was bedeutet es, so ist die Frage, wenn die Pflicht zur Impfung gegen Corona verbunden wird mit bestimmten Rechten bzw. Ausschlüssen an Konsum (Restaurantbesuch, Besuch von Sportveranstaltungen, Clubs etc.)? Oder was bedeutet es, wenn die Impfpflicht in das Recht auf die Ausübung beruflicher Tätigkeit eingreift, etwa im Bereich der Pflege?

Verteilungsgerechtigkeit ist darüber hinaus angesprochen, wenn es um die Anerkennung von Leistungen geht. In kapitalistischen Gesellschaften zeigt sich der Verdienst, anders als etwa in der Aristokratie oder Autokratie, im Einkommen und im erworbenen Eigentum. Beides, so sind sich nahezu alle Klassiker einig, ist vom Staat zu garantieren, ebenso wie das Leben und die Gesundheit. Dementsprechend wird es als gerecht empfunden, wenn Güter und Leistungen, z. B. im Gesundheitswesen, auf der Basis von Solidarität in Anspruch genommen werden können (Ritsert, 2012, S. 14). Doch damit entsteht ein Problem: „Die Verteilungsregeln sind in diesem Fall natürlich komplizierter als bei der einfachen Tortengleichheit. Es muss proportional zu den schwer zu bestimmenden Verdiensten der einzelnen Personen zugeteilt und/oder belastet werden" (Ritsert, 2012, S. 14) – eine Problematik, die sich u. a. ausdrückt in politischen Konstrukten wie der „Respektrente" oder auch dem „Respekt vor Lebensleistungen".

In dieser Hinsicht geht es nicht nur darum, ein Maß zu finden, das das Minimum eines Lebensunterhaltes, der Daseinsvorsorge und des Zugriffs auf gesellschaftliche Ressourcen betrifft, wie dies etwa durch die Definition einer Armutsgrenze versucht wird. Diese Problematik ist nicht neu (Möllers, 2021). Bereits in der Antike wurde darüber nachgedacht, wie „jedem das für seinen Lebensunterhalt Notwendige zuteilwerden" kann (Ritsert, 2012, S. 15). Damit ist der Aspekt der Aneignung, insbesondere von Eigentum, ins Spiel gebracht mit seinen Auswirkungen auf Gerechtigkeit.

Aneignungsgerechtigkeit: In diesem Aspekt geht es wesentlich um die Aneignungschancen, die für den Lebensunterhalt notwendigen Mittel erwerben zu können. Und wenn diese z. B. durch Inbesitznahme der Arbeitskraft infolge von ungleich verteilten Eigentumsverhältnissen behindert werden, so kann dies als ungerecht bezeichnet werden (Ritsert, 2012, S. 15): Wird also die Gerechtigkeit missachtet, so hat dies über den Weg der Produktion von Ungleichheit zugleich eine Einschränkung von Freiheit zur Folge.

Der Diskurs zu dieser Frage kann auf folgenden Nenner gebracht werden: Die einen sehen die enormen Diskrepanzen zwischen Reich und Arm als Ungerechtigkeit, die ausgeglichen werden muss, die anderen als Ausdruck unterschiedlicher Leistungen, wodurch die Diskrepanz gerechtfertigt sei. Diese Eckpunkte der Diskurse spiegeln sich in klassischen Debatten: Von Aristoteles lassen sich die verdienstbezogenen Argumente ableiten, bei Hobbes lässt sich Gerechtigkeit durch den Krieg aller gegen alle nur nach einem Gesellschaftsvertrag durch einen absoluten Staat realisieren und bei Marx durch eine klassenlose Gesellschaft nach einer Vergesellschaftung der Produktionsmittel. Rawls formuliert vor dem Hintergrund klassischer Ideen zwei Gerechtigkeitsprinzipien: nämlich einerseits den unabdingbaren individuellen Anspruch auf ein System gleicher Grundfreiheiten, mit dem andererseits soziale und ökonomische Ungleichheiten mit Bedingungen fairer Chancengleichheit und einem Vorteil für am wenigsten begünstigte Angehörige der Gesellschaft (Differenzprinzip) zu verbinden sind (Rawls, 2006, S. 78). Das Differenzprinzip wird zum Grundsatz der Gerechtigkeit (Rawls, 2006, S. 104ff.) und damit zum Gegenstand politischer Diskurse. Auf der Historie der Ungerechtigkeit in Verbindung mit Ungleichheit beruht auch der Diskurs, den Thomas Piketti mit seiner Analyse und ökonomischen Betrachtung der Sozialstaatsentwicklung im 21. Jahrhundert zur Überwindung dieser Ungleichheiten vorlegte (Piketti, 2018).

Aktuell werden Konflikte um Regelgerechtigkeit, Verteilungsgerechtigkeit und Aneignungsgerechtigkeit in aller Schärfe sichtbar, wenn es beispielsweise um den Gender Gap in der Entlohnung geht, die Thematik der Enteignung von Wohnungsbaugesellschaften oder die Regelung bezahlbaren Wohnraums. Oder man debattiert die Partizipation an Leistungen des Gesundheitswesens (etwa, wenn dringende Krebsoperationen wegen pandemiebedingter Überlastungen von Krankenhäusern zurückgestellt werden müssen); und nicht zuletzt, wenn es um die globalen Differenzen des Eigentums zwischen Reich und Arm mit daraus folgenden sozialen Verwerfungen geht. Die jeweils damit verbundenen Positionen scheinen mitunter nicht miteinander vereinbar und die dahinterstehenden Konflikte um Gerechtigkeit und Ungerechtigkeit nicht lösbar zu sein.

An dieser Stelle ist auf einen Diskurs hinzuweisen, den Martha Nussbaum angestoßen hat. Sie sieht den aus Ungerechtigkeit entstehenden Zorn, der auch in den Diskursen um diese Konflikte zum Ausdruck kommt, in einem kulturellen Zusammenhang. So weist sie darauf hin, dass Zorn als wertvoll angesehen wird, wenn es um die Idee von Freiheit und Verantwortung geht oder auch um die Bedrohung eines vernünftigen Miteinanders (wie z. B. bei Sokrates, Platon und auch Adam Smith, s. Nussbaum, 2020, S. 28f.). Mit Rückgriff auf den Stoizismus kommt sie jedoch zu der Überzeugung, dass eine kulturelle Bereitschaft zur Zornlosigkeit anzustreben sei, um Ungerechtigkeiten zu überwinden: „Schaffen wir in uns selbst und in unserer politischen Kultur etwas Besseres. Sorgen wir dafür, dass die Welt nicht so bleibt, wie sie jetzt ist" (Nussbaum, 2017, S. 344).

Damit kann der Blick auf den dritten korrespondierenden Begriff, die Gleichheit, gerichtet werden.

3.3.3 Gleichheit

Ritsert hat darauf aufmerksam gemacht, dass der Begriff „Gleichheit" in der Alltagssprache zum einen dazu dient, einen Sachverhalt zu beschreiben (zwei Personen sind gleich groß) oder aber normative Aussagen zu machen, etwa, dass Chancengleichheit zwischen Wettbewerbern bestehen solle. Die Negation dieser Begriffe, so Ritsert, führt schnell zu Begriffspaaren wie soziale Gleichheit/soziale Ungleichheit, welche individuell wie auch im politischen und gesellschaftlichen Zusammenhang außerordentlich bedeutsam seien (Ritsert, 2012, S. 37). In einer Gesellschaft, die durch Vielfalt geprägt ist und der Vielfalt ihre Entwicklungsdynamik zu verdanken hat, stellt sich die Frage, wo aus einer Beschreibung von Unterschieden eine normative Wertung wird, die als soziale Ungleichheit betrachtet oder empfunden wird.

Es ist davon auszugehen, dass in einer Gesellschaft normative Gleichheitsgebote gelten. Damit werden Unterschiede nicht einfach zur Kenntnis genommen, sondern als Ungerechtigkeit empfunden. Daher differenziert Ritsert Unterschiede, sozialrelevante Unterschiede und soziale Ungleichheit. Unterschiede sind schon allein dadurch gegeben, dass sich die Identität von Menschen durch ihre individuellen, unverwechselbaren Eigenheiten auszeichnet und es damit zu einer unüberschaubaren Vielfalt von Unterschieden kommt (Ritsert, 2012, S. 40f.). Zahlreiche dieser Unterschiede, so argumentierte Ritsert weiter, seien sozial irrelevant. Allerdings gebe es auch sozial relevante Unterschiede, „bei denen eine wie immer auch kleine oder große Gruppe von Menschen ihr Denken und Handeln an diesen besonderen Merkmalen ausrichtet" (Ritsert, 2012, S. 41f.).

Zur sozialen Ungleichheit trägt es z. B. bei, wenn aus der Sichtbarkeit des Unterschiedes anhand des Wohnortes, gepaart möglicherweise mit äußeren Merkmalen wie Haar- und Hautfarbe und Alter die Vermutung bzw. die generalisierende Zuschreibung einer bestimmten Verhaltensweise wird. Es geht aber nicht allein – wie in diesem Beispiel – um Probleme der Diskriminierung von Gruppen durch Gruppen, die gegen das allgemeine Gleichheitsgebot verstoßen, es geht auch darum zu fragen, worin denn gewollte soziale Ungleichheit begründet ist. Das, was als soziale Ungleichheit betrachtet wird, kann dann auch als Ungerechtigkeit und als Einschränkung von Freiheit deklariert werden. Diese Konstruktion ist vielfach in den Diskursen um die Genderthematik, insbesondere der sozial konstruierten Ungleichheit von Geschlechtern, anzutreffen. Die Frage ist generell, ob eine Gesellschaft Chancen der Teilhabe vorsieht oder eröffnet, welche zu Gleichheit führen können.

An dieser Stelle schließt sich in gewisser Weise ein Kreis: Ungleichheit entsteht oder wird zementiert dadurch, dass Staaten durch ihre Regelungsgewalt Einfluss auf Menschen nehmen und Ungleichheit herstellen. Ungleichheit entsteht aber auch durch die Anhäufung privaten Eigentums, durch ungleiche Verfügung über Ressourcen und dies im Weltmaßstab. Die Verteilung von Bildungschancen hat ebenfalls Ungleichheit zur Folge, indem sie ausschließend über Generationen hinweg wirkt. Dahinterstehende Diskurse werden in Rückgriff auf Kant (Ehre, Gewalt und Geld, vgl. Ritsert 2012. S. 48) oder auf Rousseau sichtbar. Rousseau hatte 1755 die Grundlagen der sozialen Ungleichheit mit einem monumentalen Satz kritisiert: „Der erste [...], der ein Stück Land eingezäunt hatte und auf den Gedanken kam zu sagen ‚Dies ist mein' und der Leute fand, die einfältig genug waren, ihm zu glauben, war der wahre Begründer der zivilen Gesellschaft" (Rousseau, 1998, S. 74). Dieser Satz gibt heute noch zu denken und weist darauf hin, welche Probleme zu lösen sind. Ein Hinweis: „Zivile" Gesellschaft (mitunter auch als „bürgerliche" Gesellschaft übersetzt) ist bei Rousseau als Gegensatz zur „natürlichen Gesellschaft" zu verstehen (Rousseau, 1998, S. 165).

3.3.4 Freiheit, Gerechtigkeit, Gleichheit: Verantwortung

Die klassischen Ideen führen aktuell zu neuen Diskursen, wie sie etwa von Rahel Jaeggi vorangetrieben werden. Sie plädiert für neue normative, ethisch zu begründende Setzungen in Bezug auf Freiheit, Gleichheit und Gerechtigkeit, die auf das Verständnis von Pluralismus einwirken (Jaeggi, 2013). Es geht in ihrem Ansatz nicht nur darum, zu fragen, ob etwas gerechter werden kann, sondern darum, das „gute Leben" neu zu definieren. Am Beispiel der Klimapolitik würde dies etwa heißen, dass eine neue Klimapolitik nicht nur umweltfreundlich sein soll, sondern es wäre auch für die Menschen erfüllender, wenn sie nachhaltig leben (Glaese, 2021). Hier klingt das Plädoyer von Jeremy Bentham an, der in seinen Schriften zu Beginn des 19. Jahrhunderts voraussetzte, „dass das Ziel der Gesetzgebung die Maximierung des gesellschaftlichen Nutzens sein müsse, vorgestellt als Aggregat aus individuell-hedonistischem Glücksempfinden" (Niesen, 2021, S. 203).

Die hier angedeuteten Ansätze lassen zumindest hoffen, dass sie sich auf Dauer gegenüber den Positionen des Postfaktischen durchsetzen: ihre Argumente sind nachvollziehbar. Ein Beispiel, dass dies gelingen kann, stellt die Dokumentation eines Diskurses von Amelie Schmücker, Charleen Hartmann und Finia Misch, Schülerinnen eines Gymnasiums, zum Thema „Freiheit oder Leben?" dar. Sie diskutieren die Frage, wie sich die Grundwerte Freiheit und Leben zueinander verhalten und ob sich „Freiheit ohne Leben vernünftig denken lässt" (Hans-Carossa-Gymnasium, 2020). Dabei setzen sie sich mit den folgenden Aspekten auseinander: „Wie weit darf der demokratische Staat die Grundrechte in einer Krisensituation einschränken?", „Freiheit und Sicherheit müssen friedlich zusammenleben!" und „Die Rechte des Staates". Ihr Rückgriff u. a. auf Hobbes, Rousseau, Locke, Kant und Carl Schmitt bei ihren differenzierten Reflexionen bestärkt diese Hoffnung.

Freiheit, Gerechtigkeit und Gleichheit sowie ihr Verhältnis zueinander bestimmen grundlegende Diskurse über Jahrhunderte und über Gesellschafts-, Staats- und Regierungsformen hinweg. Es zeigt sich auch, dass offene Debatten erforderlich sind, die diese Begriffe für die Zukunft und die Herausforderungen und Chancen, die in Krisen liegen, lebendig erhalten. Keiner der Begriffe kann für sich allein stehen. Thomas Meyer setzt sie in das Verhältnis: Seiner Auffassung nach ist Gerechtigkeit ein durch die „Grundrechte sehr geschärftes Instrument, das auf Gleichheit zielt, nämlich der formalen und realen Freiheitschancen einer und eines jeden Einzelnen" (Meyer, 2017, S. 23). Für Meyer ist die Gerechtigkeit der entscheidende Maßstab für Gleichheit und Freiheit.

Dies kann, so zeigen die klassischen Ideen, auch anders gesehen werden, indem jeder dieser Begriffe zum Maßstab für die anderen wird. Die sich darum drehenden Diskurse in einer offenen Gesellschaft bedürfen eines Grundkonsenses über ihren Rahmen, den Ritsert u. a. mit Fairness, Unparteilichkeit, Zwanglosigkeit sowie Rationalität und Willensfreiheit (Ritsert, 2012, S. 30ff.) treffend umreißt. Diskurse bedürfen bei aller Notwendigkeit der Kritik auch des Respekts, eines Minimums an Zusammenhalt und einer Wertorientierung, wie sie nicht zuletzt in gegenseitiger Toleranz und einer auf Vernunft basierenden Streitkultur zum Ausdruck kommen. Sie beruhen auf Aufklärung und Vernunft (Pinker, 2018).

Zum Schluss ein Blick auf die Rolle der Wissenschaft: Platon hatte für den Philosophen-Staat plädiert, weil die von ihm repräsentierte Weisheit am besten für die Lenkung von Staaten geeignet sei. Aristoteles sieht diese eher in einer Beraterfunktion für die Herrschenden (Pfetsch, 2019, S. 77). Heute spielt die Wissenschaft eine zwar schon seit Langem existierende, nun aber besonders sichtbare Rolle in der politischen Kommunikation im Zusammenhang mit dem Klimawandel, der Bewältigung der Pandemie und auch – nicht ganz so deutlich sichtbar – der Problematik des Friedens. So sehr dies angesichts der Transformationen, der Krisen- und Problemlagen, der institutionellen Akteure und der Akteure der Zivilgesellschaft und der Kompetenzen der Wissenschaft wünschenswert ist, so sollte nicht die „Codierung" der Wissenschaft vernachlässigt werden: Sie ist zuständig für Erkenntnisse und der Wahrheit verpflichtet, während anderen (der Politik, der Technik usw.) die Lösung von Problemen obliegt. Nicht zuletzt trägt die (Streit-)Kultur zur Lösung von Problemen bei.

Wissenschaft stellt also nur einen, wenn auch für die Gesellschaft unabdingbar wichtigen Baustein der Diskurse dar. Allerdings kann auch gesagt werden, dass die Beschäftigung mit den hier betrachteten Konstrukten alle Personen und Institutionen verändern kann, die sich damit beschäftigen, in welcher Rolle sie sich auch immer befinden und welches (Erkenntnis-)Interesse sie auch immer leitet. Damit könnte ein neuer Diskurs eröffnet werden, in welchem die Frage der Verantwortung gestellt wird, wie dies von Julian Nida-Rümelin vor dem Hintergrund der Lehre von den Verpflichtungen vorgeschlagen wird (Nida-Rümelin, 2021; Jonas, 2020).

Reflexionsaufgabe/-frage

In welcher Weise finden sich politische, ökonomische, ökologische, technologische oder soziale Aspekte in aktuellen grundsätzlichen Fragen nach Freiheit, Gleichheit und Gerechtigkeit wieder?

Hinweise:

Ein Beispiel für die Zusammenhänge der in dieser Frage enthaltenen Anregungen zur Reflexion ist die heute und in den nächsten Jahren aktuelle Thematik der Transformation zur Nachhaltigkeit. Eine Analyse der Konzepte dieser Transformation macht auf Einflüsse und Rahmenbedingungen aufmerksam, die die Fundierung und Weiterentwicklung von individueller Freiheit, Verteilungs- und Aneignungsgerechtigkeit und nicht zuletzt die (soziale) Gerechtigkeit direkt und indirekt betreffen. Dies zeigt sich beispielsweise, wenn Fragen der politischen Strukturen, der Energie, des internationalen Handelns, des Klimawandels, der Urbanisierung, der Sicherheit, der Technikentwicklung, des Generationenvertrages oder der Werteordnung durchdacht werden. Die Problematik der Pandemie lässt sich in ähnlicher Weise analysieren.

Lassen Sie sich bei der Suche nach Einordnungsmöglichkeiten, Differenzierungen oder grundsätzlichen Positionen von den in diesem Beitrag angeführten Diskursen inspirieren!

Literaturverzeichnis

Aristoteles (1991). *Nikomachische Ethik*. Stuttgart: Reclam.
Bundesverfassungsgericht (2021). *Leitsätze zum Beschluss des Erstens Senats vom 24. März 2021 – 1 BvR 2656/18 –, Rn. 1–270*. Verfügbar am 22.06.2022 unter www.bverfg. de/e/rs20210324_1bvr265618.html
Deutscher Bundestag (2022). *Vereinbarte Debatte zur SARS-CoV-2-Impfpflicht*. Deutscher Bundestag, Stenografischer Bericht, 13. Sitzung, Berlin, Mittwoch, den 26. Januar 2022 (S. 815–857). Verfügbar am 22.06.2022 unter https://dserver.bundestag.de/ btp/20/20013.pdf#P.815

Deutscher Ethikrat (2021). *Ethische Orientierung zur Frage einer allgemeinen gesetzlichen Impfpflicht.* Berlin: Deutscher Ethikrat.

Glaese, J. C. (2021). Liberalismus in Grün. *Philosophie Magazin, 60* (2021/06), 48–53.

Hans-Carossa-Gymnasium. (2020). *Philosophischer Diskurs.* Verfügbar am 22.06.2022 unter https://hcg-berlin.de/faecher/philosophie/diskurs/

Jaeggi, R. (2013). *Kritik von Lebensformen.* Berlin: Suhrkamp.

Jonas, H. (2020). *Das Prinzip Verantwortung.* Berlin: Suhrkamp.

Meyer, T. (2017). Freiheit verlangt Gerechtigkeit – jetzt gleich. *Neue Gesellschaft/Frankfurter Hefte 2017* (4), 22–25.

Mill, J. (2010). Über die Freiheit. Ditzingen: Philipp Reclam jun.

Möllers, C. (2021). *Freiheitsgrade: Elemente einer liberalen politischen Mechanik.* Bonn: bpb.

Nida-Rümelin, J. (2021). *Im Namen einer besseren Zukunft: Die Ethik der Verantwortung.* SWR. www.swr.de/wissen/tele-akademie/im-namen-einer-besseren-zukunft-die--ethik-der-verantwortung-julian-nida-ruemelin-100.html

Niesen, P. (2021). Jeremy Bentham, Constitutional Code (1830). In M. Brocker (Hrsg.), *Geschichte des politischen Denkens: Das 19. Jahrhundert* (S. 200–212). Berlin: Suhrkamp.

Nussbaum, M. (2017). *Zorn und Vergebung: Plädoyer für eine Kultur der Gelassenheit.* Darmstadt: Wissenschaftliche Buchgesellschaft.

Nussbaum, M. (2020). *Kosmopolitismus: Revision eines Ideals.* Darmstadt: Wissenschaftliche Buchgesellschaft.

Oberlandesgericht Koblenz (13.01.2022). *Lebenslange Haft u. a. wegen Verbrechens gegen die Menschlichkeit und wegen Mordes – Urteil gegen einen mutmaßlichen Mitarbeiter des syrischen Geheimdienstes.* Verfügbar am 22.06.2022 unter https://olgko.justiz.rlp.de/de/startseite/detail/news/News/detail/lebenslange-haft-ua-wegen-verbrechens-gegen-die-menschlichkeit-und-wegen-mordes-urteil-gegen-ein

Pfetsch, F. R. (2019). *Theoretiker der Politik: Von Platon bis Habermas* (3. Auflage). Baden-Baden: Nomos.

Piketti, T. (2018). *Das Kapital im 21. Jahrhundert* (2. Auflage). München: C. H. Beck.

Pinker, S. (2018). *Aufklärung jetzt* (3. Auflage). Frankfurt a. M.: S. Fischer.

Polanyi-Levitt, K. (2020). *Die Finanzialisierung der Welt: Karl Polanyi und die neoliberale Transformation der Weltwirtschaft.* Weinheim, Basel: Juventa.

Rawls, J. (2006). *Gerechtigkeit als Fairneß.* Frankfurt a. M.: Suhrkamp.

Richter, S. (2019). Von der Freiheit des Menschen. Zwischen Individuum und Kollektiv. *Forschungsmagazin Universität Heidelberg* (Ausgabe 14), 65–71.

Ritsert, J. (2012). *Gerechtigkeit, Gleichheit, Freiheit und Vernunft.* Wiesbaden: Springer VS.

Rousseau, J.-J. (1998). *Abhandlung über den Ursprung und die Grundlagen der Ungleichheit unter den Menschen.* Ditzingen: Reclam.

Rousseau, J.-J. (2011). *Vom Gesellschaftsvertrag.* Ditzingen: Reclam.

Schouwink, T. (2021). Was heißt hier frei? *Philosophie Magazin* (06/2021), 44–47.

Vieweg, K. (2020a). *Hegel: Der Philosoph der Freiheit* (3. Auflage). München: C. H. Beck.

Vieweg, K. (2020b). *Mit Hegel durch die Coronakrise: Freiheit heißt nicht, dass man tun kann, was man will* [Podcast]. Deutschlandfunk. Verfügbar am 22.06.2022 unter https://www.deutschlandfunkkultur.de/mit-hegel-durch-die-coronakrise-freiheit-heisst-nicht-dass-100.html

Wodak, R. (2020). Diskursanalyse. In C. Wagemann, A. Goerres, & M. B. Siewert (Hrsg.), *Handbuch Methoden der Politikwissenschaft* (S. 881–902). Wiesbaden: Springer VS.

3.4 Toleranz, Pluralität und Streitkultur

Nina Basedahl

3.4.1 Toleranz, Pluralität und Streitkultur – eine begriffliche Einordnung

„Toleranz für Intolerante" fordert der Journalist Alan Posener in einem Presseartikel und meint damit mehr Gelassenheit auch im Umgang mit strittigen Positionen (Posener, 2021). Michael Schmidt-Salomon fragt in einem Essay nach den Grenzen der Toleranz und den Folgen für die Streitkultur (Schmidt-Salomon, 2017, S. 63ff.) und der Politikwissenschaftler Rainer Forst widmet dem Begriff der Toleranz ein knapp 800 Seiten umfassendes Buch. Diese Beispiele zeigen bereits, dass der Begriff der Toleranz bewegt und nicht nur in der Corona-Pandemie fragen sich viele Menschen: Wie tolerant soll ich sein?

Aber was bedeutet der Begriff Toleranz? Nach einer allgemeinen politikwissenschaftlichen Definition bedeutet Toleranz „das Geltenlassen abweichender, fremder und andersartiger Meinungen, Ideen, Einstellungen, Wertvorstellungen, religiösen Überzeugungen und Gewohnheiten" (Nohlen, 2019, S. 1103).

Rainer Forst geht noch einen Schritt weiter und unterscheidet vier Konzeptionen von Toleranz: die „Erlaubnis-Konzeption", die ein Dulden beinhaltet und „dass die Autorität (oder Mehrheit) der Minderheit die Erlaubnis gibt, ihren Überzeugungen gemäß zu leben" (Forst, 2020, S. 42), die „Koexistenz-Konzeption", die von einem Nebeneinander von „ungefähr gleich starken Gruppen" ausgeht (Forst, 2020, S. 44), die „Respekt-Konzeption", in der sich die „Toleranzparteien [...] als autonome Personen bzw. als gleichberechtigte Mitglieder einer rechtsstaatlich verfassten politischen Gemeinschaft" respektieren (Forst, 2020, S. 45), und die „Wertschätzungs-Konzeption", die eine Wertschätzung der abweichenden Positionen beinhaltet (Forst, 2020, S. 47f.).

Toleranz ist daher ein sehr vielschichtiger Begriff, der zwischen Ablehnung und Akzeptanz changiert und auch selbst „im Konflikt" stehe, wie Rainer Forst zu Recht betont (Forst, 2020, S. 14 und S. 32ff.). Da dieses Spannungsverhältnis dem Begriff immanent ist, kann es nur um die „Anerkennung von Differenz" gehen (Forst, 2020, S. 683). Wie weit diese Anerkennung reicht und inwieweit die Toleranz gewährt wird, entscheide immer auch über die Chancen und Rechte von Gruppen und stehe somit im engen Zusammenhang mit Fragen von Gerechtigkeit und Macht (Forst, 2020, S. 39 und S. 698).

Wie es gelingen kann, möglichst viele Interessen in die Gestaltung von Politik einzubeziehen, ist Gegenstand verschiedener Pluralismustheorien, die hier im Einzelnen nicht referiert werden können (Eisfeld, 2019, S. 737ff.). Im Kern erfasst der Begriff Pluralismus „die Existenz gesellschaftlicher Interessen- und Organisationsvielfalt – Pluralität der Gruppen und Verbände – sowie deren Einwirkung auf politische Prozesse" (Eisfeld, 2019, S. 737), wobei Toleranz eine „unverzichtbare Voraussetzung" für Pluralismus sei (Nohlen, 2019, S. 1103).

Letztlich geht es also in pluralistischen Gesellschaften darum, eine möglichst große Vielfalt von Interessen zur Geltung zu bringen und in die Gestaltung von Politik einzubeziehen.

Wie kann dies gelingen? Im politischen Diskurs könnte die Antwort lauten: Unterschiedliche Interessen, Positionen und Werthaltungen bedürfen einer Verständigung auch über die jeweiligen Rechtfertigungsgründe (Forst, 2020, S. 588ff. und S. 700ff.). Voraussetzung dafür ist eine Streitkultur im Sinne eines „zivilisierten Streits der Überzeugungen" (Nohlen, 2019, S. 1103). Ob dies auch in liberalen Demokratien durchgängig gegeben ist, wird durchaus kritisch gesehen. So wird eingewandt, dass nicht alle Positionen gehört werden, viele Menschen fühlen sich auch in liberalen Demokratien nicht eingebunden (Przeworski, 2020, S. 121ff.). Insbesondere in sozialen Medien wird eine Verrohung der Diskussionen deutlich mit Hassparolen und Verleumdungskampagnen, die Anlass zur Sorge geben (Habermas, 2021).

Wie können wir in der Diskussion um Toleranz und Grenzen von Toleranz Maß und Mitte finden? Wie können wir in unserer ausdifferenzierten Gesellschaft mit Pluralität sinnvoll umgehen und welche Voraussetzungen auch im Diskurs sind dafür notwendig? Die in diesem Buch vorgestellten Denkerinnen und Denker können hier durchaus einige Hinweise geben, die im Folgenden schlaglichtartig und an ausgewählten Beispielen beleuchtet werden sollen.

3.4.2 Toleranz, Pluralität und Streitkultur – ausgewählte Positionen der politischen Denkerinnen und Denker

Begriffe wie Toleranz und Pluralität sind in den Schriften der politischen Denkerinnen und Denker keinesfalls so prominent positioniert wie Macht und Gerechtigkeit, doch findet man immer wieder Spuren und Hinweise, die auch für heutiges Denken relevant sind und in einzelnen Studien herausgearbeitet wurden (Forst, 2020, Schmidt-Salomon, 2017).

Folgt man der Sichtweise Karl Poppers, so findet man diese Spuren bereits in der Antike, z. B. bei Sokrates, den er als Stichwortgeber für die „offene Gesellschaft" sieht (Popper I, 2003, S. 228), in der sich – im Gegensatz zur kollektivistisch ausgerichteten „geschlossenen Gesellschaft" – „die Individuen persönlichen Entscheidungen gegenübersehen" (Popper I, 2003, S. 207). So sei es Sokrates gewesen, der gelehrt habe, „dass wir der menschlichen Vernunft vertrauen, uns aber zur gleichen Zeit vor dem Dogmatismus hüten müssen" (Popper I, 2003, S. 220f.). Diesen Dogmatismus sieht er u. a. durch Platon verkörpert, der mit der Idee des Philosophenstaates auf eine vorgegebene Art „den Staat und seine Bürger glücklich zu machen wünsche" (Popper I, 2003, S. 204).

Es sei der Leserschaft überlassen, ob sie dieser Einschätzung Karl Poppers folgt, aber ein Blick in die Antike zeigt bereits, dass eine gewisse Offenheit im Diskurs hilfreich sein kann, wenn unterschiedliche Blickrichtungen in Einklang gebracht werden sollen, und nicht umsonst ist das „sokratische Gespräch" heute ein Instrument für den gesellschaftlichen Diskurs.

Während in der Antike eher die hehren Ideale im Vordergrund standen, ging es im Mittelalter auch um pragmatische bzw. politische Themen, wie beispielsweise das Zusammenspiel von Staat und Kirche geregelt werden sollte, und um religiöse Toleranz, z. B. wie viele Rechte Anhänger religiöser Gruppen haben sollten. Rainer Forst spricht in Bezug auf das Mittelalter vom „Janusgesicht christlicher Toleranz" (Forst, 2020, S. 69ff.) und zeigt dies u. a. am Beispiel von Augustinus, der zwar einerseits religiöse Toleranz ins Spiel bringe, andererseits aber mit der Idee des „guten Zwangs" gegen Häretiker hinter seine Lehre von den zwei Reichen zurückweiche (Forst, 2020, S. 75). Dieses Beispiel ist aus heutiger Sicht in dieser Form nicht mehr aktuell, aber Diskussionen z. B. über Kopftuchverbote an Schulen zeigen (Forst, 2020, S. 721ff.), dass es auch heute noch um Fragen religiöser Toleranz geht, und wir können von den Denkern des Mittelalters lernen, dass gerade in religiösen Fragen eine sorgfältige und sensible Hinterfragung der eigenen Begründungen, mit denen wir Toleranz gewähren oder verweigern, auch heute noch notwendig ist.

Aber gehen wir einen Schritt weiter und schauen auf die Denker des Absolutismus Thomas Hobbes und John Locke. Was lehren sie uns mit Blick auf Toleranz und Pluralität? Dieses Feld ist sicherlich vielseitig, schlaglichtartig sollen hier einige wenige Aspekte benannt werden. So ist es Thomas Hobbes als Begründer des starken Staates, des Leviathan, der erstmals zwei Ideen formuliert hat, die heute noch für Toleranz und Pluralität wichtig sind: dass die Menschen private Angelegenheiten frei regeln dürfen (Hobbes, 1994, S. 165) und dass es eine „Zivilreligion" gibt, die nur einen Glaubenssatz aufweist: „Jesus ist der Christus" (Hobbes, 1994, S. 332, Schwaabe, 2018, S. 123). Zwar wäre eine solche „Zivilreligion" heute nicht mehr tragbar, weil ganz unterschiedliche Glaubensrichtungen in pluralistischen Gesellschaften zusammenkommen, aber die Idee, dass es einer „integrierenden Substanz" (Forst, 2020, S. 720) bedarf, um den Staat bzw. die Gesellschaft zusammenzuhalten, ist heute noch aktuell und zeigt sich z. B. auch bei Habermas mit der Idee des „Verfassungspatriotismus" (Schwaabe, 2018, S. 258).

John Locke kommt das Verdienst zu, den Begriff der Toleranz explizit zum Thema gemacht zu haben. In seinem *Brief über Toleranz* betont er:

> Die Duldung derer, die von andern in Religionssachen abweichen, ist mit dem Evangelium Jesu Christi und der unverfälschten menschlichen Vernunft so sehr in Übereinstimmung, dass es ungeheuerlich scheint, wenn Menschen so blind sind, ihre Notwendigkeit und Vorzüglichkeit bei so hellem Lichte nicht zu gewahren. (Locke, 1996, S. 11)

Dies ist ein klares Plädoyer für religiöse Toleranz, das auch in aktuellen Diskussionen überzeugen könnte. Locke selbst versieht es dann jedoch mit einer Einschränkung für Atheisten und Katholiken (Schwaabe, 2018, S. 139), wobei sich wieder zeigt, wie fragil der Begriff der Toleranz ist.

In Zeiten der Aufklärung rückt das Individuum stärker in den Fokus und es stellt sich die Frage, welche Botschaften hier aus heutiger Sicht relevant sein könnten für die Fragen von Pluralität und Toleranz. Montesquieus Idee der Gewaltenteilung ist eine zentrale Voraussetzung für die Verwirklichung von Pluralität, schafft sie doch die Voraussetzung dafür, dass Interessenkonflikte gelöst werden können. Ebenso ist die Idee der Volkssouveränität nach Rousseau ein wesentliches Element, um eine pluralistische Gesellschaft überhaupt umsetzen zu können. Ob dabei jeder und jede Einzelne seinen bzw. ihren Willen im Sinne der *volonté générale* an den Staat abtreten muss, ist aus heutiger Sicht umstritten (Schwaabe, 2018, S. 154ff.), lehrt uns aber, dass die Art der Repräsentation durchaus relevant werden kann, wenn es darum geht, Pluralität zu organisieren.

Immanuel Kant lehrt uns mit seinem Aufruf, sich des eigenen Verstandes zu bedienen (Kant, 1991b, S. 53), eine wichtige Voraussetzung für Toleranz und Pluralität: die eigene Handlungsweise auf Basis der Vernunft zu hinterfragen und im Sinne des kategorischen Imperativs „nur nach derjenigen Maxime" zu handeln, „durch die du zugleich wollen kannst, dass sie ein allgemeines Gesetz werde" (Kant, 1993, S. 51). Könnte es also ein allgemeines Gesetz werden, dass ich im gesellschaftlichen Diskurs eine bestimmte Position nicht toleriere? Eine Frage, die sich jeder selbst stellen muss, die aber helfen kann, den eigenen Umgang mit abweichenden Positionen zu hinterfragen.

Fast schon anekdotisch mutet es dabei an, dass Kant sich auch mit der Frage des Impfens befasst hat (Schönecker, 2021). In der *Metaphysik der Sitten* von 1797 schreibt er:

> Wer sich die Pocken einimpfen zu lassen beschließt, wagt sein Leben aufs Ungewisse: ob er es zwar tut, um sein Leben zu erhalten, und ist so fern in einem weit bedenklicheren Fall des Pflichtgesetzes, als der Seefahrer, welcher doch wenigstens den Sturm nicht macht, dem er sich anvertraut, statt dessen jener die Krankheit, die ihn in Todesgefahr bringt, sich selbst zuzieht. Ist also die Pockeninokulation erlaubt? (Kant, 1991a, S. 556)

Die Fragen sind über 200 Jahre später doch recht ähnlich. Das gilt auch für ein Thema, das uns Alexis de Tocqueville in seinem Werk *Über die Demokratie in Amerika* mit auf den Weg gibt: die Interessen der Minderheiten nicht aus dem Blick zu verlieren und eine „Tyrannei der Mehrheit" zu vermeiden (Tocqueville, 2021, S. 173ff.). Ein Hinweis, der durchaus auch für heutige Diskurse Anregung bieten kann, denn die Gefahr, bestimmte Bevölkerungsgruppen und ihre Anliegen zu überhören, besteht durchaus und kann z. B. Populismus begünstigen.

Im 20. Jahrhundert haben sich die Denkerinnen und Denker bewusst mit Themen wie Toleranz und Pluralismus auseinandergesetzt und zahlreiche Hinweise gegeben, die auch auf heutige Diskurse wirken. Karl Popper mit seiner Idee des „kritischen Rationalismus" sei hier genannt: „Ich kann mich irren und du kannst recht haben. Aber wenn wir uns bemühen, dann können wir gemeinsam der Wahrheit vielleicht etwas näher kommen", so seine zentrale Botschaft (Popper, 2003b, S. 263).

Und er gibt auch einen Hinweis zu den Grenzen der Toleranz:

> Wir sollten deshalb im Namen der Toleranz das Recht für uns in Anspruch nehmen, die Intoleranten nicht zu dulden. Wir sollten geltend machen, dass sich jede Bewegung, die Intoleranz predigt, außerhalb des Gesetzes stellt, und wir sollten eine Aufforderung zur Intoleranz und Verfolgung als ebenso verbrecherisch behandeln wie eine Aufforderung zum Mord, zum Raub oder zur Wiedereinführung des Sklavenhandels. (Popper I, 2003, S. 362)

Ein Statement, das auch in aktuellen Diskursen gern aufgegriffen wird (Posener, 2021) und von Rainer Forst dahingehend weiterentwickelt wurde, dass die „Grenzen der Toleranz" dort erreicht seien, „wo anderen ihr fundamentales Recht auf Rechtfertigung grundsätzlich abgesprochen oder aber es in bestimmten Fällen missachtet wird" (Forst, 2020, S. 596).

Während Karl Popper aus der Wissenssoziologie heraus seine Ideen entwickelt, ist es das Verdienst von Hannah Arendt, den Blick auf das Individuum zu richten. Jeder Mensch, so ihre Idee, mache mit seiner Geburt einen neuen Anfang und könne damit die Welt mitgestalten (Safranski, 2021, S. 216ff.). „Weil jeder Mensch auf Grund des Geborenseins ein *initium*, ein Anfang und Neuankömmling in der Welt ist, können Menschen Initiative ergreifen, Anfänger werden und Neues in Bewegung setzen", so Hannah Arendt (Arendt, 2021a, S. 242). Eine sehr bildhafte Darstellung von Pluralität, die mit dem Machtbegriff von Hannah Arendt korrespondiert, der ebenfalls auf gemeinsame Gestaltung innerhalb einer Gemeinschaft abzielt (Arendt, 2021b, S. 53).

John Rawls geht es weniger um das Handeln und Gestalten, sondern um Gerechtigkeit in einer pluralistischen Gesellschaft. So habe der „politische Liberalismus […] die Aufgabe, […] eine politische Gerechtigkeitskonzeption für eine (liberale) konstitutionelle Demokratie auszuarbeiten, die von einer Vielzahl religiöser und nicht-religiöser, liberaler und nicht-liberaler Lehren aus den richtigen Gründen bejaht werden kann" (Rawls, 2017, S. 37). Dabei geht es ihm um eine „Garantie des fairen Werts der politischen Freiheiten", um „Chancengleichheit" und das „Differenzprinzip", demzufolge Ungleichheiten nur zulässig sind, wenn sie „zum größtmöglichen Vorteil der am wenigsten begünstigten Gesellschaftsmitglieder wirken" (Rawls, 2017, S. 70f.).

Dabei geht John Rawls ebenso wie später Jürgen Habermas davon aus, dass Pluralität eine gesellschaftliche Realität ist und gestaltet werden muss. Habermas geht es auch um Gerechtigkeit im Sinne von Fairness im Rahmen einer gleichberechtigten

Teilnahme am gesellschaftlichen Diskurs (Schwaabe, 2018, S. 251). In seiner Diskursethik legt er Grundsätze dar wie „kein Sprecher darf sich widersprechen", „jeder Sprecher darf nur das behaupten, was er selbst glaubt" oder „jeder darf jede Behauptung in den Diskurs einführen" (Habermas, 2018, S. 97ff.). Aber kann damit angesichts von Populismus und Hetzparolen die Streitkultur in liberalen Demokratien gestärkt werden? Jürgen Habermas sieht „die scheinliberal begründeten Proteste der Corona-Leugner" als „Anzeichen für das wachsende Potential eines ganz neuen, in libertären Formen auftretenden Extremismus der Mitte, der uns noch länger beschäftigen wird" (Habermas, 2021).

Ähnlich wie Kant sieht er den Schutz des Lebens als zentralen Aspekt an und plädiert daher in der Corona-Pandemie für ein Eingreifen des Staates auch in Grundrechte, weil der Staat in einem demokratischen Rechtsstaat keine Politiken verfolgen dürfe, „mit denen er vermeidbare Infektionszahlen und damit auch vermeidbare Todesfälle in Kauf nimmt" (Habermas, 2021). Ob Habermas und Kant sich wohl über eine Impfpflicht einigen könnten? Idealerweise würden sie dem Rat von Chantal Mouffe folgen und sich in dem sicherlich kontroversen Diskurs nicht als „Feinde", sondern als „Gegner" betrachten (Mouffe, 2017, S. 30).

3.4.3 Fazit – Lehren aus der Ideengeschichte und offene Fragen

Welche Lehren und Hinweise für aktuelle Diskurse ergeben sich nun aus dieser Reise in die politische Ideengeschichte? Einige Anknüpfungspunkte wurden schon dargelegt. Zusammenfassend könnte das folgende Fazit gezogen werden, wobei es den Lesenden selbst überlassen bleibt, welche Botschaften als zentral erachtet werden:

- Pluralismus ist grundsätzlich positiv und als Bereicherung zu sehen.
- Toleranz ist eine zentrale Voraussetzung für Pluralität. Dabei ist Toleranz eine Haltung, die dem oder der Einzelnen viel abverlangt. Er oder sie muss für sich selbst entscheiden, wo die Grenzen der Toleranz gesehen werden.
- Vernunft und Rationalität können dabei helfen und wer Toleranz zu seiner Haltung machen möchte, sollte immer genau prüfen, aus welchen Erwägungen heraus er oder sie Toleranz gewährt oder verweigert. Wie der Blick auf religiöse Toleranz gezeigt hat, liegen hier viele Fallstricke.
- Toleranz ist aber nicht die einzige Voraussetzung für das Funktionieren einer pluralistischen Gesellschaft. Es bedarf auch der rechtlichen Rahmenbedingungen wie Gewaltenteilung, Volkssouveränität und Schutz für Minderheiten.
- Idealerweise gelingt Pluralität, wenn es einen gemeinsamen Bezugspunkt gibt, der in der heutigen Zeit aber schwer zu bestimmen ist.
- Zudem erfordert das Gelingen einer pluralistischen Gesellschaft die Fähigkeit zum Diskurs, wobei Diskursregeln den Rahmen bieten.

Die Denkerinnen und Denker geben jedoch kaum Hinweise, wie im Diskurs mit irrationalen Positionen, Verschwörungstheorien und Hetzkampagnen umzugehen sei, weil sie Vernunft voraussetzen. Der Kommunikationspsychologe Friedemann Schultz von Thun nimmt sich in *Die Kunst des Miteinander-Redens* im Gespräch mit Bernhard Pörksen dieses Themas an und plädiert dafür, auch irrationale Annahmen sachlich und wertschätzend zu kontern und darauf hinzuweisen, dass der Gesprächspartner oder die Gesprächspartnerin einer Verschwörungstheorie aufgesessen sei (Pörksen & Schulz von Thun, 2020, S. 187). Vielleicht ist es ganz angemessen, dass die Kommunikationspsychologie sich dieses Themas annimmt und weniger die politische Theorie, deren Rahmen damit gesprengt würde.

Aber es gibt noch ein zweites Defizit, wenn wir die Reise in die politische Ideengeschichte Revue passieren lassen: In den Überlegungen der meisten politischen Denker werden Frauen und Menschen aus anderen Kulturkreisen nicht einbezogen oder mit Vorurteilen betrachtet (Herzog, 2019, S. 63ff.). Michael Haus und Dirk Jörke raten daher, die politischen Denker nicht als „Autoritäten" zu betrachten, sondern „sich auf eine Art kritisches Gesprach mit den Klassiker*innen einzulassen" (Haus & Jörke, 2021, S. 673).

Man müsse die Theoretiker vor dem Hintergrund und den Konventionen ihrer Zeit betrachten, könnte zudem eingewandt werden. Aber ist es nicht die Aufgabe von politischen Denkern (und Denkerinnen) über die Konventionen ihrer Zeit hinauszudenken, wie sie es in anderen Aspekten auch durchaus getan haben? Tun wir es heute? Eine schwierige Frage, deren Bewertung Ihnen als Leserin oder Leser überlassen bleibt und die zum weiteren Nachdenken anregen kann.

Reflexionsaufgabe/-frage

Kennen Sie eine aktuelle gesellschaftliche oder politische Diskussion, in der direkt oder indirekt Fragen der Toleranz berührt werden, und wie schätzen Sie diese ein?

Hinweise:

Ein Beispiel könnte die Diskussion zur allgemeinen Impfpflicht gegen das Corona-Virus im Jahr 2022 sein. Hier wird die Frage berührt, ob die Gesellschaft die Einstellung einer Minderheit, die sich aus unterschiedlichen Gründen nicht impfen lassen möchte, toleriert, es dieser Minderheit also ermöglicht wird, „ihren Überzeugungen gemäß zu leben" (Forst, 2020, S. 42), was im Ergebnis gegen eine Impfpflicht spräche. Eine solche Position könnte aus pluralistischen Erwägungen abgeleitet werden, wie sie in diesem Essay vorgestellt wurden. Dagegen stehen Ideen zum Schutz des Lebens, die Kant und Habermas in unterschiedlicher Sichtweise formulieren. Folgt man Rainer Forst, kommt es bei der Abwägung vor allem auf die „rechtfertigenden Gründe" an, die für die Gewährung oder Nicht-Gewährung von Toleranz herangezogen werden (Forst,

2020, S. 20 und S. 588ff.). Vielleicht fragen Sie sich einmal selbst, wie Ihre Begründung in diesem konkreten Fall lauten würde, und prüfen, aus welchen Erwägungen heraus Sie entscheiden würden.

Literaturverzeichnis

Arendt, H. (2021a). *Vita activa oder Vom tätigen Leben* (2. Auflage). München: Piper.

Arendt, H. (2021b). *Macht und Gewalt* (28. Auflage). München: Piper.

Eisfeld, R. (2019). Pluralismus/Pluralismustheorien. In D. Nohlen, R.-O. Schultze (Hrsg.), *Lexikon der Politikwissenschaft: Theorien, Methoden, Begriffe* (Band 2 N–Z) (S. 737–742). München: C. H. Beck.

Forst, R. (2020). *Toleranz im Konflikt: Geschichte, Gehalt und Gegenwart eines umstrittenen Begriffs* (6. Auflage). Frankfurt a. M.: Suhrkamp.

Habermas, J. (2018). *Moralbewusstsein und kommunikatives Handeln* (13. Auflage). Frankfurt a. M.: Suhrkamp.

Habermas, J. (2021). Corona und der Schutz des Lebens: Zur Grundrechtsdebatte in der pandemischen Ausnahmesituation. *Blätter für deutsche und internationale Politik.* Verfügbar am 22.06.2022 unter www.blaetter.de/ausgabe/2021/september/corona-und-der-schutz-des-lebens

Haus, M., Brunkhorst, H., Herb, K., Hostettler, K., Jörke, D., Strömel, S., Traußneck, M., (2021). Rassismus und politische Ideengeschichte. *PVS – Politische Vierteljahreschrift 2021* (4), 671–694.

Haus, M. & Jörke, D. (2021). Kritische Ideen – zum Anliegen dieser Debatte. *PVS – Politische Vierteljahreschrift 2021* (4), 672–674.

Herzog, L. (2019). *Politische Philosophie.* Paderborn: Wilhelm Fink.

Hobbes, T. (1994). *Leviathan oder Stoff, Form und Gewalt eines kirchlichen und bürgerlichen Staates* (6. Auflage). Hrsg. v. I. Fetscher. Frankfurt a. M.: Suhrkamp.

Kant, I. (1991a). *Die Metaphysik der Sitten. Werkausgabe Band VIII* (9. Auflage). Hrsg. v. W. Weischedel. Frankfurt a. M.: Suhrkamp.

Kant, I. (1991b). Beantwortung der Frage: Was ist Aufklärung? In I. Kant, *Schriften zur Anthropologie, Geschichtsphilosophie, Politik und Pädagogik. Werkausgabe Band XI* (S. 53–61). Hrsg. v. W. Weischedel. Frankfurt a. M.: Suhrkamp.

Kant, I. (1993). Grundlegung zur Metaphysik der Sitten. In I. Kant, *Kritik der praktischen Vernunft. Grundlegung zur Metaphysik der Sitten. Werkausgabe Band VII* (12. Auflage) (S. 11–102). Hrsg. v. W. Weischedel. Frankfurt a. M.: Suhrkamp.

Locke, J. (1996). *Ein Brief über Toleranz.* Hamburg: Meiner.

Mouffe, C. (2017). *Über das Politische: Wider die kosmopolitische Illusion* (7. Auflage). Frankfurt a. M.: Suhrkamp.

Nohlen, D. (2019). Toleranz. In D. Nohlen & R.-O. Schultze (Hrsg.), *Lexikon der Politikwissenschaft: Theorien, Methoden, Begriffe* (Band 2 N–Z) (S. 1103–1104). C. H. Beck.

Pörksen, B. & Schultz von Thun, F. (2020). *Die Kunst des Miteinander-Redens: Über den Dialog in Gesellschaft und Politik* (3. Auflage). München: Carl Hanser Verlag.

Popper, K. (2003). *Die offene Gesellschaft und ihre Feinde. Band I. Der Zauber Platons* (8. Auflage). Tübingen: Mohr Siebeck.

Popper, K. (2003). *Die offene Gesellschaft und ihre Feinde. Band II. Falsche Propheten: Hegel, Marx und die Folgen* (8. Auflage). Tübingen: Mohr Siebeck.

Posener, A. (2021, 29. Dezember). Toleranz für Intolerante. *Die Welt.*

Przeworski, A. (2020). *Krisen der Demokratie.* Berlin: Suhrkamp.

Rawls, J. (2017). *Politischer Liberalismus* (6. Auflage). Frankfurt a. M.: Suhrkamp.

Safranski, R. (2021). *Einzeln sein: Eine philosophische Herausforderung.* München: Karl Hanser.

Schmidt-Salomon, M. (2017). Die Spielregeln des zivilisierten Widerstreits: Eine kurze Geschichte der Toleranz. In *Denkanstöße 2018: Ein Lesebuch aus Philosophie, Kultur und Wissenschaft* (S. 63–99). München: Piper.

Schönecker, D. (2021, 24. Dezember). Nein, Kant würde sich nicht impfen lassen. *Die Welt.*

Schwaabe, C. (2018). *Politische Theorie: Von Platon bis zur Postmoderne* (4. Auflage). Paderborn: Wilhelm Fink.

Tocqueville, A. de (2021). Über die Demokratie in Amerika. Hrsg. v. J. P. Mayer. Ditzingen: Reclam.

Abbildungs- und Tabellenverzeichnis

Abbildungen

Tabellen

Quellenangaben der Denker*innenporträts

Sokrates (S. 23): Bildnis des Socrates – Universität Leipzig. Universitätsbibliothek Leipzig, Germany – Public Domain. https://www.europeana.eu/de/item/783/item_AMMEBCTX7F-STBBX35AJCPILRDBXKT5WZ

Platon (S. 26): Platon, Hermenbüste, Rom; picture alliance/akgimages/akg-images

Aristoteles (S. 41): Aristoteles; picture alliance/dpa/Sven Hoppe

Augustinus (S. 62): Heiliger Augustinus; picture alliance/ullstein bild/Archiv Gerstenberg

Niccolo Machiavelli (S. 70): Pixabay auf pexels.com: https://www.pexels.com/de-de/foto/niccolo-macchiavelli-betonstatue-67674/

Thomas Hobbes (S. 79): Bildnis des Thom. Hobbes – Universität Leipzig. Universitätsbibliothek Leipzig, Germany – Public Domain. https://www.europeana.eu/de/item/783/item_QQ3LA-XICNQHPGQHEKVK2PP-5EUQWI53NO

John Locke (S. 89): Bildnis des Locke von Carl Mayer's Kunstanstalt <Nürnberg> (Production) (Verlag) – Universität Leipzig. Universitätsbibliothek Leipzig, Germany – Public Domain. https://www.europeana.eu/de/item/783/item_WN6OG6Z7SSRWQPSWGI45FDT2DKEKQ6PQ

Montesquieu (S. 99): Bildnis des Charles de Secondat, Baron de la Brede et de Montesquieu von Uhle, Christian Lebrecht (Production), 1795–1825 (Radierer) – Universität Leipzig. Universitätsbibliothek Leipzig, Germany – Public Domain. https://www.europeana.eu/de/item/783/item_BNBFDKJ7424ZC6VJIDZVLKSFD5OAENIG

Jean-Jacques Rousseau (S. 112): Bildnis des J. J. Rousseau von Pollet, Victor Florence (Production), 1824–1882 (Stecher) – Universität Leipzig. Universitätsbibliothek Leipzig, Germany – Public Domain. https://www.europeana.eu/de/item/783/item_E3OAJECOJPPNG-ZZZQVOKY3DNMER322XI

Alexis de Tocqueville (S. 127): Théodore Chassériau (French, 1819–1856), Alexis Charles Henry de Tocqueville, 1848, lithograph; picture alliance/Liszt Collection/Liszt Collection

Karl Marx (S. 145): Foto von Hennie Stander auf Unsplash

Max Weber (S. 171): Max Weber (1864–1920) Soziologe; picture alliance/ullstein bild – ullstein bild/ullstein bild

Rosa Luxemburg (S. 181): picture alliance/ullstein bild – ullstein bild/ullstein bild

Carl Schmitt (S. 191): picture alliance/ullstein bild – ullstein bild/ullstein bild

Karl Popper (S. 200): Sir Karl Popper; picture alliance/IMAGNO/Votava/Votava

Hannah Arendt (S. 207): Hannah Arendt; picture alliance/ullstein bild/RDB

John Rawls (S. 214): Jane Reed/Harvard University

Jürgen Habermas (S. 222): Jürgen Habermas, 2012; picture alliance/SZ Photo/Johannes Simon

Chantal Mouffe (S. 230): Chantal Mouffe; picture alliance/Gilbert Novy/KURIER/picturedesk.com/Gilbert Novy

Ursula Birsl, Julian Junk,
Martin Kahl, Robert Pelzer (Hrsg.)

Inszenieren und Mobilisieren: Rechte und islamistische Akteure digital und analog

2022. 347 Seiten • Kart. • 60,00 € (D) • 61,70 € (A)
ISBN 978-3-8474-2488-8 • auch als eBook im Open Access

Soziale Medien bilden im zunehmenden Maß einen Ort der Austragung und diskursiven Verarbeitung gesellschaftlicher und politischer Konflikte. Extrem rechte und salafistisch-dschihadistische Akteur*innen nehmen an diesen Auseinandersetzungen teil und nutzen sie als Plattform zur Propaganda. Der Band widmet sich der Frage, wie sich Mobilisierungs- und Radikalisierungsprozesse in sozialen Medien entfalten und unter welchen Bedingungen sie zu Gewalthandlungen in der realen Welt führen können.

www.shop.budrich.de

Björn Milbradt, Anja Frank,
Frank Greuel, Maruta Herding
(Hrsg.)

Handbuch Radikalisierung im Jugendalter

Phänomene, Herausforderungen, Prävention

2022 • 376 Seiten • Gebunden • 46,00 € (D) • 47,30 € (A)
ISBN 978-3-8474-2559-5 • eISBN 978-3-8474-1706-4

Prozesse der Radikalisierung hin zum gewaltorientierten Extremismus stellen eine der großen Herausforderungen für demokratische Gesellschaften dar. Das Buch versammelt Beiträge von Expert*innen der Forschung zu und Prävention von Radikalisierung im Jugendalter. Thematisiert werden die unterschiedlichen Phänomene Rechtsextremismus, islamistischer Extremismus und Linksextremismus mit besonderem Bezug auf jugendspezifische Aspekte. Der Sammelband bietet eine problemorientierte Aufbereitung des Forschungsstandes und eine Grundlage für die Praxis der Radikalisierungsprävention.

www.shop.budrich.de

Henrik Uterwedde

Frankreich –
eine Länderkunde

2., überarbeitete und aktualisierte Auflage 2022
186 Seiten • Kart. • 16,90 € (D) • 17,40 € (A)
ISBN 978-3-8474-2559-5 • eISBN 978-3-8474-1706-4

Frankreich ist Deutschlands wichtigster Partner in Europa. Aber
trotz aller Nähe gibt es immer wieder Verständnisprobleme.
Warum hat Frankreich in vielen Bereichen einen anderen Weg
eingeschlagen als Deutschland? Wo liegen die Unterschiede,
wo die Gemeinsamkeiten zwischen beiden Ländern? Dieses
Buch liefert unentbehrliche Grundlagen, erläutert Zusammenhänge und bietet Erklärungen, um unser Nachbarland, seinen
schwierigen Wandel und seine aktuellen Probleme zu verstehen.

www.shop.budrich.de